全世界无产者，联合起来！

列宁全集

第二版增订版

第三十卷

1917年5—7月

中共中央 马克思 恩格斯 列 宁 斯大林 著作编译局编译

人民出版社

《列宁全集》第二版是根据中国共产党中央委员会的决定，由中共中央马克思恩格斯列宁斯大林著作编译局编译的。

凡　　例

1. 正文和附录中的文献分别按写作或发表时间编排。在个别情况下，为了保持一部著作或一组文献的完整性和有机联系，编排顺序则作变通处理。

2. 每篇文献标题下括号内的写作或发表日期是编者加的。文献本身在开头已注明日期的，标题下不另列日期。

3. 1918 年 2 月 14 日以前俄国通用俄历，这以后改用公历。两种历法所标日期，在 1900 年 2 月以前相差 12 天(如俄历为 1 日，公历为 13 日)，从 1900 年 3 月起相差 13 天。编者加的日期，公历和俄历并用时，俄历在前，公历在后。

4. 目录中凡标有星花*的标题，都是编者加的。

5. 在引文中尖括号〈　〉内的文字和标点符号是列宁加的。

6. 未说明是编者加的脚注为列宁的原注。

7.《人名索引》、《文献索引》条目按汉语拼音字母顺序排列。在《人名索引》条头括号内用黑体字排的是真姓名；在《文献索引》中，带方括号[　]的作者名、篇名、日期、地点等等，是编者加的。

目　　录

1917 年

附　录

插　　图

前　言

本卷收载列宁在1917年5月至7月期间的著作。

这两个多月依然是俄国二月革命胜利以来的革命和平发展时期，资产阶级临时政府和工兵代表苏维埃这两个政权并存的局面仍然没有改变。资产阶级临时政府不愿意结束掠夺性战争，也不能解决国内的经济危机，无法给人民以和平、面包和土地。临时政府为了摆脱政治危机而于5月上旬改组为有社会革命党人和孟什维克参加的所谓"第一届联合临时政府"。布尔什维克党在四月代表会议之后，全力宣传、贯彻列宁提出的使资产阶级民主革命转变为社会主义革命的方针，揭露临时政府的反人民本质和小资产阶级政党的妥协政策，努力争取工农兵群众，首先是工人群众，以便实现"全部政权归苏维埃"的口号、把苏维埃变为无产阶级和贫苦农民专政的政权机关。收入本卷的著作反映了列宁在领导布尔什维克党贯彻四月代表会议的方针、掌握斗争策略、教育和争取群众、为社会主义革命作准备等方面所起的重要作用。

在《"政权危机"》、《同资本实行阶级合作，还是同资本进行阶级斗争?》、《为制止革命而结成的联盟》、《"大撤退"》等文章中，列宁指出：成立联合临时政府是资产阶级的骗人手段，更换几个政府成员并没有改变临时政府的资产阶级本质；只有把全部政权交给工兵代表苏维埃、改变苏维埃的全部政策，才能真正解决政权危机。列宁严厉批评孟什维克和社会革命党人叛变革命的行为，指出他们参加联合临时政府是同资产阶级实行阶级合作，结成制止革命的联盟。列宁认为“这不是资产阶级从政府中的大撤退，而是孟什维主义和民粹主义的领袖从革命中的大撤退”（见本卷第 278 页）。

本卷中的许多著作揭露了临时政府所进行的战争的帝国主义掠夺性质和小资产阶级政党的“革命护国主义”的欺骗性。列宁在《可悲的文件》、《论坚强的革命政权》、《对外政策的秘密》、《秘密条约之一》、《战争与革命》等文章中以及《在全俄工兵代表苏维埃第一次代表大会上的讲话》中指出，临时政府是资本家的政府，它不会放弃侵略（兼并）意图，不能不保护资本家阶级的利润，不能不保护地主的土地。列宁论述了这场战争的根源、起因和性质，阐述了战争同革命的相互关系。列宁批驳了革命护国主义者把掠夺性战争说成革命战争的谬论，指出“新的‘革命护国主义’只不过是用伟大的革命概念来掩饰为了卑鄙可恶的条约而进行的肮脏的血腥战争罢了”（见本卷第 91—92 页）。列宁告诫士兵：不要听信临时政府和护国派所谓打仗是在保卫自由和革命的谎言，只要容忍本国资本家政府，只要把沙皇的秘密条约奉为神圣，那么，你们所进行的就是帝国主义的侵略战争，你们所捍卫的就是沙皇同英法资本家缔结的掠夺性条约。列宁认为，各国资本家进行的战争，只有靠反对资本家的工人革命才能结束；不进行反对资本家的革命而一味空谈“没有兼并的和约”以及用这种和约来迅速结束战争，那不是幼稚和无知，就是愚蠢和欺骗。列宁指出，只有通过革命推翻资产阶级政府，才是摆脱帝国主义战争的唯一出路。

夺取地主的土地是广大农民群众的革命要求。临时政府用空话欺骗农民，要把土地问题拖延到召开立宪会议时解决。1917年春夏，各地农民不顾临时政府的阻挠，自发夺取并耕种了地主的土地。孟什维克和自称代表农民利益的社会革命党人竟指责农民“擅自夺取土地”是无政府状态的越轨行动。列宁在《给全俄农民代表大会代表的公开信》、《论“擅自夺取”土地》等文章中以及在全俄农民第一次代表大会上所作的《关于土地问题的讲话》和所拟的《关于土地问题的决议草案》中，支持农民对土地的要求，驳斥了小资产阶级政党对农民运动的诬蔑，阐释了布尔什维克党关于土地问题的政策。列宁依据布尔什维克党的土地纲领，指出全部土地应归全体人民所有，应当无偿地交给农民使用。农民应当通过农民代表苏维埃立刻有组织地夺取当地的全部土地，而不要等待立宪会议的召开。列宁还强调指出：为了使劳动者获得全部土地，必须消除农民群众对资本家的信任，建立城市工人和贫苦农民的紧密联盟；只有工兵农代表苏维埃掌握政权，才能保证实现全体农民对土地的要求。

在《给工厂和团队选出的工兵代表苏维埃代表的委托书》、《别人眼里的草屑》、《克伦斯基公民，这不民主！》、《乌克兰问题和俄国执政党的失败》等文章中，列宁阐释了布尔什维克党的民族政策，抨击了临时政府及其帮凶社会革命党人和孟什维克所执行的大俄罗斯民族主义政策。俄国的非俄罗斯民族在沙皇制度下备受压迫和歧视，他们对二月革命的胜利寄予莫大的希望，要求获得自由、平等，要求民族解放。但临时政府却继续推行沙皇的兼并政策，不给被压迫民族以自决权。列宁承认和支持受沙皇制度压迫的各民族有同俄国分离的自由,同时主张各民族结成兄弟同盟,并根据自愿的而不是强迫的原则来组成共同的国家。他在《在全俄工兵代表苏维埃第一次代表大会上的讲话》中说:“我们所希望的是一个有坚强政权的、统一而不可分割的俄罗斯共和国,但是坚强的政权要靠各民族自愿协议才能建立起来。”(见本卷第243页)列宁非常尊重被压迫民族的意愿,他在《乌克兰》一文中强调指出,俄国各族人民结成联盟必须是自愿的,俄罗斯工人不能硬要各族人民接受自己的友谊,而是要平等相待,把他们看做在争取社会主义的斗争中的同盟者和兄弟。

本卷收入了列宁抨击联合临时政府的经济政策、阐述布尔什维克党的经济纲领的一批文献。连年战争使俄国的经济遭到严重破坏,人民饱尝苦难,资本家却大发横财。联合临时政府维护资本家的利益,不愿意也没有能力采取切实措施来扭转经济崩溃的危险局势。在《经济破坏迫在眉睫》、《必将到来的灾难和不讲分寸的诺言》、《关于同经济破坏作斗争的几项经济措施的决议》、《必须揭露资本家》、《经济破坏问题上的小资产阶级立场》等一系列文章中,列宁揭露了资本家趁火打劫的罪恶,批评社会革命党和孟什维克党用华丽的话语和空洞的改革计划来欺骗人民;阐述了布尔什维克党的经济主张。社会革命党和孟什维克党侈谈社会监督、托拉斯国有化、制止投机活动等等,实际上却要人民信任资本家政府、在这个政府的领导下去拯救国家。列宁认为,要资本家的政府去监督资本家,去同资本家的掠夺行为作斗争,就等于把狗鱼投到河里。列宁根据《四月提纲》和四月代表会议提出的布尔什维克党的经济纲领,制定了使国家摆脱经济破坏、对产品的生产和分配以及对一切金融业务和银行业务实行工人监督的一系列具体措施。

同时提出必须实行普遍劳动义务制和工人民兵制等。在对产品的生产和分配实行监督的问题上，列宁批评了那种忘记阶级观点、空谈在民主派参加下由国家来实行监督的小资产阶级立场。列宁指出：革命时期比任何时候都更需要准确分析国家的本质问题；无产阶级要在绝对不信任资本家阶级的基础上制定整个政策，要在国家问题上首先辨明"国家"为哪个阶级服务，代表哪个阶级的利益。列宁认为，只有在全部政权转到无产者和半无产者手中以后，才可能有计划地顺利地实现布尔什维克党提出的经济措施。

列宁在本卷的一些著作中阐述了苏维埃的作用和意义，特别是在全俄工兵代表苏维埃第一次代表大会上作的关于对临时政府的态度的讲话中明确指出：苏维埃是任何一个通常类型的资产阶级议会制国家所没有的机构，而且是不可能与资产阶级政府并存的机构。苏维埃是一种新的、更民主的国家类型，这种国家类型不是俄国人臆想出来的，而是革命创造出来的，是向一种民主共和国过渡的机构，它应当是这种新型国家里的唯一政权；没有这种政权，俄国革命就不能取得胜利。列宁还批驳了入阁的孟什维克为联合临时政府的辩护。孟什维克声称俄国没有一个政党愿意单独掌握政权、为国家今后的命运负责。列宁针锋相对地反驳说："任何一个政党都不会放弃这样做，我们的党也不放弃这样做，它每一分钟都准备掌握全部政权。"（见本卷第240页）

列宁坚持不懈地揭露临时政府和小资产阶级政党的本性，对劳动群众进行宣传、教育和争取工作，布尔什维克党在群众中的影响日益增长，党的力量也不断壮大。列宁在《现在和"将来"出现卡芬雅克分子的阶级根源是什么？》等许多文章中，揭露了资产阶级政党企图扼杀革命的计划，谴责社会革命党和孟什维克党助长和支持俄国资产阶级的行为。《资本家的第一千零一次谎话》、《黑帮报纸和阿列克辛斯基的卑鄙诽谤》、《是新的德雷福斯案件吗?》、《关于布尔什维克领袖们出庭受审的问题》等文,以及分别给《新生活报》和《无产阶级事业报》编辑部的信件,是为驳斥资产阶级和小资产阶级的报刊对布尔什维克党及其领袖们的诽谤和攻击、反对临时政府对布尔什维克的政治迫害而写的。列宁在《转变关头》一文中指出了资产阶级及其政府迫害布尔什维克的斗争的实质:"这个斗争同帝国主义者和谢德曼分子反对李卜克内西和弗·阿德勒(德国'社会党人'的中央机关报曾经把他们两人宣布为'疯子',至于资产阶级报刊,那更不必说了,它们干脆把这两位同志宣布为替英国效劳的'叛徒')的斗争是一样的。这是**整个**资产阶级社会(**也包括小资产阶级民主派**,不管他们过去是多么多么革命)对社会主义国际主义的无产阶级进行的斗争。"(见本卷第 303—304 页)

6 月 18 日,彼得格勒 50 万工人和士兵群众举行游行示威。这次示威是革命力量的大检阅,它表明布尔什维克党在群众中的影响大大加强了。在本卷所收的《在俄国社会民主工党(布)彼得堡委员会会议上关于取消游行示威的讲话》和《六月十八日》等文中,列宁对包括这次示威在内的整个六月政治危机作了评述。社会革命党人和孟什维克的领袖们企图把这次游行示威纳入"信任临时政府"的轨道,临时政府正计划这一天在前线发起进攻。结果和他们的愿望相反,游行队伍中最普遍的口号是:"全部政权归苏维埃"、"打倒 10 个资本家部长"、"反对同德国人单独媾和,反对同英法资本家签订秘密条约",等。列宁指出,这次游行示威"十分清楚地表明,俄国劳动群众的先锋队即首都工业无产阶级和首都绝大多数军队是拥护我们党一向主张的口号的"(见本卷第 333 页)。

收在本卷最后的一些文章是评述彼得格勒七月事变的。临时政府在前线冒险发动进攻、惨遭失败的消息传到彼得格勒后，工人和士兵无比愤怒，自发地要求推翻临时政府。鉴于条件尚未成熟，布尔什维克告诫工人和士兵不要过早采取武装行动，并设法使这一自发运动成为和平性质的游行示威。但是，反革命势力在社会革命党和孟什维克党的协助下竟从前线调回了军队残酷镇压示威群众。它们还诬蔑布尔什维克想要发动政变，并以此为借口对布尔什维克进行迫害，封闭了布尔什维克报纸。列宁在《立宪民主党人退出内阁有什么打算?》、《诽谤和事实》和《三次危机》等文中揭露了立宪民主党人的图谋，驳斥了资产阶级对布尔什维克党的诬蔑，说明了事件的真相。列宁在评述4月、6月和7月的三次政治危机时指出："共同的东西就是群众对资产阶级及**其**政府表示极端的不满和愤慨。谁要是忘记、抹杀或轻视**问题的这一实质**，谁就是违背社会主义关于阶级斗争的起码常识。"（见本卷第409页）这些事件从形式上看都是反政府的游行示威，但实质上却不是普通的游行示威，而是"某种比游行示威大得多而比革命小一些的事件"，"这是革命和反革命的**同时**爆发"（见本卷第410页）。列宁指出：三次事件都有其深刻的经济原因和政治原因；危机还会发生，其形式可能改变，但实质是不会改变的；要实现伟大的改革，不对资产阶级采取最坚决的革命措施是绝对不可能的；只有无产阶级同贫苦农民结成联盟，才能实行这种革命措施。七月事变是俄国国内形势的一个转折点。由于社会革命党人和孟什维克彻底背叛革命，政权完全落到了反革命资产阶级手中，苏维埃变成了临时政府的遮羞布，两个政权并存的局面结束了，俄国革命和平发展的可能性完全消失了。列宁和布尔什维克党又被迫转入地下，为争取社会主义革命的胜利，开展更加艰苦卓绝的斗争。

在《列宁全集》第2版中，本卷文献比第1版相应时期的文献增加10篇，其中有《在彼得格勒党组织大会上关于俄国社会民主工党(布)第七次全国代表会议(四月代表会议)结果的报告》(1917年5月8日〔21日〕)、《在全俄工兵代表苏维埃第一次代表大会布尔什维克党团会议上的讲话》(1917年5月31日〔6月13日〕)、《在俄国社会民主工党(布)前线和后方军队党组织全国代表会议上关于目前形势的报告》(1917年6月20日〔7月3日〕)等以及《附录》中的文献。

在本增订版中，本卷文献比第2版的文献增加了1篇，即编入本卷《附录》部分的《罗·瓦·马林诺夫斯基奸细活动案询问记录》。

弗·伊·列宁
（1917 年）

“政权危机”

（1917年5月1日〔14日〕）

全俄国都还记得4月19—21日彼得格勒街头内战一触即发的情景。[1]

4月21日临时政府[2]拟就了一个似乎是安定人心的新文件[3]，对它18日的强盗式的照会作了“解释”。

接着，工兵代表苏维埃执行委员会[4]以多数通过决定，认为“事件已经结束”。

又过了两天，发生了联合内阁的问题。执行委员会分成了几乎是势均力敌的两派：23票反对联合内阁，22票拥护联合内阁。事件只是在纸上“已经结束”。[5]

又过了两天，新的“事件”发生了。临时政府首脑之一陆军部长古契柯夫呈请辞职。据说整个临时政府已决定辞职（写这篇文章时，我们还不知道整个临时政府是否确实已经辞职）。又是一起“事件”，而且这起事件使过去所有的“事件”都为之逊色。

为什么“事件”这样多呢？这里有没有一个根本原因必然使得“事件”层出不穷呢？

原因是**有的**。这就是所谓两个政权并存，这就是工兵代表苏维埃与临时政府达成协议后所产生的不稳定的均势。

临时政府是资本家的政府。它不会放弃侵略（兼并）意图，不会缔结民主的和约来结束掠夺性的战争，它不能不保护本阶级（资本家阶级）的利润，不能不保护地主的土地。

工兵代表苏维埃代表着另外的阶级。苏维埃中的工兵大多数都不愿进行掠夺性的战争，资本家的利润、保持地主的特权对他们并没有好处，可是他们还信任资本家的临时政府，愿意同它妥协，同它保持联系。

工兵代表苏维埃本身是政权的萌芽。与临时政府并存的苏维埃，在某些问题上也试图行使自己的权力。这样，就造成了政权重叠的现象，造成了现在人们所说的“政权危机”。

这种情况不会拖得很久。在这种情况下，每天都会发生新的“事件”，引起新的纠纷。在纸上可以写“事件已经结束”，但在实际生活中，这些事件是不会绝迹的。原因很简单，它们根本不是“事件”，不是偶发的事情，不是小事。这是深刻的内部危机的外部表现。这是全人类陷入绝境的结果。除非决心采取国际主义者社会党人所建议的措施，否则就摆脱不了也不可能摆脱这场掠夺性的战争。

现在向俄国人民提出了三种解决“政权危机”的办法。有些人说：一切照旧吧，更加信任临时政府吧！用辞职相威胁，很可能正是为了迫使苏维埃说：我们更加信任你们。临时政府竭力想使人们向它恳求：请来统治我们吧，没有你们，我们还靠谁呢？……

另一种办法是成立联合内阁。让我们同米留可夫一伙共分部长职位，把我们的人弄几个到内阁中去，这样一来，就能奏出截然不同的音乐了[6]。

我们则建议第三种办法——改变苏维埃的全部政策，不信任资本家，**把全部政权交给工兵代表苏维埃**。更换**几个人**是不会有什么结果的，必须改变**政策**。必须由另一个阶级来执政。工人和士兵的政府一定会获得全世界的信任，因为谁都知道，工人和贫苦农民不愿掠夺任何人。只有这样才能加快结束战争，只有这样才能使我们较容易地度过经济破坏时期。

全部政权归工兵代表苏维埃！决不信任资本家政府！

每一起“事件”，每一天，每一小时，都会证实这一口号是**正确**的。

载于1917年5月2日（15日）
《真理报》第46号

译自《列宁全集》俄文第5版
第32卷第1—3页

给编辑部的信

（1917年5月1日〔14日〕）

昨天资产阶级报纸又报道了一个不确实的消息，说我答应在4月30日（星期日）向来自前线的代表[7]讲话。我**没有**许下这样的诺言。我因病**不能**讲话。请大家**只**相信《真理报》[8]的报道和我自己签署的声明，否则对谎言和报道失实我将无法应付。

尼·列宁

载于1917年5月2日（15日）
《真理报》第46号

译自《列宁全集》俄文第5版
第32卷第8页

用美好的词句掩盖为帝国主义辩护的行为

(1917年5月2日〔15日〕)

今天报上登载的彼得格勒工兵代表苏维埃执行委员会告各国社会党人书[9]就是这样干的。指责帝国主义的话说了许许多多,但是一句短短的话就把所有这些话否定了,这句话就是:

“革命俄国的临时政府已接受了这个纲领”(即在民族自决基础上缔结没有兼并和赔款的和约的纲领)。

全部实质就在这句话里。这句话就是为**俄国**帝国主义辩护,就是替它掩盖、粉饰。因为实际上我国临时政府不仅没有“接受”缔结没有兼并的和约的纲领,而且时刻在践踏这个纲领。

我国临时政府同德国资本家政府,同威廉和贝特曼-霍尔韦格强盗们一模一样,发表了关于放弃兼并的“外交式的”声明。口头上**两国**政府都放弃兼并。实际上**两国**政府都继续执行兼并政策:德国资本家政府要用强制手段保持比利时、法国的一部分、塞尔维亚、门的内哥罗、罗马尼亚、波兰、丹麦的几个区、阿尔萨斯和其他地方;俄国资本家政府则要用强制手段保持加利西亚的一部分、土耳其属亚美尼亚、芬兰、乌克兰和其他地方。英国资本家政府是世界上最热衷于兼并的政府,因为被它用强制手段保留在英帝国版图内的民族最多:印度(3亿人口)、爱尔兰等地方、土耳其属美索不达米亚、德国在非洲的殖民地等等。

执行委员会的号召书对革命事业和无产阶级事业有极大的危害,因为这个号召书是用最美好的词句来掩饰关于兼并的谎话。第一,号召书没有把口头上放弃兼并(就这个意义来说,世界上**一切**资本家政府毫无例外都"接受了""缔结没有兼并的和约的纲领")**同实际上放弃兼并**(就这个意义来说,世界上**任何一个**资本家政府都**没有**放弃兼并)区别开来。第二,号召书不正确地、毫无根据地、不顾实际情况地为**俄国的**资本家临时政府粉饰,其实,这个政府丝毫不比其他资本家政府好些(大概也不坏些)。

用美好的词句掩饰令人不快的真相,对无产阶级事业来说,对劳动群众的事业来说,是最有害最危险的事情。不管现实如何令人痛心,必须正视现实。不符合这一条件的政策是自取灭亡的政策。

关于兼并问题的真相就是,**一切**资本家政府,包括俄国临时政府在内,都用放弃兼并的**诺言**欺骗人民,**实际上**却继续执行兼并政策。任何一个识字的人,只要造一份**完备的**兼并**清单**,即使是德、俄、英**三国**的兼并清单,他就会很容易地看到这一真相。

先生们,试一试吧!

谁不这样做,谁错误地为**本国**政府辩白,给其他国家的政府抹黑,谁就在实际上成了帝国主义的维护者。

最后,我们要指出,号召书的结尾部分也搀上了"一勺焦油"[10],即断言:"不管在三年战争期间使社会主义运动发生分裂的意见分歧如何,任何一个无产阶级党派都不应当拒绝共同为争取和平而斗争。"

很遗憾,这也是十分空洞的、毫无内容的美好词句。普列汉诺

Россійская Соціалъ-Демократическая Рабочая Партія.

Пролетаріи всѣхъ странъ, соединяйтесь!

ПРАВДА

ОРГАНЪ Центральнаго Комитета и Петербургскаго Комитета Р. С.-Д. Р. П.

Среда, 16-го Мая (3 мая ст. ст.) 1917 г. ЕЖЕДНЕВНАЯ ГАЗЕТА. Цѣна № 8 коп. № 47.

Каждая партійная организація должна организовать широкое распространеніе своего центральнаго органа — „Правды".

Каждый членъ партіи долженъ стать подписчикомъ „Правды".

Каждый членъ партіи долженъ организовать коллективную подписку на „Правду".

Защита имперіализма, прикрытая добренькими фразами.

Печальный документъ.

Программа капиталистовъ и ихъ слугъ.

1917 年 5 月 3 日(16 日)载有列宁

《用美好的词句掩盖为帝国主义辩护的行为》和《可悲的文件》

两文的《真理报》第 47 号第 1 版

(按原版缩小)

夫和谢德曼硬要人相信，他们两人是在“为争取和平而斗争”，而且是在为争取“没有兼并的和约”而斗争。但是，谁不知道他们两人实际上是各自在为本国资本家的帝国主义政府辩护呢？如果我们向工人阶级说些甜蜜的谎话，掩饰普列汉诺夫之流和谢德曼之流转到**本国**资本家方面去的这种行为，这对工人阶级事业有什么好处呢？这样来掩饰真相，等于替帝国主义和它的维护者打掩护，这难道还不明显吗？

载于1917年5月3日（16日）
《真理报》第47号

译自《列宁全集》俄文第5版
第32卷第11—13页

可悲的文件

(1917 年 5 月 3 日〔16 日〕)

昨天报上登载的彼得格勒工兵代表苏维埃告军队书，意味着苏维埃的领袖们，即民粹主义者[11]和孟什维克又一次转到俄国帝国主义资产阶级方面去了。

这篇号召书思想混乱得简直令人吃惊。只有那些头脑里充斥着“革命”词句的人才会看不到这一点。

“……劳动人民不需要战争。挑起战争的不是他们，而是各国皇帝和资本家……”

不错。正是这样。号召书“号召德国和奥匈帝国的工农举行起义，进行革命”，这一点我们也衷心欢迎，因为这是一个正确的口号。

但是，在讲出这个不容置疑的真理时，怎么能说出下面这种**惊人的谎话**：

“……你们〈俄国士兵〉挺身捍卫的不是沙皇，不是普罗托波波夫们和拉斯普廷们，**不是地主和资本家这些有钱的人……**”

我们用黑体着重强调的那些字是明显的惊人的谎话。

既然劳动人民“不需要”战争，既然挑起这场战争的**不仅**是**各国**皇帝，而且是“**各国**资本家”(在苏维埃的号召书中十分明确地承认这一点)，那就很明显，只要任何一国人民在这场战争中容忍本国资本家政府,他所“捍卫”的就**正是**资本家。

二者必居其一。**或者**把这场战争只“归罪”于德奥资本家。如果彼得格勒苏维埃中的、民粹主义和孟什维主义的领袖们持这种观点,那他们就完全滚到普列汉诺夫即俄国的谢德曼那里去了。这样就要把“各国资本家”“挑起”战争这句话当做谎话一笔勾销,就要把“没有兼并的和约”这个口号当做谎话加以抛弃,因为那时对这种政策来说正确的口号将是:夺走德国人兼并的土地,保留(并增加)英国人和俄国人兼并的土地。

或者挑起这场战争的确实是“各国资本家”。如果苏维埃中的、民粹主义和孟什维主义的领袖们**不**否认这个不容置疑的真相,那就决不能容忍这种令人愤慨的谎话:俄国士兵容忍资本家政府“**不是**”在捍卫资本家。

这样**也**就要向俄国士兵(不仅向德奥士兵)说明真相:士兵同志们,只要我们容忍本国资本家政府,只要把沙皇的秘密条约奉为神圣,那么,我们所进行的就是帝国主义的侵略战争,我们所“**捍卫**”的就是前沙皇尼古拉同英法资本家缔结的掠夺性条约。

这是令人痛心的真相。但这毕竟是真相。必须向人民说明真相。只有这样,他们才会擦亮眼睛,**学会**同谎言作斗争。

你们要从另一方面来观察问题,这样你们就会再一次确信,苏维埃的号召书是完全不正确的。号召书号召德国工农举行“起义”。好极了。可是举行起义来**反对**谁呢?仅仅反对威廉吗?

如果用德国的古契柯夫之流和米留可夫之流即用德国资本家阶级的代表来代替威廉,难道就能改变德国所进行的战争的侵略性质吗?显然不能。因为大家知道,而且苏维埃的号召书也承认,“挑起”战争的是“各国皇帝**和资本家**”。因此,推翻皇帝,把政权转归资本家，丝毫不能改变战争的性质。比利时、塞尔维亚等等被兼并的土地并没有因为德国立宪民主党人代替了威廉而不再是被兼并的土地，正如希瓦、布哈拉、亚美尼亚、芬兰、乌克兰等等被兼并的土地并没有因为俄国立宪民主党人，俄国资本家代替了尼古拉而不再是被兼并的土地一样。

我们最后再作一种假设，即苏维埃的号召书要德国工农举行起义不仅是反对威廉，而且还反对德国资本家。如果是那样，我们就要回答说：这是真正正确的号召。我们完全同意。但是，切尔诺夫、齐赫泽、策列铁里等亲爱的公民们，号召德国人举行起义反对资本家，而**自己却支持本国的资本家政府**，这难道是公正的、合理的、应该的吗？

可爱的同胞们，难道你们不怕德国工人骂你们口是心非，甚至是（但愿我说得不对）虚伪吗？

莫非你们不怕德国工人说：我们这里还没有爆发革命，我们还没有达到我们的工兵代表苏维埃公开同资本家商谈政权问题的地步。既然你们，俄国兄弟们，已经达到这种地步，那么你们为什么向我们宣传“起义”（这是艰苦、流血和困难的事情），而自己却**没有**从声明要下野的李沃夫及其同伙手里**和和平平地把政权拿过来**呢？你们拿俄国革命作例子，但正是你们，切尔诺夫、齐赫泽、策列铁里公民们，学过社会主义，并且很清楚，你们的革命**现在**是使**资本家**掌握了政权。俄国革命把政权交给了俄国的帝国主义者资本家，而你们为了俄国革命却要求我们德国人进行革命来反对帝国主义者资本家，这不是极大的虚伪吗？照你们说来，岂不是“国际主义供出口”，“革命性供出口”吗？岂不是让德国人进行革命来反对资本家，而让俄国人（尽管俄国也沸腾着革命）与资本家**妥协**吗？

切尔诺夫、齐赫泽、策列铁里已经彻底滚到维护俄国帝国主义的立场上去了。

这是一个可悲的事实，但这毕竟是事实。

载于1917年5月3日(16日)
《真理报》第47号

译自《列宁全集》俄文第5版
第32卷第14—17页

以资产阶级的恐惧吓唬人民

（1917年5月3日〔16日〕）

以《言语报》[12]为首的资本家报纸，竭力用“无政府状态”的怪影来吓唬人民。《言语报》天天叫喊无政府状态，大肆渲染关于某些破坏秩序的区区小事的消息和传闻，用被吓倒的资产者的怪影来吓唬人民。

被吓坏的民粹主义者（包括社会革命党人[13]）和孟什维克的报纸，也跟着《言语报》跑，跟着资本家的一切报纸跑。《彼得格勒工兵代表苏维埃消息报》[14]（目前这家报纸的领导人都属于这些党派），在今天的社论中彻底转到了“资产阶级的恐惧”的传播者一边，竟然作出了这种……怎样才能说得温和些呢？……显然夸大了的声明：

“军队正在瓦解。许多地方乱抢土地，宰杀和抢劫牲畜，破坏和掠夺农具。越轨行动愈来愈多……”

民粹主义者和孟什维克，即小资产阶级党派，认为农民不等立宪会议召开就在各地夺取全部土地的行为也是越轨行动。大家知道，盛加略夫部长在他那封曾经载于各报（见《真理报》第33号）的有名的电报中，用的正是这个吓人的字眼（“越轨行动”）①。

越轨行动、无政府状态……多么吓人的字眼！但是，让愿意思

① 见本版全集第29卷第232页。——编者注

索的民粹主义者或孟什维克稍微认真考虑一下下面的问题吧。

在革命前，土地是地主的。这**并没有**叫做无政府状态。可是，**这种情况**造成的后果如何呢？后果是全面崩溃，造成真正的"无政府状态"，即国家经济崩溃，大多数居民破产和灭亡。

除了**大多数**居民发挥最大的干劲，采取主动和果断的行动，还能设想**别的**出路吗？显然不能。

总括起来说，情况究竟如何呢？

(1)沙皇的拥护者主张地主在农村中拥有无限权力，主张地主保持全部土地。他们并**不**害怕由此在实际上也已经造成的"无政府状态"。

(2)立宪民主党人盛加略夫作为一切资本家和地主(一小撮皇权主义者除外)的代表，主张"在乡粮食委员会下面设立土地问题调解室，以便土地耕作者和土地占有者达成自愿协议"(见他的电报)。小资产阶级政治家——民粹主义者和孟什维克——实际上追随盛加略夫，他们劝告农民"等待"立宪会议召开，并且把农民自己在各地立即没收土地的行动称为"无政府状态"。

(3)无产阶级政党(布尔什维克)主张农民在各地立即夺取土地，建议他们要有最大的组织性。我们并不认为这是"无政府状态"，因为正是这样的解决办法，而且只有这样的解决办法，才是符合各地**多数**居民利益的解决办法。

从什么时候起把符合多数人利益的解决办法叫做"无政府状态"呢？？把**无论是**皇权主义者**或是**盛加略夫用各种方式提出来的、符合**少数人**利益的解决办法叫做无政府状态，不是更正确吗？

既然盛加略夫想强迫农民"自愿"同地主"妥协"，这就是符合少数人利益的解决办法，因为俄国的农户同大地主相比，平均为

300 比 1。如果我建议 300 户农民“自愿”同 **1 户**大剥削者达成“协议”，那么我所建议的就是符合少数人利益的解决办法，就是无政府主义的解决办法。

资本家先生们，你们是在用关于“无政府状态”的叫嚣作掩饰，来反对 300 户而维护 1 户的利益。这就是问题的实质。

有人会反驳说：你们那是想不等待立宪会议而单靠当地人解决问题！要知道，这就是无政府状态！

我们的答复是：那么盛加略夫想的是什么呢？也是想不等待立宪会议而靠当地人解决问题（通过农民同地主达成“自愿协议”）！

在这一点上，我们和盛加略夫之间没有什么差别，我们双方都主张由立宪会议来最后解决问题，由当地人先初步解决问题并付诸实施。盛加略夫和我们之间的差别仅仅在于：我们说 300 户决定，1 户服从；盛加略夫则说，300 户决定，就是“越轨行动”，应该让 300 户同 1 户“达成协议”。

民粹主义者和孟什维克堕落到多么卑鄙的地步，竟然帮助盛加略夫之流散布资产阶级的恐惧。

害怕人民——这就是这些散布恐惧和惊慌的领导者的心理。

用不着害怕人民。工兵大多数的解决办法**不**是无政府状态。这种解决办法是实现民主特别是找到摆脱经济破坏状况的措施的唯一可能的保证。

载于 1917 年 5 月 4 日（17 日）
《真理报》第 48 号

译自《列宁全集》俄文第 5 版
第 32 卷第 18—20 页

前　　夜

(1917年5月4日〔17日〕)

“妥协的”机器开足了马力。民粹主义者和孟什维克为了制定部长人选的名单而累得满头大汗。我们正处在“新”内阁登台的前夜……

可惜！新内阁的新东西不会多。无非是在资本家的政府中添几个小资产阶级部长，添几个一心支持帝国主义战争的民粹主义者和孟什维克。

关于“没有兼并的和约”会有更多的空话、花样翻新的漂亮词句、华而不实的诺言和各式各样的喧嚣，但决心丝毫不会有，就连准确、直率、如实地以德俄英三国为例列举一下**实际**兼并的土地也不敢。

旧的部长公民们和新的部长公民们，你们幻想农民(富裕农民并不是全部农民……)支持资本家，幻想前线发动“进攻”(为了“没有兼并的和约”……)，这样自己骗自己你们能维持多久呢？

载于1917年5月5日(18日)
《真理报》第49号

译自《列宁全集》俄文第5版
第32卷第22页

关于临时政府的宣言的提纲

（不早于1917年5月4日〔17日〕）

提　纲：

（1）没有兼并的和约＝反对资本的世界革命。

（2）修改条约＝要么是做样子，要么是反对资本的世界革命。

“和盟国达
成协议的准
备步骤”。

（补2）粉饰资本
家：“结盟的
民主国家”：抹杀
阶级斗争。

（3）全部土地归**农民**——不进行反对资本的革命，这也能实现，办法是通过资本家同**富裕**农民结成**同盟**，**联盟**。

（4）全部土地归**劳动者**——不进行反对资本的革命，这就不能实现。

（5）组织生产——要么是欺骗（并使资本家更加发财），要么是不进行反对资本的革命的空想。

（6）“进攻”——如果没有只能在反对资本的最伟大革命中才会产生的群众的高度革命热情，这就是空想。

（7）退出苏维埃，

背叛苏维埃，

改用

官吏：

“国家监督”，我们**同意**。但**谁**来实行？

谁来监督？

是官吏？

或者是苏维埃。

（8）立宪会议讨论土地问题：

已经落后了。

（9）不给任何信任，不给任何支持！

（10）更加大力进行：解释**无产阶级的**路线，把无产阶级的路线同**小资产阶级的**路线区别开来。

总结＝**小资产阶级幻想和小资产阶级妥协的内阁**。

载于1925年《列宁文集》俄文版第4卷

译自《列宁全集》俄文第5版第32卷第437—438页

忘记了主要的东西

（无产阶级政党的市政纲领）

（1917 年 5 月 5 日〔18 日〕以前）

由于区杜马选举日益临近，两个小资产阶级民主主义政党——民粹主义者政党和孟什维克党——各自拿出了自己的冠冕堂皇的纲领。这些纲领同欧洲资产阶级政党（它们专门利用小业主等等出身的轻信的和不觉悟的选民群众）例如法国“激进社会党”[15]的纲领，完全是一路货色。都是说些冠冕堂皇的话，许下漂亮的诺言，措辞含糊，不谈或忘掉主要的东西，即实现这些诺言的**实际条件**。

目前，这些实际条件是：(1)帝国主义战争；(2)资本家政府的存在；(3)不用革命方式侵犯“神圣的资本家私有制”，就不可能采取重大措施来改善工人和全体劳动群众的状况；(4)在旧的管理机关和管理机构存在的情况下，在警察存在的情况下，这些政党所许诺的一套改革不可能实现，因为警察不会不纵容资本家，不会不设置千百重障碍来阻挠这些改革的实现。

例如，孟什维克写道：“……规定战时房价标准”，“……征发这种储备〈即商店和个人的食品储备〉来满足社会的需要”，“……开办公共店铺、面包房、食堂和厨房”……民粹主义者（社会革命党人）随声附和说：“对清洁卫生要给予应有的注意。”

不用说，愿望真是太美好了，但问题的实质在于：**不放弃**对帝国主义战争的支持、对有利于资本家的公债的支持、对维护资本的利润的资本家政府的支持，不取消警察，这样的一些愿望都不可能实现，因为即使政府和资本家不向改革者提出最后通牒（既然事情关系到资本的利润，他们就一定会提出最后通牒），警察也会制止、阻挠和彻底破坏任何一个这样的改革。

问题的实质在于：如果忘记了资本的严酷的统治，那么，一切这样的纲领，一切这样的冠冕堂皇的改革清单，都是空话，实际上如果不是最天真的“虔诚的愿望”，也是鄙俗的资产阶级政客对群众的欺骗。

应当正视现实。不要隐瞒，要把真相直接告诉人民。不要掩饰阶级斗争，要阐明阶级斗争与冠冕堂皇、美妙动听的“激进”改革之间的联系。

彼得格勒的工人同志和全体公民们！为了实现民粹主义者和孟什维克所谈论的、人民所必需的那些已经成熟的迫不及待的改革，就必须放弃对帝国主义战争和对公债的支持，放弃对资本家政府的支持，打破资本的利润神圣不可侵犯的原则。为了实现这些改革，就**不能让警察恢复**（现在立宪民主党人正在恢复警察），而要用全民的民兵代替它。这就是无产阶级政党在选举期间要对人民说的话，这就是**针对**民粹主义者和孟什维克小资产阶级政党所要说的话。这就是他们所掩盖的无产阶级“市政纲领”的实质。

下面三个基本要点，应当在这整个纲领中，在这些改革中占首要地位，成为这些改革真正能够实现的基本条件。

（1）决不支持帝国主义战争（不管是采取支持公债的方式还是采取别的什么方式）。

(2)决不支持资本家政府。

(3)不让警察恢复。用全民的民兵代替警察。

不把主要的注意力集中到这些根本问题上,不阐明一切市政改革都受这些根本问题的制约,市政纲领必然成为至多是一种天真的愿望。

现在我们来谈谈第三点。

在一切资产阶级共和国中,甚至在最民主的资产阶级共和国中,警察(同常备军一样)是压迫群众的主要工具,是君主制随时可能复辟的保证。不论在纽约、日内瓦或巴黎,警察在管区都是殴打"平民",偏袒资本家,这或者是由于资本家的直接收买(美国等),或者是由于富人的"庇护"和"照顾"(瑞士),或者是由于这两种办法兼施并用(法国)。警察脱离人民,形成一个职业性的帮派,这些人"被调教出来"用暴力来对付穷人,享有较高的待遇和"权势者"的特权(更不用说"正当收入"[16]了),所以在资产阶级统治下,不管在哪种民主共和国中,警察必然始终是资产阶级最可靠的工具、支柱和保卫者。**决不能**依靠警察来实现有利于劳动群众的重大的和根本的改革。这在客观上是不可能的事。

用全民的民兵代替警察和常备军,这是顺利实行有利于劳动人民的市政改革的**条件**。在革命时期,这个条件是可以实现的。全部市政纲领首先应当以此为基础,因为另外两个根本条件,不仅属于市政范围,而且属于全国范围。

至于究竟怎样着手建立全民的民兵,这要通过实践。为了使无产者和半无产者能够参加,必须迫使老板按照他们在民兵中执行勤务的天数和时数付给工资。这是可以实现的。以后的问题是:依靠大工厂的工人即最有组织并能胜任民兵任务的工人**首先**

成立工人民兵呢，还是**马上**组织全体成年男女普遍义务执行勤务，每人每年在民兵中执行勤务一周或两周等等；这不是原则性的问题。如果不同地区以不同方式开始，这并没有什么坏处，因为这会使经验更丰富，建立的过程更平稳，更接近实践的要求。

全民的民兵，就是对居民**群众**进行切实的民主教育。

全民的民兵，就是**不**通过富人，**不**通过**他们的**警察，而是由穷人占多数的人民自己来管理穷人。

全民的民兵，就是使监督（对工厂、住宅、食品分配等等的监督）**不致**成为一纸空文。

全民的民兵，就是在不“排队”、**不给**富人**任何**特权的情况下分配面包。

全民的民兵，就是使民粹主义者和孟什维克列举的许多重大的激进的改革**不致**成为天真的愿望。

彼得格勒男女工人同志们！大家都去参加区杜马选举吧。要维护穷人的利益。要反对帝国主义战争，反对支持资本家政府，反对恢复警察，拥护立即无条件地用全民的民兵代替警察。

载于 1917 年 5 月 5 日（18 日）
《真理报》第 49 号

译自《列宁全集》俄文第 5 版
第 32 卷第 23—26 页

同资本实行阶级合作，还是同资本进行阶级斗争？

（1917年5月5日〔18日〕）

历史就是这样提出问题的，并且不是一般的历史，而是**今天**俄国的经济和政治史。

民粹主义者和孟什维克，切尔诺夫和策列铁里，已经把联络委员会[17]从隔壁那间屋子（部长们开会的地方）干脆搬到部长的屋子里了。组成"新"内阁这一事件的纯政治意义就是这样，而且也仅仅是这样。

它的经济意义或者说阶级意义是：在最好的情况下（从稳定内阁和保持资本家的统治来说），无非是从1906年起以彼舍霍诺夫为首的农民资产阶级的上层以及孟什维克式工人的小资产阶级"领袖"都**答应**同资本家实行阶级合作。（在对资本家最糟的情况下，整个更替也只有个人的或小集团的意义，而没有任何阶级的意义。）

假定情况确实很好。即使在那种场合，也可以绝对肯定，许下诺言的人是不能履行自己的诺言的。"我们会（同资本家联合起来）帮助国家摆脱危机，使它免于崩溃，并把它从战争中拯救出来。"——小资产阶级的领袖们切尔诺夫之流和策列铁里之流参加内阁的真实用意就在这里。我们的回答是：你们的帮助是不够的。

危机比你们所想象的要深刻得多。只有革命阶级采取反对资本的革命措施，才能拯救国家，而且不仅是拯救我们一个国家。

危机异常深刻，到处蔓延，遍及全世界，同资本又有极密切的联系，以致反对资本的阶级斗争不可避免地要采取无产阶级和半无产者的政治统治形式。别的出路是没有的。

切尔诺夫和策列铁里公民们，你们想激起军队的革命热情吗？这你们是制造不出来的，因为更换内阁"领袖"，发表冠冕堂皇的宣言，或者答应采取措施以修订同英国资本家缔结的条约，并不能激起人民群众的革命热情；只有大家在日常生活中随时随地能看到真正在实行革命政策，反对资本的无限权力，反对资本从战争中攫取利润，即真正实行了从根本上改善贫苦群众的生活条件的政策，人民群众才会激发出革命热情。

如果不采取反对资本的革命措施，即使你们立刻把全部土地交给人民，也还是摆脱不了危机的。

切尔诺夫和策列铁里公民们，你们想进攻吗？你们是无法激励军队去进攻的，因为现在对人民使用暴力是不可能的。在对人民没有使用暴力的情况下，人民只有为了反对各国资本的伟大革命的巨大利益才会去打进攻战；这个革命还必须是实际在进行的革命，是人人看得到、人人感觉得到已经在付诸实施的革命，而不仅仅是口头上答应的、口头上宣布的革命。

彼舍霍诺夫之流和斯柯别列夫之流公民们，你们想组织供应，给农民以产品、给军队以粮食和肉类、给工业以原料等等吗？你们想监督生产、甚至部分地组织生产吗？

如果没有无产者和半无产者群众的革命热情，你们是做不到这些的，而只有采取反对资本特权和资本利润的革命措施，才能激起群众的革命热情。否则，你们所答应的监督就仍然是官吏—资本家的毫无生气的敷衍办法。

同资本实行阶级合作的试验，现在正由切尔诺夫之流和策列铁里之流公民们进行着，正由小资产阶级的某些阶层以新的、巨大的、全俄国的规模进行着。

当人民确信这种合作毫无根据而且无济于事的时候（这个时候显然很快就会到来），它对人民的教训就会更加宝贵。

载于 1917 年 5 月 6 日（19 日）
《真理报》第 50 号

译自《列宁全集》俄文第 5 版
第 32 卷第 27—29 页

论坚强的革命政权

(1917年5月5日〔18日〕)

我们拥护坚强的革命政权。不管资本家及其走狗怎样起劲地叫嚷,说我们反对这种政权,他们的谎话也还是谎话。

千万别让理智被空话蒙蔽,思想被空话搞乱。人们谈论"革命",谈论"革命人民",谈论"革命民主派"等等,**十之八九**是自欺欺人。应当问一问,谈的是**哪一个阶级**的革命?是**革谁**的命?

是革沙皇制度的命吗?在这个意义上说,目前俄国大多数地主和资本家都是革命者。革命一成功,反动派也会来摘取革命的成果。现在,赞扬**这种**意义的革命成了最常见、最卑鄙、最有害的欺骗群众的手段。

是革地主的命吗?在这个意义上说,大多数农民甚至大多数富裕农民,也就是约占俄国十分之九的人口都是革命者。也许,一部分资本家也想做革命者,他们心里盘算着:反正地主现在已经没救了,倒不如站到革命方面去,也好保护资本不受侵犯。

是革资本家的命吗?这才是主要问题。这才是实质,因为不进行反对资本家的革命而一味空谈"没有兼并的和约"以及用这种和约来迅速结束战争,那不是幼稚和无知,就是愚蠢和欺骗。如果没有战争,俄国也许会过上几年甚至几十年而不发生反对资本家的革命,但在有战争的情况下,这在客观上就不可能了。这时,要么是灭亡,要么是进行反对资本家的革命。问题就是这样摆着的。实际生活就是这样提出问题的。

俄国的大多数居民,即无产者和半无产者,也就是工人和贫苦农民,出于本能、感情和热望,都同情反对资本家的革命。但他们还缺乏明确的认识,因此,也就缺乏决心。我们的主要任务就是要使他们具备这些东西。

小资产阶级的领袖——知识分子、富裕农民、当前的民粹主义党派(包括社会革命党)和孟什维克党,现在**不主张**进行反对资本家的革命,他们当中的一部分人甚至是对人民非常有害的革命敌人。联合内阁的"经验"会帮助全体人民极其迅速地**抛弃**小资产阶级的那种同资本家妥协的幻想。

结论非常清楚:只有半无产者所支持的无产阶级的政权,才能使我国有一个真正坚强的、真正革命的政权。这个政权将真正是坚强的,因为可靠的觉悟的人民大多数会拥护它。这个政权将是坚强的,因为它没有必要去依靠资本家同小业主、百万富翁同小资产阶级、柯诺瓦洛夫们和盛加略夫们同切尔诺夫们和策列铁里们所达成的很不稳定的"妥协"。

只有这个政权才会是真正革命的,因为只有它才能够向人民表明,在群众遭到极大的苦难的时候,它会毫不犹豫地去触动资本的利润。这个政权将是真正革命的,因为只有它才能激发、鼓励并发扬群众的革命热情,如果群众每时每刻都能看到、感触到、觉察到这个政权信任人民而不是害怕人民,这个政权能马上帮助穷人改善生活,让富人也**均等地**承受起人民遭受苦难的重担。

我们拥护坚强的革命政权。

我们拥护唯一可能的和唯一坚强可靠的革命政权。

载于 1917 年 5 月 6 日(19 日)
《真理报》第 50 号

译自《列宁全集》俄文第 5 版
第 32 卷第 30—32 页

给刚诞生的……“新”政府的小礼物[18]

（1917年5月5日〔18日〕）

《言语报》在一篇严肃的（按老百姓的说法，严重的）社论中说：

“我们希望，我们不必和盟国发生重大冲突就能向信奉‘没有兼并和赔款’这一公式的人们〈应读做：向新政府〉证明，这一公式实际上是不适用的。”

要知道，资本家通过《言语报》说的话是对的。不实际进行反对资本的革命，这一公式的确“实际上是不适用的……”！

* * *

并非自愿下台而是被赶下台的米留可夫的讲话中有这样几句话：

“不管我们写的表示对盟国友好的公式多么漂亮，只要我们按兵不动，事实上就是背弃我们的义务。反之，不管我们写的公式多么可怕，有失信义，只要军队事实上在作战，那当然也就是在事实上履行我们对盟国的义务……”

讲得对！这位米留可夫公民有时候也懂得问题的实质…… 切尔诺夫和策列铁里两位公民，难道你们不清楚从你们对帝国主义战争采取的**实际**态度问题中能得出什么结论吗？

* * *

舒利金在一次正在组织起来的反革命派的会议上说：

"我们宁愿当乞丐,但是要在自己的国家里当乞丐。如果你们能够为我们保住这个国家,拯救这个国家,就是把我们剥光,我们也不会为此而哭泣。"

舒利金先生,别吓唬人!甚至在**我们**将来取得政权的时候,我们也不会把你们"剥光"的,只要你们从事力所能及的已经做惯的工作,我们还会保证你们有好衣穿,有好饭吃!你们的恐吓可以适用于切尔诺夫之流和策列铁里之流,但是"吓不倒"我们!

* * *

马克拉柯夫在同一次会议("国家杜马代表会议")上说:

"看来俄国不配享受它所争得的自由。"

应读做:农民和工人不能使马克拉柯夫之流先生们满意。这些先生希望,切尔诺夫之流和策列铁里之流能够使群众同他们"和好"。这办不到!

* * *

在同一篇讲话中还说:

"我们可以对很多人提出责难,但是,我们在俄国既不能离开资产阶级,也不能离开无产阶级,既不能离开各个派别,也不能离开各个个人。"

对不起,马克拉柯夫公民,"我们"(无产阶级政党)"在俄国""能离开资产阶级"。往后你们就会看到并承认,不抛开资产阶级就不能摆脱帝国主义战争。

* * *

在同一篇讲话中还说:

"我们看到了很多已经表现出来的劣根性:不愿工作,不愿认识自己对祖国的职责。我们看到在残酷的战争期间,国内还到处在开庆祝大会,开群众大会,议论纷纷,国内都不承认政权机关,不愿服从它。"

讲得对！是有很多“劣根性”，特别是在地主和资本家身上。小资产者也有劣根性，例如想去同资本家组织联合内阁。无产者和半无产者也有劣根性，例如不能很快抛弃小资产阶级幻想，不能很快就相信，正是他们这个阶级而且只有他们这个阶级才应取得**全部**“政权”。

*　　*　　*

在同一篇讲话中还说：

“国家愈来愈右倾，政权就会愈来愈左倾。”

马克拉柯夫所说的“国家”是指资本家。在这个意义上说，他是对的。但是，公民，我肯定地对你说，工人和贫苦农民的“国家”要比切尔诺夫之流和策列铁里之流左倾一千倍，要比我们左倾一百倍。往后你们就会看到的。

载于1917年5月6日(19日)
《真理报》第50号

译自《列宁全集》俄文第5版
第32卷第33—35页

“新”政府已不仅落后于革命工人，而且落后于农民群众

(1917 年 5 月 5 日〔18 日〕)

证据如下：

5 月 4 日《俄罗斯意志报》[19]（俄罗斯的意志！）晚刊在报道正在举行的农民代表大会[20]代表的情绪时说：

“代表们感到农民所受的主要委屈是：一切阶级都分得了革命果实，只有农民还在等待自己的一份。人们只建议农民等待召开立宪会议，由立宪会议解决土地问题。

——不，不能这样，别人没有等，我们也不想等。我们现在立刻就要土地。”

毫无疑问，替最坏的资本家效劳的《俄罗斯意志报》的记者，这一次没有诬蔑农民（撒谎没有好处），而是讲了真话，对资本家发出了**警告**。来自大会的**一切**消息都证实了这是真话。

请把“新”政府的宣言草案第 5 条同这些真话比较一下吧：

“鉴于土地归劳动者的问题要由立宪会议解决，临时政府将采取……措施”等等（“旧”临时政府也经常“采取措施”……）。

“新”政府甚至已无可挽回地落后于农民代表大会了！！

这一事实出乎很多人的意料，但这是事实。

正如英国的谚语所说，事实是顽强的东西。

载于1917年5月6日(19日)
《真理报》第50号

译自《列宁全集》俄文第5版
第32卷第36页

先发制人

(1917年5月6日〔19日〕)

昨天,5月5日,在两大晨报《人民事业报》[21]和《言语报》的第1版上登载了一篇通告,这篇通告当晚就转载在古契柯夫—苏沃林的《晚间报》[22]上,很值得注意。

这篇通告的内容是,“按照工兵代表苏维埃和工程师协会的协议并受临时政府的全权委托”,在彼得格勒成立了“恢复和保持工业企业正常工作进程的中央委员会”。

通告说:“中央委员会的最主要的任务是:制定并协调各项恢复和保持工业企业正常工作进程的措施,组织对一切工业企业的经常的积极的**社会监督**。”

通告中最后几个字用了黑体。

这几个字令人想起“当年”沙皇时代参议院所设立的委员会和其他由官吏组成的委员会。只要沙皇的大臣、省长、贵族代表等人中有一个坏蛋营私舞弊,只要直接或间接隶属于沙皇政府的一个机关在整个俄国和整个欧洲大出其丑,那立刻就要成立一个由有名的和最有名的、显要的和最显要的、富裕的和最富裕的“人物”参加的委员会来“安抚**社会**舆论”。

而这些人物“安抚”社会舆论一向成效卓著。我们英明的沙皇安抚“社会良心”这类话说得愈漂亮,他们埋葬——必然极其隆重——一切“社会监督”就愈彻底……

当人们读到关于新的中央委员会的夸大其词的通告的时候，忍不住要说：过去如此，将来还会如此。

资本家先生们已经先发制人了。工人们日益意识到必须对工厂和辛迪加实行**无产阶级的**监督。部长和接近部长的那些人中的商界“天才”巨头则产生了一种“天才”思想：先发制人。让工兵代表苏维埃做尾巴，——只要苏维埃是由民粹主义者和孟什维克把持着，这一点是不难做到的。必须建立起“社会监督”，因为这种监督看上去非常重要，非常像国家的英明措施，非常有部长气派，非常了不起……这种监督会把一切真正的监督、一切**无产阶级的**监督无声无息地彻底埋葬掉……　真是天才的思想！真是对“社会良心”的彻底“安抚”！

怎样成立新的“中央委员会”呢？

哦，自然是用民主的方式。可不是，我们**大家**都是“革命民主派”么。如果认为20万工人中派20名代表，1万工程师、资本家等等中派1名代表才是民主，那自然是“无政府主义的”错误看法。不，真正的民主制就是仿效“革命民主派”组成“新”政府的办法：让6个孟什维克和民粹主义者“代表”工人和农民，让8个立宪民主党人[23]和十月党人[24]代表地主和资本家，——新的劳动部按照它与旧的工业部的协议所完成的最新调查，不正是证明大多数俄国居民是地主和资本家吗？

你们不妨听一听按照“革命民主派”同政府的协议参加新中央委员会的那些机关的“代表”的**全部**名单。

中央委员会由下列机关的代表组成：(1)工兵代表苏维埃执行委员会；(2)国家杜马临时委员会；(3)全俄地方自治机关联合会；

(4)全俄城市联合会;(5)彼得格勒市社会管理局;(6)工程师协会;(7)军官代表苏维埃;(8)工商界代表大会委员会;(9)彼得格勒工厂主协会;(10)中央军事工业委员会;(11)全俄地方自治机关和城市联合会军需供应总委员会;(12)军事技术支援委员会;(13)自由经济学会……[25]

全了吗?

全了。

难道这还不足以切切实实地安抚社会良心吗?

如果同一家大银行或资本家的同一个辛迪加通过自己的股东在这10个或12个机关中获得5次或10次代表权,那怎么办呢?

唉,不必在"细节"上吹毛求疵,须知目前问题的实质在于保证"经常的积极的**社会监督**"!

载于1917年5月7日(20日)
《真理报》第51号

译自《列宁全集》俄文第5版
第32卷第37—39页

给工厂和团队选出的工兵代表苏维埃代表的委托书[26]

（1917 年 5 月 7 日〔20 日〕以前）

（1）我们的代表应无条件地反对目前这场帝国主义侵略战争。各国（俄国、德国、英国等）资本家是为了追求自己的利润，为了扼杀弱小民族而进行这场战争的。

（2）只要领导俄国人民的还是资本家政府，就决不能支持这个进行侵略战争的政府，一文钱也不给它！

（3）我们的代表应主张立即公布前沙皇尼古拉同英法等国资本家缔结的掠夺性秘密条约（关于扼杀波斯、瓜分土耳其和奥地利等等的条约）。

（4）我们的代表应主张立即废除所有这些条约。俄罗斯人民，工人和农民，不愿意也不会压迫任何一个民族，不愿意也不会把任何一个非俄罗斯（非大俄罗斯）民族强迫留在俄国疆界内。给一切民族以自由，各族工人和农民结成兄弟联盟！

（5）我们的代表应主张俄国政府立即无保留地、不找任何借口、毫不拖延地公开向**一切**交战国建议缔结和约，条件是**毫无例外地**解放**一切**被压迫民族或没有充分权利的民族。

这就是说，大俄罗斯人不再强制留住波兰、库尔兰、乌克兰、芬兰、亚美尼亚以及其他任何一个民族。大俄罗斯人建议一切民族结成兄弟联盟，并根据每个民族的自愿而决不是通过直接或间接的暴力来组成共同的国家。根据这种媾和条件，大俄罗斯人应当立即从加利西亚、亚美尼亚和波斯撤军，让这些民族和其他**一切**民族都有充分的自由来决定：他们是生活在一个单独的国家内，还是愿意和哪个民族就和哪个民族共同生活在一个联盟国家内。

根据这种媾和条件，德国不仅应当毫无例外地放弃战争开始后所侵占的**全部**土地，而且应当放弃它强制留在德国疆界内的民族：丹麦族（石勒苏益格北部各省）、法兰西族（阿尔萨斯和洛林的一部分）、波兰族（波兹南）等。德国应当和俄国同时，立刻从自己所占领的一切地区和上述各个地区撤军，让每个民族自由地通过全民投票来决定：他们是生活在一个单独的国家内，还是**愿意和哪个民族就和哪个民族**共同生活在一个联盟国家内。德国必须绝对无条件地放弃它的全部殖民地，因为殖民地就是被压迫民族。

根据这种媾和条件，英国不仅应立即无条件地放弃在战争开始后所侵占的全部别人的土地（德国在非洲的殖民地等等；土耳其的土地，美索不达米亚等等），而且应当放弃**它的全部殖民地**。英国应当同俄国和德国一样，立即从所侵占的全部土地、它的全部殖民地和爱尔兰撤出自己的军队，让每个民族通过自由投票来决定：它是生活在一个单独的国家内，还是愿意和哪个民族就和哪个民族共同生活在一个联盟国家内。

总之，一切交战国都应当毫无例外地接受根据这些确切条件立即签订和约的建议。**各**国资本家不应当再欺骗人民，口头上答应"没有兼并的和约"（即没有侵占的和约），实际上却保持**自己**兼并的土地，并且为了从对手那里夺取"**他的**"兼并的土地而继续进行战争。

(6)如果政府不郑重地答应立刻向一切民族提出这种立即媾和的条件,不在**两天**之内把它的这种建议公布出来,那么,我们的代表就不应当给予任何支持,不应当投票赞成任何一种公债,不应当把人民的哪怕是一文钱送给**任何一个这样的**政府。

(7)……①

载于1925年《列宁文集》俄文版第4卷

译自《列宁全集》俄文第5版第32卷第40—42页

① 手稿到此中断。——俄文版编者注

给全俄农民代表大会代表的公开信

(1917年5月7日〔20日〕)

农民代表同志们:

俄国社会民主工党(布尔什维克)中央委员会(我有幸属于其中的一员)要我代表我们党出席农民代表大会。我由于患病还不能完成这一委托,现在我写这封公开信谨向你们祝贺农民在全俄范围内的联合,并简略地谈谈是哪些深刻的意见分歧使我们党同“社会革命党”和“孟什维克社会民主党”分开的。

这些深刻的意见分歧涉及三个最重要的问题:土地问题、战争问题和国家制度问题。

全部土地应当归人民所有。全部地主土地应当无偿地转归农民。这是很明显的。所争论的是:各地农民应不应当拒付地主任何租金,不等立宪会议召开就立即夺取全部土地?

我们党认为是应当的,并建议各地农民立刻夺取全部土地,但要尽量有组织地进行,绝对不允许损坏财物,要尽力增加粮食和肉类的生产,因为前线士兵正处于极其艰苦的境地。立宪会议将确定最后如何支配土地,但现在为了春耕只好立刻先由地方机关来支配土地,因为我们的临时政府,地主和资本家的政府,迟迟不召开立宪会议,直到现在连召开的日期也还没有确定。

只有地方机关才能初步地处置土地。播种是必要的。各地大多数农民完全能够有组织地处置土地，耕种全部土地。为了改善前线士兵的伙食，这是必要的。因此，决不允许等待立宪会议。我们丝毫不否认立宪会议有权最后确定全民土地所有制和处置土地的条件。但在今春则应当立刻先由各地农民自己去处置土地。前线士兵能够而且应当派代表到农村去。

其次，为了使劳动者获得全部土地，必须建立城市工人和贫苦农民(半无产者)的紧密联盟。没有这种联盟就不能战胜资本家。如果不战胜资本家，不管土地怎么归人民所有也不能使人民摆脱贫困。土地是不能吃的，而没有钱，没有资本，就无从获得工具、牲畜和种子。农民不应当相信资本家，不应当相信富裕农民(这也是资本家)，而只应当相信城市工人。贫苦农民只有同城市工人结成联盟，土地、铁路、银行和工厂才能统统转归全体劳动者所有，否则单靠土地转归人民所有是不能消除贫困的。

俄国某些地方的工人已经开始建立工人对工厂的监察(监督)。工人的这种监察对农民有利，它能使产量增加，使产品价格降低。农民应当全力支持工人的这种创举，不相信资本家对工人的诬蔑。

第二个问题是战争问题。

这场战争是侵略战争。各国资本家是为了达到自己的侵略目的，为了取得更多的利润而进行这场战争的。除了造成死亡、惨祸、荒凉和粗野，这场战争决不会也不可能给劳动人民带来别的什么。因此，我们的党，觉悟工人的党，贫苦农民的党，无条件地坚决谴责这场战争，拒绝在一国资本家面前替另一国资本家辩护，拒绝支持任何国家的资本家，竭力用推翻各国资本家的办法，用掀起各国工人革命的办法来尽快结束战争。

在我国现在的新的临时政府中，10 个部长属于地主和资本家的政党，6 个部长属于“民粹主义”党派(包括“社会革命”党)和“孟什维克社会民主”党。我们深信，民粹主义者和孟什维克参加资本家政府并同意完全支持它，是犯了一个不可挽回的严重错误。策列铁里和切尔诺夫一类人物希望促使资本家比较迅速、比较真诚地结束这场侵略战争。但是民粹主义党派和孟什维克党的这些领袖却犯了错误：实际上他们是在帮助资本家用俄国军队来对德国发动进攻，就是说，是在帮助资本家拖延战争，使俄国人民对战争所作的空前的牺牲更为严重。

我们深信，各国资本家都在欺骗人民，口头上答应迅速缔结公正的和约，实际上却在拖延侵略战争。控制过旧临时政府、现在依然控制着新政府的俄国资本家，甚至不想公布前沙皇尼古拉·罗曼诺夫同英法等国资本家签订的掠夺性秘密条约——这些条约的目的是要夺取土耳其人的君士坦丁堡，抢走奥地利人的加利西亚和土耳其人的亚美尼亚，如此等等。临时政府过去和现在都承认这些条约。

我们党认为，这些条约也像德国资本家强盗及其强盗皇帝威廉同他们的盟国所签订的条约一样，是掠夺性的罪恶的条约。

工人和农民不应当为实现资本家的这种掠夺目的而流血。

必须尽快结束这场罪恶的战争，但**不是**通过同德国单独媾和，**而是通过普遍的和约**，不是通过资本家的和约，而是通过**反对**资本家的劳动群众的和约。达到这个目的的道路只有一条，就是在俄国和其他国家中，使全部国家政权完全归工兵农代表苏维埃。只有这样的苏维埃才能真正阻止资本家欺骗人民，阻止资本家拖延战争。

现在我来谈我所指出的第三个即最后一个问题——国家制度问题。

俄国应当成为一个民主共和国。这一点连大多数地主和资本家也表示同意，他们过去一贯拥护君主制，现在他们相信俄国人民决不会允许恢复君主制。现在，资本家竭力使俄国的共和制尽量像君主制，尽量容易重新变成君主制（这种例子在许多国家是屡见不鲜的）。为此，资本家想保存**居于**人民**之上**的官吏，警察，以及脱离人民的、由非选举产生的将军和军官指挥的常备军。将军和军官如果不是由选举产生，就几乎总是由地主和资本家来充当。世界上所有共和国的经验也都证明了这一点。

因此，我们的党，觉悟工人和贫苦农民的党，力求建立另外一种民主共和国。我们需要建立这样的共和国，那里没有欺侮人民的警察，一切官吏自下而上全由选举产生，并根据人民的要求随时可以撤换，他们的薪金不超过熟练工人的工资，军队中的一切长官同样由选举产生，脱离人民、受敌视人民的阶级指挥的常备军将被取消，而代之以普遍的人民武装，全民的民兵。

我们需要建立这样的共和国，那里全部国家政权自下而上完完全全归工兵农等等代表苏维埃。

工人和农民占人口的大多数。政权应当由他们掌握，而不应当由地主和资本家掌握。

工人和农民占人口的大多数。政权和管理权应当由他们的**苏维埃**掌握，而不应当由官吏掌握。

农民代表同志们！这就是我们的观点。我们坚信，经验会很快地向最广大的人民群众表明，民粹主义者和孟什维克的政策是错误的。经验会很快地向群众表明，同资本家妥协拯救不了和德国以及其他国家一样处于死亡边缘的俄国，拯救不了受战争折磨的人民。只有使全部国家政权直接归大多数人掌握，才能拯救全体人民。

尼·列宁

1917年5月7日于彼得格勒

载于1917年5月11日(24日)
《士兵真理报》第19号

译自《列宁全集》俄文第5版
第32卷第43—47页

在彼得格勒党组织大会上关于俄国社会民主工党(布)第七次全国代表会议(四月代表会议)结果的报告[27]

(1917年5月8日〔21日〕)

列宁同志开始时谈到,我们这次代表会议是在特殊的而不是通常的时期召开的:俄国目前正在进行变革,正在革命,而全世界正经历着一场空前的战争。

因此,要理解我们这次代表会议的各项决议,首先必须懂得我们进行的是一场什么样的战争,它是谁发动的,我们已经完成了一场什么样的革命以及我们将要进行一场什么样的革命。

战争既不是工人,也不是农民发动的;无论是俄国的工人和农民,还是德国、法国、意大利、比利时以及英国的工人和农民都没有发动这场战争。发动并继续这场战争的是全世界的资本家:英国资本家及其盟友法国、俄国、意大利的资本家以及德国资本家及其盟友奥地利资本家。

进行这场战争是为了什么?

是为了解放,为了工人和农民的利益吗?不是。

掠夺——这就是战争的目的,瓜分别国领土——这就是驱使资本家大喊大叫要把战争进行到最后胜利的原因。

沙皇尼古拉是和威廉一样的强盗，他同英法资本家签订了掠夺性的秘密条约；这些条约没有公布，因为一旦公布，全体人民就会识破骗局，战争就会很快结束。我们在关于战争的决议中直截了当地称这场战争为掠夺性的**帝国主义**战争，原因就在这里。

怎样才能结束这场世界性的大厮杀？某一国家单独退出战争能结束这场大厮杀吗？

不，不能，其所以不能，是因为这次交战的不是两个国家，而是很多国家；因为资本家只能暂时停止战争以准备新的战争。无论是工人还是农民，不管他们是德国人、法国人还是俄国人都不要这样的和平。

到底谁能结束这场战争呢？

只有工人和农民（但不是俄国一国的，而是全世界的工人和农民）才能结束战争。全世界的工人和农民有着一致的利益，这就是同资本家和地主进行斗争。因此，全世界的工人和农民只有联合起来才能结束战争。这就是我们布尔什维克反对单独媾和，即反对只是俄德双方媾和的理由。单独媾和是愚蠢的行为，因为它不能解决同资本家和地主作斗争这个根本问题。

全世界工人和农民怎样才能联合起来呢？战争妨碍着这一联合。

俄国革命推翻了专制制度，给了俄国人民空前的、现在世界上任何一国人民都没有的自由。但它是否解决了俄国实际生活中的根本问题——土地问题呢？没有，因为土地至今仍然掌握在地主手里。怎么会这样呢？这是因为人民推翻了沙皇之后，把政权不仅交给了自己选出的工农代表，交给了工兵代表苏维埃，而且还交给了临时政府。

而临时政府就是资本家、地主，就是那些真心实意地或虚情假意地说只有同地主一道才能拯救俄国的人。

但地主不愿把土地交给农民，资本家不愿放弃自己从战争中和对别国领土的掠夺中得到的好处。

这就是我们布尔什维克不支持临时政府、不主张社会党人去当部长的原因。

社会党人部长们将只会用自己的名字去掩盖掠夺和侵略行径，而且已经在掩盖了。他们参加政府并同资本家异口同声地说：战争不仅是防御战，而且还要进攻；至于把土地交给农民，这不是现在的事，而是立宪会议召开以后的事。

我们反对临时政府并且只承认**我们的**政府——工兵代表苏维埃才是政府，原因就在这里。更好的政府现在还没有，它还没有被人民创造出来，臆造是造不出来的。

资本家、地主和社会党人组成的临时政府现在并不想把土地交给人民，而且还在鼓吹进攻，我们的政府为什么决定支持它呢？那是因为目前工兵代表苏维埃中占多数的是农民出身的士兵，他们不懂得每一个政党**实际上**要达到什么目的。

因此，我们的任务就是耐心地向工人和农民解释：一旦全国人民通过亲身实践而不是从书本上懂得，只有工农掌握全部政权，只有工农兵代表苏维埃政权才能促使人们掀起争取和平、争取土地和争取社会主义的坚决斗争，只有到了那时，一切才会实现——战争才会结束，农民才会获得土地，同资本家的真正的（不是口头上而是事实上的）斗争才会展开。

要越过人民是不行的。只有幻想家和密谋分子才认为，少数人能把自己的意志强加给多数人。法国革命者布朗基就曾这样想过，但是他错了。如果人民大多数由于不理解而不愿意掌握政权，少数人——不管他们多么革命，多么聪明——就不能把自己的愿望强加给人民大多数。

我们的行动就是以此为依据的。

我们布尔什维克应该耐心地、坚持不懈地向工人和农民解释我们的观点。我们每个人都不要用老眼光来看待我们的工作，不要指望会来一个鼓动员、宣传员，一个更高明的同志把一切都解释清楚，每一个同志都应该既是我们党的鼓动员、宣传员，又是我们党的组织者。

只有这样，我们才能使人民理解我们的学说、总结自己的经验并真正把政权夺到自己手中。

载于1927年《列宁研究院集刊》第1集

译自《列宁全集》俄文第5版第32卷第48—51页

“事实上的停战”

（1917年5月9日〔22日〕）

5月7日的《新生活报》[28]登载了同“新”政府部长们的谈话记录。李沃夫总理声言：“国家应该表示权威性的意见并派遣军队去作战。”

这就是新政府的“纲领”的实质。进攻，进攻，再进攻！

李沃夫总理为这个目前得到切尔诺夫之流和策列铁里之流拥护的帝国主义纲领辩护，气急败坏地抨击“**前线出现的事实上的停战**”！

每个俄国工人、每个农民都该好好想一想这个**进攻**纲领，好好想一想部长们的这些反对“事实上的停战”的声色俱厉的言论。

千百万人在战争中死亡和成为残废。战争给人类特别是给劳动群众带来了空前的灾难。资本家靠战争获得骇人听闻的高额利润。士兵受尽折磨，疲惫不堪。

事实上的停战究竟有什么不好呢？停止大厮杀有什么不好呢？让士兵取得一点点喘息机会又有什么不好呢？

有人反对我们说，停战只在一条战线上，因此有造成单独媾和的危险。但是，这个反对意见显然站不住脚。既然俄国政府和俄国工农都**不愿意**同德国资本家单独媾和（大家知道，我们党不但在《真理报》的文章中多次反对过这样的媾和，而且在代表全党说话的我们的代表会议的决议①中也多次反对过这样的媾和），既然在俄国谁也不愿意同个别国家的资本家单独媾和，那怎么会导致、什么样的奇迹会导致单独媾和呢？？谁能强迫这样媾和呢？？

这个反对意见显然站不住脚，分明是凭空捏造，企图混淆人们的视听。

其次，为什么一条战线事实上的停战有导致这条战线单独媾和的“危险”，却**不可能扩大为各条战线事实上的停战呢**？

事实上的停战是一种不稳定的过渡状态。这是不容争辩的。它会向哪里过渡呢？既然双方政府或双方人民都**不**同意单独媾和，事实上的停战也就不可能导致单独媾和。但为什么这种停战不会过渡到**各条**战线事实上的停战呢？和各国政府或大多数国家的政府相反，**各国**人民不是显然都同意这样做吗？

一条战线上的联欢可以而且应当过渡到各条战线上的联欢。一条战线事实上的停战可以而且应当过渡到各条战线事实上的停战。

那样，各国人民就会摆脱大厮杀而得到休息。**各**国革命工人就会更有信心地行动起来，他们的影响就会扩大，各先进资本主义国家有可能有必要进行工人革命这种信念就会增强。

这种过渡有什么不好呢？为什么我们不尽力促进**这种**过渡呢？

有人会反对说，各条战线事实上的停战现在对德国资本家有

① 见本版全集第29卷第399页。——编者注

利，因为现在他们夺到的东西较多。这话不对，因为英国资本家夺到的东西更多（德国在非洲的殖民地、德国在太平洋的岛屿、美索不达米亚，还有叙利亚的一部分以及其他地方），而且与德国资本家不同，他们根本没有失掉什么。这是第一。第二，如果德国资本家比英国资本家更顽固，德国的革命就会发展得更快。德国的革命显然是在成长。俄国军队的进攻会阻碍这种成长。“事实上的停战”则会加速这一革命的成长。

第三，从德国日益严重的饥荒、破产和经济破坏看来，它的处境十分恶劣，毫无出路，情况比别的任何国家都糟，在美国参战以后更是如此。“事实上的停战”不会消除**这个**使德国虚弱的基本根源，反而会比较快地改善其他各国的状况（运输自由），并使德国资本家的状况恶化（无从输入物资，向人民隐瞒真相就会更加困难）。

俄国人民面前摆着两个纲领。一个纲领是切尔诺夫之流和策列铁里之流所奉行的资本家的纲领。这是进攻的纲领，是拖延帝国主义战争的纲领，是要继续大厮杀。

另一个纲领是我们党在俄国所捍卫的全世界革命工人的纲领。这个纲领就是：开展联欢（不让德国人欺骗俄国人），用交换号召书的办法进行联欢，把联欢和事实上的停战扩展到各条战线上去，竭力促进这个工作，从而加速各国工人革命的成长，使各交战国的士兵至少暂时取得喘息机会，使俄国政权加速转到工兵农代表苏维埃手中，以便更快地缔结有利于劳动人民而不利于资本家的真正公正、真正普遍的和约。

我国政府以及切尔诺夫之流和策列铁里之流、民粹主义者和孟什维克主张第一个纲领。

俄罗斯人民、俄国（不仅仅俄国）各族人民大多数，即工人和贫苦农民大多数无疑赞成第二个纲领。

第二个纲领的胜利已经日益临近了。

载于 1917 年 5 月 9 日(22 日)
《真理报》第 52 号

译自《列宁全集》俄文第 5 版
第 32 卷第 52—54 页

对外政策的秘密

(1917 年 5 月 9 日〔22 日〕)

遗憾得很，人民群众既不能阅读外交史方面的书籍，又不能阅读资本家报纸的社论！尤其遗憾(在这里用这个词真是太轻了)的是，社会革命党和孟什维克社会民主党的部长及其满可以当部长的同事，明明知道外交史方面的事实和外交界“大人物”的文章，却总是避而不谈。

《言语报》援引《交易所小报》[29]的消息，认为消息可靠，这条消息的真实意思是说，英国决不反对放弃“肢解土耳其和瓜分奥匈帝国”，也就是说，英国准备同意**不**让俄国得到以前的条约允许由它兼并的土地(君士坦丁堡、亚美尼亚和加利西亚)。**在这个意义上，**也只是在这个意义上，英国准备修改条约。

接着《言语报》愤愤不平地说：

“看吧，这就是新口号〈即没有兼并和赔款的和约这一口号〉胜利的第一个结果。”“协定大概要修改了：现在做修改协定的‘准备工作’的甚至不是我们，而是我们的盟国。但是修改的结果将不是一律〈你听！你听！〉放弃各盟国提出的一切重大任务，而是单方面〈这难道不是妙论吗？〉放弃在东南欧的任务〈应读做：在奥地利和土耳其的任务，即掠夺亚美尼亚、君士坦丁堡和加利西亚〉，去执行不是我国而是我们的盟国在其他地区和殖民地的任务。

特别是，报刊上已经提到，我们的盟国可能放弃在小亚细亚的任务。这话好像是阿尔伯·托马在工兵代表苏维埃说的，莫斯科报刊作了报道。

不错，这话至今还没有得到官方的证实。至于英国，要它放弃这个任务是困难的。英国所持的观点不无道理：要想得到东西，就得先下手。〈你听！你听！〉所以英国现在已经派兵占领对英国〈应读做：对英国资本家〉有重大利害关系的美索不达米亚和巴勒斯坦。在这种情况下，它拒绝满足**其他**〈黑体是《言语报》用的〉盟国在这方面的切身利益，当然也是单方面的，只对它本身有利。”

的确，不论米留可夫或是谁能写下这样的话，在他活着的时候就应该给他树一座纪念碑……以表彰他的坦率。真妙，妙极了，坦率的《言语报》外交家们！（为什么他们坦率呢？因为他们对米留可夫失去部长一职极其愤慨）……

上面援引的几段话里谈到的一切，是一个已被近年来的全部外交史（**和资本投放国外的历史**）证实了的真理。英国决不会放弃对巴勒斯坦和美索不达米亚的掠夺（兼并），但它赞同惩罚俄国人（由于德俄战线上“事实上的停战”），不让他们得到加利西亚、君士坦丁堡和亚美尼亚等地。这就是《言语报》不用外交辞令而用俄罗斯语言表述出来的这几段话的简单明了的意思。

用《言语报》的言语来讲话的俄国资本家按捺不住心中的愤恨，泄露了对外政策的秘密，怒气冲冲地低声咒骂，讽刺挖苦英国资本家，说这是“单方面的”，这对你们“有利”，而对**别人**没有好处。

工人同志们，士兵同志们！请深入思考一下《言语报》那些**见多识广的**外交家和前部长难得有的坦率而实在的话。请深入思考一下已彻底揭露出来的、俄国资本家和英国资本家进行这场战争的**真正目的**。

俄国的士兵同志们！你们愿意为英国资本家掠夺美索不达米亚和巴勒斯坦而战吗？李沃夫、切尔诺夫、捷列先科、策列铁里的俄国政府与资本家有着共同的利益，**不敢**公开说出已被《言语报》

泄露的真相，你们愿意支持这个政府吗？

载于 1917 年 5 月 10 日（23 日）
《真理报》第 53 号

译自《列宁全集》俄文第 5 版
第 32 卷第 55—57 页

秘密条约之一

（1917年5月10日〔23日〕）

大家知道，“革命的”临时政府在对外政策问题上的第一句话，就是声明前沙皇尼古拉二世同“盟国”资本家所缔结的一切秘密条约仍然有效，新俄国将忠实地坚决地予以履行。

其次，大家还知道，我们的“护国派”拼命替米留可夫分子拒绝公布秘密条约辩护。这些可怜的社会党人竟堕落到这种地步：维护秘密外交，而且是维护前沙皇的秘密外交。

为什么帝国主义战争的维护者这样热心地保守条约的秘密呢？

工人和士兵同志们，你们想知道其中的奥秘吗？

只要了解一下这些崇高的条约中的一个就行了，这就是1915年初“我们”同意大利（即同意大利资本家）缔结的条约。

资产阶级民主派瓦·沃多沃佐夫先生，根据《新时报》[30]公布的材料，在《日报》[31]（1917年5月6日）上透露了这个条约的内容：

“盟国保证意大利得到蒂罗尔南部（包括特里恩特）、整个沿海地区、达尔马提亚北部（包括扎拉和斯帕拉托两个城市）、阿尔巴尼亚中部（包括瓦洛纳）、小亚细亚附近的爱琴海群岛，以及小亚细亚土耳其的有利可图的铁路承租权，——这就是意大利讨价还价得到的流血的代价。增加这许多土地，大大超过了意大利从前提出的一切民族要求。根据条约规定，意大利除取得拥有约60万意大利人的地区(蒂罗尔南部和的里雅斯特)以外,还能取得拥有100多万人口的土地,而这些居民在种族与宗教信仰上是和意大利完全不同的。例如,达尔马提亚的居民百分之九十七是塞尔维亚族,意大利人只占百分之二多一点。同意大利签订这个条约,不仅没有取得塞尔维亚的同意,而且根本没有通知塞尔维亚,所以在那里非常自然地引起了极大的悲愤。帕希奇曾经在议会中说,他希望有关条约的传闻并不属实,因为意大利本身就是根据民族原则统一起来的,它决不会做从根本上破坏这一原则的事。可是帕希奇错了,条约已经缔结了。

我们知道内容的、与目前战争有关的条约就是这一个。这是一个极富掠夺性的条约。其他条约是否也表现出同样的掠夺性,我们就不知道了。但不管怎样,对于在自己的旗帜上写着'没有兼并的和约'的民主派来说,认清这一点是非常重要的。”

“我们不知道”其他秘密条约带有多大的掠夺性?不,沃多沃佐夫先生,我们知道得很清楚,瓜分波斯和土耳其、侵占加利西亚和亚美尼亚的秘密条约,是和同意大利签订的掠夺性条约一样肮脏的掠夺性条约。

士兵和工人同志们!有人不是对你们说你们是在保卫“自由”和“革命”吗?实际上你们是在保卫沙皇的见不得人的条约。他们向你们隐瞒了这些条约,正像把不可告人的暗疾隐瞒起来一样。

载于1917年5月10日(23日)
《真理报》第53号

译自《列宁全集》俄文第5版
第32卷第58—59页

部长的腔调

（1917 年 5 月 10 日〔23 日〕）

《彼得格勒工兵代表苏维埃消息报》的编辑们惯于用部长的腔调训人。他们不喜欢《真理报》；他们斥责它“猛烈攻击临时政府”。

对不喜欢的事情进行批评本来是每个政论家的神圣权利。但为什么要用部长的腔调斥责“攻击”而不从实质上进行批评，使自己落到可笑的地步呢？分析一下我们的论据，哪怕只分析我们的一个决议，或是我们的一个关于阶级斗争的指示，岂不是更好吗？

《消息报》的社论说，“国家**今天**正走向灭亡”。说得对。正因为这样，今天依靠小资产阶级即民粹主义者和孟什维克同资本家的妥协是不明智的。用这种办法决不能使国家免遭灭亡。

载于 1917 年 5 月 10 日（23 日）
《真理报》第 53 号

译自《列宁全集》俄文第 5 版
第 32 卷第 60 页

他们在寻找拿破仑

(1917 年 5 月 10 日〔23 日〕)

前任部长米留可夫的报纸对孟什维克和社会革命党人把某人排挤出内阁一事大为恼火,因此说出了一些不很…… “谨慎的”话。

5 月 9 日一篇没有署名的关于联欢的文章说道:“对罪恶的宣传能容忍下去吗?…… 难道这种行为制止不住吗?难道没有拿破仑就不行吗?难道我们只会满足于谈论铁的纪律吗?!!”

这是巧妙地、十分巧妙地暗指克伦斯基关于铁的纪律那几句臭名远扬的话。

《言语报》向读者真实地准确地描绘了“我们的”“新”政府内部的情况。我们衷心感谢《言语报》说出了这种报纸上极少见的、只是由于特殊情况才说出来的老实话。

在“新”政府中,克伦斯基依靠切尔诺夫和策列铁里的支持,宣布在军队中实行“铁的纪律”(为的是实现帝国主义的进攻计划)。

在 16 个部长职位中占 10 个职位的地主和资本家,却在愤懑地抱怨克伦斯基:“难道我们只会满足于谈论铁的纪律吗?”

这句话就是怂恿克伦斯基或“适当的”将领去扮演拿破仑的角色,去扮演扼杀自由、枪杀工人的角色,这难道还不明显吗?

载于 1917 年 5 月 10 日(23 日)
《真理报》第 53 号

译自《列宁全集》俄文第 5 版
第 32 卷第 61 页

什么也没有改变

（1917年5月10日〔23日〕）

现在政府中有了“社会党人”部长，奏出来的音乐就会不同了——护国派一直是这样来说服我们的。可是没有过几天，这种说法的虚伪性就开始暴露了。

大家知道，前任部长米留可夫曾经声明他不愿意也不会公布前沙皇尼古拉同英法资本家缔结的秘密条约，这个声明曾经引起士兵和工人们的极大愤慨。现在怎样呢？现在，**新**外交部长捷列先科先生，即斯柯别列夫和策列铁里的阁僚，对这个问题是怎么说的呢？

捷列先科承认“这个问题〈即秘密条约问题〉激起了公愤”。但他是怎样来平息这种公愤的呢？他只**重复了**刚刚下台的米留可夫的话。

“立即公布条约就等于和盟国决裂”，——捷列先科在同记者谈话时就是这样说的。

而“社会党人”部长们则保持缄默，把那套秘密外交掩盖起来。

联合内阁什么也没有改变。沙皇的秘密条约对它来说仍然是神圣的。

先生们，你们以为这样做就不会“激起公愤”？你们到底把觉悟的工人和士兵看做什么人？难道你们当真把他们看做“造反的奴隶”吗？

载于 1917 年 5 月 11 日（24 日）
《真理报》第 54 号

译自《列宁全集》俄文第 5 版
第 32 卷第 62 页

可悲的背弃民主主义的行为

(1917年5月10日〔23日〕)

《消息报》今天登载了一篇关于工兵代表苏维埃士兵部会议的报道。在这次会议上，还

“讨论了**士兵是否可以担任民兵职务**的问题。执行委员会向大会提出了下列决议案：

鉴于士兵应该履行自己**直接的**职责，士兵代表苏维埃执行委员会**反对士兵参加**民兵，并建议把所有加入民兵的士兵**立刻送回部队**。

经过短时间的讨论，决议案在作了如下**修改**后被通过：**从作战部队撤下来的和负伤的士兵**可以担任民兵职务”。

非常遗憾的是，修正案和决议案的确切文本没有发表。尤其遗憾的是，执行委员会提出而由大会通过的这一决议案，是完全背弃民主主义的基本原则的。

在俄国，现在未必会有一个民主主义政党不赞成用普遍的人民武装来代替常备军这一纲领性要求。现在未必会有一个社会革命党人或一个孟什维克社会民主党人敢于反对这种要求。但糟糕的是，“目前”人们在高谈“革命民主”的喧嚣声中，“照例”“在原则上”承认民主主义(更不用说社会主义)纲领，但在实践上却把这种纲领置于脑后。

以“士兵应该履行自己直接的职责”为借口反对士兵参加民兵，这就是完全忘记了民主原则，也许是不由自主地、不自觉地站

到拥护常备军的立场上去了。当兵是一种职业；士兵直接的职责**不**是为社会服务，——这就是常备军拥护者的观点。这不是民主主义的观点。这是拿破仑之流的观点。这是旧制度拥护者和幻想轻而易举地从共和制向立宪君主制倒退的资本家的观点。

民主主义者从根本上反对这种观点。士兵参加民兵是消除军民隔阂的问题。这是一个同“兵营”的万恶过去决裂的问题，在这个兵营里，脱离人民并与人民为敌，就这样“调教”、驯服和磨练了一个特殊的公民阶层，他们的“直接的职责”就是专门从事军事这一职业。士兵参加民兵是把“士兵”改造成公民-民兵、把一般居民改造成武装公民的根本问题。如果**全体**人民不能立刻无条件地获得学习使用武器的机会，民主就始终是一句骗人的空话，或者是一种敷衍办法。如果不是有步骤地、经常地、大批地吸收士兵参加民兵，那么这一点是做不到的。

也许有人会反对说，不能**让**士兵**放弃**他们的**直接的**职责。但这根本谈不上。故意说到这一点就很可笑，这正像故意说一个守护垂危病人的医生无权去投票选举，一个忙于大家都认为绝对不能中断的生产的工人，在别的工人来接班以前，无权去行使自己的政治权利。这种托词根本就是不严肃的，甚至是不怀好意的。

参加民兵，是最重要的、带根本性的民主要求之一，是自由的最重要保障之一。（顺便补充一点：加强军队的纯作战能力和军事力量的最可靠办法，就是用普遍的人民武装代替常备军，依靠士兵来训练人民；这种方法在一切真正革命的战争中都采用过，而且将来还会采用。）必须无条件地立即在各地着手组织全民的民兵，尽量想办法使士兵参加民兵，这就是工人、农民和士兵即大多数居民的切身利益所在，是不愿维护地主和资本家的利润的大多数人的切身利益所在。

载于 1917 年 5 月 12 日（25 日）
《真理报》第 55 号

译自《列宁全集》俄文第 5 版
第 32 卷第 63—65 页

关于召开有社会沙文主义者参加的所谓的社会党人国际代表会议

（1917年5月10日〔23日〕）

《彼得格勒工兵代表苏维埃消息报》今天登载了执行委员会关于成立国际代表会议筹备委员会的“组织条例”[32]。我党代表也被邀请参加这一委员会。不言而喻，不管是筹备委员会，还是拟将召开的有投靠本国资产阶级的所谓社会党人部长们参加的代表会议，我党都不会参加。任何一个关心我党并读过我党关于国际状况的决议①的人，都不会不知道这一点。

我党中央委员会几天前就一致决定派遣一名代表出席将要召开的齐美尔瓦尔德代表会议[33]，并授权他在发现代表会议主张同社会沙文主义者接近或者共同讨论问题时，立即离开会场，并退出齐美尔瓦尔德联盟。

载于1917年5月12日（25日）
《真理报》第55号

译自《列宁全集》俄文第5版
第32卷第66页

① 见俄国社会民主工党（布）第七次全国代表会议（四月代表会议）关于《国际的现状和俄国社会民主工党（布）的任务》的决议（《苏联共产党代表大会、代表会议和中央全会决议汇编》1964年人民出版社版第1分册第448—451页）。——编者注

在普梯洛夫工厂群众大会上的讲话

（1917年5月12日〔25日〕）

简 要 报 道

列宁阐述了布尔什维克对战争、和平和联合政府的基本看法。

列宁在讲话的前半部分简要地说明了他取道德国回国的原因，然后谈到战争，揭示了战争的掠夺性质。接着讲到怎样结束战争的问题，并且发挥了各交战国工人的联合是结束战争的唯一办法这一思想。

其次，列宁谈到当前各国工人的这种联合遇到什么障碍的问题，并且讲述了通过什么途径能够而且一定会达到这种联合。

这条途径不是工人同资本家妥协，不是农民-士兵同地主妥协，而是工人和农民同自己的压迫者作斗争。

联合政府就是社会党人同资本家妥协，就是扼杀革命。

工人和农民夺取政权，就能使我国解决下列迫切问题：土地问题，即把土地交给农民的问题，以及其他与战争有关的问题，如粮食问题，改善工人生活状况问题等等。

载于1917年5月19日（6月1日）《士兵真理报》第26号

译自《列宁全集》俄文第5版第32卷第67页

在区杜马选举中的无产阶级政党

(1917年5月12日〔25日〕)

我们党提出了独立的候选人名单参加选举。根据中央秘书处得到的初步材料,在12个选区中,有4个选区(莫斯科区、罗日杰斯特沃区、科尔皮诺区和波罗霍夫卡区)我们提出候选人名单没有同别人结成任何联盟。在所有其他选区,我们**只**同国际主义者结成联盟:在6个选区(第二戈罗德区、纳尔瓦区、彼得格勒区、莫斯科区、第一戈罗德区和瓦西里耶夫岛区),我们同"区联派"[34](大家知道,他们最坚决地斥责了民粹主义者和孟什维克参加资本家内阁的行为)结成了联盟;在4个选区(维堡区、涅瓦区、第一戈罗德区和瓦西里耶夫岛区),我们同反对"社会党人的"内阁主义[35]的孟什维克国际主义派[36]结成了联盟;在1个选区(涅瓦区),我们也同斥责社会革命党的"内阁主义"的社会革命党国际主义者结成了联盟。

同其他党派的国际主义者结成联盟,是完全符合我党代表会议(彼得格勒代表会议和全国代表会议)的决议①的,是完全符合无产阶级政党反对小资产阶级的护国主义、反对孟什维克和民粹主义者的内阁主义的根本方针的。

《新生活报》也在进行"左派联盟"的宣传,当然,这动摇不了我

① 见本版全集第29卷第256、421页。——编者注

党的决议。认为市政机关的选举"不会"像立宪会议的选举那样"具有鲜明的政治性质",那是错误的,根本错误的。同样,说"各个社会主义〈??〉政党提出的市政纲领没有多大区别",那也是错误的。重复这些怪论而不从实质上反驳《真理报》的论据,就是逃避对这个极重要的问题进行分析,或者简直就是服输。

把革命时期首都的选举完全(或主要地)归结为"市政"纲领问题,实在荒唐透顶。这是对一切革命的经验的嘲弄。这是对工人的健全理性的嘲笑,工人们很清楚,彼得格勒一直起着领导作用,有时**甚至**起着**决定**作用。

立宪民主党人联合了一切右派,一切反革命势力,一切地主和资本家。他们拥护政府,他们想把革命的彼得格勒变成拥有10个资本家部长和6个民粹主义者和孟什维克部长的资本家政府的应声虫。

无产阶级政党和立宪民主党人、沙文主义者、主张为夺取两个海峡而战的人截然相反,它无条件地敌视帝国主义,只有它才能同资本的利益决裂,才能采取重大的革命措施,否则,就**不能**在灾难即将来临而且迫在眉睫的时候帮助劳动群众。不采取革命措施就**没有**生路。不建立工人民兵(这是立即建立全民民兵前的一个步骤),即使有最美好的愿望,也**不能**实现这样的措施,更不能避免"排队"现象和粮食恐慌。

"中间路线"是小资产阶级的路线,是孟什维克和民粹主义者的路线,他们宣扬善良的愿望,但是由于同资本家妥协,向资本家屈服(6个部长对10个部长!!)而把自己的力量削弱了,所以这条路线是毫无生命力的。这一点群众通过实践经验是会很快认识到的,即使他们暂时还认为应该同资本家"妥协"。

谁赞成真正实现劳动群众的利益，谁赞成取消警察，用全民的民兵代替警察，谁赞成采取重大的革命措施使我国摆脱空前的危机、空前的经济破坏，谁就应当投票赞成无产阶级政党——俄国社会民主工党(布尔什维克)提出的候选人名单。

载于1917年5月13日(26日)
《真理报》第56号

译自《列宁全集》俄文第5版
第32卷第68—70页

我党在革命前就战争问题发表过哪些声明

(1917 年 5 月 13 日〔26 日〕)

特别令人感兴趣的是针对沙文主义(“护国主义”)革命的胜利问题所发表的声明。由季诺维也夫和列宁编辑的、在日内瓦出版的俄国社会民主工党中央机关报《社会民主党人报》[37],在 1915 年 10 月 13 日第 47 号上以编辑部名义发表过如下声明:

“……(8)我们认为,那些想借推翻沙皇制度来打败德国、掠夺其他国家、巩固大俄罗斯人对俄国其他民族的统治等等的人,是沙文主义派革命者。革命沙文主义的基础是小资产阶级的阶级地位。小资产阶级总是在资产阶级和无产阶级之间摇摆。现在,它正在沙文主义(沙文主义甚至妨碍它在民主革命中成为彻底革命的阶级)和无产阶级国际主义之间摇摆。目前在俄国,这个小资产阶级的政治代表是劳动派[38]、社会革命党人、《我们的曙光》杂志[39]、齐赫泽党团[40]、组织委员会[41]、普列汉诺夫先生等等。(9)如果沙文主义派革命者在俄国取得胜利,我们就会反对在这场战争中保卫**他们的**‘祖国’。我们的口号是:反对沙文主义者,即使他们是革命派和共和派,我们**反对**沙文主义者**而主张**国际无产阶级联合起来进行社会主义革命。(10)对于无产阶级在俄国资产阶级革命中能否起领导作用的问题,我们的回答是:能够起领导作用,**如**

果小资产阶级在决定关头向左摆的话；而推动小资产阶级向左摆的力量，不仅是我们的宣传，而且是经济、财政（战争的重担）、军事、政治等方面的许多客观因素。(11)在目前这场战争中，如果革命使无产阶级政党掌握了政权，那它要做些什么呢？我们的回答是：我们要向**各**交战国建议媾和，条件是解放殖民地和**所有**从属的、受压迫的、没有充分权利的民族。无论是德国还是英国和法国，只要它们的现政府还在执政，都不会接受这个条件。那时我们就应当准备和进行革命战争，就是说，不仅要采取最坚决的措施来彻底实现我们的整个最低纲领，还要有步骤地推动现在受大俄罗斯人压迫的一切民族、亚洲的一切殖民地和附属国（印度、中国、波斯等）举行起义，而且，首先要推动欧洲的社会主义无产阶级，使他们违反本国社会沙文主义者的意志，举行起义来反对本国政府。毫无疑问，俄国无产阶级的胜利将会给亚洲和欧洲的革命的发展创造非常有利的条件。**甚至** 1905 年就已经证明了这一点。尽管有机会主义和社会沙文主义的龌龊泡沫，革命无产阶级的国际团结却已经成为**事实**。”①

载于 1917 年 5 月 13 日（26 日）
《真理报》第 56 号

译自《列宁全集》俄文第 5 版
第 32 卷第 71—72 页

① 见本版全集第 27 卷第 54—56 页。——编者注

在娜·康·克鲁普斯卡娅《俄国社会民主工党历史上的一页》一文中加的一段话[42]

（1917 年 5 月 13 日〔26 日〕）

5 月 9 日（星期二）有 200 多名侨民从瑞士途经德国归来，其中有孟什维克领袖马尔托夫、社会革命党人领袖纳坦松等人。这次回国再一次证明，从瑞士到俄国，除了取道德国外，别无其他可靠的途径。《彼得格勒工兵代表苏维埃消息报》（4 月 5 日第 32 号）登载了列宁和季诺维也夫关于他们取道德国一事的报告，并列举了两个中立国（瑞士和瑞典）的一些社会党人的姓名，这些社会党人亲笔签字证明，取道德国是迫不得已的，同德国政府没有任何见不得人的联系。

载于 1917 年 5 月 13 日（26 日）
《士兵真理报》第 21 号

译自《列宁全集》俄文第 5 版
第 32 卷第 73 页

经济破坏迫在眉睫

(1917 年 5 月 14 日〔27 日〕)

关于灾难临头的消息、议论、恐惧和传闻愈来愈多了。资本家的报纸恐吓人们,口沫飞溅地大声斥责布尔什维克,并且拿库特列尔不点名提到的"某个"工厂、"某些"工厂、"某个"企业等等来大肆宣扬。真是希奇的手法,古怪的"证据"……为什么不**说出**一个工厂的**名字**呢?为什么不让公众**和工人**有可能来查对这些蓄意扰乱人心的传闻呢?

资本家先生们不难了解,如果他们拿不出被确切提到的企业的确切材料,那只会使自己陷入可笑的境地。资本家先生们,要知道,你们就是政府,你们在 16 位部长中占 10 位,你们负有责任,你们在发号施令。政府中占多数的发号施令的人只是把库特列尔不点名提到的事渲染一番,害怕公开而直率地发表意见,企图把责任推到其他不掌权的政党身上,这难道就不可笑吗?

小资产阶级党派的报纸,民粹主义者和孟什维克的报纸也在抱怨,不过口吻稍有不同,与其说是在责难可怕的布尔什维克(责难当然也是少不了的),不如说是在反复申述善良的愿望。由上述两党的联盟掌握了编辑部的《消息报》,在这方面表现得特别明显。该报在 5 月 11 日第 63 号上登载了两篇关于同经济破坏作斗争问题的文章,两篇文章的内容是相同的。其中一篇的标题是《临时政府想要什么?》。这个标题加得极……怎样说才缓和一些呢? ……极不谨慎(正像民粹主义者和孟什维克加入帝国主义者的内阁那样“不谨慎”)。如果把标题改为《临时政府**不**想要什么并许诺了什么?》,那也许更正确些。

另一篇文章是《工兵代表苏维埃执行委员会经济部的决议》。下面的摘录最能确切地表达该文的内容:

“对许多工业部门来说,实行国家贸易垄断(面包、肉类、食盐、皮革)的时机已经成熟,对另一些工业部门来说,建立由国家调节的托拉斯(开采煤和石油,生产金属,制造糖和纸)的条件已经成熟,此外,几乎对一切工业部门来说,当前的情况要求国家调节原料和成品的分配并要求规定价格…… 同时应当把一切信用机关置于国家社会当局的监督之下,以制止利用国家所调节的商品进行投机活动…… 此外应当……采取最坚决的措施,直到实行劳动义务制来同寄生行为作斗争…… 国家遭到了灾难,要把国家从灾难中拯救出来,只有全体人民作出创造性的努力才能办到,而**领导**人民的是自觉地担负起〈哼……哼……!?〉拯救被战争和沙皇制度破坏的国家这一巨大任务的**国家政权**。”

除了我们用了黑体字的最后半句话(这是以纯粹小市民的轻信态度要资本家“担负起”他们所无法完成的任务),这个纲领是宏伟的。又是监督,又是托拉斯国家化,又是制止投机活动,又是实行劳动义务制——我的天,这同“可怕的”布尔什维主义有什么区别呢? “可怕的”布尔什维克有过更多的要求吗?

这就是问题的关键,这就是问题的实质,这就是形形色色的市侩和庸人硬是不愿意了解的地方:对于“可怕的”布尔什维主义的纲领**不得不**承认,因为其他的纲领不能使我们摆脱真正危险、真正可怕的崩溃,**但是**……但是资本家“承认”这个纲领(见“新”临时政府的宣言中有名的第3节)[43]**是为了不执行这个纲领**。民粹主义者和孟什维克“信任”资本家,并且教人民也要有这种极端有害的信任。当前政治局势的全部实质就在这里。

对托拉斯实行监督——公布它们的全部报表，立即召开它们的职员代表大会，**工人自己**必须参加监督，允许各大政党的代表独立实行监督，——这些只需公布一项法令就可以实行，而草拟这项法令只要**一天**就够了。

盛加略夫之流、捷列先科之流、柯诺瓦洛夫之流公民们，为什么迟迟不进行这项工作呢？准社会党人部长切尔诺夫和策列铁里两位公民，为什么迟迟不进行这项工作呢？工兵代表苏维埃执行委员会的、民粹主义和孟什维主义的领袖公民们，为什么迟迟不进行这项工作呢？

除了建议**立即**对托拉斯、银行、商业、**"寄生虫"**（这是《消息报》编辑笔下难得出现的一个绝妙好词……）和食物实行这种监督以外，我们没有提出别的什么东西，也没有人能够提出别的什么东西。除了"全体人民作出创造性的努力……"，别的也确实想不出来。

不过不要相信资本家的话，不要相信孟什维克和民粹主义者的天真的（说得最轻，也是天真的）希望，似乎资本家能够实行这种监督。

经济破坏迫在眉睫。灾难日益临近。资本家一直在使一切国家走向毁灭。唯一的生路是：树立革命纪律，采取**革命阶级**即无产者和半无产者的革命措施，使全部国家政权转归这个阶级掌握，只有他们才真正能够实行这种监督，真正能够胜利地"同寄生行为作斗争"。

载于1917年5月14日（27日）
《真理报》第57号

译自《列宁全集》俄文第5版
第32卷第74—76页

战争与革命[44]

1917年5月14日(27日)的演讲

最近期间,在所有报刊上,在每次公众集会上,常常谈论战争与革命的问题,你们中间很多人,大概对这个问题的许多方面不仅相当熟悉,而且已经感到厌烦了。我一直没有机会在本区党的会议或一般的公众集会上讲话,甚至也没有出席过这些会议,因此,我很可能重复别人说过的话,也可能对你们在这个问题上特别感兴趣的方面谈得不够详细。

我觉得,在战争问题上,有一个主要的方面,人们常常忘记和注意不够,还引起很多也许可以说是毫无意义、徒劳无益的争论,这就是忘记了一个基本问题,即这场战争具有什么样的阶级性,爆发的原因是什么,是由哪些阶级进行的,是由什么样的历史条件和历史经济条件造成的。我在群众大会和党的会议上曾经用心观察过对战争问题的提法,因此确信,在这个问题上所以产生许多争执,正是由于我们在分析战争问题的时候,往往说的是完全不同的语言。

从马克思主义即现代科学社会主义的观点来看,在社会主义者讨论应该怎样评价战争、应该怎样对待战争的时候,基本问题在于这场战争是由于什么引起的,是由哪些阶级准备并操纵的。我们马克思主义者并不是那种无条件地反对一切战争的人。我们说,我们的目的是要建立社会主义社会制度,这种社会制度在消除了人类的阶级划分之后，在消除了人剥削人和一个民族剥削其他民族的现象之后，就必然会消除发生战争的一切可能性。但是在争取社会主义社会制度的斗争中，我们必然会遇到一个民族内部的阶级斗争同这种阶级斗争所引起的民族之间的战争碰在一起的情况，因此我们不能否认革命战争的可能性，即由阶级斗争所产生、由革命阶级所进行并具有直接革命意义的战争。我们不能否认这一点，尤其是因为近百年来、近 125 — 135 年来，欧洲革命史上除占多半的反动战争以外，也还有革命战争，例如法国的革命人民群众反对联合起来的君主的、落后的、封建的和半封建的欧洲的战争。当今在西欧，以及最近在我们俄国，最流行的一种欺骗群众的手法，就是援引革命战争的例子来愚弄群众。有各种各样的战争。必须弄清楚，这场战争是由什么样的历史条件造成的，是由哪些阶级进行的，是为了什么而进行的。不弄清楚这些，我们关于战争的一切议论势必都是纯粹的空话，都是纯粹字面上的和没有结果的争论。因此，既然你们要我讲战争和革命的相互关系问题，我就来详细地谈一谈这方面的问题。

大家知道，一位非常有名的战争哲学和战争史的著作家克劳塞维茨说过一句名言："战争是政治通过另一种手段的继续。"这句名言出自这样一位著作家的笔下，他在拿破仑战争时期过后不久，考察了战争史，从中得出了哲学教训。现在这位著作家的基本思想无疑已经为一切肯思考的人所接受。大约在 80 年前，他就反对了这样一种庸俗无知的偏见，即认为战争可以同有关政府、有关阶级的政治分开，某个时候可以把战争看成是一种破坏和平的单纯的进攻，接着又是恢复这种被破坏的和平。相互厮杀，又言归于好！这是几十年前就被驳倒的鄙陋无知的观点，对发生战争的任何一个历史时代稍作仔细的分析，就可以驳倒这种观点。

战争是政治通过另一种手段的继续。任何战争都是同产生它的政治制度分不开的。某个国家，这个国家的某个阶级在战前长期推行的政治，这个阶级在战时必然地和不可避免地会继续加以推行，只是变换了行动方式而已。

战争是政治通过另一种手段的继续。18 世纪末，法国的革命市民和革命农民用革命手段推翻了本国的君主制，建立了民主共和国（在镇压了本国的君主之后，又用革命手段镇压了本国的地主），革命阶级的这种政治不能不彻底动摇欧洲所有其他专制的、皇帝的、国王的、半封建的国家。而战争也就成为获得了胜利的法国革命阶级的这种政治的必然继续，在这种战争中，欧洲的所有君主国结成了有名的同盟反对革命的法国，用反革命战争对付法国。当时革命的法国人民不但在国内第一次发挥了几百年内没有见过的最大的革命劲头，而且在 18 世纪末的战争中也表现出了同样的巨大革命创造精神，他们改造了整个战略体系，冲破了一切旧的战争法规和惯例，建立了新的、革命的、人民的军队以代替旧军队，创立了新的作战方法。我认为这个例子值得特别注意，因为它使我们清楚地看到了资产阶级报纸的政论家目前经常忘记的东西，看到了他们是在利用完全不觉悟的人民群众的偏见和庸俗无知，而这些群众不懂得任何战争都与一个国家、一个阶级战前的政治有密切的经济联系和历史联系。这个阶级战前就在统治，而且用所谓的“和平”手段来保证达到自己的目的。之所以说所谓的，那是因为它为了“和平地”统治殖民地而需要采用的那些镇压手段未必能称得上是和平的。

欧洲曾是一片和平景象。这种和平所以能够维持，是因为欧洲各民族对殖民地亿万居民的统治完全是靠连绵不断的战争来实现的。我们欧洲人不认为这些战争是战争，因为它们往往不像什么战争，而是对手无寸铁的民族实行最野蛮的摧残和屠杀。正因为如此，我们要了解现代的战争，首先就必须对欧洲列强的全部政治作一个总的观察。不应该抓住个别的例子和事实，从社会现象的联系中抽出个别事例总是很容易的，但毫无价值，因为相反的例子也很容易举出来。应该从欧洲各国经济和政治的相互关系中抓住整个欧洲国家体系的全部政治，才能了解这个体系是怎样不可避免地造成这场战争的。

我们经常看到，有些人，特别是资本家的报纸——不管是君主派的报纸还是共和派的报纸都一样——总是企图把与这场战争毫不相干的历史内容和这场战争凑在一起。例如，在法兰西共和国最常见的一种手法，就是试图把法国现在进行的战争说成是1792年法国大革命的战争的继续或类似那样的战争。现时最流行的一种欺骗法国人民群众、欺骗法国工人和全世界工人的手法，就是把当时的“习惯语”、当时的个别口号硬搬到我们这个时代来，企图把事情说成是，共和制的法国现在也还是在维护本国的自由而反对君主制。他们忘记一个“小小的”情况，就是1792年在法国进行战争的是一个革命阶级，它实现了空前未有的革命，依靠群众空前未有的英雄主义彻底摧毁了法国的君主制；它奋起反对联合起来的君主制的欧洲，也只是为了继续进行革命斗争，而不是为了别的什么目的。

当时法国的战争是法国革命阶级的政治的继续，这个阶级举行了革命，赢得了共和国，以空前未有的毅力镇压了本国的资本家和地主，并且为了这种政治，为了继续这种政治，进行了革命战争来反对联合起来的君主制的欧洲。

而现在我们看到的，首先是两个资本主义强国集团联盟，是世界上几个最大的资本主义强国——英国、法国、美国、德国；它们几十年来的全部政治就是不断地进行经济竞争，以求统治全世界，扼杀弱小民族，保证势力范围已囊括全世界的本国银行资本获得三倍和十倍的利润。这就是英国和德国实际的政治。这就是我要着重指出的。任何时候都必须强调这一点，因为，如果忘记了这一点，我们就根本不能理解这场战争，那时，我们就会束手无策，被一切以谎言欺骗我们的资产阶级政论家牵着鼻子走。

我们必须全面地研究和了解资本主义强国的两大集团（互相厮打的英国集团和德国集团）在战前整整几十年间的实际的政治。不然的话，我们不仅会忘记科学社会主义和一切社会科学的基本要求，而且会根本无法了解这场战争，我们会被骗子米留可夫牵着鼻子走。这个骗子现在正用各地都毫无例外地惯用的那种手法来鼓吹沙文主义和煽起民族仇恨；对这种手法，我在前面提到的克劳塞维茨早在80年前就评述过，早在那时他就嘲笑了这样一种观点：原来各民族和睦相处，后来互相厮杀起来了！似乎真是这样！不把战争同有关的国家、有关的国家体系、有关的阶级在战前的政治联系起来，难道能够说明战争吗？我再说一遍：这个问题是人们所经常忘记的一个基本问题，由于不理解这个问题，十分之九的关于战争的谈论都成了毫无意义的对骂和无谓的争吵。我们说，如果你们不研究两个交战国集团几十年来的政治（这种研究是为了避免偶然性，避免只抓个别例子），如果你们不揭示这场战争同战前政治的联系，你们就根本不能理解这场战争。

这种政治一再向我们表明，世界上两个庞然大物即两个资本主义经济集团不断地进行着经济竞争。一方面是英国，它控制了地球上的大部分土地，财富居世界首位，它创造这些财富不单是靠本国工人的劳动，而主要是靠剥削广大的殖民地，靠英国银行拥有极大的力量。英国银行比其他各国银行更先形成为数极少的——就那么三五个——大银行集团，支配着几千亿卢布，而且这种支配，可以毫不夸大地说，已经使得地球上没有一块土地不处在这个资本的魔掌之中，没有一块土地不被英国资本的千百条绳索缠住。到19世纪末和20世纪初，这个资本已大大增长，活动范围已远远超出某些国家的界限，造成了拥有空前巨大财富的大银行集团。这个资本造成了为数极少的几家银行，于是用了几千亿卢布使这个银行网布满了全世界。这就是英国和法国在经济政策方面的基本情况，法国的一些著作家，例如现在由一些前社会党人（如有名的金融问题著作家利西斯）所主持的《人道报》[45]的撰稿人，早在战前几年就针对本国的经济政策写道："法国是一个金融君主国，法国是一个金融寡头，法国是一个全世界的高利贷者。"

另一方面，同这个以英法为主的集团对立的是另一个资本家集团，这个集团更加凶恶，更加富有掠夺性。这个集团的资本家走近资本主义筵席的时候，席位已被占光了，但是他们采用了发展资本主义生产的新的角斗方法，采用了优良的技术和无比优越的组织，使旧的资本主义即自由竞争时代的资本主义变成了大托拉斯、辛迪加、卡特尔的资本主义。这个集团确立了资本主义生产的国家化的原则，把资本主义的巨大力量和国家的巨大力量联合成一部机器，使千百万人处于一个国家资本主义组织之中。这就是谁也不能回避的几十年来的经济史和外交史，只有它才能给你们指出正确解决战争问题的途径，才能使你们了解到，这场战争也是在战争中互相厮杀的那些阶级的政治的产物，是两大集团的政治的产物，这两大集团在战前很久就已在世界各国建立了自己的金融剥削网，在战前就已经在经济上把世界瓜分完毕。它们势必发生冲突，因为从资本主义的观点看来，重新分配统治权是不可避免的。

旧的瓜分是以英国在几百年内把先前的许多竞争者打垮为依据的。从前同英国竞争的有称霸世界的荷兰，有进行了将近百年的争霸战争的法国。英国仗着自己的经济力量，仗着自己商业资本的力量，通过长期战争，确立了无可争辩的世界霸权。后来出现了一个新的掠夺者，1871 年产生了一个新的资本主义强国，它的发展比英国快得多。这是一个基本事实。没有一本经济史方面的书籍不承认这个无可争辩的事实：德国发展得更快。德国资本主义的迅速发展就是一个年轻力壮的强盗的发展。它跻身于欧洲的列强，它说："你们搞垮了荷兰，击溃了法国，夺得了半个世界，劳驾也给我们适当的一份吧。""适当的一份"是什么意思呢？在资本主义世界，在银行界，怎样来确定这一份呢？在那里，力量取决于银行的多少，这正像美国一家亿万富翁的报纸以纯粹美国式的直率态度、以纯粹美国式的无耻态度所讲的那样："在欧洲，现在进行着争夺世界霸权的战争。要想称霸世界需要两件东西：美元和银行。美元我们是有的，银行我们要建立，我们将称霸世界。"这是美国一家亿万富翁的指导性报纸的声明。我必须说，这个傲慢而无耻的美国亿万富翁的这句厚颜无耻的话，要比资产阶级撒谎家的千百篇文章实在一千倍；那些撒谎家把这场战争说成是由于某种民族利益，由于民族问题而引起的，他们散布诸如此类极其明显的谎言来推翻全部历史，并抓住德国强盗袭击比利时这样的个别事件 46

作为例子。当然这件事是不假的。这个强盗集团确实空前野蛮地袭击了比利时，但是它所做的，同另一个强盗集团用其他手段对其他民族在昨天所做的和今天还在继续做的并没有任何区别。

在兼并问题（这个问题我原打算把它作为引起当前这场战争的经济关系外交关系史来简略地叙述一下）上争论时，我们总是忘记，这个问题通常就是这场战争发生的原因问题，就是瓜分侵占的土地问题，或者通俗点说，就是两伙强盗分赃的问题。我们在兼并问题上争论时，还经常遇到一些手法，这些手法从科学的观点来看是经不起任何批评的，而从社会政论的角度来看，则只能叫做拙劣的欺骗。你们问问俄国的沙文主义者或社会沙文主义者，他们一定会把什么是德国的兼并这个问题解释得头头是道，因为他们对这一点了解得非常清楚。但是，如果你们请他们给兼并下个总的定义，即既适用于德国也适用于英国和俄国的定义，那他们决不会满足你们的请求。他们永远下不出这样一个定义！《言语报》（为了从理论进到实践）嘲笑我们的《真理报》说："这些真理派分子竟把库尔兰看做被兼并的土地！同这种人有什么好谈的呢？"我们回答道："好吧，那就请你们给兼并下个定义吧，这个定义要既适用于德国人，也适用于英国人和俄国人。我们再补充一句：要么你们对此采取躲避态度，要么我们立即就把你们揭穿。"①于是《言语报》默不作声了。我们肯定地说，任何一家报纸，无论是干脆说应该保卫祖国的一般沙文主义者的报纸，还是社会沙文主义者的报纸，从来都没有给兼并下过一个既适用于德国也适用于俄国即适用于任何一方的定义。它们不可能下这样一个定义，因为整个这场战争

① 参看本版全集第29卷第127—130页。——编者注

是兼并政策的继续,就是说,是交战双方的两个集团的掠夺政策即资本主义抢劫政策的继续。因此很清楚,这两个强盗中究竟哪一个先拔出刀来,这个问题对我们来说是没有任何意义的。请你们看看这两个集团几十年来的海军开支和陆军开支吧,请你们看看它们在大战前所进行的那些小的战争的历史吧,——所以说是“小的”,是因为在这些战争中欧洲人死得不多,而那些被他们扼杀的、在他们看来甚至不能算是民族(难道那些亚洲人和非洲人是民族吗?)的民族却死了好几十万:他们对这些民族所进行的是这样一种战争:当地的民族赤手空拳,却遭到他们机枪的扫射。难道这是战争吗?这实在说不上是战争,可以不去管它。看,他们就是这样一味欺骗人民群众。

过去德国人和英国人在非洲、英国人和俄国人在波斯都一直在进行掠夺,屠杀整个整个民族,制造空前暴行(我不知道他们谁干得厉害些);这场战争就是这种政治的继续。由于互相争夺,德国资本家把英国人和俄国人看成自己的敌人。怎么,你们仗着你们有钱就逞强吗?可是我们比你们更强,因此我们也有这种“神圣的”掠夺权利。这就是战前几十年英德金融资本的真正历史。这就是俄德之间、俄英之间和德英之间的关系史。这就是了解战争爆发原因的关键。这就是为什么说目前流行的那种关于战争爆发原因的说法是招摇撞骗,欺人之谈。他们忘记了金融资本的历史,忘记了这场重新瓜分世界的战争是怎样酿成的历史,却把事情说成是:两个民族原来和睦相处,后来一个进攻,一个就起来自卫。全部科学被置于脑后了,银行被置于脑后了,人民被征入伍,根本不知道什么是政治的农民被征入伍。需要自卫,这就是一切!要这样来谈论问题,那彻底的办法应当是取缔一切报纸,烧毁一切书籍，禁止在报刊上谈论兼并，只有这样，这种兼并观点才能站得住脚。他们在兼并问题上不能讲实话，因为俄、英、德三国的全部历史就是为了兼并而进行连年不断的残酷的血腥战争。自由派在波斯和非洲进行过残酷的战争；他们在印度则鞭挞过政治犯，因为政治犯竟敢提出在我们俄国有人曾经为之奋斗的那些要求。法国的殖民主义军队过去也压迫其他民族。这就是以往的历史，这就是亘古未有的掠夺的真正历史！这场战争正是这些阶级的这种政治的继续。正因为这样，他们在兼并问题上不可能作出像我们那样的答复。我们的答复是：凡是根据皇帝或政府的决定而不是根据本民族大多数人的自愿被并入另一个民族的民族，都是被兼并的民族，被掳掠的民族。放弃兼并就是使每个民族享有单独成立国家或愿意同哪个民族就同哪个民族结成联盟的权利。这样的答复，对于任何一个稍微有点觉悟的工人都是十分明了的。

决议通过了好几十个，甚至在《土地和自由报》[47]上也刊登过，你们从每一个这样的决议中可以看到一个表达得很糟糕的答复：我们不想为统治其他民族而打仗，我们在为自己的自由而斗争，——所有工人和农民都是这样讲的。他们以此来表达工人，劳动者对战争的看法。他们以此来说明：如果进行战争是为了劳动者的利益，是为了反对剥削者，那我们拥护战争；如果是那样，我们也会拥护战争，而且不会有一个革命政党反对这种战争。他们，这许多决议的起草人，讲得不对，因为他们把事情说成好像战争是由他们进行的。我们士兵，我们工人，我们农民，是在为自己的自由而战。我永远不会忘记一位决议起草人在一次群众大会后向我提出的问题：“干吗你们老是谈论反对资本家？难道我是资本家吗？我们是工人，我们在捍卫自己的自由。”这话不对，你们作战是因为听从了资本家政府的旨意，进行战争的不是各国人民，而是各国政府。如果是一个对政治没有研究、不管有幸与不幸都不了解外交秘密或金融掠夺内幕（例如，俄国和英国对波斯的压榨）的工人或农民，忘记了这种事情，天真地问，我打仗，同资本家有什么相干呢？那我是不惊奇的。因为他不懂得战争同政府的联系，不懂得进行战争的是政府，而他是政府手中的工具。他可以自称为革命人民，写出许多娓娓动听的决议，——对俄国人来说，这已经是不简单了，因为这种做法是不久以前才时兴起来的。不久以前，临时政府发表了一篇“革命”宣言。但是情况并没有因此而改变。其他民族在资本家写“革命”宣言来欺骗群众方面比我们更有经验，他们早就打破了世界纪录。如果看一看法兰西共和国成为支持沙皇制度的共和国以来的议会史，我们就可以看到，在法国几十年来的议会史上，用满篇都是最漂亮词句的宣言来掩盖最卑鄙的殖民主义掠夺政策、金融掠夺政策的例子有好几十个。法兰西第三共和国[48]的全部历史就是这种掠夺的历史。目前这场战争的根源就在于此。这并非由于资本家居心不良，也不是君主们推行了什么错误的政策。这样看问题是不对的。不是的，这场战争是由大资本主义尤其是银行资本主义的发展必然引起的。这种资本主义的发展使得柏林的三四家银行和伦敦的五六家银行统治着全世界，汇集着一切资金，用全部武装力量维护着自己的金融政策，最后由于世界上再没有地盘可供自由夺取，它们就在空前残酷的搏斗中冲突起来了。结果双方总有一方不得不放弃它所占有的殖民地。这样的问题在这个资本家的世界里是不能自愿解决的。这只能用战争来解决。所以，怪罪这个或那个戴王冠的强盗是可笑的。这些戴王冠的强盗都是一丘之貉。所以，怪罪这个或那个国家的资本家也是荒唐的。他们的罪过就在于他们建立了这样一个制度。但他们这样做是符合文明国家所全力维护的一切法律的。“我有充分的权利，我购买股票。世界上一切法庭、一切警察、一切常备军、一切舰队都在保护我的这种对股票的神圣权利。”拥有几亿卢布的银行建立起来了，这些银行在全世界建立了银行掠夺网，它们在殊死的搏斗中冲突起来，这是谁的罪过呢？去找罪人吧！罪过在于半个世纪以来资本主义的全部发展，要摆脱这种情况，除了推翻资本家的统治和进行工人革命，没有别的出路。这就是我们党从分析战争中得出的答案。所以我们说：极简单的兼并问题被弄得混乱不堪，资产阶级政党的代表人物谎话连篇，甚至把库尔兰说成不是俄国兼并的土地。库尔兰和波兰是被他们这三个戴王冠的强盗一起瓜分的。他们已经瓜分100年了，他们各自撕了一块鲜肉，不过俄国强盗当时强些，因而抢得多些。当时参加瓜分的一个年轻的强盗德国，后来成长为一个强大的资本主义国家，它说：让我们来重新瓜分吧！你们想保持原状吗？你们认为你们强些吗？那我们就来较量较量吧！

这就是这场战争的起因。当然，“那我们就来较量较量吧！”这种挑战，仅仅是近十年来的掠夺政策即大银行政策的反映。正因为如此，在兼并问题上，没有人能像我们那样把任何一个工人和农民都能理解的简单的真情实况讲出来。正因为如此，像条约问题这样一个简单问题竟被一切报刊无耻地弄得混乱不堪。你们说，我们有革命政府，参加这个革命政府当部长的有差不多是地道的社会党人，即民粹主义者和孟什维克。可是，当这些部长声明他们主张没有兼并的和约的时候，他们却不说明没有兼并的和约是什么意思（它的意思是：夺去德国兼并的土地，保留自己兼并的土地)，既然如此，我们就要问：你们的“革命”内阁，你们的关于不愿进行侵略战争、同时却要军队实行进攻的宣言和声明，还有什么价值呢？难道你们不知道，你们手中就有血腥的尼古拉用十足的强盗手段缔结的条约？这难道你们不知道？要是没有掠夺过别人、没有读过宏论大作的工人和农民不知道，那是情有可原的，然而现在宣扬这个的是熟知这些条约内容的有教养的立宪民主党人。这些条约是“秘密的”，但世界各国的外交刊物都在谈论这些条约：“你将获得两个海峡，你将获得亚美尼亚，你将获得加利西亚，你将获得阿尔萨斯—洛林，你将获得的里雅斯特，而我们则要彻底瓜分波斯。”德国资本家说：“如果你们不把我的殖民地连同利息归还给我，我就要夺取埃及，我就要扼杀欧洲的一些民族。”股票这个东西没有利息是不行的。因此，像条约问题这样一个简单明了的问题也使一切资本家的报纸制造了大量惊人的、闻所未闻的无耻谎言。

请你们看看今天的《日报》。沃多沃佐夫这个绝对没有犯布尔什维主义罪过的诚实的民主主义者在该报上声明说：我反对秘密条约，让我来讲讲同罗马尼亚缔结的条约吧。同罗马尼亚的秘密条约是有的，它的内容是，如果罗马尼亚站在协约国方面作战，它可以吞并一些别的民族。其他协约国缔结的一切条约无不如此。它们没有条约是不会去扼杀任何民族的。要想知道这些条约的内容，用不着去翻阅专门的杂志，只要回忆一下经济史和外交史上的一些主要事实就够了。例如，奥地利几十年来都在设法进入巴尔干，要在那里扼杀……　它们在战争中冲突起来，那是因为它们不能不冲突起来。正是这个缘故，所以前任部长米留可夫和现任部长捷列先科(前者参加的政府没有一个社会党人部长，后者参加的政府有许多准社会党人部长)对于人民群众愈来愈坚决地要求公布条约的呼声，才作出这样的声明：公布条约就意味着与盟国决裂。

是的，条约是不能公布的，因为你们都是同一伙中的强盗。我们同意米留可夫和捷列先科提出的不能公布条约的意见。从这里可以得出两个不同的结论。如果我们同意米留可夫和捷列先科提出的不能公布条约的意见，那会得出什么结论呢？既然不能公布条约，那就应该帮助资本家部长们继续进行战争。另一个结论是，既然资本家自己不能公布条约，那就应该打倒资本家。哪一个结论比较正确，请你们自己去决断，但是你们必须仔细考虑后果。要是像民粹主义者和孟什维克的部长们那样去推论，就会得出这样的结论：既然政府说不能公布条约，那就应该发表新的宣言。纸张还没有贵到连新的宣言也不能写的地步。要写出新的宣言，要举行进攻。为什么呢？目的何在呢？谁来规定这些目的呢？现在士兵们正被召去履行同罗马尼亚和法国缔结的掠夺性条约。你们把沃多沃佐夫这篇文章寄往前线吧，然后再抱怨说：这都是布尔什维克干的，这个同罗马尼亚缔结的条约一定是布尔什维克臆想出来的。如果那样的话，那就不仅应该取缔《真理报》，而且应该驱逐沃多沃佐夫，因为他研究了历史，米留可夫那些非常危险的书籍也必须全部销毁。请你们把这位"人民自由"党的领袖即前任外交部长的任何一本书打开看看。那都是一些好书。书中说的什么呢？说的是俄国有"权利"占领两个海峡，占领亚美尼亚，占领加利西亚，占领东普鲁士。他把一切都分好了，甚至还附上了地图。不仅应当把写这样的革命文章的布尔什维克和沃多沃佐夫放逐到西伯利亚去，而且也应当把米留可夫的书销毁，因为如果现在把他书中的原话收集几句寄往前线，它的煽动作用是任何一张煽动性的传单都比不了的。

按照我为今天讲话拟的简短的提纲，现在我还要谈一下“革命护国主义”问题。我想，在我荣幸地向你们作了上述报告以后，对于这个问题，我可以讲得简短一些。

说我们完成了革命，我们是革命人民，我们是革命民主派，用这些话作为借口来掩饰战争，这就叫做“革命护国主义”。我们应该怎样回答这个问题呢？我们完成了什么样的革命呢？我们推翻了尼古拉。与推翻整个地主和资本家阶级的革命相比，这个革命并不十分困难。革命以后是谁掌握了政权呢？是地主和资本家，也就是在欧洲早已掌握了政权的那些阶级。欧洲早在100年以前就发生了这种革命，在那里，捷列先科之流、米留可夫之流、柯诺瓦洛夫之流早就掌握了政权，至于他们是向本国皇帝交纳皇室费[49]，还是可以不要这样奢侈，那无关紧要。不管有没有把大量资本投入租让企业，银行总归是银行，不管是在共和国还是在君主国，利润总归是利润。我们的文明的资本目前正在殖民地，在非洲和波斯设立这种美妙的银行，如果哪个野蛮国家不听这种资本的摆布，如果哪些野蛮民族不听我们文明银行的摆布，那我们就要派遣我们的军队像利亚霍夫在波斯那样，像法兰西“共和国”军队残暴地屠杀非洲人民那样，在那里建立文化、秩序和文明。这有什么不同呢？这同样是“革命护国主义”，只不过它是由不觉悟的广大人民群众表现出来的，他们看不见战争同政府的联系，不知道这种政策是由条约固定下来的。条约依然存在，银行依然存在，租让企业依然存在。尽管在俄国政府中坐着他们那个阶级的优秀人物，但是世界大战的性质并未因此而有丝毫改变。新的“革命护国主义”只不过是用伟大的革命概念来掩饰为了卑鄙可恶的条约而进行的肮脏的血腥战争罢了。

俄国革命没有改变战争，但它造成了任何国家都没有的、西方大多数革命也未曾有过的组织。从前的大多数革命只限于产生一个像我国捷列先科之流和柯诺瓦洛夫之流所组成的新政府，而全国仍然处于消极的、无组织的状态。俄国革命前进了一步。这个事实是一个表明俄国革命能够战胜战争的苗头。这个事实就是：除了由"准社会党人"部长们组成的政府而外，除了这个进行帝国主义战争的政府，实行进攻的政府，同英法资本勾结的政府而外，我们在全国范围内还有一个独立于这个政府之外的工兵农代表苏维埃网。这就是还没有完成自己的最后使命的革命。这就是西欧在同样的条件下不曾有过的革命。这就是真正不需要实行兼并的那些阶级的组织，这些阶级没有把几百万卢布投入银行，看来，它们对于俄军上校利亚霍夫和英国自由派大使是否合理地瓜分波斯也不感兴趣。这个革命能够向前发展的保证就在这里。就是说，这些从兼并中确实得不到好处的阶级，尽管它们过分轻信资本家政府，尽管它们有这种极其糊涂的思想，并且完全被"革命护国主义"这个概念所蒙蔽，尽管这些阶级支持公债，支持进行帝国主义战争的政府，——尽管如此，它们还是建立了一种代表被压迫阶级群众的组织，这就是工兵农代表苏维埃。在俄国很多地方，苏维埃的革命工作要比在彼得格勒深入得多。这是十分自然的，因为资本家的中央机关设在彼得格勒。

昨天斯柯别列夫在演讲中说：我们要把全部利润拿过来，要把百分之百的利润拿过来。这是说大话，是部长式的大话。如果你们看看今天的《言语报》，你们就会看到人们是怎样看他这句话的。那里写道："要知道这样就会造成饥饿和死亡，百分之百就等于全部!”斯柯别列夫部长比最激进的布尔什维克还激进。有人说布尔什维克是最左的人,这是一种诬蔑。其实斯柯别列夫部长要“左”得多。有人用最卑鄙的话骂我,说我主张把资本家几乎剥个精光。至少舒利金说过:“让他们把我们剥个精光吧!”请你们设想一下,竟有一个布尔什维克走到舒利金公民跟前去,要把他剥个精光。其实他倒更可以在这一点上去责备斯柯别列夫部长。我们从来没有把事情做得这样过分。我们从来没有主张把百分之百的利润拿过来。但是这种诺言毕竟是可贵的。你们要是看看我们党的决议①,那就会发现,我们在那里提出了和我同样的主张,而且论证得更充分。应该对银行实行监督,然后规定合理的所得税。如此而已!斯柯别列夫却建议每一卢布征收100戈比。无论过去或现在我们从来没有提出过诸如此类的主张。斯柯别列夫完全是在说大话。他并不准备认真实行,即使他打算实行,也实行不了,原因很简单,既然他同捷列先科和柯诺瓦洛夫很有交情,那许下这种种诺言就未免有点可笑。从百万富翁身上拿走百分之八十至百分之九十的收入是可以的,但是不能依靠这样的部长。要是政权掌握在工兵代表苏维埃手中,那倒真是可以做到的,但也不能拿走全部,因为它们不需要这样做。苏维埃会把大部分收入拿过来。别的国家政权是做不到这一点的。从斯柯别列夫部长方面说,可以怀着最美好的愿望。这些政党我已看了几十年,我投身革命运动已有30年了。因此,我决不想怀疑他们抱有善良的愿望。但是问题不在这里,问题不在于有善良的愿望。地狱是由善良的愿望铺成的。现在部长公民们所签署的公文已经堆满了所有办公室,但

① 见本版全集第29卷第443页。——编者注

情况并没有因此而改变。要是你们想实行监督，那就开始实行吧！我们的纲领就是这样，我们读了斯柯别列夫的演讲后可以说，我们并没有更多的要求。我们比斯柯别列夫部长温和得多。他既主张实行监督，又主张把百分之百拿过来。我们不想拿百分之百，不过我们说："只要你们不动手干，我们就不相信你们。"我们不相信空话和诺言，也不劝别人相信，这就是我们之间的差别。议会制共和国的经验告诫我们，纸上的声明不可信。如果你们想实行监督，那就应该实行起来。只要一天时间就足以颁布一项关于这种监督的法律。每个银行的职员委员会、每个工厂的工人委员会、每个政党都有监督的权利。有人会对我们说，这样不行，这是商业秘密，这是神圣的私有财产！好，两条道路随你们选择一条吧。假使你们要保护托拉斯的这一切账簿和账单，要保护托拉斯的一切业务，那就用不着空谈什么监督，用不着说什么国家就要灭亡。

德国的情况更糟。在俄国可以弄到粮食，在德国就弄不到。在俄国只要组织起来可以办成很多事情。在德国什么也别想办到。粮食再也没有了，整个民族的灭亡不可避免。现在有人说，俄国处于灭亡的边缘。既然如此，那么保护"神圣的"私有财产就是犯罪。因此我要问：关于监督的词句有什么意义呢？难道你们忘了，尼古拉·罗曼诺夫关于监督也写过很多东西。你们可以从他那里找到很多关于监督的词句：国家监督、社会监督、参议员的职责等等。革命后的两个月内，工业家们掠夺了整个俄国。资本赚了百分之几百的利润，每份报表都谈到了这点。可是当工人们在革命的两个月内"放肆地"说他们要过人的生活时，全国资本家的报刊都咆哮起来了。每一号《言语报》都疯狂地叫嚣说：工人在掠夺国家了，我们答应的只是监督资本家嘛。不能少来些诺言多来些行动吗？如果你们想让官吏来监督，想通过从前那样的机关来实行监督，那我们党就要申明我们的坚定信念，决不在这方面支持你们，尽管你们的政府中有一打而不是半打民粹主义者部长和孟什维克部长。监督只能由人民自己来实施。你们应当建立监督机构，即银行职员委员会、工程师委员会和工人委员会，而且明天就应当开始实行这种监督。要是任何这类机构中的任何一个官员提供不真实的情况，那他就必须负刑事责任。这个问题关系到国家的存亡。我们想知道，现在有多少粮食，多少原料，多少劳动力，应该如何处置。

现在我来谈谈最后一个问题，这就是怎样结束战争的问题。有人把一种荒谬的看法强加在我们头上，说我们想单独媾和。德国资本家强盗们在采取媾和步骤，他们说：如果你把有矿藏的土地给我，我就把土耳其和亚美尼亚的一小块给你。看，外交家们在各个中立城市里讲些什么！这是尽人皆知的。不过这个事实被外交上的暗语掩盖起来了。外交家之所以是外交家，正是为了用外交语言说话。说我们主张靠单独媾和来结束战争，真是荒谬绝伦！想靠单方面停止军事行动来结束这场由各个最富有的国家的资本家进行的战争，结束这场由十年来的经济发展进程引起的战争，这种想法愚蠢透顶，甚至加以反驳都是可笑的。我们所以专门写了决议来加以反驳，那是由于这和广大群众有关，有人在他们面前诬蔑我们。但这甚至没有必要认真地来谈论。各国资本家进行的战争，只有靠反对这些资本家的工人革命才能结束。只要监督没有由空谈变为行动，只要资本家的政府没有被革命无产阶级的政府所代替，这个政府就必定只会叫喊：我们就要灭亡了，我们就要灭亡了，我们就要灭亡了。现时在“自由的”英国监禁着许多社会党人，因为他们讲的话和我讲的一样。在德国监禁着李卜克内西，因为他讲了我所讲的话。在奥地利监禁着弗里德里希·阿德勒(他也许已被处死),因为他用手枪讲了同样的话。世界各国工人群众的同情正是在这样的社会党人一边,而不是在那些投靠本国资本家的社会党人一边。工人革命正在全世界发展。当然,在其他国家里,革命困难一些。那里没有尼古拉和拉斯普廷那样的疯子,那里执政的是资本家阶级的优秀人物,那里不存在要进行反对专制制度的革命的形势,那里已经有了资本家阶级的政府。这个阶级的卓越代表早就在那里统治了。正因为如此,那里的革命虽然还没有到来,但它必然要到来,尽管许多革命家会牺牲,例如弗里德里希·阿德勒会牺牲,卡尔·李卜克内西会牺牲。未来是属于他们的,全世界的工人是拥护他们的。全世界的工人一定会胜利。

关于美国参战一事,我的看法是这样的。有人常常争辩说,美国有民主,美国有白宫。我说,推翻奴隶制是半世纪以前的事情。解放奴隶的战争是在1865年结束的,从那时起美国的亿万富翁就成长起来了,他们把整个美国控制在自己的金融魔掌之中,他们准备扼杀墨西哥,而且必然会因瓜分太平洋而同日本开战。这场战争已经准备几十年了。各种出版物都在谈论这一点。美国参战的真正目的就是准备将来同日本作战。美国人民毕竟享有相当的自由,因此很难设想,他们能够忍受强制性的义务兵役,能够忍受建立一支以实行某种侵略为目的的军队,比如建立一支对日作战的军队。美国人从欧洲的例子看到这将造成什么后果。因此美国资本家就需要干预这场战争,以便找到借口,用保护弱小民族的权利这个崇高理想作幌子来建立强大的常备军。

农民拒绝把粮食换成货币,而要求得到农具、鞋子和衣服。这个主意在很大程度上包含着极其深刻的真理。的确,俄国遭到了严重的经济破坏，现在也出现了（虽然不太厉害）其他国家早就存在的现象：货币失去了自己的效力。整个事变进程把资本主义的统治破坏得很厉害，以致农民连货币都不要了。他们说："我们要货币干什么？"他们讲得对。资本主义的统治遭到破坏，并不是由于谁想夺取政权。"夺取"政权是没有意义的。如果各个资本主义国家的整个经济发展没有导致资本主义统治的结束，那就不可能结束资本主义的统治。战争加速了这个进程，这使得资本主义不可能再继续存在下去。要是历史不冲垮和摧毁资本主义，那么任何力量也消灭不了它。

这就是一个最明显的例子。农民说出了大家都看到的事实：货币的权力破坏了。在这里，唯一的出路就是工人代表苏维埃同农民代表苏维埃达成协议，用农具、鞋子和衣服换取粮食。这就是问题的解决办法，这就是现实生活所提示的答案。不这样，千百万人就要忍饥挨饿，没有鞋子和衣服穿。现在千百万人面临着死亡，根本谈不上保护资本家的利益。出路只有一条，就是使全部政权转到代表大多数人的工兵农代表苏维埃手中。这样做可能会犯一些错误。谁也没有断言，这样困难的事一下子就能办好。我们根本没有这样说过。有人对我们说：我们想使苏维埃掌握政权，可是苏维埃不愿意。我们说，实际生活的经验将向苏维埃表明，而且全国人民也将看到，别的出路是没有的。我们不想"夺取"政权，因为多次革命的全部经验教导我们，只有依靠大多数人的政权才是巩固的。因此"夺取"政权将是一种冒险行为，我们的党不会这样做。如果政府将来成为大多数人的政府，那它可能会实行最初确有错误的政策，然而别的出路是没有的。那时将在原来的组织内部和平地改变政治方针。别的组织是臆想不出来的。因此我们说，不能设想用其他办法来解决问题。

怎样结束战争呢？如果工兵代表苏维埃取得了政权，而德国人还在继续进行战争，那我们怎么办呢？凡是关心我们党的观点的人，可以看看最近几天我们的《真理报》，在那里，我们确切地引用了我们 1915 年在国外就讲过的话：如果俄国的革命阶级——工人阶级掌握了政权，它应该建议媾和。如果德国的资本家或任何别的国家的资本家拒绝接受我们的条件，那时我国工人阶级就将一致赞成进行战争。① 我们并不要求一举结束战争。我们不许这种诺言。我们不宣传按照单方面的意志来结束战争，这是不可能办到的事。许这种诺言是容易的，但是无法实现。要想轻而易举地摆脱这场可怕的战争是不可能的。战争已经打了 3 年。你们或者再打 10 年，或者去进行艰难困苦的革命。别的出路是没有的。我们说，资本家政府发动的战争只有靠工人革命才能结束。关心社会主义运动的人，不妨读一读 1912 年的巴塞尔宣言[50]，这个宣言是世界各社会党一致通过的，后来我们把它登在我们的《真理报》上，但是任何一个交战国，无论是“自由的”英国，或是共和制的法国，目前都不可能把这个宣言公布出来，因为宣言在战前就讲出了关于战争的真话。那里说，由于资本家的竞争，英国和德国之间将要爆发战争。那里说，火药已经装满，枪就要自动发射了。那里写着，战争将由于什么原因而爆发，还说战争必将导致无产阶级革命。所以，对那些在这个宣言上签了字而又转到本国资本家政府方面去的社会党人，我们说，他们背叛了社会主义。全世界的社会党人发生了分裂。一些人当了部长，另一些人被关进了监狱。在

① 见本卷第 72 页。——编者注

全世界，一部分社会党人在宣传准备战争，而另一部分社会党人，如美国的倍倍尔——深受美国工人尊敬的尤·德布兹则说："我宁愿被枪毙，也不会拿出一分钱来支持这场战争。我只准备为无产阶级反对全世界资本家的战争去作战。"这就是全世界社会党人分裂的情况。全世界的社会爱国主义者认为自己是在保卫祖国。他们错了，他们是在保卫一小撮资本家的利益而反对另一小撮资本家。我们宣传无产阶级革命这个唯一正确的事业，为了这个事业，几十个人已走上了断头台，成百成千的人被关进了监狱。这些坐牢的社会党人是少数，但工人阶级拥护他们，整个的经济发展支持他们。这一切向我们说明，别的出路是没有的。这场战争只有靠几个国家的工人革命才能结束。而目前我们应当准备这种革命，援助这种革命。俄国人民尽管痛恨战争，渴望和平，可是当沙皇还在进行战争的时候，他们要反对战争没有别的办法，只有准备革命来反对沙皇和推翻沙皇。实际情况也正是这样。昨天的历史向你们证实了这一点，明天的历史也将向你们证实这一点。我们早就说过，应当援助正在发展的俄国革命。这是我们在 1914 年底说的。因为这一点，我们的杜马代表被流放到西伯利亚[51]，可是当时有人对我们说："你们不作答复。罢工停止了，杜马代表服苦役去了，一种报纸也没有了，可是你们总是谈革命！"有人就是这样责备我们，说我们躲避答复。同志们，这种责备我们已经听了好多年了。我们曾经回答说：你们可以愤愤不平，但是只要沙皇没有被推翻，是没有任何办法来反对战争的。我们的预言已经得到了证实，虽然还没有完全证实，但已开始得到证实。革命已开始从俄国方面改变战争。资本家们还在继续进行战争，我们说：只要几个国家的工人革命没有到来，战争就不会停止，因为要进行这场战争的人还掌握着政权。有人对我们说:“在许多国家中,一切都好像处于沉睡状态。在德国,所有社会党人都拥护战争,只有李卜克内西一个人反对战争。”对此我回答说:这一个李卜克内西代表着工人阶级,大家的希望正是寄托在他一个人身上,寄托在拥护他的人身上,寄托在德国无产阶级身上。你们不相信吗? 你们就继续进行战争吧! 别的道路是没有的。如果你们不相信李卜克内西,不相信工人革命,不相信正在成熟的革命,你们就相信资本家吧!

除了几个国家的工人革命以外,谁也不能在这场战争中获得胜利。战争不是儿戏,而是空前严重的事情,战争使千百万人牺牲,要结束它不是那么容易的。

前线士兵不可能把前线同国家分开来自己解决问题。前线士兵是国家的一部分。只要国家在作战,前线就要受苦。这是没有什么办法的。战争是统治阶级挑起的,要结束它只有靠工人阶级革命。能否很快得到和平,完全取决于革命的发展。有人说得很好听,说让我们马上来结束战争吧,不管他们怎样说,没有革命的发展,战争是结束不了的。当政权转到工兵农代表苏维埃手里的时候,资本家们一定会反对我们:日本会反对,法国会反对,英国会反对,各国政府都会反对。反对我们的是资本家,拥护我们的是工人。那时,资本家发动的战争就会结束。这就是我对如何结束战争这一问题的答复。

载于 1929 年 4 月 23 日《真理报》
第 93 号

译自《列宁全集》俄文第 5 版
第 32 卷第 77—102 页

卑鄙的手段

（1917年5月15日〔28日〕）

前线士兵代表大会[52]在5月13日一致通过的决议中，谴责了《言语报》的那种卑鄙手段，该报为了挑起军队与布尔什维克的不和而诬蔑我们的季诺维也夫同志。尽管代表大会把决议也寄给了《言语报》，《言语报》的绅士们当然还是不想登载这个决议。而且这家不大受人尊敬的报纸还在继续进行挑拨，反对我们的报纸和我们的季诺维也夫同志，唆使人们组织直接的暴行。

《真理报》经常登载一些有关德国的消息，这些消息在别的报纸上是看不到的。《真理报》从哪里并用什么方法得到这些专门（！）材料的呢？——《言语报》在一篇标题颇有深意的文章《消息出奇的灵通》中，颇有深意地问道。

诽谤者先生们，要问是从哪里得到的吗？

是从我们的通讯员波兰社会民主党人拉狄克同志的电报和书信中得到的。他在沙皇监狱里呆过许多年，在德国社会民主党内工作过十几年，后来因为进行反对威廉、反对战争的革命鼓动而被驱逐出德国。他特地迁到斯德哥尔摩，以便从那里供给我们消息。立宪民主党人先生们，是从你们在俄国瑞典边境控制一切的仆从所没有截获的电报和书信中得到的，是从我们的朋友、卡尔·李卜克内西的同道者提供给我们的剪报、德国的秘密报纸和传单中得到的。还有,罗曼·罗兰的朋友、著名的法国国际主义者洛里欧同志的同道者、**法国的**国际主义者社会党人昂利·吉尔波,也把有关法国的材料寄给我们。

我们根据近来俄国各报的报道,在《真理报》上登载了“德国总参谋部禁止联欢”的消息。《言语报》的诽谤者对这个消息表示惊奇,并用俄国陆军部长的下述声明加以“对照”:“凡是举行联欢的前线各地段,都已被敌人的炮兵所摧毁。”

当然,我们不知道,联欢地段被摧毁的消息是否属实。**如果**属实,恰恰是**证实**而不是否定德国总参谋部反对联欢的消息。因为谁都明白,德国总参谋部摧毁联欢地段,是要使俄国士兵和不愿把联欢当做圈套的正直的德国士兵**放弃**联欢。

立宪民主党的骗子先生们,你们并不能自圆其说啊!

最后,米留可夫的机关报还撒了一个谎,它说:“大家都知道,季诺维也夫在农民代表大会上连话都没有能讲完。”立宪民主党人先生们,“大家都知道”,你们又在撒谎,正像你们在谈到前线士兵代表大会时撒了谎一样。先生们,既然你们要用这样卑鄙无耻的手段来维护你们的事业,那你们的事业就很不妙了。

载于1917年5月16日(29日)
《真理报》第58号

译自《列宁全集》俄文第5版
第32卷第103—104页

必将到来的灾难和不讲分寸的诺言

（1917 年 5 月 16 日和 17 日〔29 日和 30 日〕）

（第一篇文章）

必将到来的空前严重的经济破坏和灾难问题，是一个必须经常加以充分说明的重要问题。我们在前一号《真理报》上已经指出，现在工兵代表苏维埃执行委员会的**纲领**已同“可怕的”布尔什维主义的纲领**毫无**区别①。

今天我们应该指出，孟什维克部长斯柯别列夫的纲领比布尔什维主义**更进了一步**。下面就是部长的报纸《言语报》所转述的这个纲领：

“部长〈斯柯别列夫〉说……国家经济已濒临绝境。必须干预各方面的经济生活，因为国库里没有钱了。劳动群众的状况需要改善，为此必须把企业主和银行的金库里的利润拿过来。（有人喊道：“怎么拿呢?”）劳动部长斯柯别列夫回答说，对财产课重税，财政学上是有这种方法的。必须把有产阶级的税率提高到利润的 100%。（有人喊道：“这就是说全部利润。”）斯柯别列夫说，很遗憾，各种股份企业已经把红利分给了股东，因此我们必须对有产阶级个人征收累进税。我们要更进一步。如果资本要保留资产阶级的经营方式，就让它为了不失去顾客而放弃利润…… 我们应当对股东、银行家和工厂主先生们实行劳动义务制。这些人由于失去了以往促使他们工作的刺激

① 参看本卷第 75 页。——编者注

因素而情绪低落……　我们应当迫使股东先生们服从国家，他们必须承担义务，即承担劳动义务。”

我们劝工人们多读几遍这个纲领，讨论讨论，研究一下实现这一纲领的条件。

全部问题在于实现的条件，在于是否能立刻去实现这一纲领。

这个纲领本身是宏伟的，是同布尔什维克的纲领一致的，而且有一点比我们的纲领**更进了一步**，那就是许诺要“把银行的金库里的利润拿过来”，其数量是“利润的100%”。

我们党则朴实得多。它在自己的决议中提出的要求要小些，就是说，只要求对银行实行监督和“逐步实行”（你听！你听！布尔什维克主张逐步实行！）“更合理的累进所得税和累进财产税”①。

我们党比斯柯别列夫提得适当。

斯柯别列夫许下不适当的、甚至根本不讲分寸的诺言，他**并不了解真正能够实现这些诺言的条件**。

问题的关键就在这里。

无论是同地主和资本家的政党的10位部长勾搭在一起，或是依靠资本家（及其附属品孟什维克和民粹主义者）政府不得不承袭的官僚机构，都**不可能**执行斯柯别列夫的纲领，甚至根本**不可能**采取稍微重大的步骤来实现这个纲领。

斯柯别列夫公民，少许些诺言，多讲些实际吧！少用些华丽的词藻，多想想**怎样着手行动**吧！

可以而且应该立刻着手行动，一天也不耽误，以便把国家从必将到来的极其可怕的灾难中拯救出来。关键在于“新”临时政府**不**

① 见本版全集第29卷第443页。——编者注

愿意这样做，即使愿意，它也**办不到**，因为它被维护资本利益的成千条链子束缚住了。

可以而且应该在一天之内号召全体人民行动起来，在一天之内颁发一个指令：

(1)**立即**召开各个银行的职员委员会和代表大会，以及全国银行的职员委员会和代表大会。任务是立刻拟定实际措施，把所有银行和信用机关合并成一个全国性的银行，对银行的一切业务实行最严格的监督，立刻公布监督的结果；

(2)**立即**召开所有辛迪加和托拉斯的职员委员会和代表大会。任务是拟定监督和呈报报表的办法，立刻公布监督的结果；

(3)这一指令应把监督权不仅赋予一切工兵农代表苏维埃，而且赋予各大工厂的工人委员会，以及各大政党(例如，5 月 12 日在彼得格勒两个以上选区提出独立候选人名单的政党，都可以算做大政党)的代表。一切账簿、一切文书都应该公开，以便实行这种监督；

(4)这一指令应要求各个公司的股东、经理和董事公布拥有 10 000(或 5 000)卢布以上股金的股东的名单，并开列他们的股票数目和同他们"有关的"公司的名称。凡申报不实者(由银行职员和其他职员进行监督)，没收其全部财产，并处以 5 年以上的徒刑；

(5)这一指令应要求全体人民立刻通过地方自治机关实行普遍劳动义务制。为了监督和实行普遍劳动义务制，应建立全民的民兵(在农村中立刻建立，在城市中通过工人民兵来建立，如此等等)。

不实行普遍劳动义务制，就**不能**使国家**免于**灭亡。而不建立全民的民兵，就不能实行普遍劳动义务制。任何人，只要不像部长那样癫狂，不因轻信部长的花言巧语而神经错乱，就一定会懂得这一点。

谁真正想拯救千百万人免受灾难，谁就**应该**来维护这种措施。

在下一篇文章里，我们将讨论如何逐步实行更合理的税收，如何从人民中选拔在上述工作中卓有成绩的真正有才能的组织者（工人中间的和资本家中间的）并把他们逐渐提到部长位子上去。

（第二篇文章）

斯柯别列夫在他的演说中摆出部长的架势，夸下海口，说要拿走资本家利润的100%，在这里我们看到了一个唱高调的典型。资产阶级议会制共和国是经常用这种空话欺骗人民的。

不过这里有比空话更坏的东西。斯柯别列夫说："如果资本要保留资产阶级的经营方式，那就让它为了不失去顾客而放弃利润。"这听起来像是对资本家的一个"可怕的"威胁，但实际上是企图（这种企图在斯柯别列夫方面可能是不自觉的，而在资本家方面则一定是自觉的）用暂时牺牲利润的手段来**维护**资本的**无限权力**。

资本家说：工人拿得"太多"，我们要把责任加在他们身上，既不给他们权力，也不让他们有可能真正管理全部生产。我们资本家宁可暂时不要利润，不过，为了"保留资产阶级的经营方式，不失去顾客"，我们要加速破坏工业的这种中间状态，我们要千方百计地搞垮它，并把过错推在工人身上！

事实证明，资本家正是这样打算的。南方煤矿主正在破坏生产，**"故意不管生产，瓦解生产"**（见5月16日《新生活报》转述**工人**

代表团的声明[53]）。情况很清楚：《言语报》在大撒其谎，把过错推在工人身上；煤矿主"在故意瓦解生产"；斯柯别列夫像夜莺一般地唱道："如果资本要保留资产阶级的经营方式，那就让它放弃利润。"情况多么清楚！

对资本家和官吏来说，**有利的**是许下"不讲分寸的诺言"，转移人民的视线，使他们不去注意把真正的监督权交给真正的工人这**一主要问题**。

工人应该唾弃中央的官吏们的空话、诺言、宣言和空洞计划。这些人总喜欢草拟一些漂亮的计划、章程、规则和条例。打倒这一切撒谎的行为！打倒这种官僚主义和资产阶级的已经到处碰壁的空洞计划的闹剧！打倒这种压下不办的作风！工人应该要求**立刻**实行**真正的**监督，而且必须**由工人自己来进行监督**。

这是事情取得成功即真正能够摆脱灾难的关键。如果这一点都办不到，那其余的一切就都是骗局。如果这一点能办到，我们就根本不会急于"把利润的100%拿过来"。我们能够而且应该处理得更适当，**逐步**实行比较合理的税收，把小股东和大股东区别开来，对前者将征得**很少**，对后者才征得很多(但也**不**一定要全部)。最大的股东人数极少，但他们所起的作用则同他们的财富总额一样是**很大的**。可以肯定地说，如果把俄国的**5 000个或3 000个**(甚至可能是1 000个)大富豪的名单开列出来，或者研究一下(依靠银行职员、辛迪加职员和其他职员**从下面**进行的监督)他们的金融资本的各种线索和联系，他们的银行联系，那就会发现资本统治的整个枢纽、靠他人的劳动积累起来的大宗财富，以及对产品的社会生产和分配进行"监督"的全部真正重要的根源。

应该交给工人的正是**这种**监督权。资本的利益要求对人民隐瞒的正是这个枢纽，这种根源。资本家阶级及其不自觉的奴仆即官吏说：我们宁愿暂时放弃“全部”利润或百分之九十九的收入，但决不向人民揭示我们的权力的根源。

觉悟的工人现在和将来都会说：**我们**决不放弃我们的权利和要求——向人民公开金融资本的最主要堡垒，把它放在工人的监督之下。愈来愈多的劳苦大众，愈来愈占明显多数的人民，愈来愈多的真心寻求摆脱灾难的途径的老实人，都会日益相信这种说法是正确的。

要夺取的正是金融资本的主要堡垒，否则关于摆脱灾难的一切言论和计划都是骗人的。对个别资本家，甚至对大多数资本家，无产阶级不仅不打算把他们“剥光”（舒利金就是这样“吓唬”自己及其同伙的），不仅不打算剥夺他们的“一切”，而且相反，打算让资本家在工人亲自监督下去做有益的和光荣的事情。

当必不可免的灾难已经逼近的时候，对人民来说，最有益最必需的工作就是**组织**工作。创造无产阶级组织的奇迹——这是我们目前的口号，也是将来无产阶级掌握政权后我们更要提出的口号和要求。群众不组织起来，就根本不可能实行绝对必要的普遍劳动义务制，根本不可能对银行、对辛迪加、对产品的生产和分配实行稍微认真的监督。

因此，首先应该着手而且应该立刻着手建立工人民兵，以便坚定地、有效地、循序渐进地建立全民的民兵，用普遍的人民武装代替警察和常备军。因此，应该从人民的**各个**阶层中、从**各个**阶级中选拔有才能的组织者（丝毫也不排斥资本家，**目前**他们在这方面的经验更多）。这种有才能的人在人民群众中是很多的。农民和无产阶级中许多这样的人由于没有机会施展才能而被埋没了。应该从下面，通过实践来提拔他们，看谁有本事消灭某个区的“排队”现象，有办法组织起住宅委员会，把仆役联合起来，在农村中建立示范农场，办好某个已由工人掌握的工厂等等。从下面，通过实践来提拔他们，在工作中检验他们的才能，要让他们都去当“部长”——不是本来意义上的部长，不是赐给他们部长职位，而是让他们做全民的指导员，到各地去做组织者，帮助**各地**建立严格的秩序、大量节省人力和建立严格的同志纪律。

这就是无产阶级政党为了摆脱灾难而应该向人民宣传的措施。这就是无产阶级政党在已经取得政权的地区现在就应该部分实现的措施。这就是无产阶级政党在取得国家政权以后应该全部实现的措施。

载于 1917 年 5 月 16 日和 17 日(29 日和 30 日)《真理报》第 58 号和第 59 号

译自《列宁全集》俄文第 5 版第 32 卷第 105—111 页

关于国际主义者的联合问题

(1917年5月18日〔31日〕)

我们党的全国代表会议作出了决定，认为同真正站在国际主义立场上的集团和派别接近和联合是必要的，但其基础必须是同小资产阶级背叛社会主义的政策决裂。①

前几天，在彼得格勒统一起来的社会民主党人区联组织代表会议上也讨论了联合问题。

为了执行全国代表会议的决定，我们党中央委员会认为同区联派联合是非常适当的，因此提出了下列建议（这些建议起初只是以列宁同志和几个中央委员的名义向区联派提出的，后来大多数中央委员也赞同了）：

"最好立即实行联合。

向俄国社会民主工党中央委员会建议，立即请区联派委派两名代表分别参加两个报纸（现在的《真理报》和中央机关报，前者将成为全国性的**通俗**报纸，后者将在最近创办）的编辑部。

向中央委员会建议，成立一个专门的组织委员会来负责召开（一个半月以后）党的代表大会，区联派代表会议有权派两名

---

① 见本版全集第29卷第421页。——编者注

代表参加该委员会。如果孟什维克即马尔托夫的拥护者同‘护国派’断绝关系，那么让他们的代表参加该委员会也是适当的和必要的。

为了保证对有争议的问题展开自由争论，波涛出版社[54]将出版争论专刊，同时在将要复刊的《启蒙》杂志(《共产党人》杂志)[55]上自由进行争论。”

(1917 年 5 月 10 日尼·列宁以本人和几个中央委员的名义宣读的建议草稿)

区联派也通过了一个决议。该决议写道：

“关于统一问题。鉴于只有最紧密地团结无产阶级的一切革命力量，才能：

(1)使无产阶级成为扫清通往社会主义道路的先进战士；

(2)使无产阶级有可能在俄国民主派反对一切半农奴制残余和沙皇制度余孽的斗争中成为民主派的领袖；

(3)把革命事业进行到底，彻底解决战争与和平、没收土地、八小时工作制等等问题。

会议认为：

(a)无产阶级所十分必需的各种力量的团结，只有在齐美尔瓦尔德代表会议、昆塔尔代表会议、党纲以及 1908 年和 1910 年、1912 年和 1913 年党的决议[56]的旗帜下才能实现；

(b)任何工人组织(无论是工会、教育俱乐部还是消费合作社)、任何工人报纸或杂志都不应当离开这面旗帜；

(c)同时，会议宣布最坚决最热烈地主张在上述决议的基础上实行统一。”

哪种决议能更快地导致统一，这是一切工人国际主义者目前应当讨论并解决的问题。

区联派的政治决议基本上采取了同护国派决裂的正确路线。

据我们的看法，在这种情况下，任何分散力量的做法都是毫无理由的。

载于 1917 年 5 月 18 日(31 日)
《真理报》第 60 号

译自《列宁全集》俄文第 5 版
第 32 卷第 112—113 页

头脑糊涂

（再论兼并）

（1917年5月18日〔31日〕）

民粹主义者和孟什维克的联盟所掌握的《消息报》的编辑们真是糊涂透顶。他们在5月16日《消息报》第67号上试图同《真理报》展开论战，当然采取了“部长式的”恶劣手法，没有指出它的名字。瞧，《真理报》在兼并问题上存在着使人发懵的糊涂**概念**。

对不起，部长公民们和满可以当部长的编辑们，事实终究是事实：**只有**我们党才在明确的正式决议中给兼并下了定义。兼并（侵占）就是一个国家把别的民族强迫留在该国疆界内。任何一个能读懂俄文的人，读了《士兵真理报》第13号的附刊（1917年4月24—29日全国代表会议的决议[①]）都**不**会**不**懂这个道理。

《消息报》的民粹主义者和孟什维克编辑们所持的反对意见是什么呢？他们的反对意见无非是：根据我们的观点，“战争一直要打到德国变为勃兰登堡公国……俄国变为莫斯科大公国”!! 编辑部教训读者说，兼并“就是用暴力侵占在宣战那一天还属于别国管辖的领土”（简单些说：没有兼并＝status quo，即恢复战前原状）。

执行委员会中的民粹主义者和孟什维克领袖们，竟把编辑部托付给头脑这样糊涂的人，实在是太不谨慎了。

---

① 见本版全集第29卷第398页。——编者注

把**他们**反对我们的意见用到**他们的**定义上去，岂不是“战争一直要打到俄国收回波兰，德国收回多哥和其他非洲殖民地”吗??这显然是荒谬的，不仅理论上是荒谬的，而且实践上也是荒谬的，因为任何一个国家的士兵，都会把发表这种议论的编辑赶走。

他们这种议论有以下几方面的错误：

(1)兼并的理论性定义包括了“别国”民族，即保持了自己的特点和独立生存的意愿的民族这个概念。同胞们，请你们把这点思考一下；如果还不清楚，就请你们读一读恩格斯和马克思关于爱尔兰、关于德国的丹麦族地区以及关于殖民地的著作，那时你们就会知道你们是弄糊涂了。这与勃兰登堡公国和莫斯科公国毫不相干。(2)把兼并的**概念**问题和“战争一直要打到什么时候”的问题混为一谈是荒唐的，这就是不理解战争同一定阶级的利益和统治的联系，这就是抛弃**阶级斗争**的观点而采取市侩的“超阶级的”观点。**只要**资本家阶级**还**掌握政权，这个阶级要打到什么时候，各族人民必然会“打到”什么时候。企图用愿望、要求和磋商来摆脱这种情况，那是小资产者的幻想。(3)**只要**资本家**还**掌握政权，**他们的**媾和**必然**是“交换兼并的土地”，例如用亚美尼亚交换洛林，用殖民地交换殖民地，用加利西亚交换库尔兰等等。无知的人们看不见这种情形，是可以原谅的，《消息报》的编辑们看不见这种情形，就不能原谅了。(4)一旦无产阶级掌握政权(在各地，战争都在导致这个结局)，才真正**可能**有“没有兼并的和约”，否则这种和约**是不可能的**。

我党在谈到“没有兼并的和约”时，为了提醒头脑糊涂的人，总是解释说，必须把这个口号同无产阶级革命**紧密**联系起来。只有这样联系起来，这个口号才是需要的，才是正确的。这个口号只是指出**无产阶级革命的**路线，只能促使无产阶级革命发展和成长。谁束手无策地摇摆不定，不知道是对资本家寄予希望好还是对工人革命寄予希望好，谁就一定会在兼并问题上束手无策，稀里糊涂。

附言：5 月 17 日的《人民事业报》附和《消息报》说，“没有兼并”与恢复“原状”这个概念相等。社会革命党人先生们或孟什维克先生们，请你们试试用你们的党、你们的彼得格勒委员会、你们的代表大会的名义，明确地直截了当地把这一点说出来！

载于 1917 年 5 月 18 日（31 日）
《真理报》第 60 号

译自《列宁全集》俄文第 5 版
第 32 卷第 114—116 页

用增设委员会的办法来同经济破坏作斗争

（1917 年 5 月 18 日〔31 日〕）

5 月 17 日的《消息报》刊载了苏维埃经济部关于同经济破坏作斗争的极枯燥、极愚蠢的冗长决议。

看吧，这就是斗争！伟大的思想和美妙的计划被一个僵死的官僚机关网窒息了。“经济部要改组为〈你听，你听！〉国民经济组织部……”

妙极了！我们走上正确的道路了！祖国啊，请放心吧！经济部**更换名称了！**

但不掌握国家政权能够“组织国民经济”吗？这是执行委员会忘记考虑的问题。

……国民经济组织部下设六个“处”…… 这是决议的第 1 条；第 2 条：建立“组织上的密切联系”；第 3 条：制定调节的“基本原则”；第 4 条：与各部部长建立“组织上的密切联系”（我可以发誓，这决不是有害的庄稼汉的寓言中的话，而是 5 月 17 日《消息报》第 68 号第 3 版第 3 栏第 4 条中的话……）；第 5 条：“政府设立委员会”；第 6 条：“应该在最近制定法律草案”；第 7 条：立刻着手按 5 个项目“制定出法律草案的基本原则”……

啊，圣人！立法者！路易·勃朗分子！

载于1917年5月18日（31日）
《真理报》第60号

译自《列宁全集》俄文第5版
第32卷第117页

又一次背弃民主主义

（1917 年 5 月 18 日〔31 日〕）

编辑《消息报》的民粹主义者和孟什维克总想让人家把他们看成社会主义者，其实他们却连民主主义者都不知道该怎样当。在 5 月 17 日的第 68 号上，他们宣传要“谨慎”对待“部分改选的口号”。他们开导工人说：“代表应该有一定的任期，例如两三个月，但决不是〈!!〉一个星期，决不是这次大会把他选上，下次大会就把他撤换。”

一家正式的机关报对改选表示不安，要大家“谨慎”，这不是有失体面吗……为什么要谨慎？因为群众**对这个机关报**表示不信任！

这是第一个问题。

第二个问题：自觉的民主主义要求只能从**党派**的角度提出改选时应谨慎的问题（如果要提的话），难道不是这样吗？他们说：我们这个民粹主义者和孟什维克的联盟，认为我们的路线，联盟的路线，是如何如何正确，布尔什维克的路线是如何如何不正确。但编辑们却为什么要背弃民主主义，不讲党派而求助于这样一个荒诞的论据，说什么选举中的错误是一种“例外现象”呢？难道他们不知道工人到处都在考虑和谈论斯柯别列夫之流和切尔诺夫之流参加资本家内阁的“错误”，难道他们不知道这**决不是**一种“例外现象"吗？

第三个问题：一个想提出改选问题的民主主义者，应当承认并且强调一条民主原则，即选民**在任何时候**都有权撤回任何当选的代表（公职人员），难道不是这样吗？

《消息报》的编辑们如果重视科学社会主义的创始人马克思和恩格斯的意见，就会记起这两位真正的社会主义者关于这种权利的论述，难道不是这样吗？

载于 1917 年 5 月 18 日（31 日）
《真理报》第 60 号

译自《列宁全集》俄文第 5 版
第 32 卷第 118—119 页

资本家是怎样吓唬人民的？

（1917 年 5 月 19 日〔6 月 1 日〕）

《金融报》[57]在 5 月 17 日的社论中写道：

“大家迫切期望和等待的政治变革，采取了任何地方都没有过的那种社会革命的形式。自由国家中合法的和正常的‘阶级斗争’，在我们这里带有阶级战争的性质。财政破产日益逼近。工业的崩溃必不可免……

为了实现政治革命，只要使尼古拉二世退位并逮捕他手下的十来个大臣就行。这在一天之内就能轻易地做到。可是要实现社会革命，就必须使几千万公民放弃他们的全部财产权，就必须把所有非社会主义者都逮捕起来。这是几十年也做不到的。”

不对，最可爱的同胞，完全不对！你们想说把工业**监督权**交给工人就是“社会革命”，但你们在这里犯了三大错误：

第一，2 月 27 日的革命也是社会革命。任何一次政治变革，只要不是派系的更替，都是社会革命。问题只在于是**哪个阶级**的社会革命。1917 年 2 月 27 日的革命，把以尼古拉二世为首的农奴主-地主手中的政权交给了资产阶级。这是**资产阶级**的社会革命。

《金融报》把“社会”革命同“社会主义”革命混为一谈，想用社会革命这个拙劣的不科学的术语来向人民**掩盖**一个明显的事实：工人和农民不会仅仅因资产阶级夺得政权而感到满足。

资本家先生们对这个简单明白的事实避而不谈，那是自欺欺人。

第二,1914—1917年的帝国主义大战,也应当说是“任何地方都没有过的”。“任何地方都没有过”这样的经济破坏、这样的流血惨祸、这样的灾难和这样的**全部文化的破坏**。不是谁失去耐性,也不是谁进行宣传,而是客观条件,是全部文化的这种空前破坏使得我们必须对生产和分配、对银行和工厂等等实行监督。

可以毫不夸大地说,不这样做,几千万人的灭亡就是不可避免的。

但就是有了2月27日的“政治变革”所造成的自由,有了工农等等代表苏维埃,如果工农不占优势,少数人不服从多数人,这种监督也**不可能**实现。不管你怎样愤慨,这一点是改变不了的。

第三(这是最主要的),即使是社会主义革命,也决**不是**“要使几千万公民放弃他们的全部财产权”。即使是社会主义(对银行和工厂实行监督**还不**是社会主义),也完全不需要这样做。

这是对社会主义的极大的诽谤。任何一个社会主义者从来没有提出过要剥夺“几千万人”即小农和中农的财产(=“使他们放弃全部财产权”)。

没有这回事!

一切社会主义者一向都驳斥这种胡说。

社会主义者**只是**要地主和资本家“放弃”财产权。为了坚决打击像煤矿主那种有意打乱和破坏生产、同人民作对的行为,只要迫使**几百个**、最多一两千个百万富翁(银行巨头和工商业巨头)“放弃”财产权就行了。

这样就足以粉碎资本的反抗。甚至对这**一小撮富翁**,也**不需要**剥夺他们的“**全部**”财产权。许多消费品以及某种少量的收入可以仍归他们所有。

粉碎几百个百万富翁的反抗，——任务就是这样，也仅仅是这样。采取这种办法，而且只有采取这种办法，**才能**避免崩溃。

载于1917年5月19日(6月1日)
《真理报》第61号

译自《列宁全集》俄文第5版
第32卷第120—122页

资本家的又一次罪行

（1917 年 5 月 19 日〔6 月 1 日〕）

不久以前，顿涅茨工人代表团在彼得格勒作报告，揭露了顿涅茨煤矿主先生们的罪行，这些先生**破坏**生产，使生产停顿，使工人失业（为了维护他们取得暴利的"神圣"权利），使国家面临饥荒，使工业因缺煤而发生危机。

今天我们收到的一份电报，报道了俄国另一个角落的煤矿主所犯的同样可耻的罪行。下面就是这份拍给工兵代表苏维埃和三位部长的电报（括号内是我们对原文所作的订正）：

"士兵代表〈苏维埃〉和米歇尔逊的苏任斯克矿井职员联合会于 4 月 29 日开除了矿井行政当局 9 名职员，因为他们进行挑拨性罪恶活动，矿井有停工的危险。管理工作现〈由〉工程师委员会，技术会议负责处理，并受工兵代表苏维埃直接监督。托木斯克领导机构成立的委员会经调查后已批准我们的决定。

米歇尔逊 5 月 11 日来电拒发工人工资。我们要求全部恢复。恢复已不可能。① 矿井可能搞乱，工人可能遭难。立即设法寄来 50 万卢布，请决定矿井命运，加以没收。矿井为国防服务，日采量为 135 000 普特，生产停顿将影响铁路运输和工厂〈开工〉。目前工作正常。3—4 月份工资尚未完全发下。工兵代表苏维埃，职员联合会。"

资本家的"挑拨性的罪恶活动"——工兵代表苏维埃和职员联合会在这份电报中所说的这句话，是最正确不过的了。

---

① 意思不清楚。这是不是说，停工以后就很难恢复甚至几乎不可能恢复呢？

如果临时政府的全体成员，包括所谓社会党人部长在内，仍然只是用作出决议、成立委员会、同企业主磋商来同日益逼近的崩溃作“斗争”，如果他们仍然“在应当使用权力（对付资本家）的时候大谈空话”[58]，那么他们就是这种罪恶活动的帮凶。

载于 1917 年 5 月 19 日（6 月 1 日）
《真理报》第 61 号

译自《列宁全集》俄文第 5 版
第 32 卷第 123—124 页

一次又一次的谎言

（1917 年 5 月 19 日〔6 月 1 日〕）

《统一报》[59]（同资产阶级统一）今天断言，“列宁派认定库尔兰是德国的一个省份”。

这是谎话。这是同《俄罗斯意志报》和《言语报》一鼻孔出气，这是谎话。

《真理报》曾经向《言语报》和其他报纸挑战：请对兼并下一个既适用于德国的兼并又适用于英国和俄国的兼并的定义吧。

资产阶级报纸（《统一报》也包括在内）无法回答这个问题，于是翻来覆去地用谎话来搪塞。真是可耻！

载于 1917 年 5 月 19 日（6 月 1 日）
《真理报》第 61 号

译自《列宁全集》俄文第 5 版
第 32 卷第 125 页

给编辑部的信

(1917年5月19日〔6月1日〕)

有些报纸又一次报道失实,说我没有说明原因就不出席农民代表大会,逃避大会,云云。其实,我本来应当星期三在会上讲话并且已经准备出席,但当时得到通知说,星期三讨论组织问题,土地问题的讨论暂停;今天(星期四)又发生了同样的情况。现在我再一次请求读者,除了《真理报》以外,不要相信其他报纸。

尼·列宁

载于1917年5月19日(6月1日)
《真理报》第61号

译自《列宁全集》俄文第5版
第32卷第126页

两个政权并存的局面消灭了吗？

（1917年5月20日〔6月2日〕）

没有。两个政权并存的局面仍然存在。一切革命的根本问题——国家政权问题，仍然处在不确定的、不稳定的、显然是过渡的状态中。

只要拿《言语报》那种部长的报纸同《消息报》、《人民事业报》和《工人报》[60]对照一下，只要翻阅一下那很少的、少得可怜的关于临时政府开会的情况的官方消息，看看临时政府怎样因没有力量采取任何明确的方针而"拖延"讨论最重要的问题，只要研究一下工兵代表苏维埃执行委员会5月16日关于同经济破坏和必将到来的灾难作斗争的办法这一最根本、最重要的问题所通过的决议，你们就会相信，两个政权并存的局面并没有发生任何变化。

大家都承认国家很快就要遭到灾难，但有人还在做官样文章。

在我们所处的这样的时刻，对灾难这样的问题作出的决议只谈增设什么委员会、什么部、什么处，这难道不是官样文章吗？对揭发顿涅茨煤矿主故意破坏生产这种骇人听闻的事件，同一个执行委员会所通过的决议除了表示善良的愿望以外，依旧空洞无物，这难道不是官样文章吗？确定价格，调整利润，规定最低限度的工资，着手建立受国家调节的托拉斯，——这些工作通过谁来做？怎样做？"通过中央机关和顿涅茨—克里沃罗格煤田的地方机关来做。这些机关应该具有民主的性质,应该在工人、企业主、政府和民主革命组织的代表参加下组成”!

事情不弄到悲惨的结局才怪呢。

因为大家很清楚,这样的“民主”机关已经有了,现在仍然存在,不但地方上有,彼得格勒也有(就是工兵代表苏维埃执行委员会),但是它们什么事也干不成。顿涅茨工人和企业主的会议从3月(3月!)底就召开了。现在已经过去一个半月多。结果是顿涅茨工人不得不承认企业主故意破坏生产!

现在有人又用诺言、委员会、工人和企业主的代表会议(人数是否相等呢?)来款待人民,一次又一次地重复这没有个完的故事!

祸根就在于两个政权并存。民粹主义者和孟什维克犯错误的根源,就在于他们不懂得阶级斗争,想用空话、诺言、官样文章以及有两个政权并存的局面下的政府……代表“参加”的委员会来代替、掩盖或调和阶级斗争!

资本家在战时无耻地大发横财。他们在政府中拥有多数。他们想掌握全部政权,从阶级地位来说,他们不能不力求取得全部政权,并且把它保住。

工人群众占居民的绝大多数,他们掌握着苏维埃,感觉到自己作为多数的力量,看到处处都在作出生活“民主化”的诺言,知道民主就是多数对少数的统治(**而不是相反**,像资本家所希望的那样),他们并不是在战争开始以后,而是在革命以后才力求改善自己的生活(也不是到处都如此),他们不能不渴望人民获得全部政权,即人民大多数获得全部政权,不能不力求根据工人大多数反对资本家少数的原则,而不是根据多数同少数“达成协议”的原则来决定问题。

两个政权并存的局面仍然存在。资本家政府虽然有少数民粹主义者和孟什维克作为附属品，但它仍然是资本家政府。苏维埃仍然是多数人的组织。民粹主义者和孟什维克领袖们无所适从地摇来摆去，想脚踏两只船。

但危机在发展。事态已经发展到煤矿主-资本家进行极端无耻的**罪恶活动——破坏和停止**生产。失业现象日益严重。人们都在谈论同盟歇业。同盟歇业实质上**已经开始**，其表现形式就是资本家破坏生产（要知道，煤是**工业的粮食！！**），就是失业现象日益严重。

造成这次危机、造成日益逼近的灾难的全部责任，应该由民粹主义者和孟什维克领袖们来承担。因为目前他们是苏维埃的领袖，即大多数人的领袖。少数（资本家）不愿意服从多数，也是必然的。谁没有忘记科学和世界各国的经验教导我们的一切，谁没有忘记阶级斗争，谁就不会在这个迫切的根本的问题上轻信地等待同资本家"达成协议"。

如果民粹主义者和孟什维克领袖们不采取"妥协"政策，那么居民大多数，也就是说苏维埃，即工人和农民，就完全有可能挽救目前的局面，阻止资本家破坏和停止生产，并立即把生产真正置于**自己的**监督之下。民粹主义者和孟什维克领袖们对这次危机和灾难应负全部责任。

除了工农大多数决定问题来对付资本家少数以外，**没有**别的出路。任何拖延都无济于事，只能使病情加重。

从马克思主义的观点来看，民粹主义者和孟什维克领袖们的"妥协"是小资产阶级动摇的表现，小资产阶级不敢相信工人，害怕同资本家破裂。这种动摇是必然的，同样，我们无产阶级政党为克服动摇，为向人民说明必须反对资本家，争取恢复、组织和提高生产而进行斗争，那也是必然的。

别的出路是没有的。要么是后退，让资本家掌握全部政权，要么是前进，实现真正的民主，让多数人决定问题。目前这种两个政权并存的局面，是不可能长久维持下去的。

载于1917年5月20日(6月2日)
《真理报》第62号

译自《列宁全集》俄文第5版
第32卷第127—130页

论“擅自夺取”土地

（“社会革命党人”的糟糕论据）

（1917年5月20日〔6月2日〕）

《全俄农民代表苏维埃消息报》[61]5月19日第10号上登载了谢·马斯洛夫的一篇报告，谈到“夺取土地”的问题。谢·马斯洛夫说：“有些地区的农民想擅自夺取邻近的地主土地以实现其对土地的权利。这就产生一个问题：这样做是否适当？”

谢·马斯洛夫认为这样做是不适当的，并提出了四个论据。我们就来仔细考察一下这些论据。

第一个论据：俄国各州各省土地分布不均匀。谢·马斯洛夫在举出这个不容争辩的事实时说道：

> “不难想象，如果各个省或者各个州都只想取得本地的土地，并把它们攫为己有，那么土地问题就很难得到正确解决。不难预料，如果各个村庄都夺取邻近地主的土地，有的农民就会得不到土地。”

这种论断显然极端不符合事实。如果有人要农民夺取土地，而且是无组织地夺取土地，**归自己所有**，这种论断倒是切中要害的。夺来分掉，就万事大吉。

那样的话，确实是无政府主义的高峰，荒谬的顶点。

有哪一个人、哪一个政党提出过这种荒谬的建议，我们不知道。如果谢·马斯洛夫是针对这一点，那他是在同风车搏斗。这是很可笑的。

我们党，俄国社会民主工党(布尔什维克党)在一篇措辞明确的决议中提出，土地应该归全体人民**所有**。这就是说，**我们反对任何**把土地攫为己有的行为。

但问题不在这里。谢·马斯洛夫提到了主要的和根本的一点，即夺取**地主的**土地，这就暴露了他自己。问题的实质就在这里，问题的关键就在这里。谢·马斯洛夫旁敲侧击，想要说的其实就是这个问题。

地主的土地应该**立刻**没收，也就是说，土地私有制应该**立刻**废除，而且是**无偿地**废除。

怎样**占用**这些土地呢？应该由谁立刻占用和耕种这些土地呢？应该由当地农民有组织地即根据多数人的决定来占用和耕种这些土地。这就是我们党的建议。**立刻**让当地农民占用地主的土地，而土地**所有权**仍属于人民。**最后**占用权将由立宪会议(或全俄苏维埃会议，如果人民使它成为立宪会议的话)来确定。

这与各州土地分布不均匀有什么关系呢？显然毫无关系。在立宪会议召开以前，按照**任何**计划去做(按照地主的计划也好，按照谢·马斯洛夫的计划也好，按照我们的计划也好)，这种不均匀总还是存在的。

谢·马斯洛夫只是转移农民的注意力。他用一些与事情毫不相干的废话来掩盖问题的实质。

地主的土地问题是事情的实质。地主想保留他们的土地。我们想**立刻**把他们的土地**无偿地**、**毫无代价地**交给农民。谢·马斯洛夫想用“调解室”来拖延问题的解决。

这是有害的。拖延是有害的。地主应该立刻服从农民大多数的意志。不应该在多数人(农民)同少数人(地主)之间“调解”。这种调解是对地主的优待,这是不合法的,不公正的,不民主的。

谢·马斯洛夫的第二个论据是:

“农民要夺取土地,想把他们能够耕种的那部分土地归他们所有。这只有那些有足够人手和马匹的农户才能办到。无马的农户,大部分劳动力已经入伍的农户,就不能用夺取的方法取得土地。所以很明显,这种方法只对力量较强的、甚至是土地较多的农户有利,而对更需要土地的农户是没有好处的。”

这个论据又显然是极端错误的。谢·马斯洛夫又使农民的注意力离开事情的实质,离开地主土地的问题。因为,如果农民不是“用夺取的办法”(即像我们所建议的那样无偿地)取得地主的土地,**而是租种即有偿地**取得地主的土地(像地主和谢·马斯洛夫所建议的那样),事情难道会改变吗?难道租种地主的土地就不需要马匹和人手吗?难道劳动力已经入伍的农户能和人手多的农户租种一样多的土地吗?

谢·马斯洛夫同我党(布尔什维克)在这个问题上的全部分歧,就在于他主张通过“调解”达成协议有偿地取得地主的土地,而我们则主张立即无偿地取得。

这与农民**中间**的富裕农民的问题毫不相干。况且无偿地取得土地**对贫苦农民**有利。有偿地取得土地则对富裕农民更有利。

要使贫苦农民不受富裕农民的欺侮,可以而且必须采取哪些措施呢?

(1)根据多数人的意见决定问题(贫苦农民比富裕农民多)。这是我们所建议的。

(2)贫苦农民应该有单独的组织,以便**专门**讨论自身的**特殊**利益。这是我们所建议的。

(3)在农业工人代表苏维埃的领导下,用公有的耕畜和公有的农具共同耕种地主的土地。这是我们所建议的。

“社会革命”党恰巧**不**赞成后面两种最重要的措施。这实在太遗憾了。

第三个论据是:

“开头,在革命初期,在军队的士兵中间流行一种谣言,说家乡正在分地。很多士兵怕分不到地,想跑回家去,这使开小差的现象增多了。”

这个论据是针对立刻把土地**分给**大家**作私产**这一点来说的。谁也没有提出过这种建议。谢·马斯洛夫又是无的放矢。

第四个论据是:

“最后,夺取土地只会造成播种面积缩小的危险。农民夺取地主的土地以后,耕种得很差,种子很少,或者是让自己的土地荒芜起来,这样的事例是众所周知的。现在,当我们的国家这样需要粮食的时候,这种状况是决不能容许的。”

这个论据实在荒谬,看了只能令人发笑!好像农民有偿地取得地主的土地就会把土地耕种得更好些!!

亲爱的谢·马斯洛夫公民,请不要再用这样的论据来使自己丢脸吧!

如果农民耕种得很差,那就应该帮助农民,而且**应该帮助的正是那些贫苦农民**,方法是建立共同耕作的大农场。别的帮助贫苦农民的方法是**没有**的。遗憾的是,谢·马斯洛夫恰巧**没有**提出这种方法……

为了公正起见,还应该补充说,谢·马斯洛夫自己显然也感到了他的论据的无力,因为他紧接着就说:

"现在,说完了这些话以后,我感觉到你们有人会反驳说:我们饱受了地主土地所有制的折磨,怎么还要我们维持原状。我是不准备向你们提什么建议了。"

正是这样！根据谢·马斯洛夫的话,只能说他想维持原状(虽然他是**不**想这样做的)。可见他的论据是非常糟糕的。

问题应该由农民自己来解决。建议应该由**政党**来提出。上面我所谈到的,就是我党的建议,这在我党的决议①中已有详细而确切的说明,请看《士兵真理报》第 13 号附刊,每份 5 戈比。

载于 1917 年 5 月 20 日(6 月 2 日)
《真理报》第 62 号

译自《列宁全集》俄文第 5 版
第 32 卷第 131—134 页

① 见本版全集第 29 卷第 418—420 页。——编者注

全俄农民第一次代表大会文献[62]

（1917 年 5 月）

1

关于土地问题的决议草案

（5 月 17 日〔30 日〕以前）

1. 地主的和私人的所有土地，以及皇族和教会等等的土地，都应该立即无偿地交给人民。

2. 农民应该通过农民代表苏维埃立即有组织地夺取当地的全部土地，从经济上加以支配，这丝毫不妨碍立宪会议或全俄苏维埃会议（如果人民把中央政权交给这种苏维埃会议的话）将来对土地制度作最后的决定。

3. 土地私有制应该根本废除，即全部土地的所有权只应属于全体人民。土地应该由地方民主机关来支配。

4. 农民应该拒绝资本家、地主和他们的临时政府的意见，不同当地的地主达成立即支配土地的“协议”；全部土地如何支配的问题应该由当地多数农民的组织决议来确定，而不能由多数人（即农民）同少数人、而且是同极少数人（即地主）达成协议来确定。

5. 不仅地主现在和将来会千方百计地反对把全部地主土地无

偿地交给农民，而且资本家也会这样做，后者拥有巨大势力，因为他们有钱，还能够通过报纸，通过许多习惯于资本统治的官吏、职员等等来影响目前还无知的群众。因此，不消除农民群众对资本家的信任，不建立起农民同城市工人的紧密联盟，不把全部国家政权完全交给工兵农等等代表苏维埃，地主的全部土地就不能彻底地、牢靠地无偿交给农民。只有国家政权由工兵农等等代表苏维埃掌握，对国家的管理不是通过警察、官吏和脱离人民的常备军，而是通过全民的、工农都参加的武装民兵，只有那样，才能保证实现全体农民所要求的上述的土地改革。

6. 农业雇佣工人和贫苦农民，即没有足够的土地、耕畜和农具而靠部分雇佣劳动来取得生活资料的农民，应该尽一切力量单独成立苏维埃，或者在全体农民苏维埃中成立单独的小组，以便与那些必然想同资本家和地主勾结的富裕农民进行斗争，捍卫本身的利益。

7. 由于战争的缘故，俄国同一切交战国及许多中立国(非交战国)一样，因缺乏劳动力和煤铁等而受到经济破坏、灾难和饥饿的威胁。只有由工农代表监督和指导产品的全部生产和分配，才能拯救国家。因此，必须立即作好准备，使农民代表苏维埃同工人代表苏维埃达成协议，以粮食及其他农产品换取农具、鞋子、衣服和其他物品，不要通过资本家，不要让资本家管理工厂。为了同一目的，应该鼓励把地主的耕畜和农具交给农民委员会共同使用。同样，还应该鼓励根据农业工人代表苏维埃的决议，在农艺师指导下把各个大的地主田庄改建成用优良农具共同耕作的示范农场。

1917 年 5 月印成文件
(供代表大会代表使用)

译自《列宁全集》俄文第 5 版
第 32 卷第 165—167 页

2

关于土地问题的讲话

（5月22日〔6月4日〕）

同志们，我有幸以农民苏维埃社会民主党党团的名义提请你们考虑的决议案，已经印发给代表们了。如果有人没有得到，我们设法明天再印一些，发给所有想要的人。

在这个简短的报告中，我当然只能谈谈农民和工人阶级最感兴趣的一些主要的、基本的问题。谁想进一步研究的话，我建议他去看看我们俄国社会民主工党（布尔什维克）的决议，这个决议登在《士兵真理报》第13号附刊上，我们的《真理报》已经对它作过多次解释。① 现在，我只对我起草的决议和我党土地问题纲领中最重要最容易引起争论或误解的几点加以说明。其中最容易引起争论或误解的一点，就是最高土地委员会[63]在昨天或前天会议上谈到的问题，这个问题你们大概都已经听说了，或者在昨天或前天的报纸上看到了。我党的一个代表，我在中央委员会里的一个同事斯米尔加同志，出席了这次最高土地委员会会议。会上，他建议最高土地委员会支持农民立即有组织地夺取地主土地。斯米尔加同志提出这一建议，但遭到了很多人的反对。（喊声："这里也是这

① 见本版全集第29卷第418—420页。——编者注

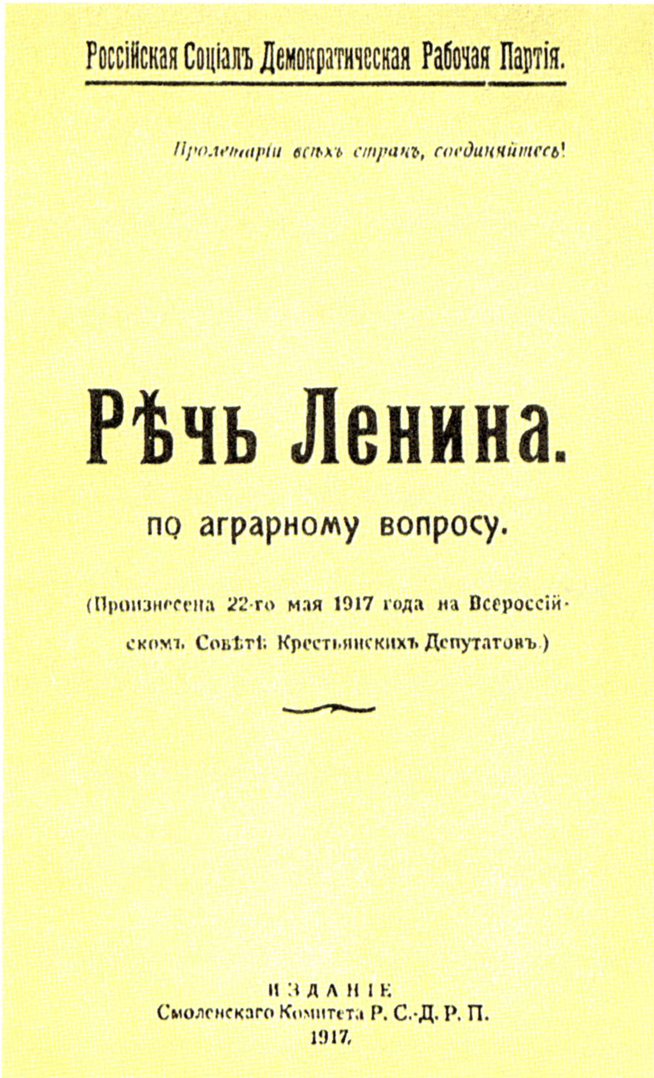

Россійская Соціалъ Демократическая Рабочая Партія.

Пролетаріи всѣхъ странъ, соединяйтесь!

Рѣчь Ленина.

по аграрному вопросу.

(Произнесена 22-го мая 1917 года на Всероссій-скомъ Совѣтѣ Крестьянскихъ Депутатовъ.)

ИЗДАНІЕ
Смоленскаго Комитета Р. С.-Д. Р. П.
1917.

1917 年俄国社会民主工党(布)斯摩棱斯克委员会出版的
《列宁关于土地问题的讲话》小册子的封面
(按原版缩小)

样。")现在有人对我说,这里也会有许多同志反对这个建议。这样,我就更应该说明一下我们纲领中的这一点,因为在我看来,所有反对我们纲领的意见大部分是由于对我们的观点发生误解或者解释得不正确而引起的。

我们党的一切决议,我们机关报的一切文章,我们的《真理报》说了些什么呢?我们说,全部土地应当归全体人民所有。我们是经过研究,特别是研究了1905年的农民运动,研究了农民代表在第一届和第二届国家杜马[64]中的发言(在这两届杜马中,来自俄国各地的许多农民代表,都比较自由地——当然只是**比较**自由地——发表了自己的意见),才得出这个结论的。

全部土地应该归全体人民所有。从这里可以看出,我们主张立即把地主的土地无偿地交给当地农民,但决不赞成把这些土地夺过来变成私有财产,决不赞成把这些土地分掉。我们认为,必须根据当地多数农民代表的决定,由当地农民把土地拿去种上一茬。我们决不是主张,农民现在拿到土地种上一茬,土地就归这些农民所有。我经常听到并在资本家报纸上经常看到的这类反对我们的建议的意见,都是由于根本曲解了我们的观点而产生的。既然我们说(我重复一遍,我们在我们的一切决议中都是这样说的)土地应该归全体人民所有,应该无偿地交给全体人民,那就很明显,这些土地的最后分配,土地制度的最后确定,只应当是中央政权的事情,就是说,是立宪会议或全俄苏维埃会议(如果工农群众建立了苏维埃会议这样的政权的话)的事情。关于这一点是没有任何意见分歧的。

进一步就有分歧了,有人反驳我们说:"如果这样,那么立即把地主土地无偿地交给农民的一切行为都是越轨行动了。"这就是农业部长盛加略夫在他的一份众所周知的电报中最确切、最有权威、最有分量地表达的观点，我们认为这种观点是极端错误的，对农民、对土地耕作者、对保证国家的粮食供应来说都是没有好处的，并且是不公正的。为了说明我们主要反对什么，不妨把这份电报念一念：

“不遵照国家法律擅自解决土地问题是不能容许的。越轨行动会造成国家的不幸……按照法律解决土地问题，是立宪会议的事情。目前，各地土地耕作者和土地占有者在乡粮食委员会下面设立土地问题调解室。”

这就是政府关于土地问题的声明中的主要段落。如果你们看看最高土地委员会昨天或前天关于这个问题所通过的决议[65]和国家杜马代表会议[66]最近几天通过的决议，你们就会知道，这两个决议都持有这种观点。两个决议都责备有的农民想立即把土地无偿地交给农民并由地方农民委员会予以分配，说这是一种越轨行动，认为只有农民同土地占有者，即土地耕作者同土地占有者达成自愿协议，才符合整个国家的需要和利益。这一点，正是我们所否认的，也是我们所反对的。

现在我们来把那些反对我们的建议的意见分析一下。这些反对意见通常是这样的：俄国土地分布极不均匀，在村、乡之类的小单位之间是这样，在省、州之类的大单位之间也是这样。有人说，如果各地居民只根据自己多数人的决定，不考虑地主的意愿就把土地拿过来，而且是无偿地拿过来，那么，不均匀现象还会存在，甚至有固定下来的危险。我们回答说，这种论据是由于误会而产生的。在立宪会议或中央政权没有最后确定新制度以前，土地分布不均匀现象是会继续存在的。这个问题农民要按自己的愿望解决，地主也要按自己的愿望解决，我们希望立即把土地交给农民，地主希望在佃农和地主保有各自权利的条件下把土地高价出租，不管按谁的愿望办理，这样也好，那样也好，总之，在没有规定新制度以前，土地分布不均匀现象是会继续存在的。这种反对我们的意见，显然是不正确的和不公正的。我们说，必须尽量迅速地建立中央政权，这个政权不仅要依靠大多数农民的意志和决定，而且要直接体现大多数农民的意见。在这个问题上是没有争论的。我们看到资本家的报纸反对布尔什维克，攻击布尔什维克，说我们是无政府主义者，我们要坚决地予以驳斥，我们认为这种攻击是在散布恶意的谎言和诽谤。

否认国家政权必要性的人被称做无政府主义者，而我们说，国家政权不仅对目前俄国来说是绝对必要的，而且对任何一个即使要直接向社会主义过渡的国家来说也是绝对必要的。一个十分坚强的政权是绝对必要的。我们只是希望这个政权完完全全掌握在大多数工兵农代表手里。这就是我们与其他政党不同的地方。我们决不否认坚强的国家政权的必要性，我们只是说，应当根据地方农民委员会多数人通过的决定，在保证财物不受任何损害的条件下，把地主的全部土地无偿地交给农民。这一点，在我们的决议中已经作了非常明确的说明。我们坚决驳斥反对我们的观点、说我们怂恿越轨行动的意见。

在我们看来，恰恰相反，地主为一己私利抓住土地不放或者收地租，这才是越轨行动。如果多数农民说，几十年几百年来农民一直受这些地主的压迫，地主的土地不应当再留在地主手里，那么，这并不是越轨行动，这是**恢复权利**，而且刻不容缓地需要恢复这种权利。即使现在就把土地交给农民，也不能消除各个地区之间土地分布不均匀的现象，这是无可争辩的，但是在立宪会议召开以前,任何人都无法消除这种现象。盛加略夫现在还在反对我们,并在正式文件中骂那些赞同我们观点的人有“越轨行动”。但如果问他一下,他究竟要用什么办法来消除这种不均匀现象,那他是回答不出来的。他并没有拿出什么办法来,而且也不可能拿出什么办法来。

他主张“农民同地主达成自愿协议”。这是什么意思呢?现在我引用一下有关俄国欧洲部分土地占有情况的两个基本数字。这些数字表明,俄国农村的一端是最富有的地主,其中包括最有钱最凶恶的地主罗曼诺夫家族,另一端则是贫苦农民。我引用这两个数字,是让你们看看盛加略夫的说教,所有地主和资本家的说教,究竟有什么意义。这两个数字是这样的:俄国的整个欧洲部分的最富有的地主不到3万人,拥有近7 000万俄亩土地。这就是说,平均每人拥有2 000多俄亩。俄国富有地主的上层,不分等级(大多数是贵族,但也有其他土地占有者),一共只有3万人,却拥有7 000万俄亩土地!根据1905年的同一次调查(这次调查所提供的最后材料是按全俄国统一的标准收集起来的,这些材料,正如在沙皇统治下由沙皇的官吏所收集的一切统计材料一样,实在不大可信,但它终究提供了最接近真相、最能用来作比较的数字),我们看到,贫苦农民有1 000万户,拥有7 000—7 500万俄亩土地。这就是说,一方面是每人拥有2 000多俄亩,另一方面是每户只有7.5俄亩!但是有人还要说,如果农民拒绝自愿协议,那就是越轨行动。这个“自愿协议”究竟是什么意思呢?这就是说,地主也许会为了收取高额租金而让出土地,但不会无偿地交给任何人。这是否公平呢?不,这是不公平的。这是否对农民有利呢?不,这是不利的。究竟最后怎样确定土地所有制,这是将来中央政权的事情，但在目前，必须有组织地夺取地主的土地，将其立即无偿地交给农民。切尔诺夫部长在最高土地委员会反驳我的同事斯米尔加时说，“有组织的夺取”这两个词是互相排斥的：既然是夺取，那就是无组织的，如果是有组织的，那就不是夺取。我认为这种批评是不正确的。我认为，各个村或乡、各个县、省的农民是按照大多数人的意见作决定的。在某些省份(如果不是在一切省份)，农民代表大会已经建立了代表大多数人的利益和意志的地方政权，建立了代表居民即大多数土地耕作者的意志的政权。既然农民在地方上已经建立了这样的政权，那么它的决定也就是农民将要承认的那个政权的决定。这个政权不会不受到各地农民的充分尊重，因为毫无疑问，这个经过自由选举而建立起来的政权会规定地主的土地必须立即交给农民。让农民知道，他取得的是地主的土地，如果他要付钱，就把钱交到县农民储金会。让他知道，这些钱将用在改善农业和修桥筑路等等事情上。让他知道，他拿到手的将不是他自己的土地，**但也不是地主的土地**，而是全体人民的土地，这些土地将由立宪会议作最后的处理。因此，从革命一开始起，从第一个土地委员会成立时起，就不应当有地主对土地的任何权利，也不应当向得到这些土地的人索取任何款项。

我们和我们的反对者之间的基本矛盾在于对制度和法律的理解。人们一直认为制度和法律是给地主和官吏提供方便的东西，而我们则认定制度和法律是给大多数农民提供方便的东西。只要全俄苏维埃会议没有建立，只要立宪会议没有召开，一切地方政权(县委员会，省委员会)就是最高的制度和法律！我们认为，一个地主，根据历来的旧权利，要求同 300 个农户(其中每户平均只有 7.5 俄亩土地)达成“自愿”协议，那才是越轨行动！我们说：“让多数人决定问题吧；我们要农民连一个月、一个星期、一天也不耽误地立刻得到地主的土地！”

有人反驳我们说：“如果农民现在就夺取土地，也许土地会被那些拥有牲口、农具等等的比较富裕的农民夺去；因此，从贫苦农民的观点来看，这不是危险的事情吗？”同志们，对于这种论据我应当谈一谈，因为我们党在我们的所有决定、纲领和告人民书中都曾声明：“我们是雇佣工人和贫苦农民的政党；我们要保护他们的利益；通过他们，而且只有通过他们，通过这些阶级，人类才能摆脱资本家的这场战争带来的惨祸。”

因此，对于说我们的决定不符合贫苦农民的利益的那种反对意见，我们要很仔细地加以研究，同时要请大家特别予以注意，因为这种反对意见涉及问题的实质和本源。要知道，问题的实质就在于：在当前的革命中，在当前改造俄国的事业中，用什么办法才能捍卫城乡雇佣工人的利益和贫苦农民的利益，用什么办法才能捍卫以及应当怎样捍卫他们的利益而反对地主或富裕农民（即资本家）的利益。这自然就是问题的关键和全部实质所在！现在有人反驳我们说，如果要农民立即夺取土地，那么拥有农具和牲口的人就会首先夺得土地，而穷人仍将一无所有。但是我要问，难道同地主达成自愿协议情况就会好些吗？

你们很清楚，地主并不乐意把土地租给那些身无半文的农民，而是相反，只要能够取得高额地租，他们就愿意达成“自愿”协议。地主从来没有把他们的土地白给过人；在我们俄国似乎谁也没有看到过这种情况。

同地主达成自愿协议，那就是大大提高、加强和巩固富裕农民所享有的优越的特权地位和利益，因为富裕农民确实有能力付款给地主，而且在每个地主的心目中，富裕农民是有支付能力的人。地主知道，富裕农民有能力支付，可以从他们那里收取租金，因此，在同地主签订这种"自愿"协议时，富裕农民就比贫苦农民占便宜。反之，只有用我提出的那个办法才能立即帮助贫苦农民，这个办法就是：必须立即把土地无偿地交给农民。

地主所有制始终是一种极不公道的现象。农民如果按照大多数人的意见无偿地占用这些土地，这不是什么越轨行动，而是恢复权利。这就是我们的观点，所以我们认为，说贫苦农民会因此吃亏，那是极不正确的。一个地主有2 000俄亩土地，而300个农户平均每户只有7.5俄亩土地，这就叫"自愿"协议，也只有盛加略夫才能把它叫做"自愿"协议。把这种协议叫做自愿协议，就是嘲笑农民。对农民来说，这不是自愿协议，而是强迫协议。只要农民苏维埃（乡的、省的、县的和全俄国的）还没有宣布地主所有制是极不公道的现象，废除它是刻不容缓的事情，那么这种协议就仍然是强迫的。

土地所有制应该是全民的，而这种所有制应当由全国性的政权来规定。但在这个政权还没有建立以前，我再说一遍，地方政权必须按照有组织的大多数人的意见，把地主的土地夺过来。报纸叫喊什么俄国一片混乱，那是不对的！不对，目前农村中的秩序比过去好，因为问题是根据多数人的意见决定的；对地主几乎没有使用暴力；对地主处理不当或使用暴力的事件是极个别的；这类事件微不足道，就整个俄国来说，其次数并不比过去发生的多。

现在我来谈谈我所听到的另一个论据，我曾经在我们的《真理报》上把这个论据同立即把土地交给农民的问题联系起来分析。①

① 见本卷第131—135页。——编者注

这个论据就是：如果要农民立即无偿地取得地主的土地，就会引起前线士兵的不满、波动和忧虑，甚至可能引起愤怒。他们可能会说："如果农民现在就夺取土地，我们却还得留在前线，那我们就得不到土地了。"也许全体士兵都会离开前线，造成一片混乱和无政府状态。对于这一点，我们的回答是：这种反对意见丝毫没有涉及主要问题，因为不管是按照同地主达成的协议有偿地取得土地，还是按照大多数农民的决定取得土地，只要战争还在进行，反正士兵是要留在前线的。既然要留在前线，当然就不能回到农村了。前线士兵为什么不担心地主在自愿协议的幌子下把不利条件强加于人，反而担心农民根据大多数人的意见作出不利于地主的决定呢？真是无法理解！为什么前线士兵应当信任地主，应当相信同地主达成的"自愿"协议呢？地主和资本家的政党这样说，我可以理解，但我不相信俄国前线士兵会这样看问题。如果同地主达成了"自愿"协议，士兵不会把这叫做秩序，不会相信这个，倒会把这看做是地主造成的原有混乱状态的继续。

谁向士兵提出下列主张，谁就会得到他们的更大的信任：土地交给人民，由当地农民租用，租金不是交给地主，而是交给自己的委员会来为大家谋福利，也是为前线士兵谋福利，但不是交给地主。如果这要由多数人决定，那么前线士兵就会知道，根本不会同地主达成任何"自愿"协议，地主也是享有平等权利的公民，谁都不想欺负他们。土地属于全体人民所有，这就是说，它也属于地主所有，但不是凭借贵族的特权，而是作为一个普通的公民享有这种权利。从沙皇政权（沙皇是最大的地主，群众的压迫者）被推翻的那一天起，地主就不该有任何特权了。随着自由的实现，地主的权力就应该认为是一去不复返了。从这个观点来看，前线士兵一点没有吃亏，相反地，他们对国家政权会更加信任，对自己的家会更加放心，相信他们的家眷不会受人欺负或无人照管了。

最后，还有一个反对我们的建议的论据。这个论据就是：如果农民立即夺取地主的土地，那么，如此仓促的缺乏准备的夺取可能会使土地耕作得更差，庄稼长得更坏。应该指出，大多数人的政权，全国性的政权还没有建立起来，农民还没有足够的自信心，对地主和资本家还没有失去信任；我认为，我们正一天天地接近这样的时刻，那时农民愈来愈不信任旧的国家政权，并认识到俄国政府不应当由别的什么人组成，而应当由选举出来的农民、士兵和工人等等的代表组成；我认为，我们一天天地在接近这个时刻，这不是因为某些政党在劝告人们这样做，如果党的劝告同人民自身的生活经验所教给他们的东西不相一致的话，千百万人是决不会听从这种劝告的。我们正在迅速地接近这样的时刻，那时除了选举出来的工农代表所掌握的政权以外，俄国不会有其他任何政权。有人对我说，立即夺取土地会使耕作很差，庄稼种得不好，我要说，我国的农民由于受压抑，由于长期受地主压迫，地确实种得很差。当然，目前俄国，如同一切交战国一样，正面临着可怕的危机，要拯救俄国，就非改进耕作并大大节省人力不可。但是，同地主达成“自愿”协议，难道就能在目前第一次播种中使情况有所改变吗？怎么会呢？难道地主能更好地照管耕作吗？难道农民知道他们种的不是地主的土地而是全民的土地，不是把钱交给地主而是交给自己的农民储金会，反倒会把地种得更坏吗？这是多么荒谬的言论，我听到这种论据实在感到吃惊。这根本不能令人相信，这完全是地主的诡计。

地主已经懂得，再也不能靠棍棒来统治了。这一点他们很清楚。现在他们采取了另一种统治方法，这种方法对俄国来说还是新东西，但是在西欧，在西欧各国早就有了。再也不能靠棍棒进行统治了，这已为我国两次革命所证明，更为西欧各国几十次革命所证明。这些革命教导了地主和资本家，教导他们应当用欺骗和阿谀来统治人民，应当适应环境，在衣服上戴上红徽章，尽管是个盘剥者，也要说："我们是革命民主派，请稍等一等吧，一切我们都会为你们安排好的。"说农民不种地主的土地而种全民的土地就会种得差些，这实在是对农民的嘲笑，是想靠欺骗来保持对农民的统治。

我再说一遍，地主所有制根本不应该存在。占用还不是占有。占用是一种暂时的措施，它年年在变化。租得一小块土地的农民不能说土地是他的。土地不是他的，也不是地主的，而是人民的。我再说一遍，今年的庄稼、今年的春耕不会因此而变糟。那样假设非常荒唐，令人难以置信，所以我只想告诉你们一点：必须谨防地主，不要信任他们，不要为花言巧语所欺骗。要记住，大多数农民经过慎重考虑作出的决定，就是合法的和整个国家的决定。这方面可以信赖农民。例如，我这里有一份奔萨农民的决议，这个决议从第一点到最后一点都是极端慎重的，农民并不是要立即在全俄国实行改革，但他们不愿意再受那种无法忍受的奴役。在这一点上，他们是对的。最大的奴役过去是、现在仍然是地主的奴役，即土地占有者和压迫者的奴役。因此，要消除这种奴役，连一星期、一小时也不能拖延。但是任何夺取必须是有组织的夺取，不是把土地变成私有财产，不是分地，而仅仅是为了共同使用全民的土地。

关于夺取土地的问题，我想谈到这里为止，我的回答是这样的:地主和资本家反对我们的建议,是想进行欺骗;那些不是地主和资本家而是愿意捍卫劳动者利益的人反对我们的建议,则是由于误解,由于过分相信资本家和地主对我们的诬蔑。如果把我们的论据分析一下,就可以看出,立即废除地主所有制的正当要求,以及土地归人民所有的做法,在中央政权建立以前,还不能实现;但是我们坚决主张立即由当地农民占用土地,使秩序丝毫不受破坏。我们已经把这个主张列入我们的决议,也许这个主张是多余的,因为农民本来就会这样做。

现在我来谈需要特别注意的第二个问题,这个问题就是:在土地归全民所有以后,在私有制废除以后,怎样处理土地最好,怎样处理才符合劳动群众的利益。在俄国,这已是近在眼前的事了。事实上,地主的权势即使没有消灭,也已经削弱了。当土地为全体农民占用、地主不再存在的时候,那该做些什么呢,该怎样分配土地呢?我认为,在这个问题上,必须有一个总的根本的观点,因为不言而喻,地方上如何支配土地,始终是农民自己的事情。在民主国家里只能这样,这很明显,用不着多谈。但是如果有人问到怎样才能使劳动者得到土地,那我们的回答是:我们要保卫雇佣工人和贫苦农民的利益。我们俄国布尔什维克社会民主党认为这是自己的任务。我们要问一问自己,说把土地交给人民,是不是等于说把土地交给劳动者呢?我们的回答是:不,这不相同!说把土地交给人民,那就是说废除地主所有制,那就是说全部土地属于全体人民,那就是说每个人得到的土地是从全体人民那里租来的。如果这种制度建立起来,那就意味着土地占有上的任何差别都将消失,一切土地都属于同一的所有者,正像农民常说的那样:“土地上原有的一切壁障都会倒塌,土地不会再有界线,那时就会出现自由土地和自由劳动。”

这是不是说土地交给全体劳动者了呢？不，不是。自由土地上的自由劳动——这是说，一切旧的土地占有形式完全消灭，除了国家的土地占有制以外，再没有别的什么土地占有制；每个人都从国家那里租得土地；全国的政权，全体工人和农民的政权建立起来了；农民作为租地者从这个政权那里租得土地；国家和农民之间没有任何中间人；任何人都根据平等的原则租得土地。这就是自由土地上的自由劳动。

这是不是说土地交给全体劳动者了呢？不，不是。土地是不能吃的；要经营土地，就必须有农具、牲畜、设备、资金；没有资金，没有农具，就无法经营。因此，当你们建立起这种在自由土地上进行自由劳动的制度的时候，就不会再有什么地主占有制，不会再有什么土地占有上的类别[67]，而只有全民所有制和全国土地的自由租地者。当你们建立起这种制度的时候，这并不是把土地交给全体劳动者，这只是说，每个经营者可以自由支配土地；谁想使用土地，谁就可以自由取得国家的土地。同沙皇的、地主的俄国比较起来，这将是一大进步。所以说是一大进步，是因为沙皇的、地主的俄国，是把 7 000 万俄亩土地交给 3 万个马尔科夫、罗曼诺夫之类的地主的俄国；而现在，俄国将是一个在自由土地上自由劳动的俄国。目前在许多地方已经这样做了。同沙皇的、地主的俄国比较起来，俄国现在已经前进了一步，但是，这并不等于把土地交给劳动者，这只是把土地交给经营者，因为光是使土地归国家所有、让愿意耕种的人都得到土地是不够的，光有耕种的愿望是不够的；还需要会种地，但只会种地也是不够的。任何一个雇农和日工都会种地，但是他缺乏牲畜、农具和本钱，因此，不管你怎么决定，不管你怎么说，我们还是不能确立起自由土地上的自由劳动。即使我们在每一个乡公所都贴上文告，大谈自由土地，情况也不会因此而变得对劳动者有利，这正像西欧各共和国的监狱写上“自由、平等、博爱”而监狱仍然是监狱一样。如果像美国那样把“自由、平等、博爱”的标语写在工厂里，工厂也不会因此而不再是工人的苦役营和资本家的天堂。

这就是说，现在应该想得远些，应该设法争取到的不仅仅是自由劳动。自由劳动是一个进步，但这还不是保护劳动者利益的步骤；这是使劳动者摆脱地主的掠夺，摆脱地主的剥削，摆脱马尔科夫之流，摆脱警察等等的步骤，但这并不是保护劳动者利益的步骤，因为没有牲畜，没有农具，没有本钱，贫穷的农民就无法支配土地。正因为这样，我对所谓两种尺度或两种份额（劳动土地份额和粮食土地份额）的问题抱着很大的怀疑。我知道，民粹主义党派一直在谈论和解释这两种份额。我知道，这些党派一直认为必须规定两种份额或两种尺度：一种是劳动土地份额，即一家所能耕种的土地面积；一种是粮食土地份额，即一家不致挨饿所需的土地面积。我说，我对这两种份额或尺度问题抱着很大的怀疑，我认为这是官吏的计划，这个计划不能带来好处，即使你们在这里确定下来也无法实现。这就是问题的全部实质！这个计划不能使雇佣工人和贫苦农民的状况得到任何明显的改善。只要资本主义的统治存在，即使你接受这个计划，它也始终是一纸空文。这个计划不能帮助我们找到从资本主义向社会主义过渡的正确道路。

当人们说到这两种尺度、这两种份额的时候，在他们的想象中，好像世界上除了土地和公民，别的什么也没有了。如果真是这样，这个计划倒是个好计划。但事实并不是这样，还存在着资本的权力、货币的权力，没有钱，即使有最自由的土地，即使有什么“尺度”，也不能经营，因为只要货币存在，雇佣劳动也就依然存在。这就是说，现在富裕农民——在俄国不下100万户——压迫和剥削雇佣工人，将来在“自由”土地上也是要压迫他们的。这些富裕农民经常（不是例外地，而是照例地）雇用年工、季节工、日工，就是说，经常剥削贫苦农民，无产者。同时，千百万农民没有耕马，他们不出卖劳动力，不去打零工等等，就无法生活。只要货币的权力还存在，只要资本的权力还存在，不管你们规定什么“份额”，反正行不通，因为这些份额没有估计到农具、牲畜和货币的分配不平均这样一个主要因素，没有估计到存在着遭受剥削的雇佣劳动。这是俄国当前生活中的一个基本事实，决不能置之不顾；即使我们规定出什么“尺度”，那种“尺度”也会被生活抛弃，成为一纸空文。因此，为了在俄国这次最伟大的改造中——现在你们正在进行这次改造，你们一定会把这次改造进行到底，废除土地私有制，向美好的社会主义未来迈进一步；这次改造才刚刚开始，但一定会深入下去，而且可以毫不夸大地说，必将在俄国实现，因为已经没有什么力量可以阻挡它了——捍卫贫苦农民的利益，为了在这次伟大的改造中捍卫工人和贫苦农民的利益，决不能规定什么份额或尺度，而应当寻找其他的办法。

我荣幸地代表党说，我和我们党的同志们只知道有两个办法能够捍卫农业雇佣工人和贫苦农民的利益，现在我们就把这两个办法介绍给农民苏维埃。

第一个办法，就是把农业雇佣工人和贫苦农民组织起来。我们希望并且建议，在每一个农民委员会里，在每一个乡、县和省里，单独成立农业雇佣工人和贫苦农民的团体或组织。农业雇佣工人和贫苦农民应当问一问自己：如果土地明天就成为全民的财产（它一定会成为全民的财产，因为这是人民所希望的），我们怎么办？我们这些没有牲畜和农具的人，从哪里去得到这些东西呢？我们怎么经营呢？我们应当怎样捍卫自己的利益呢？我们怎样使土地（它们将成为而且一定会成为全民财产）不致**仅仅**落到**经营者**手里呢？如果土地落到了拥有足够牲畜和农具的人手里，我们还能得到很多好处吗？我们实行这个伟大的变革难道就是为了这一点？难道这就是我们所需要的吗？

土地将属于“人民”，但这并**不足以**保护农业雇佣工人的利益。主要的办法，不在于从上面或者由农民委员会来规定一个人占用土地的“尺度”。只要资本还在进行统治，这种办法就无济于事，也决不能摆脱资本主义的统治。要摆脱资本主义的桎梏，要使全体人民的土地转到**劳动者**手中，只有一个基本办法，那就是把农业雇佣工人组织起来。这些工人将根据自己的经验、自己的观察办事，决不相信盘剥者对他们说的话，尽管这些人打着红色蝴蝶结，自称“革命民主派”。

只有地方上的独立组织，只有亲身的经验教训，才能使贫苦农民学到东西。而这种经验不是轻易能得到的，我们不能许诺而且也没有许诺人间天堂。不，地主将被打倒，因为这是人民的愿望，但**资本主义**将依然存在。推翻资本主义要困难得多，那得采取另一种办法。这个办法就是单独成立农业雇佣工人和贫苦农民的组织。我们党把这一点放在首位。

只有采取这个办法，才能逐渐地、决非轻而易举但却是可靠地把土地真正交给劳动者。

我们党所建议的第二个步骤，就是尽可能迅速地把各个大农场，例如各个大的地主田庄——这种田庄在俄国有3万个——改建成示范农场，由农业工人和有学问的农艺师用地主的牲畜和农具等来**共同**耕种。没有农业工人苏维埃领导下的**共同**耕作，就无法使全部土地归**劳动者**使用。当然，共同耕作是一件困难的事情；如果有人认为这可以由上面作一个决定来强制实行，那他就是发疯了，因为长期的单独经营的习惯不能一下子消除，因为这样做需要资金，需要适应新的生活准则。如果关于共同耕作、农具公有、牲畜公有以及在农艺师的协助下最有效地使用农具的劝告和意见，只是个别政党臆想出来的，那事情就糟了，因为人民生活的任何变革不会根据某个政党的劝告来实现，因为千百万人不会根据政党的劝告去进行革命，何况这种变革是比推翻昏庸无能的尼古拉·罗曼诺夫大得多的一场革命。我再说一遍，千百万人是不会按照订单进行革命的，只有在人民穷困不堪，再也无法生存，千百万人的共同压力和决心足以粉碎一切旧的壁垒并真正能够创造新生活的时候，他们才会起来革命。我们把这个办法提出来，请你们慎重考虑，我们说这样做是必要的，而我们所以得出这个结论，不仅是因为我们的纲领、我们的社会主义学说这样告诉我们，还因为我们是社会主义者，我们观察了西欧各国人民的生活。我们知道，在西欧发生过许多次革命，这些革命创立了民主共和国；我们知道，在美国，1865年打败了奴隶主，几万万俄亩土地无代价地或几乎无代价地分给了农民，可是那里资本主义的统治比别处厉害，那里劳动群众也同在其他国家里一样受压迫，甚至受的压迫更多。可见，正是社会主义学说，正是对其他国家人民的观察，使我们坚信：农业工人使用最好的机器并在有学识的农艺师的指导下共同耕种土地，才能摆脱资本主义的桎梏。可是，如果我们仅仅根据西欧各国的经验，那我们俄国的事情就糟了，因为大多数俄国人民，只有在极端贫困的时候，才会采取重大步骤走上这条新道路。我们说，这样的时刻已经来到了，极端贫困的现象已经呈现在全俄国人民的面前了。这种极端贫困的现象归结到一点，就是不能再按旧方式经营了。如果我们仍然依靠小经济来生活，即使我们是自由土地上的自由公民，也不免要灭亡，因为经济破坏已一天比一天、一小时比一小时更逼近了。人人都在谈论这一点。这是事实，这不是由于个别人的恶意引起的，这是由全世界的侵略战争引起的，由资本主义引起的。

战争毁灭了大批的人，全世界都沉浸在血泊中，整个世界被战争带到了毁灭的边缘。这不是夸大，谁都不能为明天担保；大家都在谈论这一点。如果把《工兵代表苏维埃消息报》拿来看看，就会知道人们都在谈论资本家采取意大利式的罢工[68]和同盟歇业。这就是说，没有工作可做了，资本家正在大批地解雇工人。这就是这场罪恶战争所造成的后果，不仅在俄国是这样，在其他各国也是这样。

因此我们说，在小块土地上经营，即使是“自由土地上的自由劳动”，也不能摆脱可怕的危机和普遍的破坏，也不能走出困境。必须实行**普遍劳动义务制**，必须大大节省人力，必须建立一个能够实行这种普遍劳动义务制的非常坚强的政权。官吏是不能实行这种制度的，只有工兵农代表苏维埃才能实行这种制度，因为苏维埃就是人民自己，就是人民大众自己，因为苏维埃不是官吏的政权，因为苏维埃彻底了解农民的全部生活，能够建立劳动义务制，能够规定一套保护人们劳动的办法，使农民的劳动不致浪费，这样，就能逐渐地审慎地过渡到共同耕作。这是一件困难的事情，但必须过渡到在大规模的示范农场中共同耕作，否则就不能摆脱俄国现在遭到的经济破坏，就不能摆脱这种简直是绝望的处境。如果有人认为，人民生活中的这种伟大改革能够一蹴而就，那就大错特错了。不，这要求付出极大的劳动，要求每个农民和工人，在他所在的地方，在他所擅长的工作中，在他几十年来所从事的生产中，振作起来，下定决心，付出力量。这种事情不能按照什么命令来完成，但必须完成，因为这场侵略战争已经把全人类带到了毁灭的边缘，千百万人已经在这场可怕的战争中牺牲，如果我们不使出自己的全部力量，如果工农代表苏维埃的一切组织不采取共同的坚决的行动来实行没有资本家和地主参加的共同耕作，那就还会有更多的人死于这场可怕的战争。只有走这条道路才能使土地真正转到劳动者手中。（鼓掌）

载于 1917 年 5 月 25 日《全俄农民代表苏维埃消息报》第 14 号

译自《列宁全集》俄文第 5 版第 32 卷第 168—189 页

彼得格勒区杜马选举中的各党派

（不晚于1917年5月23日〔6月5日〕）

区杜马代表候选人名单已经公布了（见5月17日《市政府消息报》[69]免费增刊）。可惜这不是所有区的名单，而只是10个区的名单。不过在**党派分野**问题上情况毕竟是非常清楚了。为了进行竞选鼓动，为了阐明党同**阶级**的关系，我们必须对此进行更细致的研究。

大家知道，党派分野既是政治开展的条件，也是政治开展的标志。按照通例，某些居民或者某个阶级在政治上愈开展，愈觉醒，愈觉悟，他们的党派分野也愈鲜明。这条通例已经为一切文明国家的经验所证实。从阶级斗争的观点来看，不难理解，不分党派或缺乏党派的确定性，缺乏党的组织性，那一定意味着阶级的不稳固（至少是如此；这种缺乏甚至意味着群众在受政治骗子的蒙蔽，这种现象在议会制国家中是人们所熟知的）。

关于党派分野问题，已经公布的彼得格勒候选人名单向我们表明了什么呢？

10个区一共提出了71份候选人名单。我们一眼就看出这些名单可以分为**五大类**：

（1）俄国社会民主工党，即**布尔什维克**。它在10个区都提出了候选人名单。我党同区联派和孟什维克国际主义者这两个集团结成了联盟。这个联盟是有高度原则性的，是在我党彼得格勒代表会议和全国代表会议的决议①中公开宣布的。俄国和全世界当前政治生活中的根本问题是无产者的国际主义同大资产阶级和小资产阶级的沙文主义（或“护国主义”）进行斗争的问题。我们党曾大声宣布，我们决心实现一切国际主义者之间的“接近和联合”（见全国代表会议关于联合国际主义者反对小资产阶级护国主义联盟的决议）。

无产阶级政党明确地、公开地、一致地参加了选举。

（2）“人民自由”党，即立宪民主党，这个实际上是反革命资产阶级的政党同样清楚地表明了自己的阶级面貌。他们也在10个区提出了10份全是该党党员的候选人名单。大家知道，地主和资本家的**所有**政党，现在都**支持**立宪民主党人，不过目前只是**暗暗地**支持。

（3）就党派的确定性来说居于第三位的是新近拼凑的激进民主党。这个政党只在10个区中的6个区提出了自己的候选人名单。这个谁都不熟悉的政党，显然也是资本家的政党，它想用不负任何责任的诺言来“骗取”居民的选票，这是一些改头换面的立宪民主党人。

（4）民粹主义者（劳动派、社会革命党人和人民社会党人[70]）、孟什维克和臭名远扬的“统一派”[71]居于第四位，他们是拼凑成的，这个集团在9个区提出了17份候选人名单。

这真是小资产阶级的大杂烩和小资产阶级的无原则性的典型！这些党派**没有一个**敢作出公开的、以原则为依据的决定，事先

① 见本版全集第29卷第255—256、421页。——编者注

声明要互相接近和联合。事变把他们卷进了旋涡，他们随着沙文主义的潮流走。他们滚进了同一个泥潭，完全同庸人一样在里面挣扎，千方百计地想在每个区"爬进去"！想尽办法爬，爬进去就行，这就是他们的座右铭。

既然护国主义或对联合内阁的支持在原则上已把他们联合起来，那么，他们为什么不结合成一个统一的、真正有原则性的、公开参加当前选举运动的政治联盟呢？

问题的关键在于，小资产阶级即民粹主义者和孟什维克既不讲原则，又不讲党派！他们都是护国主义者和内阁主义者。但是，他们彼此互不信任。社会革命党人在一个区单独参加选举，在另一个区又同人民社会党人和劳动派分子结成联盟（即同那些容许赎买的人结成联盟！！同社会革命党人维赫利亚耶夫和切尔诺夫之流在1906—1907年**公开**斥之为崇拜**私有**本能的那些党派结成联盟！！）。他们常同孟什维克结成联盟，有时也同《人民事业报》字里行间所敌视或蔑视的那个"统一派"结成联盟。

没有关系！小市民什么都不在乎。小资产者还管什么党派和原则性！在报纸上"我们"反对"统一派"，但是为了能进杜马，"我们"**拥护**……

孟什维克也一模一样。他们在报纸上反对"统一派"，在孟什维克全国代表会议[72]上大声反对臭名远扬的捷依奇，以致"统一派"对此公开表示不满。没有关系，小市民是健忘的。我们要按小市民的方式行事！我们"在原则上"反对捷依奇之流和约尔丹斯基之流，在工人面前因他们而感到羞愧，但是，为了获得席位，我们情愿和这些先生同列在一张候选人名单上！

应该让全体觉悟的工人知道，应该让他们告诉全体工人群众，社会革命党人、全体民粹主义者同孟什维克结成的联盟是偷偷地把“统一派”的英雄们拉进去的那些人的联盟，是**因自己的同盟者而感到羞愧的那些人**的联盟！

在喀山和斯帕斯这两个区，既没有孟什维克，也没有社会革命党人，他们显然是**隐藏到**区工兵代表苏维埃的候选人名单即**无党派人士的**候选人名单里去了（在这两个区里，无党派人士的候选人没有提够，只有38人和28人，立宪民主党的候选人是54和44，我们是43和46）。由此可见，在这两个区里，小资产阶级党派连它们的五光十色的半党派都没有保住，而彻头彻尾地滚到无党派的泥潭里去了。“只要能够当选，党派不党派与我们有什么相干？”无论何时何地，资产阶级议员的座右铭都是如此。

(5)第五个集团完全是一个不分党派的王国。他们在10个区提出了28份候选人名单，而且其中大多数团体只存在于一个区。这不仅仅是一些小市民团体，而且是狭隘的地区性的小市民团体。那里什么人都有！有“住宅管理员”，有“教育机关职员团体”，有“诚实负责公正派”（不爱听就不要听……），有“住宅委员会内的无党派民主共和主义劳动者推选出来的民主共和主义和社会主义活动家”……

工人同志们！让我们大家都去做工作，都到贫民住宅去活动，都去唤醒和启发仆役、比较落后的工人等等！让我们都去进行鼓动，反对资本家和立宪民主党人，反对冒充“激进的民主派”而躲在立宪民主党人背后的人！让我们都去进行鼓动，反对民粹主义者和孟什维克的小资产阶级护国主义泥潭，反对他们的不讲党派不讲原则的联盟，反对他们把主张赎买的劳动派分子和普列汉诺夫“统一派”的英雄们拉进联合名单里去。现在，甚至部长的报纸《人民事业报》和《工人报》也都耻于同这个“统一派”携手了！

载于1917年5月24日(6月6日)
《真理报》第64号

译自《列宁全集》俄文第5版
第32卷第190—193页

两个缺点

（1917年5月23日和27日〔6月5日和9日〕之间）

我们在批评其他政党的时候，也应当批评自己。已经公布的彼得格勒区杜马代表候选人名单，暴露出我们党组织和我们党的工作中的两个缺点。

第一个缺点。在利季约区，我们的名单上只有33个候选人，而立宪民主党人以及孟什维克同“统一派”和民粹主义者的联盟却有63个候选人。显然，我们党的工作者在富人区所找到的无产阶级政党的候选人只有33个。这是我们工作中一个明显的缺点，是我们没有很好地深入劳动者和被剥削者“下层”的明证。必须打破旧的习惯；在富人区必须十分坚决地“到民间去”，使更多的劳动者和被剥削者觉悟起来。应当吸引非党的无产阶级分子、特别是吸引诸如**仆人**中的非党的无产阶级分子参加选举，大胆地把其中最可靠的分子列入无产阶级的候选人名单。既然大多数人是觉悟的国际主义无产者，我们为什么要害怕少数非党的**无产阶级**分子呢？……①

载于1928年《列宁文集》俄文版第7卷

译自《列宁全集》俄文第5版第32卷第194页

① 手稿到此中断。——俄文版编者注

关于同经济破坏作斗争的几项经济措施的决议[73]

（1917年5月25日〔6月7日〕）

1.俄国的全部经济生活十分紊乱，这已使空前巨大的灾难不可避免：许多极重要的生产完全停顿，农村业主不能进行必要规模的经营，铁路交通断绝，千百万工业人口和城市得不到粮食供应。此外，经济破坏已经开始，它席卷了许多部门。只有地方和中央的国家政权最大限度地调动人民的力量并且立即采取各种革命措施，才能战胜这种经济破坏。

2.不论采取官僚主义的办法即建立一些由资本家和官吏占优势的机构，还是保护资本家的利润，保持他们在生产中的无限权力，保持他们对金融资本的统治，保守他们在银行业、商业和工业中的营业秘密，都不能克服这种灾难。某些生产部门中的一系列局部危机现象，十分清楚地证明了这一点。

3.克服灾难的唯一办法，就是对产品的生产和分配实行真正的工人监督。为此必须：第一，在所有具有决定意义的机关中保证工人有四分之三以上的多数票，同时必须吸收没有脱离工作的企业主和有科学技术修养的人参加工作；第二，工厂委员会、中央和地方的工兵农代表苏维埃以及工会都有权参加监督，一切商业账目和银行账目必须向它们公开，并且必须把各种资料报告它们；第三，所有民主主义和社会主义大党的代表都享有这种权利。

4. 必须立刻开展工人监督（经过多次冲突以后资本家已予以承认），其办法是采取一系列经过周密考虑的、循序渐进的、但又不是拖延不决的措施，使工人能够充分调节产品的生产和分配。

5. 工人还应当同样有权监督一切金融业务和银行业务，了解整个金融状况，并且应当得到即将组织起来的银行职员、辛迪加职员和其他职员的委员会和代表大会的合作。

6. 要把国家从灾难中拯救出来，必须首先使工人和农民无条件地完全相信（不是用空话，而是用行动），地方和中央的享有全权的领导机关一定会把资本主义经济的银行、金融、商业和工业界巨头们的大部分利润、收入和财产交给人民。不真正实行这一办法，就无法要求和指望实行各项真正的革命措施，也无法要求和指望工农群众有真正的革命热情。

7. 由于整个金融体系和金融业十分紊乱，由于在战争继续进行的情况下不可能进行整顿，全国性组织的目的应当是在各地区以至全国的范围内广泛组织农具、衣服、鞋子等物品同粮食及其他农产品的交换。应广泛地吸引城乡合作社参加这项工作。

8. 只有上述各项措施实现以后，才可能实行而且必须实行普遍劳动义务制。后一措施又要求实行工人民兵制，先由工人在八小时工作日以外义务执行勤务，然后再建立由资本家支付职工报酬的全民民兵。只有这样的工人民兵以及由此而发展起来的全民民兵，才能够而且一定会实行普遍劳动义务制，并且不是采取官僚主义的办法，不是为了资本家的利益，而是真正为了把人民从灾难中拯救出来。只有这种民兵才能够而且一定会实现真正革命的纪律，最大限度地调动全民的力量来克服灾难。只有实行普遍劳动义务制，才能最大限度地节省人民的劳动力。

9. 在克服国家灾难的各项措施中，首要的任务之一就是必须把大量的劳动力投到煤和原料的生产以及运输业中去。同样，必须把生产军需品的劳动力逐步转到恢复经济所必需的生产中去。

10. 只有在全部国家政权转到无产者和半无产者手中以后，才可能有计划地顺利地实现上述各项措施。

载于 1917 年 5 月 25 日（6 月 7 日）
《社会民主党人报》第 64 号

译自《列宁全集》俄文第 5 版
第 32 卷第 195—197 页

是同资本家做交易，还是推翻资本家？

（怎样结束战争）

（1917年5月25日〔6月7日〕）

大家都在考虑并且谈论怎样结束战争的问题。

几乎所有的工人和农民都一致认为，战争是资本家发动的，需要战争的是**全**世界的资本家。工兵**农**代表苏维埃的决议就是这样写的。

这无疑是真实情况。

但再进一步，在怎样**才能**结束战争的问题上，意见就开始分歧了（**大家**都清楚，**立刻**结束战争是不可能的）。是同资本家做交易（如果是这样，又该做哪些交易），还是进行工人革命，也就是说去推翻资本家？这是一个主要的和根本的问题。

在这个问题上，我们党同彼得格勒工兵代表苏维埃和全俄农民代表苏维埃存在着分歧，因为这两个苏维埃**都是偏向于用对资本家有利的办法并通过资本家来解决问题的**。

全俄农民代表苏维埃关于战争的决议特别清楚地证实了这一点。这个决议附和名声不佳而且言词含混的告世界人民书[74]（3月14日），它也要求：

"……没有侵占和罚款的和约，而每一个民族不管生活在哪个国家的疆界内，都有权独立决定自己的命运。"

这里对兼并（侵占）问题的提法，是与最近《彼得格勒工兵代表苏维埃消息报》和《人民事业报》的提法**不同**的（见5月18日的《真理报》第60号①）。

民粹主义者和孟什维克的联盟所领导的这两个机关报完全弄糊涂了，竟说什么没有侵占就是保持战前状态（用拉丁语说，没有兼并的和约就是保持status quo）。

老实说，这种解决问题的办法，就是同资本家做交易，就是资本家彼此做交易。也就是说，过去（战前）侵占的可以保留，不过，不要再出现新的侵占。

首先，社会主义者只要不背叛社会主义，就不能认为这种解决办法是正确的。社会主义者不应当容忍资本家保持原来的分赃即侵占。这一点是清楚的。其次，如果不进行**反对资本**至少是**反对**英日两国**资本**的革命，这种解决办法就决不能实现，因为任何一个神经没有错乱的人都知道，**不进行革命**，日本决不会归还胶州湾，英国决不会归还巴格达和在非洲的殖民地。

农民的决议则对侵占（兼并）下了**另一个**定义，宣称"**每一个**"民族（当然，战争**以前**被兼并的民族即被暴力并吞的民族也包括在内）都享有自由权，享有"独立决定自己的命运"的权利。

从真正彻底的民主主义者的观点看来，尤其是从社会主义者的观点看来，这是唯一正确的解决办法。任何一个社会主义者，只要他还是一个社会主义者，就决不能对兼并（侵占）问题再有别的

① 见本卷第113—115页。——编者注

提法，决不能否认**每一个**民族都有自决权，都有分离的自由。

但是我们不会糊里糊涂，我们知道，这种要求就意味着进行反对资本家的革命。兼并（侵占）别国领土比世界上其他任何一个国家都多的英国资本家，首先就会不接受这种要求（在不进行革命的情况下）。

两种要求，两种愿望：一种是希望在恢复原状（“status quo”）的意义上放弃兼并；一种是希望放弃一切兼并，既放弃新的，也放弃旧的。但如果不进行反对资本的革命，不推翻资本家，这两种愿望都是不能实现的。关于这一点决不能自欺欺人！

或者是鼓吹和等待同资本家做交易，这就等于要人民信任他们的死敌；或者是相信工人革命，只相信工人革命，集中全力去推翻资本家。

必须从这**两条结束**战争的道路中**选择一条**。

载于1917年5月25日（6月7日）
《真理报》第65号

译自《列宁全集》俄文第5版
第32卷第198—200页

链条的强度决定于最弱一环的强度

（1917 年 5 月 27 日〔6 月 9 日〕）

假定现在需要用一根铁链把 100 普特重的东西吊起来，而这根铁链上有**一个**环节是木头做的，那结果会怎样呢？

链条一定会断。

一根铁链上有一个环节不结实，即使其他的环节都非常坚固和完整，也无济于事。木头做的环节一坏，整根链条也就断了。

在政治上也是这样。

孟什维克和民粹主义者先生们，这些小资产阶级党派的内阁主义者先生们，在选举区杜马时同**普列汉诺夫的“统一派”**联合起来了。

先生们，怨你们自己吧！

在你们本来就不结实的生了锈的“铁”链上，现在有一些环节甚至不是木头做的，而是泥做的和纸做的。

怨你们自己吧！

男女工人同志们！士兵同志们！劳动者同志们！要知道，**你们**如果投民粹主义者和孟什维克的联盟（同盟）的票，**那就是投票支持普列汉诺夫“统一派”**。

——那就是投票支持连孟什维克和“社会革命党人”的报纸都**鄙弃**的可耻的普列汉诺夫“统一派”！

——那就是投票支持讨好资本家、公开鼓吹**把战争进行到胜利**的可耻的普列汉诺夫"统一派"!

——那就是投票支持每天都在替俄国资本家粉饰、把全部罪过推到德国资本家身上、污蔑**各**国工人在反对**各**国资本家的斗争中结成的兄弟联盟的可耻的普列汉诺夫"统一派"!

愿意捍卫劳动人民反对资本家的人们,愿意为面包、和平、自由而斗争的人们,**一票也不要投给把腐朽的"统一派"隐藏在候选人名单里的民粹主义者和孟什维克的联盟**(**同盟**)!

请只投票支持布尔什维克和国际主义者社会民主党人提出的候选人名单!

载于1917年5月27日(6月9日)
《真理报》第67号

译自《列宁全集》俄文第5版
第32卷第201—202页

必须揭露资本家

(1917 年 5 月 27 日〔6 月 9 日〕)

谁也不会否认弗·巴扎罗夫在关于我国工业状况问题上的知识,他在 5 月 24 日的《新生活报》上写道:

"战争以及战争所引起的经济和财政的崩溃,造成了这样一种局面,即私人企业主的私人利益要求的不是促进全国生产力的巩固和提高,而是破坏生产力。目前,不动用资本的物质组成部分,要比把它们投入周转更为有利(因为物价可望上涨)。在国家遭到极大破坏的情况下,生产毫无用处的军需品,要比老老实实地满足人民群众的迫切需要更为有利。最有利的则是建立一些永远没有用处的、经过两三年才能开工的新的国防工厂。目前我国的所谓'国民经济'就是疯狂地趁火打劫,使工业陷于无政府状态,有步骤地盗窃国民财富,这有什么值得惊奇的呢? ……

……觉悟不高的、甚至觉悟极高的工人既然亲眼看到资本家在盗窃和挥霍亿万钱财,那他们为什么要拒绝三四个卢布的'额外'工资呢?"

任何一个诚实的人,都不会否认弗·巴扎罗夫说的是千真万确的事实。

"趁火打劫"——没有别的更合适的话可以来描述资本家在战争时期的行为了。

这种趁火打劫的行为正在导致整个国家灭亡。

不能再沉默了,不能再忍耐了。

希望所有知道和了解"他们的"工厂在这方面的具体情况的工人,希望所有对国家的危亡不是漠不关心的银行职员、工厂职员和商店职员，希望所有工程师、统计学家和会计师都尽力**搜集**有关这种趁火打劫行为的确凿的(尽可能有真凭实据的)材料，即关于**价格和利润**的材料，哪怕是零碎的也好。

不能再沉默了，不能再忍耐了。我们又不是小孩子，我们不会因有准社会党人部长们的诺言或官吏的委员会、部、处等机构而自我陶醉起来。

如果俄国政府不是资本家的俘虏，如果俄国政府是由那些愿意而且能够坚决拯救国家的人组成的，那么，这个政府就会一天甚至一小时也不拖延地立刻颁布一个法律，规定公布军事订货的**各项**价格以及有关**利润**的**全部**材料。

空谈即将来临的崩溃，空谈拯救国家而**不行动**，就是堕落成为欺瞒人民群众的骗子或受骗子玩弄的工具。

期望资本家政府，期望李沃夫、捷列先科、盛加略夫之流先生们，期望他们的切尔诺夫、策列铁里、彼舍霍诺夫和斯柯别列夫等软弱无力的玩具似的"附属品"会颁布这种法律和揭露资本家，那真是孩子般的天真。只有"着了内阁主义迷"的人才会那样期望。

必须大力发扬个人的主动性。同志们，公民们！谁真正愿意帮助国家摆脱饥荒，谁就应该立刻把能够搜集到的关于**价格**和**利润**的材料都搜集起来加以公布。

揭露资本家是制服资本家的第一个步骤。

揭露趁火打劫的行为是同趁火打劫者作斗争的第一个步骤。

载于1917年5月27日(6月9日)
《真理报》第67号

译自《列宁全集》俄文第5版
第32卷第203—204页

关于经济破坏的报告

(1917 年 5 月 27 日〔6 月 9 日〕)

灾难即将来临——这就是当前主要的和基本的问题。应该搜集这方面的尽可能确实的材料,以下就是从我们的对手即联合起来的民粹主义者和孟什维克的报纸上摘引来的几段大有教益的话(载于 5 月 19 日《彼得格勒苏维埃消息报》第 70 号)。

"大批人失业的灾难临头了。联合起来的企业主抗拒工人的要求的事情增多了。企业主采取了独特的意大利式的罢工和隐蔽的同盟歇业。"

接着说:

"……资本家丝毫没有来帮助国家摆脱经济困难……

……资本家拼命抓住利润不放,他们就是真正的破坏分子和反革命分子。但是革命不愿意也不应当灭亡。如果资本家不是自愿地迎接革命,那么革命就应当对他们下得了手。"

话很难说得更漂亮了,难道不是吗?情况看来的确非常危急。"革命"应当"对资本家下得了手"——**什么样的**革命呢?**哪个**阶级的革命呢?**怎样**下手呢?

下面就是几位报告人 5 月 16 日在执行委员会会议上所作的回答:

"不少报告人都说明了国家经济生活普遍遭到破坏的严重情况……资产阶级的机关刊物……绝口不谈灾难的真正原因:战争和资产阶级的自私自利

行为。”

在孟什维克内阁主义者切列万宁的报告中谈道：

“我们现在所遭到的经济破坏非常严重，采取一些治标办法或具体措施是不能使情况好转的。必须制定一个总的计划，必须由国家来调节全部经济生活……

要具体地实现我们的计划，就必须在内阁下面设立一个专门的经济委员会。”

一座大山生了一只小老鼠。[75]不再是“对资本家下得了手的革命”，而是一张纯官僚主义的药方。

阿维洛夫的报告谈道：

“目前经济破坏的基本原因是缺少最重要的工业品……

……在物价不断上涨的情况下，许多部门的工人几乎经常挨饿……

……发了横财的企业主不同意向工人让步，除非同时提高他们产品的价格……

……摆脱现状的唯一出路，就是把商品价格规定下来。但是只有当产品的整个分配是按照公共权力机关的指示来进行的时候，这种规定才能真正实现。

在这种按照规定价格强制实行分配的情况下，必须对生产也实行监督，不然生产就会缩减甚至停顿……

……同时，必须把那些供给工业以流动资金和固定资金的基地——信用机关置于国家的监督之下。”

“国家”是一部机器，工人阶级和资本家把它各朝一个方向拉，这一点阿维洛夫同志似乎是忘记了。现在哪个阶级能够行使国家权力呢？

巴扎罗夫的报告谈道：

“固定价格实际上并没有被遵守。国家垄断是一纸空文。调节对工厂的煤炭和金属的供应，不仅未能使生产对国家有利，甚至未能克服市场的无政府状态和消除中间转卖商的猖狂的投机活动。

必须强制实行工业的国家托拉斯化。

只有号召企业的管理人员和资本家履行对国家的义务，才能采取有效措施同企业主在生产中故意制造的无政府状态作斗争。”

要资本家（他们故意制造无政府状态）的国家去号召资本家履行对国家的义务，这就等于把阶级斗争置于脑后。

Г.В.舒布的报告谈道：

“尽管我们在两个月内不断地提出要求，但总的问题，即组织国民经济和劳动的问题，仍然毫无进展。结果是踏步不前。现在的情况是：我们通过了一系列的措施和法律（虽然也经过斗争），我们已经有了粮食垄断法…… 但这一切仍然是一纸空文……

……我们在原则上已经解决了农业机器地方公有的问题，但还不能付诸实现，因为没有或者几乎没有机器。农业机器厂生产的是根本不重要的军需品。但是，除了必须调节国家的全部经济生活以外，还应当摧毁和改建国家政权的全部执行机关……”

这比较接近实际，比较接近本质！“摧毁和改建国家政权的全部执行机关”，——这是对的。但国家政权**机关**问题只是掌握政权的那个**阶级**的问题的一小部分，这不是很明显吗？

库科韦茨基的报告谈道：

“国家的财政状况糟透了。我们正迅速地走向财政破产……

单纯的财政措施无济于事……

必须采取强制摊派公债的办法，如果这一办法不能收到预期的效果，那就实行强制公债。

第二个办法就是硬性调整工业，规定产品的固定价格。”

“强制”是件好事情，但问题完全在于：哪个阶级是强制者，哪个阶级是被强制者？

格罗曼的报告谈道：

“目前在各国所发生的一切，都说明国民经济机体处于解体的过程中。到处都运用组织的办法来应付这种局面。国家在各地都已着手组织经济和劳动……

直到今天，无论是政府还是全国都还没有一个能够调节国家经济生活的中心，也就是说，还没有一个经济的首脑机关。这样的机关必须建立起来……必须组织起一个有权力的执行机关。必须成立一个经济委员会……”

再来一个官僚机关——格罗曼的想法就是如此！实在可悲。

大家都承认空前严重的灾难是不可避免的。但是人们不理解主要的一点：能够使国家摆脱灾难的**只有革命阶级**。

载于1917年5月27日(6月9日)
《真理报》第67号

译自《列宁全集》俄文第5版
第32卷第205—208页

“手上的戏法”和政治上无原则性的戏法

（1917年5月27日〔6月9日〕）

“手上的戏法”这个说法是从今天《人民事业报》的社论中引来的。有克伦斯基和切尔诺夫参加的这家“社会革命党人”的报纸，在揭穿“被资产阶级驯服的社会主义运动”的**法国**代表的伎俩时写道：

“……这一套老而又老的手上的戏法，格·普列汉诺夫在我们这里耍过好多次了，但是都没有成功，谁也没有被他骗过……”

最亲爱的，难道光是普列汉诺夫吗？

要知道，正是你们同**这个**普列汉诺夫“统一派”在选举中结成了联盟，正是你们把它拉了进去，救了它的命！！

要知道，正是在你们的报纸上（5月9日第44号），谢·姆斯季斯拉夫斯基在谈到普列汉诺夫时写道：

“俄国社会民主党不久前的思想领袖也插手这种反革命的攻讦〈像《俄罗斯意志报》和《新时报》那样〉，人们不得不抱着莫大的遗憾和真正痛惜的心情来确认这个事实，因为的确没有想到国际竟腐败到了这种地步。”

同**这个**“统一派”结成联盟的社会革命党人也腐败到了这种地步！

在《人民事业报》第48号（5月13日）上一篇没有署名的即编

辑部的短评里，我们读到：

“‘统一派’同自由派资产阶级在政治上一致是尽人皆知的事实……”

你听！你听！“社会革命党人”和孟什维克是同这个“统一派”一致的，而“统一派”同自由派资产阶级在政治上一致又是**尽人皆知的事实**。男女工人同志们，士兵同志们，可别忘记这一点！

孟什维克的《工人报》在4月20日第35号的社论中写道：

“我们反对英国帝国主义者。‘统一派’则反对英国社会主义者。这就是全部差别所在。‘统一派’要像霍屯督人那样议论，原因就在于此…… 俄国工人记得很清楚，普列汉诺夫在沙皇制度下〈刊误，应为：在沙皇-共和制度下〉曾经千方百计劝工人不要举行任何罢工。当时普列汉诺夫甚至还用更可怕的事情吓唬我们，硬说这种斗争不过是替德军总参谋部效劳。”

在同一家报纸的第57号(5月16日)上，最温和的内阁主义者切列万宁写道：

“普列汉诺夫和他的‘统一派’尽自己的(他们的)一切力量想使那个在国际上已经被德法等国大多数社会党人弄得够声名狼藉的防御原则，在我们这里也声名狼藉。”

民粹主义者和孟什维克就是这样评价“统一派”的，就是这样**同它划清界限**的，就是这样**为它感到羞愧**的!!

但同时他们却在选举中与“统一派”结成联盟(同盟)，而普列汉诺夫则从这样的人那里，即从公开骂他是“变戏法者”、“被资产阶级驯服的”、“霍屯督人”、“声名狼藉的”、“与自由派资产阶级一致的”那些人那里弄到席位。

在这样一个联盟里，哪一方更坏呢？

工人和士兵们！民粹主义者和孟什维克的联盟替**“与自由派**

资产阶级一致的”“统一派”打掩护，还把它拉了进去，对于这样一个联盟，一票也不要投给它！

载于1917年5月27日(6月9日)
《真理报》第67号

译自《列宁全集》俄文第5版
第32卷第209—210页

一个原则问题

（关于民主制的一段“被忘记的言论”）

（1917 年 5 月 28 日〔6 月 10 日〕）

资本家的报纸对喀琅施塔得同志们造谣诽谤，这股污泥浊水又一次暴露出这些报纸的全部虚伪性，它们竟把最平常的不重要的事情夸大成“脱离”俄国之类的“国家”大事。

《彼得格勒苏维埃消息报》第 74 号报道了喀琅施塔得事件已经解决的消息，不出所料，策列铁里和斯柯别列夫两位部长很容易地同喀琅施塔得人达成了协议。自然，我们希望并且相信，只要**双方**都忠实地遵守这个协议，喀琅施塔得和俄国其他地方的**革命**工作就能够在相当长的时期内顺利进行。

对我们来说，喀琅施塔得事件在两个方面具有原则性的意义。

第一，它暴露出我们早已看到的、在我们党的决议（关于苏维埃的决议）里正式承认了的事实：**地方上的**革命已经走在彼得格勒前面了。[①] 不仅立宪民主党人，而且民粹主义者和孟什维克也被到处泛滥的革命词句所淹没，不愿意或者不能够思考这一事实的意义。

第二，喀琅施塔得事件提出了一个非常重要的、原则性的、纲领性的问题，任何一个正直的民主主义者，更不必说社会主义者，

① 参看本版全集第 29 卷第 422—423 页。——编者注

都不能对此漠不关心。那就是中央政权对地方居民选出的公职人员有没有**批准**权的问题。

孟什维克(策列铁里和斯柯别列夫两位部长就是属于孟什维克党的)还想被人看做马克思主义者。策列铁里和斯柯别列夫设法通过了一项决议,认为应该有这种批准权。在这个问题上,他们想过自己作为马克思主义者的职责吗?

读者会觉得这个问题提得很幼稚,会指出孟什维克现在实际上已经完全成了一个小资产阶级的、而且是护国主义的(即沙文主义的)政党,因此谈论马克思主义显得很可笑,对这些我们不来争论了。我们要说的只有一点,就是马克思主义对待整个民主制的问题一向是十分慎重的,然而否认策列铁里和斯柯别列夫两位公民的民主主义者称号恐怕是不行的。

他们通过决议,认为喀琅施塔得居民选出的公职人员应由临时政府“批准”,他们想过自己作为民主主义者的职责吗?想过自己的民主主义者“称号”吗?

显然没有。

为了证实这个结论,我们引用一位著作家的意见,这位著作家即使在策列铁里和斯柯别列夫的眼里大概也还没有完全丧失科学的马克思主义的权威。这位著作家就是弗里德里希·恩格斯。

1891年,恩格斯在批判德国社会民主党人的党纲草案(即现在所谓的爱尔福特纲领)[76]时写道,德国无产阶级需要单一而不可分的共和国。

恩格斯又说:“但并不是像现在法兰西共和国那样的共和国,因为它同1798年建立的没有皇帝的帝国没有什么不同。从1792年到1798年,法国的每个省、每个市镇,都有美国式的完全的自治，这是我们〈即德国社会民主党人〉也应该有的。至于应当怎样安排自治和怎样才可以不要官僚制，这已经由美国和法兰西第一共和国给我们证明了，而现在又有澳大利亚、加拿大以及英国的其他殖民地给我们证明了。这种省的和市镇的自治远比例如瑞士的联邦制更自由，在瑞士的联邦制中，州对'联邦'〈即中央政权〉而言固然有很大的独立性，但它对专区和市镇也具有很大的独立性。州政府任命专区区长和市镇长官，这在讲英语的国家里是绝对没有的，而我们将来也应该断然消除这种现象〈由上面任命〉，就像消除普鲁士的县长和政府顾问那样。"①

由上面任命官吏的权利是否合乎民主主义的问题，弗里德里希·恩格斯就是这样评论的。为了更鲜明、更直接、更确切地表述自己的观点，他还建议德国社会民主党人在党的纲领中加进下列要求：

"省、县和市镇通过依据普选制选出的官员实行完全的自治。**取消由国家任命的一切地方的和省的政权机关**。"②

要想比用黑体字强调的话说得更坚决、更清楚，那是根本不可能的。

亲爱的策列铁里和斯柯别列夫部长公民们！你们的名字一定会载入历史教科书，对此想必你们是很得意的。但是每个马克思主义者以及每个正直的民主主义者都不能不说：策列铁里和斯柯别列夫两位部长帮助俄国资本家在俄国建立的共和国，其实不是共和国，而是**没有君主的君主国**，对于这一点你们是否也感到很得意呢？

---

① 见《马克思恩格斯文集》第4卷第416页。——编者注

② 同上书，第417页。——编者注

附言:这篇文章是在今天报上所报道的喀琅施塔得事件进入最后阶段**之前**写的。喀琅施塔得人并**没有**破坏折中的协议,**谁**也没有指出**任何一件**哪怕有一点像破坏协议的**事实**。《言语报》提到报上的文章,这是借口,因为能够破坏协议的不是文章,而只能是行动。事实终究是事实:策列铁里、斯柯别列夫两位部长及其同伙让自己第一百次地、第一千次地被吓坏了的资产者的喊声吓住了,于是对喀琅施塔得人进行了**粗暴的威胁**。这不过是一种为反革命效劳的愚蠢而荒谬的威胁罢了。

载于 1917 年 5 月 28 日(6 月 10 日)
《真理报》第 68 号

译自《列宁全集》俄文第 5 版
第 32 卷第 218—221 页

黑暗势力拥护立宪民主党人，孟什维克和民粹主义者与立宪民主党人在一个政府里

（1917年5月28日〔6月10日〕）

谁不知道《新时报》呢？谁不知道这家报纸几十年来一直是以保卫沙皇政权，保卫资本家，迫害犹太人，迫害革命者“出名”的呢？

谁不知道，俄国所有正直的人总是愤怒地、轻蔑地嫌弃《新时报》呢？谁不知道这家报纸就是在今天，在革命之后，还是丝毫没有改变自己的方针呢？

现在，自由的俄国正在进行第一次选举。选举的第一天，《新时报》写道：“请投票支持人民自由党的名单吧。”

事实摆在眼前：所有的地主和资本家，所有的黑暗势力，所有竭力想使沙皇复辟的人，都拥护立宪民主党。

而孟什维克和民粹主义者却把自己的**6个**部长交给**10个立宪民主党人**部长做人质。

孟什维克和民粹主义者甘愿受空洞的诺言欺骗，这些诺言一个也没有履行。停止战争，放弃兼并（侵占）①，制服那些赚取暴

① 公布秘密条约，公开地、真诚地、直接地向各国人民提出以确切的条件为基础的媾和建议。

利、把国家弄到毁灭地步的资本家，——**这样的**步骤政府**一个也没有采取**。

战争在拖延下去，经济有崩溃的危险，资本家在发财，孟什维克和民粹主义者劝说了又威胁，威胁了又劝说……　猫儿瓦西卡（资本家们）边听边吃[77]。

工人们，士兵们，全体劳动者们！一票也不要投给立宪民主党人、孟什维克和民粹主义者！

请投布尔什维克的票！

载于1917年5月28日（6月10日）
《真理报》第68号

译自《列宁全集》俄文第5版
第32卷第211—212页

反革命势力转入进攻

（“没有人民的雅各宾党人”）

（1917年5月28日〔6月10日〕）

反革命已经聚集了足以转入进攻的力量。在民粹主义者部长和孟什维克部长的帮助下，资本家正在组织对自由的进攻。

解散第12师和第13师的“第45、第46、第47、第52团”的决定，“审判”“煽动者”（一个多么奇怪的词！难道在战争中，“煽动者”比“肇事者”更重要吗？）的决定，还有准尉克鲁谢尔**由于在**斯库利亚内**群众大会上讲话而被逮捕**的消息，以及临时政府对喀琅施塔得的空前粗暴的口气[78]（说命令“必须绝对执行”。难道对毫无过错的**从来**没有违抗过命令的公民能这样说话吗？），——所有这一切都被反革命资本家的幸灾乐祸的卫士《言语报》大加渲染（“政府终于用掌权者的语言讲话了”），所有这一切都清楚地表明反革命势力正在进攻。

这次“进攻”给人一种奇怪的印象。在前线，审判“煽动违抗命令的人”，“解散”四个团（即电报上所说的两个师所属的八个团中的四个团。根据《彼得格勒苏维埃消息报》第76号的同一电文所说，这八个团当中只有**一个**团“全团出动”，另外只有一个团“几乎全团”出动）。统治者先生们，既然你们把解散几个团的事情告诉了人民，既然你们认为这样做有好处，既然你们准许发表关于这件事情的电报，那么你们为什么不明确地、哪怕用短短几行字把被你们审判的人违抗命令的动机报道出来呢？

先生们，二者必居其一：或者你们一声不响地行动，反正你们有战时书报检查官，既不必为向公众报道消息而不安，也不必用自己的报道使公众不安。

或者，如果**你们**决定要报道，那你们要说明究竟是怎么一回事，是怎样犯罪的，犯的什么罪，为了什么犯罪。被你们审判的人在什么问题上拒绝服从命令，是个别问题，还是一般问题。

含糊不清是有害的。

至于克鲁谢尔被捕的事情，那是十分清楚的。**因为在群众大会上讲了一次话**，就把人抓进监牢，这合理吗？这不是说明你们完全丧失了理智吗？同民粹主义者和孟什维克联合组阁的立宪民主党人和右派先生们，你们出版的日报的份数，不是比你们的对手多十倍甚至百倍吗！！在主要的鼓动工具上占有这样的优势，竟然因"在群众大会上讲话"而把人抓进监牢！！先生们，难道你们吓疯了吗？

我们并不反对为了人民大多数的利益而使用革命暴力。

前几天，普列汉诺夫不知怎的想起了 1793 年的雅各宾党人和他们**直截了当**声称"某某是人民的敌人"的话，我们由此想到：

任何一个政党都不应当发誓保证不在普列汉诺夫所举的这一点上模仿 1793 年的雅各宾党人。

问题就在于有各种各样的"雅各宾党人"。普列汉诺夫 20 年前还是一个社会主义者时喜欢提到的充满机智的法国格言，就嘲笑"没有人民的雅各宾党人"(jacobins moins le peuple)。

真正的雅各宾党人即 1793 年的雅各宾党人在历史上的伟大

就在于他们是“**拥有**人民的雅各宾党人”，是拥有革命的人民**大多数**、拥有**当时的革命的**先进阶级的雅各宾党人。

“没有人民的雅各宾党人”是那些冒充雅各宾党人的人，他们**害怕**把人民的剥削者，人民的压迫者，各国君主制的奴仆，各国地主的拥护者清楚地、直接地、大声地宣布为人民的敌人；他们是可笑的和可怜的。

米留可夫之流和普列汉诺夫之流先生们，你们都学过历史，1793 年的**伟大的**雅各宾党人正是敢于把当时占人口**少数**的反动剥削者的代表，当时反动**阶级**的代表宣布为人民的敌人，你们能否认这一点吗？

你们，现在的政府，它的帮手、保卫者和仆从，能不能公开地、直截了当地、正式地说明，你们把**世界上**哪些**阶级**看做“人民的敌人”？

你们做不到！你们是没有人民的雅各宾党人。你们不过是冒充的雅各宾党人。你们倒更像是通常的地主和资本家反动派的通常的代表。

工人和士兵们！劳动者们！地主和资本家的反革命势力正在转入进攻！**一票也不要投给任何执政党，一票也不要投给参加政府的任何政党！**

请投布尔什维克的票！

载于 1917 年 5 月 28 日(6 月 10 日)
《真理报》第 68 号

译自《列宁全集》俄文第 5 版
第 32 卷第 215—217 页

没有干净的原则性的武器，就抓起肮脏的武器

（1917年5月28日〔6月10日〕）

孟什维克内阁主义者的机关报《工人报》想刺我们一下，说1911年保安处逮捕布尔什维克调和分子李可夫是为了让我们党的布尔什维克在“第四届杜马选举前夕”（《工人报》特别强调这一点）有行动的“自由”。

这个事实证明了什么呢？证明了保安处是在为本来是奸细的马林诺夫斯基钻进杜马扫清道路。自然，保安处对自己的奸细是很关心的。

能不能因此责备我们党呢？不能，这正像**正直的**人不会责备切尔诺夫之流错误地替阿捷夫辩护，不会责备约诺夫（崩得分子，《工人报》的同仁）之流于1910年代表统一的中央委员会替奸细日托米尔斯基（“奥佐夫”）辩护，不会责备孟什维克在1904年有一个时期替奸细多勃罗斯科科夫辩护，也不会责备那些立宪民主党人，在他们中间现在也有奸细被揭露出来。

没有认出奸细，这种错误**所有**政党毫无例外都犯过。这是事实。《工人报》在同切尔诺夫部长结成联盟时，不去回想一下**他**从前犯过的错误，而光谈自己现在的政敌所犯的错误，这种做法显然是不正派的，昧良心的。《工人报》要打击我们，结果打到了自己身

上，因为《工人报》自己永远也不敢在公众面前大声地承认这样的做法是正当的：对于奸细阿捷夫的事情保持缄默，对于同样的奸细马林诺夫斯基的事情则出于派别的自私动机而“大喊大叫”。

载于1917年5月28日(6月10日)
《真理报》第68号

译自《列宁全集》俄文第5版
第32卷第222页

孟什维克和民粹主义者同“统一派”结成可耻的联盟

（1917年5月28日〔6月10日〕）

今天是选举的第二天，也是选举的主要一天。

死命缠着要向选民作自我推荐的，除了立宪民主党人以外，就是联合起来的孟什维克和民粹主义者。

我们曾经指出他们同“统一派”结成联盟（同盟）这件令人愤慨的事实，他们能够用什么来回答我们呢？他们敢不敢**在原则上**替这个联盟辩护呢？

问题就在于他们**不敢**。

我们指出他们同“统一派”结成联盟是不体面的，《工人报》所作的**回答**是：指出——你们想，指出谁？——奸细马林诺夫斯基和他被保安处拉进杜马！！

我们在一篇专门的短评①里已经指出这种所谓论战是不正派的。但现在问题不在于《工人报》正派不正派，而在于它的**逻辑**。先生们，怎么会这样呢？我们举出“你们的”“统一派”，而你们认为举出“我们的”奸细马林诺夫斯基就能把我们驳倒！！照这么说来，结果会怎样呢？结果是你们把“统一派”同奸细混为一谈了！！

① 见本卷第189—190页。——编者注

《工人报》的机灵的人们就是这样为他们同“统一派”结成的联盟“辩护”的，不用说，他们都是聪明人。人家对他们说，在**自由**俄国，你们**有**普列汉诺夫“统一派”这样的可耻的伙伴，他们就**回答**说，在**沙皇**俄国，布尔什维克**有过**奸细马林诺夫斯基!！这不是《工人报》在替“统一派”辩护，这是妙论！

用谢德林的话来说，《人民事业报》也同“统一派”“情投意合”了。选举的第一天，即5月27日，在克伦斯基、切尔诺夫之流的报纸的第一版上，号召人民投票**赞成把“统一派”拉入其中的名单**。

但在同一家《人民事业报》的同一号的**第二**版上，我们不但读到对“社会爱国主义者”普列汉诺夫及其“统一派”的长篇申斥，而且还读到下面一句“恶毒的话”：

> **“我们很乐意告诉我们的读者，其他的自由派帝国主义者和社会帝国主义者——《言语报》、《俄罗斯意志报》和《统一报》——在意大利侵占(阿尔巴尼亚)问题上是怎样想的。”**

这岂不是妙论?

“社会革命党人”号召人民投票赞成窝藏着“统一派”的候选人的名单，而就是这些社会革命党人，并且就在选举那天，却把**这个“统一派”**称为“社会帝国主义的”(即口头上是社会主义的，“实际上是帝国主义的”)统一派，把这个“统一派”同《言语报》、《俄罗斯意志报》相提并论。

同聪明的《人民事业报》**结成联盟**的聪明的《工人报》，今天就是这样替“统一派”“辩护”的！

而普列汉诺夫还在接受“无意之中”把他比做马林诺夫斯基或者在选举那天直接称他为“社会帝国主义者”的人们的施舍。

孟什维克**加**民粹主义者**加**“统一派”这个可耻的联盟的习性就

是如此……

工人和士兵们！劳动者们！一票也不要投给把“社会帝国主义者”拉去的民粹主义者和孟什维克！

请投布尔什维克的票！

载于1917年5月28日(6月10日)
《真理报》第68号

译自《列宁全集》俄文第5版
第32卷第213—214页

俄国社会民主工党(布)彼得堡委员会会议文献

(1917年5月30日〔6月12日〕)

1
关于彼得堡委员会机关报问题的讲话

彼得堡委员会希望有自己单独的机关报,这对中央委员会来说是一个新问题。令人不解的是:我们自己办印刷所的事正在进行,同区联派协商让托洛茨基同志参加出版通俗的机关报的事也有了头绪,为什么恰好在这个时候出现这个问题呢?

在西欧各国的首都或大工业中心,地方机关报和中央机关报是不分开的,因为分开就浪费力量,会有害处。在中央机关报之外再办一个彼得堡委员会机关报是不适宜的。作为单独一个地方的彼得堡并不存在。彼得堡是全俄国的地理、政治、革命中心。全俄国都注视着彼得堡的动静。彼得堡的一举一动,都是整个俄国遵循的榜样。从这种情况出发,就不能把彼得堡委员会的活动当做地方性的活动。

为什么不接受中央关于成立报刊委员会的提议呢?在西欧存在过这种委员会,在西欧的报刊史上,报纸编辑部有时自然也会同委员会发生争执，但这些争执完全是在办报的原则性问题上产生的。究竟有什么原则性的、政治上的原因会使彼得堡委员会和中央委员会发生冲突呢？不管彼得堡委员会机关报自己愿意不愿意，它将永远是党的指导性机关报。

只要试办一下自己的单独的机关报，彼得堡委员会很快就会相信，想局限在地方性的活动范围内是不可能的。中央并不否认必须在各家报纸上辟出相当的版面来满足彼得堡组织的需要。中央并不否认需要办通俗的机关报来向广大群众解释我们的口号。但是办通俗的报纸是很复杂的事情，需要丰富的经验。因此，中央要托洛茨基同志来参加办这种通俗的报纸的工作，他过去办通俗的《俄罗斯日报》[79]办得很好。

在西欧的历史上，办通俗的机关报的问题不像我们这里这样尖锐。在西欧，自由派在群众中进行过文化教育工作，因此群众的水平比较齐一些。在捷克和波希米亚这些地方就有通俗的机关报。通俗的机关报的任务是把读者的水平提高到能够看懂党的指导性的机关报。如果我们不办通俗的机关报，群众就会被其他政党夺去，受它们利用。通俗的机关报在类型上不应当是地方性的，但由于邮递困难，必然会成为主要是为彼得堡服务的报纸。为了正确适应地方的需要，彼得堡委员会在机关报的编辑部里应有适当的位置。

2

关于《前进报》所属委员会的一项澄清事实的声明

鉴于托姆斯基同志多次提到1906年由工人组成的报刊委员会,说它毫无成效,我声明,这种说法与事实不符,《前进报》[80]所属的这个委员会(由亚·亚·波格丹诺夫等人领导)无疑是作出了贡献的。

3
决 议 草 案

第一个决议

中央在彼得格勒办两种报纸，一种是中央机关报，另一种是通俗的报纸，合设一个编辑部。彼得堡委员会在编辑部里对中央机关报有发言权，对通俗机关报有表决权。中央在两种报纸上辟出一定的版面为纯粹地方性的需要服务。

第二个决议

彼得堡委员会决定在中央提出的条件下参加中央办的两种报纸，并竭力使地方工作的需要得到更充分更广泛的满足，使全党的路线得到更详尽的阐述。彼得堡委员会有理由担心中央或中央所任命的编辑部可能过于信任与布尔什维主义有分歧的国际主义者同志，担心中央会限制地方上的同志的自由和独立性，担心中央不让他们起到与地方工作的领导者相适应的作用，因此决定选出一个委员会以确保彼得堡委员会在两种报纸的地方部里的权利。

载于1925年《红色史料》杂志第3期；《一项澄清事实的声明》载于1927年《1917年第一个合法的布尔什维克彼得堡委员会》一书

译自《列宁全集》俄文第5版第32卷第223—228页

论空谈的害处

(1917年5月31日〔6月13日〕)

我们曾经屡次指出，无论俄国、法国、英国或者德国的资本家政府，都不会放弃兼并(侵占)，所有这类诺言都是欺骗人民的空话；法英两国政府的回答特别清楚地证实了这些话的正确性。[81]

法国人回答说：我们是在为用武力夺回阿尔萨斯和洛林而战，是在为胜利而战。英国人回答说：敬请履行条约，并为俄国的和德国的波兰而战。

一个辛辣的真理，即资本主义同放弃兼并是不能调和的这样一个真理，再一次被揭示出来了。极其明显，"妥协分子"即想使资本主义与无产阶级调和的那些人的政策，内阁主义者即民粹主义者和孟什维克的政策，已经破产了。他们对联合政府所抱的一切希望都已破灭。他们的一切诺言都已被揭穿，这些诺言无非是一些毫无意义的空话。

在今天，对革命事业、对劳动群众的利益为害最大的莫过于妄图用空谈来掩盖事实。在这种滔滔不绝的空谈里，出现两种腔调，其实不过是"一路货色"。

内阁主义者孟什维克的机关报《工人报》是在给"立宪民主党人"助威。一方面，"在这种基础上〈在两个协约国的答复的基础上〉，我们同他们之间不可能达成任何协议"。…… "我们"是谁？

俄国**资本家**吗？阶级斗争的理论被抛到九霄云外去了；比较有利的倒是空谈一般“民主”，践踏马克思主义的一个最起码的常识：正是在“民主派”**内部**，资本家和无产者之间的鸿沟最深。

另一方面，《工人报》还想“专门召开一次盟国政府的代表会议来进行修订”（修订协定和条约）。又是老一套：同资本家妥协，实际上是在玩弄同工人阶级的阶级敌人谈判的把戏来**欺骗工人**。

《工人报》写道：“让法国和英国的广大民主阶层向本国政府进攻，甚至让法国和英国的无产阶级单独向本国政府进攻……” 孟什维克在俄国支持**本国**帝国主义者的政府，而在别的国家则号召**进攻**……这难道不是彻头彻尾骗人的空话吗？

“我们在为媾和〈国际范围内的媾和〉作准备，办法是召开国际社会党代表会议”……有过去是社会主义者而现在已经转到**本国**政府方面去的那些部长参加！！用几次小范围的欺骗来准备一次对人民的大范围的欺骗，这种“准备”进行得多么妙，简直没有话说！

《人民事业报》唱着“雅各宾党人”的高调。声调多么严厉，革命的喊声多么响亮……“我们很清楚”……“对我国革命[①]〈革命这个词非大写不可〉的胜利充满信心”，“劳动人民如此幸运、如此成功地举行的**整个**起义[①]〈起义这个词非大写不可〉的命运……取决于俄国革命民主派……采取哪种步骤……”

当然，如果革命和起义这两个词[①]用了大写，那就同雅各宾党人完全一样，显得“十分”吓人了。真是既便宜又实惠。因为讲这些话的人支持**俄国**帝国主义者政府，支持**俄国帝国主义者**向人民隐瞒秘密条约，支持**他们**对立即消灭地主土地占有制的事拖着不办，支持**他们**实行军事“进攻”政策，支持**他们**对由选举产生的地方机关加以粗暴的呵斥，支持**他们**妄想任命或批准由地方居民选举出来的公职人员等等，等等，实际上是在帮助扼杀革命和阻挠劳动者推进起义。

爱空谈的好汉先生们！满口革命词句的骑士先生们！社会主义要求区分资本家民主和无产者民主，区分资产阶级革命和无产阶级革命，区分富人为了反对沙皇而举行的起义和劳动者……为了**反对富人**……而举行的起义。社会主义要求区分已经结束了的我国资产阶级（资产阶级现在是反革命的）革命和日益发展的无产者和贫苦农民的革命。前一种革命**主张**战争，**主张**保存地主土地占有制，**主张**地方自治机关"服从"中央，**主张**维护秘密条约。后一种革命**已经开始**扼制战争，办法是举行革命的联欢，消灭各地的地主政权，增加苏维埃的数量，加强苏维埃的力量，完全实行选举的原则。

内阁主义者即民粹主义者和孟什维克空谈一般"民主"，一般"革命"[①]，想以此**掩饰**自己同本国帝国主义的、实际上已经是反革命的资产阶级妥协，而这种妥协实际上正在变成一场**反对**无产者和半无产者革命的斗争。

载于1917年5月31日（6月13日）《真理报》第69号

译自《列宁全集》俄文第5版第32卷第229—231页

① 上页和本页这几处原文把本来应该小写的普通名词"революция"（"革命"）和"восстание"（"起义"）写成了"Революция"和"Восстание"，以示强调。——编者注

资本家在嘲弄人民

(1917年5月31日〔6月13日〕)

5月23日,南方采矿工业资本家和工人代表会议[82]结束了。

会议**毫无**结果。资本家先生们认为工人的一切要求不能接受。参加会议的工人代表团声明,它**对于可能发生的纠纷不负责任**。

这是最清楚不过的了。危机丝毫没有消除。企业主根本没有被制服。

会议决定再成立一个有政府代表和双方代表参加的委员会(!!);企业主们请求**立即**提高价格!!! 读到这些,就会感到可笑,更感到可悲①。

为了使读者能够更清楚地了解资本家先生们对人民的嘲弄已经达到什么地步,我们从一家**部长的**报纸(即有自己的代表参加内阁的一个政党的报纸)上摘引几段话来看看:

"来到这里的工人代表团〈南方采矿工业的〉向工兵代表苏维埃执行委员会经济部报告了事情的真相,根据这个报告,我们可以说,尼·尼·库特列尔

① 引自俄国诗人米·尤·莱蒙托夫的短诗《致亚·奥·斯米尔诺娃》。——编者注

引用的工业家们所提供的数字,是根本靠不住的。

……在革命前,煤矿主攫取了巨额利润,尽管如此,他们在革命爆发前夕还不断同旧政府讨价还价,要提高煤的征购价格。煤矿主看到连旧政府都愿意给他们加 3 戈比,于是就要求再增加 5 戈比。他们在革命的最初日子里一下子就从革命临时政府那里得到了 8 戈比,并且要求铁路部门的旧订货和从 1 月份起征购的煤也都加价 8 戈比,随后他们又多得了 3 戈比,于是总共得了 11 戈比。

革命前的征购价格是 18 戈比,现在是 29 戈比。从前,同政府订的合同是每普特 22 戈比,现在则是每普特 33—34 戈比,甚至更多……"

请看,这难道不是资本家对人民肆无忌惮的**嘲弄**吗?

资本家政府利用革命的机会,把自己叫做"革命"政府,拿这个"光荣的"称号欺骗无知的人民,一再给资本家加价!一再把几百万几百万的钱塞进资本家的口袋!

国家处在毁灭的前夕,而 10 个资本家即临时政府的 10 个成员却在纵容企业主,听任他们抢劫国家,抢劫人民,**增加**本来就已很高的资本利润。

"工商业部成了俄国南部采矿工业家代表大会的俘虏,它面临南方工业遭受灾难的危险,但不仅不采取任何措施加以防止,反而在行动中一步步地向南方工业家的压力屈服。"

1917 年 5 月 14 日,在联合内阁成立一个多星期以后,同一家部长的报纸即孟什维克的机关报《工人报》就是这样写的。

从那时以来,情况毫无变化。

不过,部长的报纸却不得不承认一件更糟糕的事实。请听吧:

"……工业家正在实行意大利式的罢工。他们故意不采取措施。要抽水机,找不着;要灯罩,弄不到。工业家们不愿意增加生产。同时他们不愿意花钱对企业中磨损的设备作必要的修复。机器陈旧了,快要不能用了。对工人们提出的要求，工业家们总是答复说这也不能买那也不能买，工人们常常只好自己去购买和张罗必要的工具。企业主根本不想办法把产品——煤和生铁运出来。价值成千万成亿的这种产品白白地存放着，同时国家却急需这些产品。”

部长的报纸，策列铁里和斯柯别列夫所属的孟什维克党的报纸，就是这样写的。

这真是资本家对人民的公然嘲弄！这简直像一所疯人院：资本家同临时政府（其中有孟什维克和社会革命党人参加）中的资产阶级人物狼狈为奸；资本家在**妨碍**工作，**破坏**工作，**不想办法**把产品运出来，可是没有这些产品国家就要**灭亡**。

没有煤，工厂和铁路就要停工。失业现象在日益增长。商品愈来愈缺乏。农民不能白白提供粮食。饥荒必不可免。

所有这些都是资本家同政府勾结在一起干出来的！！

对于这一切，民粹主义者即社会革命党人以及孟什维克竟然能够容忍！！他们只是用空话敷衍搪塞，尽管他们**早在5月14日**就已谈过资本家的这些罪行。今天已经是5月31日。两个多星期过去了，而一切仍然照旧。饥荒愈来愈逼近了。

为了掩盖资本家的种种罪行，为了转移人民的注意力，所有的资本家报纸，如《言语报》、《日报》、《新时报》、《俄罗斯意志报》、《交易所小报》、《统一报》等，天天都在拼命造谣诽谤，把污水泼到“布尔什维克”身上…… 煤矿主同政府暗中勾结，破坏和阻碍生产，而这些竟然都成了布尔什维克的过错！！

这看上去真像是一所疯人院，幸而阶级斗争的理论和全世界阶级斗争的经验告诉我们，资本家和**他们的**政府（得到孟什维克的支持）为了维护利润是不惜犯下任何罪行的。

这种局面要拖到哪一天呢？难道非要拖到遍地遭灾、成千上万的人饿死吗？

载于1917年5月31日(6月13日)
《真理报》第69号

译自《列宁全集》俄文第5版
第32卷第232—235页

给俄国社会民主工党（布尔什维克）彼得格勒组织各区委员会的一封信

（1917年5月31日〔6月13日〕）

敬爱的同志们：

附上彼得堡委员会关于创办自己的报纸的决议和我于5月30日（星期二）在彼得堡委员会会议上代表俄国社会民主工党中央委员会提出的两个决议①，请你们把这几个决议讨论一下，提出你们的看法，并尽量详细地说明理由。

由于彼得堡委员会是否需要在彼得格勒出单独的报纸问题，中央委员会和彼得堡委员会即将发生冲突。现在最重要和最合乎愿望的是，能有尽可能多的我党在彼得格勒的党员积极参加讨论这个就要发生的冲突，并提出解决办法来帮助消除这个冲突。

彼得堡委员会执行委员会一致主张在彼得格勒创办彼得堡委员会单独的机关报，而不顾中央的决议——创办**两种**报纸来代替版面显然不够用的《真理报》，即一种是过去的《真理报》，作为党中央机关报，另一种是小《人民真理》报（这两种报纸的名称都还没有最后确定），作为供最广大群众阅读的通俗机关报。根据中央的决

① 见本卷第197页。——编者注

定，两种报纸只应有一个编辑部，同时彼得堡委员会的代表应当参加两种报纸的编辑部（对中央机关报有发言权，对通俗机关报有表决权）。应当建立一个“报刊委员会”（由各地区同群众有极密切联系的工人组成），此外，应当在**两种**报纸上辟出一定的版面以满足地方工人运动的纯粹地方性的需要。

中央的计划就是如此。

彼得堡委员会执行委员会没有执行这个计划，却想创办彼得堡委员会**自己的**单独的报纸。执行委员会一致作出了这个决定。

在彼得堡委员会5月30日的会议上，在米·托姆斯基同志作了报告和总结发言、我作了发言、许多同志参加了辩论以后，表决结果一半对一半：14票拥护执行委员会，14票反对。我提出的决议案以16票对12票被否决。

我深信，彼得堡委员会根本不需要出单独的报纸，因为在**首都**，由于首都对全国有指导作用，有**一个**党的机关报即中央机关报就够了，而编写得**特别**通俗的通俗报纸，则应当由**同一个**编辑部编辑。

有了彼得堡委员会单独的机关报，必然使工作很难充分协调，甚至会造成路线（或路线色彩）上的差异，这样做的害处（尤其在革命时期）会是很大的。

为什么我们要分散力量呢？

我们都肩负着过于繁重的工作，我们的力量不足；写作的人愈来愈离开我们转到护国派方面去了。在这种情况下容许分散力量吗？

应当聚集力量，而不应当分散力量。

是否可以不信任中央，担心中央在编辑部的组成上会处理不当，在这两种报纸上会不给地方工作提供足够的版面，或者会“委屈”彼得堡委员会的处于少数的编辑，如此等等。

我在第二个决议草案里，特意列举了这些论据（这些论据我是在彼得堡委员会 5 月 30 日的会议上听到的），以便把问题公开提到全体党员面前，让他们去仔细衡量两类论据中的**每一个**论据，并采取认真负责的解决办法。

同志们，如果你们有重大而严正的理由不信任中央，就请你们直言相告。这是按民主原则组织起来的我党的每一个党员的义务，而我们党中央有责任专门讨论你们的不信任案，并报告党代表大会，举行专门的会谈来消除地方组织对中央的这种可悲的不信任。

如果这种不信任并不存在，那么，硬要中央放弃党代表大会赋予它的**领导**全党特别是领导首都的**工作**的权利，这就不公道和不正确了。

我们中央要领导彼得格勒的报纸，这种要求是不是过分呢？并不过分。在德国社会民主党内，在党的较好的时期即在威廉·李卜克内西处于党的领导地位的几十年内，李卜克内西一直是党中央机关报的编辑。中央机关报在柏林出版。柏林党组织**从来**没有单独的柏林的报纸。有过工人组成的“报刊委员会”，有过党中央机关报**地方部**。我们为什么要抛弃我们外国同志的这个范例呢？

同志们，如果你们希望中央作出**特别的保证**，如果你们希望修改某些地方（即中央关于创办两种报纸的计划中的某些地方），那我代表中央请你们切实地加以讨论和说明。

我认为，彼得堡委员会执行委员会关于创办彼得格勒**单独的**

报纸的决议是极不正确的，极不适当的，它会分散力量，给我们党带来一些冲突的隐患。我认为（而在这一点上我只是代表中央的意见），彼得堡组织最好支持中央的决议，等一个时候，看一看按中央计划创办两种报纸取得的**工作经验**，然后，如果有必要，再作出关于试办结果的专门决议。

致社会民主主义的同志敬礼

尼·列宁

1917 年 5 月 31 日

载于 1925 年《红色史料》杂志第 3 期

译自《列宁全集》俄文第 5 版第 32 卷第 236—238 页

在彼得格勒工厂委员会第一次代表会议上的讲话[83]

(1917年5月31日〔6月13日〕)

简 要 报 道

阿维洛夫同志的决议案完全忘记了阶级立场。波·瓦·阿维洛夫似乎执意要在他的决议案中收罗和集中小资产阶级政党的一切决议所固有的一切缺点。

阿维洛夫在他的决议案的开头,确认了目前对任何一个社会党人来说都没有争议的一个论点:资本家的掠夺性经营已把俄国弄到了经济和工业彻底破产的地步。可是接着他提出了一个在广大民主阶层参与下"国家政权"对工业实行监督的模糊公式。

目前人人都在大谈监督,连从前一听到"监督"就要高喊"救命"的人,现在也承认监督是必要的。

他们玩弄"监督"这个笼统的字眼,实际上是想把监督化为乌有。

当前有"社会党人"参加的联合政府,还没有采取任何措施来实现这种监督。因此,工厂委员会希望实行真正的工人监督而不是纸上的监督,这是完全可以理解的。

在阐明"监督"这个概念,阐明什么时候由什么人来实现这种监督的问题时,一刻也不应忽视仅仅作为阶级统治组织的现代国家的阶级性质。在说明“革命民主派”这个概念时，也必须同样运用阶级分析。在作这种分析时，必须从社会力量的实际对比出发。

阿维洛夫的决议案一开头就许下种种诺言，到最后，实质上则是建议一切照旧。他的整个决议案没有半点革命气味。

革命时期比任何时候都更需要准确分析国家的本质问题，弄清楚国家将维护谁的利益以及应当怎样建立国家才能真正维护劳动者的利益。而这些问题在阿维洛夫的决议案中都根本没有阐明。

当前我国新的有“社会党人”参加的联合政府，三个月来一直没有实现监督，不仅没有实现监督，在俄国南方采矿工业家和工人的冲突中还公开站到资本家方面去了，这是为什么？

为了真正实现对工业的监督，这种监督必须是**工人监督**，让大多数工人参加各自的负责机关，让管理人员向各自最有权威的工人组织报告工作。

工人同志们，你们要争取真正的而不是虚假的监督，你们要彻底抛弃一切主张这种虚假的纸上的监督的决议案和提案。

载于1917年6月3日（16日）
《真理报》第72号

译自《列宁全集》俄文第5版
第32卷第239—240页

在全俄工兵代表苏维埃第一次代表大会布尔什维克党团会议上的讲话

（1917年5月31日〔6月13日〕）

简 要 报 道

列宁代表中央委员会向各派所有国际主义者社会民主党人致敬。

演讲人接着谈到怎样才能消除这场欧洲战争的问题。原来他对解决欧洲危机的看法并不像阿·卢那察尔斯基那么乐观[84]。他说，“没有兼并”这个公式绝不意味着要使欧洲恢复到“原状”（“status quo ante”）。我们认为，“没有兼并”——这就是说这场战争以前的侵占行为也不能容许。对我们说来，这个公式就是让各民族有同一国分离和并入另一国的充分自由。但是，不进行社会主义革命就不可能实现这个公式，因此，要摆脱这场欧洲战争，除了进行世界革命，没有别的出路。

在谈到联欢时，列宁说，自发的联欢虽不能解决媾和的问题，但我们仍把它当做一项最重要的革命工作。联欢本身不能解决问题，但是任何其他办法，只要它不能引起革命，也都不能解决革命的问题。罢工和游行示威是什么呢？那也只是革命斗争总链条上的一个环节。有人对我们说，联欢使其他战线上的情况变坏了。这话不对。联欢在我们这条战线上造成了事实上的停战，在西方战线上也引起了一些不大的变化。但对谁有利呢？对英法有利。与此同时，英国在亚洲取得了巨大的胜利——吞并了巴格达。我们这条战线上的停战是由革命的联欢引起的，克伦斯基反对这个联欢，继续进行战争，宣布了为孟什维克所赞同的进攻。

应当使联欢成为自觉的行动，应当使它变成交流思想的活动，使它扩展到其他战线，并在战壕的另一边燃起革命的火种。

在谈到关于工业调整的问题时，演讲人指出，2 月 28 日以来，政府还未采取任何措施来减少企业主的利润。最近我们得到消息，说成立了一个由斯柯别列夫为首的几名部长组成的委员会来拟定监督措施。但是在沙皇时代也有过各种委员会，这不过是欺骗罢了。演讲人谈到立即夺取地主土地的必要性，并在讲话结束时指出，工兵代表苏维埃要么取得全部政权，要么无声无息地死去。

人们从四面八方向演讲人递字条，不大一会就递来了 20 张。第一张字条提问道，要不要派补充连去前线。列宁对这个问题回答说：在沙皇统治时期，我们不得不到军队中去并在那里进行工作。李卜克内西曾穿了军装去进行反战宣传。认为用分散的无政府主义的行动就可以消除战争，那是天真的想法。

载于 1917 年 6 月 1 日（14 日）
《新生活报》第 37 号

译自《列宁全集》俄文第 5 版
第 32 卷第 241—242 页

为可耻行为辩护

（1917 年 6 月 1 日〔14 日〕）

彼得格勒工兵代表苏维埃执行委员会所属国际联络局，给已经破产并转向“本”国政府的第二国际的著名书记胡斯曼发去一个通知，这个通知登在《消息报》第 78 号上。

这个通知是要证明，决不能把俄国民粹主义者和孟什维克参加资产阶级帝国主义政府同西欧各国社会主义叛徒参加“他们的”政府“相提并论”。“联络局”的论据软弱无力，浅薄得令人发笑，因此必须再一次把这些拙劣不堪的论据展示出来。

第一个论据：在其他国家是“在完全不同的条件下”参加政府的。不对。英国、法国、丹麦、比利时、意大利等国同当前的俄国的差别“完全”**不是**实质性的，因为任何一个**没有**背叛社会主义的人都知道，问题的实质在于资产阶级的阶级**统治**。从**这个**意义上说，上述各国的条件不是“不同”，而是相同。民族特点并不能使资产阶级的阶级统治这个根本问题发生任何变化。

第二个论据：“我们的”部长参加的是“革命”政府。这是拿“革命”这个伟大的字眼来极端无耻地欺骗人民，孟什维克和民粹主义者搬弄这个字眼正是想掩饰他们叛变革命的行为。因为谁都知道，在当前“革命”政府的 16 位部长中，有 10 位是属于地主和资本家的政党的，这些政党拥护帝国主义战争，主张不公布秘密条约，执行着**反革命的**政策。这在5月27—29日的彼得堡区杜马选举中得到特别明显的证明，当时**所有的**黑帮分子都一致**拥护**我国“革命”政府中的多数。

第三个论据：“我们的”部长参加政府“是受了明确的委托的，就是要通过各民族的协议来实现普遍的和平，而不是为了用武力解放某些民族来拖延帝国主义战争”。首先，这种委托一点也不“明确”，因为它既不意味着明确的**纲领**，也不意味着明确的**行动**，这只是空话。这正像一个工会书记当了资本家联合会的理事，领取高达一万卢布的薪金，而他接受的“明确的委托”却是为工人谋福利，而不是延长资本主义的统治。其次，说什么**一切**帝国主义者，包括威廉和彭加勒等等在内，都力求达成“各民族的协议”，这同样是最无聊的空话。最后，从俄国方面来看，1917年5月6日以后，显然在“拖延”战争，其办法之一就是我们的帝国主义政府至今没有公布和提出明确的媾和条件，即达成协议的条件。

第四个论据：“我们的”部长的目的“不是停止阶级斗争，而是用政权这一手段来继续进行阶级斗争”。好极了！这样一来，只要用良好的目的或“参与”卑鄙勾当的良好的“动机”把卑鄙勾当掩盖起来，就万事大吉了!! 请看，竟可以把参加**事实上**进行着帝国主义战争的资产阶级帝国主义政府说成是“用政权这一手段来继续进行阶级斗争”。这真是妙论。我们建议每次工人集会，每次公众集会，都为切尔诺夫、策列铁里、彼舍霍诺夫、斯柯别列夫这些同捷列先科和李沃夫之流进行“**阶级斗争**”的人高喊“乌拉”。

“联络局”的先生们，你们拿这样的论据来替内阁主义辩护，你们是会被人笑死的。不过，这不是你们的独创，普列汉诺夫的朋友著名的王德威尔得（你们在骂他，但是，既然你们已经参加内阁，那在道义上就根本没有资格这样做）老早就说过，他参加内阁也是“为了继续进行阶级斗争”。

第五个论据：“我们的”部长参加政府是在推翻了沙皇制度以后，是在“4 月 20—21 日的革命群众运动”赶走了“俄国无产阶级的敌人”（即米留可夫、古契柯夫）以后。

法国人不是 100 天以前而是 122 年以前推翻了专制制度，英国人是 260 多年以前、意大利人是几十年以前推翻了专制制度，他们有什么过错呢？4 月 20 日赶走了米留可夫，由捷列先科来代替他，这就是说，无论就阶级或党派来说都丝毫没有改变。新的诺言并不等于新的政策。

你撵走了大主教而以教皇来代替，这不能说你已经不再是教权主义者了。

第六个论据：在俄国，“无产阶级和军队有充分的自由”。不对，**不**充分。自由只是比其他国家充分一些，正因为如此，用参加资产阶级帝国主义政府的卑鄙行为来**玷污**这种新生的刚刚获得的自由，就更加无耻。

俄国的社会主义叛徒同欧洲的社会主义叛徒之间的区别，不过是强奸者同强奸幼女者之间的区别。

第七个论据：“此外，俄国无产阶级拥有对当选者实行充分监督的手段。”

不对。在俄国，党派分野还不鲜明，孟什维克和社会革命党的瓦解已十分明显（马尔托夫半脱离；卡姆柯夫一再抗议，他在选举中同我们结成联盟反对**自己的**党；孟什维克和社会革命党人同**他们自己**都认为是**帝国主义的**“统一派”结成联盟，等等），以致“无产阶级”对部长们不仅**谈不上**“充分的”监督，甚至**谈不上**什么认真的监督。

何况无产阶级是一个**阶级**概念，孟什维克和民粹主义者无权使用这个概念，因为他们更多是依靠**小资产阶级**。既然**你们**谈到了阶级，那说话就得准确！

第八个论据："俄国的社会主义的〈??〉无产阶级的〈???〉代表参加政府，决不意味着削弱他们同各国进行反对帝国主义斗争的社会党人之间的纽带，相反地，却标志着这种纽带在争取普遍和平的共同斗争中更加牢固。"

不对。这是空话和谎言。

谁都知道，参加俄国内阁只是加强了各国帝国主义**拥护者**、社会沙文主义者、**社会帝国主义者**韩德逊之流、托马之流以及**谢德曼**之流联系的**纽带**。

是的，甚至包括谢德曼！因为他知道，既然**连**俄国人，**甚至**在有很大自由的条件下，**甚至**在革命时期都同**本国**帝国主义资产阶级结成可耻的同盟，那么，**德国**社会帝国主义就尽可**心安理得地**给世界工人运动以有害的影响。

载于 1917 年 6 月 1 日（14 日）
《真理报》第 70 号

译自《列宁全集》俄文第 5 版
第 32 卷第 243—246 页

经济破坏问题上的小资产阶级立场

(1917 年 6 月 1 日〔14 日〕)

《新生活报》今天刊载了阿维洛夫同志在工厂委员会会议上提出的决议案。遗憾的是,只能说这个决议案不是用马克思主义态度和社会主义态度而是用小资产阶级态度对待问题的典范。这个决议案非常突出地集中了孟什维克和民粹主义者的苏维埃通常所作决议中的一切弱点,正是由于这一点,这个决议案是典型的,是值得注意的。

决议案的开头是极其出色的一段议论,它痛斥资本家说:“现时的经济破坏……是战争的结果,**是资本家和政府进行掠夺性的无政府式的管理的结果**。……”说得很对!资本是压迫者,是掠夺者,资本才是无政府状态的根源,在这点上,小资产者可以和无产者的意见一致。但是两者之间马上就有了分歧:无产者认为资本家的经济是掠夺性的,**所以要**对它进行阶级斗争,**要**在绝对不信任资本家阶级的基础上制定整个政策,**要**在国家问题上首先辨明“国家”为哪个阶级服务,代表哪个阶级的利益。小资产者有时是“疯狂地”反对资本,但疯劲过后,立刻又对资本家表示信任,对资本家的“国家”……寄予期望!

阿维洛夫同志也是如此。

阿维洛夫同志的引言写得很出色,很坚决,很严正,指责了资本家的“掠夺行为”，甚至不仅指责了资本家，而且指责了资本家的政府，但阿维洛夫同志在整个决议案中，在决议案的全部具体内容中，在决议案的一切实际建议中，**却忘记了阶级观点**，像孟什维克和民粹主义者一样，完全陷入了对笼统的“国家”和“革命民主派”的空谈。

工人们！掠夺性的资本用它的掠夺行为造成了无政府状态和经济破坏，而资本家的政府也在无政府式地进行管理。挽救的办法就是由“国家在革命民主派参加下”实行监督。这就是阿维洛夫的决议案的内容。

当心上帝惩罚吧，阿维洛夫同志！难道一个马克思主义者可以忘记国家是阶级统治的机关吗？为反对“资本家的掠夺行为”而向**资本家的国家**呼吁岂不是很可笑吗？

难道一个马克思主义者可以忘记，在世界各国的历史上（英国在 1649 年，法国在 1789 年、1830 年、1848 年和 1870 年，俄国在 1917 年 2 月），资本家也不止一次地成为“革命民主派”吗？

难道你真的忘记了必须把资本家的、小资产阶级的和无产阶级的革命民主派区别开来吗？我刚才举出的**那些**革命的**全部**历史，难道不都是说明“革命民主派”**内部**有不同的阶级吗？

现在，在经历了 1917 年 2 月、3 月、4 月和 5 月以后，谁还在俄国泛泛地谈论“革命民主派”，他就是有意无意地、自觉不自觉地欺骗人民。因为各阶级联合起来一致反对沙皇制度的“时刻”已经过去了。国家杜马第一届“临时委员会”同苏维埃的第一个协议，就已标志着阶级联合的**终结**和阶级斗争的开始。

四月危机（4 月 20 日）、5 月 6 日危机、5 月 27—29 日（选举）危机等等，终于把在俄国革命中“革命民主派”内部**各个阶级**的界限划清了。忽略这一点，那就表明同小资产者一样无能。

现在向“国家”和“革命民主派”呼吁，而且恰恰是在资本家掠夺行为的问题上向它们呼吁，那就是把工人阶级拉向后退，**事实上**就是鼓吹完全停止革命。因为**现在**，在4月和5月以后，我们的“国家”是(进行掠夺的)资本家的国家，这些资本家**驯养了**切尔诺夫、策列铁里等一大批“革命(小资产阶级的)民主派”。

这个国家在对内对外政策的一切方面，处处都阻碍着革命。

让**这个**国家去同资本家的“掠夺行为”作斗争，就等于**把狗鱼投到河里**[85]。

载于1917年6月1日(14日)
《真理报》第70号

译自《列宁全集》俄文第5版
第32卷第247—249页

别人眼里的草屑[86]

（1917年6月1日〔14日〕）

阿尔及利亚把西洋景戳穿了…… 我们的善于当部长的“社会革命党人”口口声声说他们承认“没有兼并的和约”（即没有侵占他国领土的和约），这使得他们自己和他们的听众完全陶醉了，可是……阿尔及利亚把西洋景戳穿了！有“社会革命”党的两位部长克伦斯基和切尔诺夫参加的《人民事业报》……很不谨慎，同协约国的三位部长（也是准社会党人）谈起了阿尔及利亚。读者从下文可以清楚地看出，克伦斯基之流和切尔诺夫之流的报纸的这种不谨慎达到了何等可怕的程度。

英国、法国、比利时三个协约国的三位部长韩德逊、托马和王德威尔得先生宣称，他们并不希望“兼并”，而只希望“解放领土”。克伦斯基之流和切尔诺夫之流的报纸把这叫做“资产阶级驯养的社会党人”玩弄的“手上的戏法”（这是非常正确的），并发表了如下一段激烈的讽刺文字痛斥他们：

“‘诚然，他们’〈三位部长〉只是‘根据民众的意志要求解放领土’。好极了！那么，我们就要求他们和我们自己都应彻底，我们认为一方面应当‘解放’爱尔兰和芬兰的‘领土’，另一方面应当‘解放’阿尔及利亚和暹罗的‘领土’。我们很想听一听例如社会党人阿尔伯·托马对阿尔及利亚的‘自决’的看法。”

是的，一点不错，“我们很想听一听”克伦斯基、策列铁里、切尔诺夫、斯柯别列夫对亚美尼亚、加利西亚、乌克兰和土耳其斯坦的“自决”的“看法”。

要知道,你们,俄国的民粹主义者部长和孟什维克部长先生们,已经用爱尔兰和阿尔及利亚的例子彻底揭穿了你们的立场和行为的虚伪。你们已经以此表明,**决不能**把“兼并”理解为只是**这场战争中**的侵占行为。就是说,你们自己痛打了自己,也痛打了最近还傲慢无知地宣称兼并只应当理解为这场战争中的侵占行为的《彼得格勒苏维埃消息报》。谁不知道爱尔兰和阿尔及利亚早在这场战争爆发前几十年、几百年就已被侵占了呢?

《人民事业报》太不谨慎了,它暴露了它自己、孟什维克和《彼得格勒苏维埃消息报》,在兼并这样一个非常重要、非常根本的问题上思想极端混乱。

但还不止于此。你们拿爱尔兰问题来质问韩德逊,拿阿尔及利亚问题来质问阿尔伯·托马,你们把“执政的法国**资产阶级**”对兼并的看法同法国**人民**的看法对立起来,你们把韩德逊和阿尔伯·托马叫做“资产阶级驯养的社会党人”,可是,你们为什么忘记看一看自己呢??

你们,克伦斯基、策列铁里、切尔诺夫、斯柯别列夫,到底是些什么人呢?难道你们不是“资产阶级驯养的社会党人”吗?难道你们在“执政的俄国**资产阶级**”内阁中提出过关于**俄国的**爱尔兰和**俄国的**阿尔及利亚问题,即关于土耳其斯坦、亚美尼亚、乌克兰、芬兰等等的问题吗?你们在什么时候提过这个问题呢?你们为什么不把这种事告诉俄国“人民”呢?**俄国的**民粹主义者和孟什维克在苏维埃和内阁中,在人民面前玩弄的手法——大谈“没有兼并的和约”的漂亮话,却**没有**确切地、清楚地、斩钉截铁地**提出**像爱尔兰和阿尔及利亚那样的**一切俄国**兼并的土地的问题，你们为什么不把这叫做“手上的戏法”呢？

善于当部长的俄国民粹主义者和孟什维克已经糊涂了，他们愈来愈暴露了自己。

他们常常提出“最后一个”论据：我们革命了。但这个论据是彻头彻尾的谎言。因为**直到今天**，我国革命像在法国和英国一样，只造成了**资产阶级**政权，同时也像在法国和英国一样，“资产阶级驯养的社会党人”在其中占“无害的少数”。至于我国革命明天会带来什么样的结果，是回到君主制去，使资产阶级得到加强，还是使政权转到更先进的阶级手中，这我们不知道，而且谁也不知道。因此，拿“革命”来辩解，就是赤裸裸地欺骗人民和欺骗自己。

兼并问题是检验弄虚作假的民粹主义者和孟什维克的很好的试金石。他们像普列汉诺夫、韩德逊、谢德曼之流**一样**糊涂，他们彼此**只是在说法上**有不同，**实际上**对于社会主义运动来说，他们同样都已经失去了生命。

载于 1917 年 6 月 1 日（14 日）
《真理报》第 70 号

译自《列宁全集》俄文第 5 版
第 32 卷第 250—252 页

克伦斯基公民，这不民主！

（1917 年 6 月 1 日〔14 日〕）

彼得格勒通讯社报道说：

基辅 5 月 30 日电。全乌克兰农民代表大会会议宣读了陆军部长克伦斯基的一封电报，在这封电报里，部长认为由于军事情况，召开乌克兰军人第二次代表大会是不合时宜的。大会认为部长的命令破坏了乌克兰人的集会自由，因而向临时政府和彼得格勒工兵代表苏维埃发出如下电报：

"我们注意到克伦斯基部长在召开乌克兰军人代表大会一事上第一次违反了集会自由的法律。我们对于因乌克兰人的新生活的民主原则被破坏而可能产生的后果不负责任，我们坚决抗议，同时希望对乌克兰中央拉达代表团向临时政府提出的要求立即作出答复。"

这个消息无疑会在工人社会党人队伍中引起极大的震惊。

陆军部长认为召开乌克兰人的代表大会"不合时宜"，他竟然运用自己的权力，禁止召开这次大会！克伦斯基公民不久前刚刚把芬兰"整了一下"，现在他又决定"整"乌克兰人了。而这一切都是在"民主"的名义下干的！

亚·伊·赫尔岑曾经说过，只要看一看俄国统治阶级的"行径"，就会羞于承认自己是俄国人。他说这句话的时候，俄国还在农奴制的桎梏下呻吟，鞭子和棍棒还统治着我国。

现在俄国推翻了沙皇。现在是克伦斯基之流和李沃夫之流代表俄国说话。克伦斯基之流和李沃夫之流的俄国对待各个从属民族的态度，使人们今天还不由自主地想说出亚·伊·赫尔岑说过的辛酸的话来。

更不用说,克伦斯基公民的“大国”民族主义政策只会煽起和加强克伦斯基之流和李沃夫之流所要反对的“分离主义”倾向。

我们要问,对被压迫民族的这种藐视态度,不必说同社会主义的尊严,就是同一般民主主义的尊严难道能够相容吗?我们要问,克伦斯基公民和他的伙伴们的这种“嬉戏”有没有个限度呢?

我们要问“社会革命”党,它是否同意它的荣誉党员克伦斯基公民禁止召开乌克兰代表大会?

* * *

我们获悉,工兵代表苏维埃执行委员会昨天通过一项决定,要邀请克伦斯基公民专门去解释一下关于民族自决和一般民族政策的问题。

另外,据说“联络委员会”已经垮台了。先生们,根本没有!两个政权仍然并存着。除非全部政权归工兵代表苏维埃,否则没有摆脱现状的出路。

载于 1917 年 6 月 2 日(15 日)
《真理报》第 71 号

译自《列宁全集》俄文第 5 版
第 32 卷第 253—254 页

布尔什维主义和军队“瓦解”

（1917年6月3日〔16日〕）

人人都在叫喊要有“坚强的政权”。说出路在于专政，在于“铁的纪律”，在于迫使“左”“右”两方面的一切不服从的人默默服从。我们知道他们想迫使**哪些人**沉默。右派分子并不叫喊，他们**在活动**。他们有的在内阁里，有的在工厂里，以同盟歇业相威胁，发布解散团队的命令，拿服苦役来恫吓。柯诺瓦洛夫之流和捷列先科之流靠克伦斯基之流和斯柯别列夫之流的帮助，为自己的利益**有组织地**在活动。自然用不着迫使他们沉默……

我们**只**有**讲话**的权利。

现在连我们这种讲话的权利，他们也想剥夺……

《真理报》不准运往前线。基辅“代办员”决定不推销《真理报》。“地方自治机关联合会”的书亭不出售《真理报》。而且人们向我们表示要“有步骤地同列宁主义的宣传进行斗争”……　（《工兵代表苏维埃消息报》）。而一切自发的抗议，一切捣乱行为，不管它们发生在哪里，却**都要归罪于我们**。

这也是一种同布尔什维主义作斗争的方法。

这是一种颇有效验的方法。

群众得不到明确的指示，他们本能地感到民主派正式领袖的立场的虚伪和不能令人满意，于是不得不**自己摸索着寻找道路**……

结果，一切心怀不满的觉悟的革命者，一切愤愤不平的战士，一切怀念家乡、看不到战争的尽头的人，有时甚至是公开害怕丢掉性命的人都站到布尔什维主义旗帜下面来了……

哪里布尔什维主义能够公开传播，哪里就没有混乱现象。

哪里没有布尔什维克或者不让布尔什维克说话，哪里就要出现捣乱现象、瓦解现象，出现假布尔什维克……

而这正是我们的敌人需要的。

他们需要寻找借口，说“**布尔什维克在瓦解军队**”，**然后把布尔什维克的嘴巴堵住**。

为了彻底制止“敌人”的诽谤和对布尔什维主义的极为荒谬的歪曲，我们把全俄代表大会开会前一位代表在军队中散发的一张传单的最后一部分引来看一看。

原文如下：

“同志们！你们应当说心里话。

不需要同资产阶级妥协！

全部政权归工兵代表苏维埃！

这不是说应当马上推翻现政府，不服从现政府。只要人民大多数拥护这个政府，相信五个社会党人能够应付，我们就不能用某些暴动来分散自己的力量。

决不能！

要珍惜力量！要召集群众大会！要作出决议！要提出把政权完全转归工兵代表苏维埃的要求！要说服不同意的人！请用团队的名义把你们的决议寄到彼得格勒代表大会我那里，以便我能在会上传达你们的呼声！

但也要谨防挑拨者，谨防他们披着布尔什维克的外衣，唆使你们骚乱和暴动，以掩盖他们自己的怯懦！要知道，他们现在跟你们一起走，是想在发生危机的头一分钟就把你们出卖给旧制度。

真正的布尔什维克不是号召你们暴动，而是号召你们进行自觉的革命斗争。

同志们！全俄代表大会将选出代表，而临时政府在立宪会议召开以前要向这些代表报告工作。

同志们！我要在这次代表大会上要求：

第一，**把全部政权交给工兵代表苏维埃**。

第二，以人民的名义立即**向包括盟国和敌国在内的一切交战国的人民和政府提出缔结没有兼并和赔款的和约的和平建议**。要是某个政府试图拒绝，它就会**被本国人民推翻**。

第三，**通过没收资本家的战争利润的办法**把发战争财的人的钱拿来用于国家需要。

同志们！只有使政权转到俄、德、法等国的民主派手中，**只有在一切国家推翻资产阶级政府，战争才能结束**。

我国革命已经为此打下基础，我们的任务就是通过俄国的人民的全权政府向欧洲各国政府提出和平建议，通过加强同西欧各国革命民主派的联盟给世界革命以新的推动力。

哪一个资产阶级政府还想进行战争，它就一定要倒霉。

我们将同该国人民一起，以革命战争对付这个政府。

我被选为彼得格勒代表大会的代表，就是要代表你们把这些话告诉我们在彼得格勒的政府。

第11集团军委员会委员、俄国社会民主工党（布尔什维克）中央委员会出席西南方面军代表大会的代表准尉**克雷连柯**。”[87]

任何一个用心读过我们党的决议的人都会看出，克雷连柯同志十分正确地表达了这些决议的**实质**。

布尔什维克不是号召无产阶级、贫苦农民和一切被剥削劳动者去进行骚乱和暴动，而是号召他们进行自觉的革命斗争。

只有真正人民的政权即人民**大多数**的政权，才能走上**正确的**道路，使人类打碎资本家的枷锁，摆脱帝国主义战争的惨祸和灾难，建立持久的和公正的和平。

载于 1917 年 6 月 3 日（16 日）
《真理报》第 72 号

译自《列宁全集》俄文第 5 版
第 32 卷第 255—257 页

你们嘲笑谁？嘲笑你们自己！

（1917年6月3日〔16日〕）

“君士坦丁国王〈希腊〉迫于协约国的外交压力，在逊位书上签字了。”——“革命”临时政府前任外交部长米留可夫先生的报纸对逊位事件就是这样写的。

协约国的外交家先生们**扼杀了**希腊，他们的做法是首先挑起威尼齐洛斯运动（威尼齐洛斯是君士坦丁的一位前任大臣，他转而为英国资本服务了），分化出一部分军队，用武力侵占希腊的一部分领土，最后用“压力”迫使“合法的”君主退位，也就是用强制的办法从上面实行革命。谁都知道这是一种什么样的“压力”。这就是用**饥饿**来压服，用英法两国帝国主义者和俄国帝国主义者的军舰来封锁希腊，使希腊陷于**绝粮状态**。对希腊施加的这种“压力”，同俄国一个偏僻地方的愚昧农民不久以前的做法完全一样（如果相信报纸报道的话），他们给一个乡民加上侮辱基督教的罪名，作出了把他活活饿死的判决。

俄国的一个半野蛮的偏僻地方的愚昧农民用饥饿杀死“罪犯”。英、法、俄等国的“文明的”帝国主义者则**用饥饿折磨**整个国家、整个民族，用“压力”迫使一个国家改变政策。

这就是帝国主义战争的**实际情况**。这就是我们所处的时代的国际关系的现实环境。而社会革命党人先生们则对此进行嘲笑…… 这真是太可笑了……

克伦斯基之流、切尔诺夫之流的部长的报纸《人民事业报》刊登了一篇题为《希腊的“自决”》的充满嘲笑的社论。社会革命党人对希腊“自决”的这种**嘲笑如果是真诚的**，那真是再好不过了。

所谓政治上的真诚，并不是要克伦斯基之流、切尔诺夫之流先生们证明他们个人是真诚的。这一点我们是乐意承认的，但问题根本不在这里。政治上的真诚，也就是不是涉及个别人而是涉及**千百万人**的人们相互关系方面的真诚，是完全可以检验的**言行一致**。

《人民事业报》的社论是不真诚的，因为正是社会革命党，**正是该党的领袖**克伦斯基之流和切尔诺夫之流，同策列铁里和斯柯别列夫两位公民一道，支持扼杀希腊的……(对不起！)，支持让希腊“自决”的内阁。

《人民事业报》写道：“……每个人都很清楚，帝国主义德国对比利时的强盗式的进攻，奥地利对塞尔维亚的强盗式的进攻，同各盟国政府目前‘向希腊内地的进攻’实质上毫无区别。”

是的，这是很清楚的，这完全不是社会革命党人所想象的“道德问题”，而是地地道道的政治。强盗式的进攻——这就是**你们**社会革命党人公民们，孟什维克公民们，**由于参加政府**而参与了的**勾当**。强盗式的进攻是事实，“协约国的外交压力”(所有协约国的，就是说，也包括**俄国**在内)**甚至**在切尔诺夫和策列铁里之流参加内阁**以后**也显然是存在的。

而缔结“没有兼并的和约”的纲领呢？向新政府提出的实行“革命民主”的“要求”呢？各种各样的宣言呢？所有这一切纲领、宣言、诺言、声明、誓约和誓言等等，**完全是**对人民的**嘲笑**，这难道还不明显吗？

社会革命党人和孟什维克先生们，你们是在嘲笑自己！你们是在嘲笑你们信任资本家和资本家政府的政策！你们是在嘲笑你们充当的夸夸其谈、大言不惭、挂着部长头衔为资本主义和帝国主义效劳的奴仆的角色！

载于 1917 年 6 月 3 日（16 日）
《真理报》第 72 号

译自《列宁全集》俄文第 5 版
第 32 卷第 258—260 页

经济破坏和无产阶级同它的斗争

(1917 年 6 月 3 日〔16 日〕)

本报今天刊载了工厂委员会代表会议通过的关于同经济破坏作斗争的经济措施问题的决议①。

这一决议的基本思想,就是针对资产阶级和市侩官吏们关于监督的**空谈**,提出**实际**监督资本家、监督生产的条件。资产者骗人,用一些保障资本家获得 3 倍甚至 10 倍利润的国家计划措施来冒充"监督"。小资产者一半由于幼稚,一半由于自私,信任资本家和资本家的国家,满足于官吏们极为空洞的监督计划。工人通过的决议则把**主要的东西**提到了首位:(1)怎样才能做到在实际上"不保护"资本家的利润;(2)怎样才能揭开商业秘密的内幕;(3)怎样才能使工人在监督机关中占多数;(4)怎样才能使"全国范围的"组织(监督和领导方面的)受工兵农代表苏维埃指导,**而不受资本家**指导。

没有这些,所有关于监督和调节的言论都是空话,甚至简直是对人民的欺骗。

这是每一个有觉悟有思想的工人一下子就能理解的真理,但是我国小资产阶级的领袖民粹主义者和孟什维克(《消息报》、《工人报》)却反对这个真理。遗憾的是,多次动摇于我们和他们之间

① 见本卷第 163—165 页。——编者注

的《新生活报》撰稿人，这次也滚到他们那边去了。

阿维洛夫同志和巴扎罗夫同志“掉进了”小资产阶级的轻信、妥协和官吏们的空洞计划这一泥潭，却用听起来很像马克思主义的论据加以掩盖。现在我们就来看看他们的论据。

我们真理派捍卫组织局的决议（经代表会议通过的）似乎就是背弃马克思主义而转向工团主义！！阿维洛夫同志和巴扎罗夫同志，你们应该感到羞耻，只有《言语报》和《统一报》才会这样疏忽大意（或这样故意歪曲）！我们根本没有说过铁路要交给铁路员工、制革厂要交给制革工人这类可笑的话，我们说的是**工人监督**，这种监督要逐步过渡到由工人来全面调节生产和分配，过渡到“在全国组织”粮食同工业品等等的交换（“广泛地吸引城乡合作社参加”），我们说的是要求“使**全部**国家政权转到工兵农代表苏维埃手中”。

只有没有读完这个决议或者不会读的人，才会真的在这个决议中看出工团主义。

只有像司徒卢威和所有自由派官吏那样“理解”马克思主义的学究，才会这样议论：“要跨过国家资本主义是一种空想”，“在我国，调节这类措施本身也应当含有国家资本主义的性质”。

拿糖业辛迪加、俄国的官办铁路或石油大王等等来说吧。这些不是国家资本主义是什么？难道可以“跳过”**已经存在的**东西吗？

问题正在于，在俄国，现实生活已经在实际上把工业中的辛迪加和农村中的小农经济结合在一起了，而那些把马克思主义变成了某种“资产阶级的、死板的”学说的人，却用貌似渊博、实则空洞的关于“不断革命”、关于“实施”社会主义以及其他乱七八糟的议论来**逃避**现实生活所提出的具体任务。

讲些实际吧！少来些遁词，多接触些实际！是否还要维持高达百分之五百的军事订货利润等等呢？是否还要维护商业秘密的不可侵犯性呢？让不让工人有实行监督的可能呢？

阿维洛夫同志和巴扎罗夫同志没有答复这些实际问题，而是发表一些听起来“差不多像马克思主义”的“司徒卢威式”的议论，这就使他们不自觉地堕落为资产阶级的帮凶。对于人民就军火商的骇人听闻的利润和经济破坏问题所提出的质问，资产者最希望用社会主义是“空想”这种“深奥的”议论来答复。

这种议论愚蠢到了可笑的地步，因为社会主义在客观上不可能实现是与**小**经济有关的，我们不仅根本不想剥夺**小**经济，甚至根本不想调节它，监督它。

孟什维克、民粹主义者和一切官吏（他们吸引了阿维洛夫同志和巴扎罗夫同志）谈论“国家调节”是为了敷衍搪塞，他们制定有关“国家调节”的空洞计划是为了**保护**资本家的利润，他们高谈“国家调节”是为了维护商业秘密的不可侵犯性；而我们正是要竭力使这种国家调节**不致成为骗局**。亲爱的准马克思主义者们，实质就在这里，而不在“实施”社会主义！

不是由资本家阶级来调节和监督工人，而是**相反**，——这就是实质所在。不是像路易·勃朗之流那样信赖“国家”，而是要求建立一个由无产者和半无产者领导的国家，——**同经济破坏作斗争**就应当是这样。其他任何解决办法都是空话和欺骗。

载于1917年6月4日（17日）
《真理报》第73号

译自《列宁全集》俄文第5版
第32卷第292—294页

资本家的第一千零一次谎话

(1917年6月3日〔16日〕)

《言语报》今天在社论中写道:

"如果德国有自己的列宁,并且在国外得到罗伯特·格里姆之流和拉柯夫斯基之流的热心援助,那就可以推断,国际并不愿意妨碍伟大的俄国革命巩固自己的阵地,尤其是不愿意妨碍它深入发展。可是现在德国人却客气地回答说,他们并不需要共和国,他们对自己的威廉感到满意。例如《前进报》就更为热心地证明,俄国民主派不应当容忍秘密条约;关于德国民主派,社会党的机关报却谦逊地保持缄默。"

说"罗伯特·格里姆之流和拉柯夫斯基之流"曾经给予布尔什维克种种"援助"(他们**从来**不同意布尔什维克),那是撒谎。

把"德国的"**普列汉诺夫派**(正是**他们**而且只有他们在《前进报》[88]上写文章)同**成百地**关在德国监狱里的德国的**革命国际主义派**(如卡尔·李卜克内西)混为一谈,是《言语报》和资本家们的第一千零一次最卑鄙最无耻的谎话。

现在有**两个**国际:(1)**普列汉诺夫派**的国际,即转到**本国**政府方面去的普列汉诺夫、盖得、谢德曼、桑巴、托马、韩德逊、王德威尔得、比索拉蒂等等社会主义叛徒的国际。(2)**革命国际主义派**的国际,他们就是在战争时期也到处进行反对**本国**政府、反对**本国**资产阶级的革命斗争。

"伟大的俄国革命"只有不支持帝国主义的"联合"政府,不支持这个政府所进行的帝国主义战争，不支持整个资本家阶级，才能**成为**“伟大的”革命，才能“巩固自己的阵地”和“深入发展”。

载于 1917 年 6 月 4 日（17 日）
《真理报》第 73 号

译自《列宁全集》俄文第 5 版
第 32 卷第 295—296 页

在全俄工兵代表苏维埃第一次代表大会上的讲话[89]

（1917年6月上旬）

1

关于对临时政府的态度

（6月4日〔17日〕）

同志们，在给我的短短的时间里，我只能谈一谈执行委员会报告人和随后几个发言人提出的一些基本的原则问题，我想这样比较适当。

摆在我们面前的首要的和基本的问题，就是我们现在出席的是**什么会议**，现在召开全俄代表大会的苏维埃是怎么一回事，有人在这里大谈特谈的革命民主是怎么一回事。他们大谈特谈革命民主，是为了掩盖他们对革命民主的毫不理解和彻底背弃。在全俄苏维埃代表大会上谈论革命民主，而又模糊这个机构的性质、阶级成分和它在革命中的作用，对这些问题一字不提，同时却想要取得民主派的称号，真是怪事。他们把整个西欧过去就有的资产阶级议会制共和国的纲领向我们描述一番，把现在所有资产阶级政府（我国政府也在内）都承认的改革纲领也向我们描述一番，同时又对我们谈论革命民主。他们是对什么人谈这些话呢？是对苏维埃。那我就来问问你们，欧洲哪个资产阶级的、民主的、共和制的国家有类似苏维埃这样的机构呢？你们一定会回答说：没有。这种机构哪里也没有，也不可能有，因为二者必居其一：**或者是**资产阶级政府以及人们向我们描述的、在所有国家里都提过几十次但仍然是一纸空文的改革“计划”；**或者是**人们现在向之发出呼吁的机构，即革命所创造的新型“政府”，这样的政府只是在革命最高涨的年代有过先例，例如1792年在法国，1871年也在法国，1905年在俄国。苏维埃，这是任何一个通常类型的资产阶级议会制国家所没有的机构，而且是不可能与资产阶级政府并存的机构。这是一种新的、更民主的国家类型，我们在我们党的决议中把它叫做农民-无产阶级民主共和国，在这样的共和国里，唯一的政权属于工兵代表苏维埃。如果认为这是一个理论问题，如果以为这是可以回避的问题，或者用现在有某种机构与工兵代表苏维埃并存来搪塞，那都是徒劳的。不错，它们并存着。但正是这种情况造成了空前多的争执、冲突和摩擦。正是这种情况使俄国革命刚一高涨、刚一前进就转向停滞和倒退，也就是目前在我国联合政府中，在整个对内对外政策中我们所看到的那种因准备发动帝国主义进攻而出现的倒退。

二者必居其一：或者是通常的资产阶级政府，那就不需要农民、工人、士兵等等苏维埃，苏维埃不是被那些手里有军队、根本不理会克伦斯基部长高谈阔论的反革命将军解散，便是无声无息地死去。这些机构没有别的道路可走，不能后退，也不能停在原地，只有前进才能生存。这种国家类型不是俄国人臆想出来的，而是革命创造出来的，因为不这样，革命就不能胜利。在全俄苏维埃内部，必然会发生摩擦，发生党派争夺权力的斗争。但这将是以群众本身的政治经验来消除各种可能产生的错误和幻想(喧声),而不是靠部长们作报告,讲一些他们昨天说过的、明天要写的、后天要许诺的东西。同志们,从俄国革命所创立的、现在面临着生死存亡问题的机构的角度看来,这是很可笑的。苏维埃不能再按照现在的样子存在下去。工人和农民又不是小孩子,竟要聚集在一起,通过一些决议,听取一些根本经不起实际检验的报告!这样的机构是向一种共和国过渡,这种共和国将不是在口头上而是在实际上建立一个没有警察、没有常备军的坚强政权,这种政权在西欧还不能存在,而俄国革命没有这种政权就不能取得胜利,即不能取得对地主的胜利,对帝国主义的胜利。

没有这种政权,就谈不上我们自己会取得这样的胜利,并且愈深入地研究人们在这里向我们建议的纲领和我们面临的事实,一个基本的矛盾就愈突出。像报告人和其他发言人一样,人们都对我们说第一届临时政府真糟糕!可是以前,当布尔什维克,不走运的布尔什维克说"不给这个政府任何支持和信任"的时候,人们却纷纷责骂我们是"无政府主义"!现在大家都说上一届政府很糟糕,可是有准社会党人担任部长的联合政府又怎样呢?它和上一届政府有什么区别呢?难道空谈纲领、方案还谈得不够吗?难道这些东西还谈得不够吗?难道还不到采取行动的时候吗?从5月6日联合政府成立以来,一个月已经过去了。请大家看看事实,看看俄国和所有卷入帝国主义战争的国家经济破坏的情形吧。造成经济破坏的原因是什么呢?是资本家的掠夺。这才是真正的无政府状态。这是报纸公开承认的事实,而且不是我们的报纸,不是什么布尔什维克的报纸,绝对不是,而是部长的《工人报》。这家报纸说:"革命"政府**提高了**工业用煤的订货价格!!联合政府丝毫也没有改变这种状况。有人问我们，俄国是否可以立刻实行社会主义，立刻进行根本的改造。同志们，这都是些毫无根据的托词。马克思和恩格斯的学说，正像他们经常阐述的那样："我们的学说不是教条，而是行动的指南。"①世界上任何地方都没有而且在战争期间也不可能有向纯粹社会主义过渡的纯粹资本主义，只有某种中间的、某种新的、前所未有的东西，因为卷入资本家之间的罪恶战争的几亿人正面临着死亡。问题不在于答应进行一些改革——这是空话，问题在于采取我们现在需要采取的步骤。

如果你们要谈"**革命**"民主，那就请把这个概念同资本家内阁的**改良主义**民主区别开来，因为现在应当抛掉"革命民主"的空谈，不再拿"革命民主"来互相庆贺，而要按马克思主义和一般科学社会主义教导我们的那样来作**阶级**评价。人们建议我们实行资本家内阁执政下的改良主义民主。从西欧通常的范例来看，这也许很好。可是，现在许多国家都处在灭亡的前夕，而那些实际措施，据前面发言的邮电部长公民说来，似乎复杂得简直难于实行，必须特别加以研究，其实这些措施是十分清楚的。他说，俄国没有一个政党会表示决心要掌握全部政权。我回答说："有的！任何一个政党都不会放弃这样做，我们的党也不放弃这样做，它每一分钟都准备掌握全部政权。"（掌声，笑声）你们爱怎么笑就怎么笑，但是，如果部长公民向我们和右派政党都提出这个问题，那他一定会得到应有的回答。任何一个政党都不会放弃这样做。在还有自由的时候，在逮捕和流放西伯利亚等等威胁——这些来自同我们的准社会党人部长们共事的反革命分子的威胁还只是威胁的时候，任何

① 参看《马克思恩格斯文集》第 10 卷第 557、560 页。——编者注

一个政党都会说:信任我们,我们就会拿出我们的纲领。

我们的代表会议在 4 月 29 日已经提出这个纲领[①]。可惜人们不重视这个纲领,不按这个纲领去做。看来需要对这个纲领作一番通俗的解释。那就尽我所能,向邮电部长公民通俗地解释一下我们的决议,我们的纲领。关于经济危机,我们的纲领要求立刻——毫不拖延——公布资本家所获得的高达 500%—800%的骇人听闻的全部利润。这些利润并不是资本家在自由市场上,在"纯粹"资本主义制度下获得的,而是靠军事订货获得的。这才是真正需要而且可能实行工人监督的地方。这就是你们这些自称"革命"民主派的人应该代表苏维埃实行而且一夜之间就可以实行的措施。这不是社会主义。这是让人民看清什么是真正的无政府状态,什么是真正玩弄帝国主义的把戏,玩弄人民财产、玩弄几十万人生命的行为。这几十万人明天就会因我们继续扼杀希腊而丧命。把资本家老爷们的利润公布出来吧,把 50 个或 100 个最大的百万富翁逮捕起来吧,哪怕是以软禁尼古拉·罗曼诺夫的优待条件拘留他们几个星期也行,这样做无非是为了迫使他们提供各种线索,说出种种骗人的把戏、肮脏的活动、自私自利的勾当,而这些东西使我们国家甚至在新政府管理下每天也得损失千百万财富。这就是无政府状态和经济破坏的基本原因,因此我们说:我国一切都是老样子,联合内阁并没有改变任何东西,只是多了一大堆宣言和动听的声明而已。不管人们多么真诚,不管他们多么真诚地希望劳动者过好日子,但是情况并没有改变,掌握政权的仍旧是**原来**

① 即俄国社会民主工党(布)第七次全国代表会议(四月代表会议)的决议(参看《苏联共产党代表大会、代表会议和中央全会决议汇编》1964 年人民出版社版第 1 分册第 430—456 页)。——编者注

那个阶级。现在实行的政治并不是民主政治。

有人对我们说，要使“中央政权和地方政权民主化”。难道你们真不知道，这些话只有对俄国才是新鲜东西吗？在其他国家不是已经有几十个准社会党人部长向他们的国家许过这样的诺言吗？我们面前摆着的活生生的具体事实是，地方居民选举政权机关，而中央却硬要任命或批准地方政权机关的人选，从而破坏了起码的民主。在这种情况下，试问这些诺言还有什么意义呢？资本家还在盗窃人民的财产。帝国主义战争还在进行。而有人却答应我们改革，改革，改革，这些改革在现在这个框框内根本不能实现，因为战争压倒一切，决定一切。有人说，战争并**不是**为了资本家的利润。你们为什么不同意这种说法呢？标准是什么呢？首先是看哪个阶级在当权，哪个阶级在继续做主人，哪个阶级在继续利用银行业务和金融业务赚取几千亿利润。这个阶级仍然是资本家阶级，因此战争仍然是帝国主义战争。第一届临时政府也好，有准社会党人担任部长的政府也好，什么都没有改变：秘密条约还是秘密条约，俄国还是在为争夺两个海峡[90]而战，为继续贯彻利亚霍夫对波斯的政策而战，以及其他等等。

我知道，你们不希望这样做，你们当中大多数人都不希望这样做，部长们也不希望这样做，因为不能希望这样做，因为这是杀害几亿人的生命。可是请看一看米留可夫之流和马克拉柯夫之流现在大谈特谈的进攻吧。他们完全懂得这是怎么一回事；他们知道，这同政权问题，同革命问题有关。有人对我们说，应该把政治问题和战略问题区别开来。提出这样的问题是很可笑的。立宪民主党人非常清楚现在提出的是政治问题。

至于说从下面发动的争取和平的革命斗争可能导致单独媾

和，这是诬蔑。如果我们掌握政权，那我们要实行的第一个步骤就是逮捕那些最大的资本家，割断他们进行阴谋活动的一切线索。否则，谈论没有兼并和赔款的和约，都是讲空话。我们所要实行的第二个步骤就是撇开各国政府，向各国人民宣布：我们认为所有的资本家都是强盗，不论是捷列先科——捷列先科丝毫不比米留可夫好些，不过比他稍微蠢些——还是法国的、英国的和其他一切国家的资本家。

你们自己的《消息报》弄糊涂了，不是提议缔结没有兼并和赔款的和约，而是提议保持原状。不，我们不是这样理解"没有兼并"的和约的。甚至农民代表大会在这个问题上都比较接近真理，它谈到要建立"联邦"共和国[91]，意思就是说，俄罗斯共和国不想用新的或旧的方式压迫任何一个民族，不想靠强制办法同任何一个民族共处，不论是芬兰也好，乌克兰也好，而陆军部长却对芬兰和乌克兰百般刁难，造成不能容许和无法容忍的冲突。我们所希望的是一个有坚强政权的、统一而不可分割的俄罗斯共和国，但是坚强的政权要靠各民族自愿协议才能建立起来。"革命民主"是庄严的字眼，如今却用到了以卑鄙的刁难使乌克兰和芬兰问题复杂化的政府身上！其实乌克兰和芬兰并不愿意分离，它们只是说，不要把实施起码的民主拖延到召开立宪会议的时候。

只要你们不放弃你们的兼并，就缔结不了没有兼并和赔款的和约。这实在可笑，像是要把戏，欧洲每个工人都会嘲笑说：他们口头上说得很漂亮，号召各国人民打倒银行家，而自己却把本国银行家送进内阁去。逮捕银行家，揭穿他们的勾当，查出各种线索，——这些事情你们都不做，尽管你们拥有不容抗拒的权力机关。你们经历了1905年和1917年，你们知道，革命不是按照订单制造的，其他国家的革命都是通过流血起义的艰苦道路实现的，而在俄国没有一个集团、没有一个阶级能够抗拒苏维埃政权。在俄国，这个革命可能例外地成为和平革命。这个革命如果立刻同一切资本家阶级决裂，立刻向各国人民提议媾和，那么在极短时期内就会得到法国人民和德国人民的赞同，因为这些国家快要灭亡了，因为德国已经陷于绝境而不能自拔，因为法国……

（主席："您发言的时间到了。"）

再有半分钟我就结束……　（喧声，会场上有人要求继续讲下去，有人反对，有人鼓掌）

（主席："我向大会报告，主席团建议延长发言时间。谁反对？大多数赞成延长。"）

我刚才谈到，假如俄国的革命民主派不是口头上的民主派，而是实际上的民主派，那它就会推动革命前进，而不是同资本家妥协，不是空谈没有兼并和赔款的和约，而是取消俄国自己的兼并，并且公开宣告，它认为任何兼并都是犯罪和强盗行为。这样就能避免帝国主义为瓜分波斯和巴尔干而发动的使千百万人受到死亡威胁的进攻。这样就能开辟一条通向和平的道路，但这不是一条平坦的道路（我们并不认为这是一条平坦的道路），它并不排除真正革命的战争。

我们提出这个问题，并不像巴扎罗夫今天在《新生活报》上提出的那样[92]；我们只是说：俄国现在的情况是，它在帝国主义战争结束阶段的任务比想象的要容易一些。俄国的地理条件非常好，假如强国敢于凭资本及资本的掠夺利益来反对俄国工人阶级和同它接近的半无产阶级即贫苦农民，假如强国敢于这样做，那对它们来说这将是极其困难的任务。德国已经到了灭亡的边缘，在美国参战以后(美国想吞并墨西哥,而且大概很快就会同日本打起来),德国就陷于绝境,它将被消灭。法国由于地理位置的缘故吃的苦头比谁都多,它的力量消耗殆尽。这个国家的饥荒虽然没有德国厉害,但人力的损失比德国大得多。如果你们第一步从限制俄国资本家的利润开始,使他们根本无法榨取几亿利润,如果你们向**各国**人民提议媾和,反对**一切**国家的资本家,并且直截了当地声明,你们决不同德国资本家以及一切直接或间接纵容他们或者同他们勾结在一起的人进行任何谈判和发生任何关系,你们拒绝同法国和英国资本家谈判,那你们才能够在工人面前控诉他们。你们也就不会把发给麦克唐纳出国护照这件事[93]看成一个胜利,麦克唐纳从来没有进行过反对资本的革命斗争,允许他出国,是因为他没有表现出反对英国资本家的革命斗争的思想、原则、实践和经验,而我们的马克林同志和其他几百个英国社会党人就是因为进行这种斗争而坐牢的,我们的李卜克内西同志也是因为这个缘故坐牢的,他被关在苦役监狱里就是因为他说过:“德国士兵们,向你们的皇帝开枪吧。”

临时政府的大多数成员在专门重新召集的第三届杜马中(不过我不知道这届杜马算是第三届还是第四届),每天都在准备并且扬言要把我们送去服苦役,而且司法部已经在拟定有关的新法律草案,其实,把帝国主义者资本家送去服苦役岂不更正确吗?马克林和李卜克内西才是把反对帝国主义的革命斗争的思想付诸行动的社会党人。这就是必须向各国政府说的话,为了争取和平,必须向各国人民控诉各国政府。这样,你们就能使一切帝国主义政府陷于混乱的境地。现在你们自己却陷于混乱的境地了,因为你们一方面在 3 月 14 日向人民发表的和平号召书上说,“打倒你们的皇帝、你们的国王和你们的银行家吧”，但另一方面，我们虽然掌握了工兵代表苏维埃这样一种人数众多、经验丰富、有强大物质力量的空前未有的组织，却同我们的银行家订立联盟，成立准社会党人联合政府，草拟一些在欧洲已经草拟了好几十年的改革方案。欧洲在嘲笑这种争取和平的斗争。只有苏维埃取得了政权并且采取革命行动的时候，欧洲人才能理解这种斗争。

现在，世界上只有一个国家能够以阶级的规模、通过反对资本家而不经过流血的革命来采取停止帝国主义战争的步骤。这样的国家只有一个，那就是俄国。只要工兵代表苏维埃存在，俄国就始终是这样的国家。苏维埃不可能同普通类型的临时政府长期共存。只有在不转入进攻的时候，苏维埃才会照旧存在。转入进攻是俄国革命整个政策的转变，即从期待和平，从由下面举行革命起义来准备和平转为恢复战争。从一条战线上的士兵联欢进到所有战线上的士兵联欢，从冒着服苦役的危险用面包皮同饥饿的德国无产者交换小折刀的自发联欢进到自觉的联欢，这就是已经显示出来的道路。

我们一经掌握政权，就要制服资本家，那时，战争就**不是**现在所进行的**这种**战争了，因为战争的性质是由哪个阶级进行战争来决定的，而不是由纸上写的东西来决定的。在纸上，要写什么就可以写什么。但是，只要资本家阶级的代表在政府中占多数，那么无论你写什么，无论你说得多漂亮，无论有多少准社会党人部长，战争还是帝国主义战争。这是大家都知道、都看到的。阿尔巴尼亚的例子，希腊和波斯的例子[94]，都最明显不过地表明了这一点，所以我很奇怪，为什么大家都攻击我们关于进攻的书面声明[95]，而关于具体例子，却没有一个人吭一声！答应拟定一些方案是容易的，可是具体的措施总是迟迟不采取。草拟关于没有兼并的和约的宣言是容易的，可是，阿尔巴尼亚、希腊和波斯的事例恰恰是在联合内阁成立**以后**发生的。《人民事业报》（这家报纸并不是我们党的机关报，它是政府的机关报，部长们的机关报）就这些事例写道：扼杀希腊是对俄国民主的嘲弄。而米留可夫，就是那个被你们当做了不起的人物，其实不过是他们党里的一个普通党员，跟捷列先科没有任何区别的米留可夫，连他也写道，协约国的外交扼杀了希腊。战争仍然是帝国主义战争，因此，不管你们多么想要和平，不管你们对劳动者的同情多么真诚，不管你们的和平愿望多么真诚（我完全相信，群众的和平愿望不可能不是真诚的），你们还是无能为力，因为除了进一步发展革命以外，没有其他办法能够结束战争。俄国革命一开始，来自下层的争取和平的革命斗争也就开始了。如果你们掌握了政权，如果政权转归革命组织并被用来进行反对俄国资本家的斗争，那时其他国家的劳动者就会信任你们，你们就可以提出媾和建议。那时我们的和平至少可以从两个方面得到保证，即从大量流血牺牲、陷于绝境的两个民族，从德国和法国得到保证。如果那时的形势使我们不得不进行革命战争（这一点谁也不知道，我们也不能担保不会发生这种情况），那我们就会说："我们不是和平主义者，如果革命阶级掌握了政权，如果它真正消除了资本家对事务的任何影响，使他们无法扩大经济破坏，无法从经济破坏中获得几亿利润，那我们是不会拒绝进行战争的。"革命政权会毫无例外地向一切国家的人民解释说，各国人民都应该是自由的，德国人民不应该为保住阿尔萨斯和洛林而战，法国人民也不应该为保住法国的殖民地而战。因为法国如果为它的殖民地而战，那俄国有希瓦和布哈拉[96]，这也是类似殖民地的地区，那时就会开始瓜分殖民地了。怎样进行瓜分,按照什么标准呢?按照实力。而实力已经起了变化,资本家的处境就是这样:除了战争,没有别的出路。一旦你们取得革命政权,你们就可以通过革命道路来达到和平:向各国人民发出革命号召,用你们的例子来说明策略。那时在你们面前就会展开一条用革命方法取得和平的道路,你们就很有可能使几十万人免于死亡。那时你们就可以确信,德国人民和法国人民会声明赞成你们。而英国、美国、日本的资本家即使想要进行反对革命工人阶级的战争(资本家一旦被制服、被排除,监督权一旦转到工人阶级手中,工人阶级的力量就会增加十倍),即使美国、英国、日本的资本家想要进行战争,也是百分之九十九的不可能。你们只要声明,你们不是和平主义者,你们要保卫自己的共和国,保卫工人的、无产阶级的民主不受德国、法国和其他国家的资本家侵犯,这样就足以保障和平了。

这就是我们认为我们关于进攻的声明具有如此根本性意义的原因。整个俄国革命史上的转折关头已经到来了。俄国革命的发生,英国帝国主义资产阶级是帮了忙的,英国帝国主义资产阶级以为俄国同中国或印度差不多。可是不然,俄国除了有一个现在是地主和资本家占多数的政府外,还产生了苏维埃这种按力量来说是世界上从未听到过和看见过的代表机构,虽然你们参加资产阶级联合内阁就是在扼杀这个代表机构。而且俄国革命还做到了使来自下层的反对资本家政府的革命斗争在各个国家中都获得了极大的同情。现在的问题是:前进还是后退。革命时期停留在原地不动是不行的。因此,从政治、经济的意义来说,而不是从战略的意义来说,进攻是整个俄国革命的转折点。现在举行进攻,就是继续进行帝国主义大厮杀,就是继续使几十万、几百万人为扼杀波斯和其他弱小民族而丧命，客观上就是这样，不管这个或那个部长的意志和认识如何。在贫苦农民的支持下把政权转到革命无产阶级手里，就是转到以人类历史上痛苦最少的最可靠的方式来进行争取和平的革命斗争，就是转到使革命工人不仅在俄国而且在全世界都有取得政权和获得胜利的保障。（会场上一部分人鼓掌）

载于1917年6月15日和16日
(28日和29日)《真理报》第82号
和第83号

译自《列宁全集》俄文第5版
第32卷第263—276页

2
关于战争

（6月9日〔22日〕）

同志们，为了分析战争问题，请允许我从彼得格勒工兵代表苏维埃3月14日向各国发出的号召书中引两段话。这个号召书说："同各国政府的侵略意图展开坚决斗争的时候已经来到了，各国人民自己来解决战争与和平问题的时候已经来到了。"号召书的另一段话是对德奥同盟国的无产者说的："别再给国王、地主和银行家充当侵略和使用暴力的工具了。"俄国工人和农民有几十个、几百个，我甚至认为有几千个决议，用不同的说法在重复这两段话。

依我看，这两段话最清楚不过地表明，革命工农由于受孟什维克和民粹主义者的现行政策的影响，已陷入自相矛盾、混乱不堪的境地。一方面，他们支持战争，另一方面，他们属于同各国政府的侵略野心无关的阶级，因此他们不能不把这一点说出来。这种心理和思想虽然模糊不清，在每个工人和农民的身上却几乎都是根深蒂固的。他们意识到进行战争是为了实现各国政府的侵略野心，但又很不了解，甚至完全不了解，一个政府不管它的管理形式如何，总是代表一定阶级的利益，因此，像我所引的第一段话那样，把政府和人民对立起来，就是理论上的极大混乱，政治上的一筹莫展，并且必然使自己的行动和自己的全部政策摇摆不定。我所引的第二段话的最后一句也是这样。“别再给国王、地主和银行家充当侵略和使用暴力的工具了。”——这种精彩的呼吁真是妙极了，但是别忘了自己的国王、地主和银行家，因为德奥两国的政府和统治阶级进行的战争，同俄国的、英法两国的资本家和银行家进行的一样，都是强盗式的掠夺战争，如果你们，俄国的工人和农民，对德奥两国的工人和农民说：“别再给你们的银行家充当工具了”，而自己却把本国的银行家送进内阁，让他们同社会党人部长们并肩而坐，那你们就是把你们的一切宣言变成废纸，实际上推翻了自己的全部政策。实际上你们的良好意图或愿望等于没有，因为你们在帮助俄国进行同样的帝国主义战争，同样的侵略战争。你们同你们所代表的群众是矛盾的，因为这些群众永远不会接受米留可夫、马克拉柯夫等人的公开表述的资本家观点——“认为打仗是为了资本的利益，真是罪大恶极。”

我不知道这种思想是不是罪恶的思想，但我并不怀疑，在那些今天半存在而明天也许就不存在的人看来，这种思想是罪恶的思想，但这是唯一正确的思想，只有它才表达了我们对这场战争的理解，只有它才表达了被压迫阶级的利益，这就是要对压迫者进行斗争；当我们说这场战争是资本主义战争，是侵略战争的时候，不应该造成错觉，这决不是说，个别人、个别国王的罪行就能引起这样的战争。

帝国主义是世界资本发展的一定阶段；几十年来资本主义发展的结果是：少数几个极富的国家——这样的国家不超过 4 个，这就是英国、法国、德国和美国——聚集了数以千亿计的大量财富，把这种力量聚集在大银行和大资本家手里（这样的大银行和大资本家在这些国家里各有两三个，最多不过半打），这是一种巨大的力量，这种力量伸展到全世界，在瓜分领土、瓜分殖民地这种直接意义上瓜分了整个地球。地球上的一切地方都有这些强国的殖民地。这些国家在经济上也重新瓜分了全球，因为在地球的每一块土地上都有租让企业渗入，都有金融资本的线索渗入，这就是兼并的基础。兼并不是凭空臆造的，兼并的产生并不是由于有人突然从自由的爱好者变成了反动分子。兼并无非是大银行统治的政治表现和政治形式，而大银行统治从资本主义中产生是必然的，这不是由于谁的罪过，因为股票是银行的基础，而股票的聚集则是帝国主义的基础。大银行靠数千亿资本统治整个世界，把整个整个工业部门同资本家和垄断者的同盟联结起来，——这就叫做帝国主义，它把全世界分成了三个极富有的掠夺者集团。

在欧洲与我们比较接近的一个集团，也就是第一个集团是以英国为首的，另外两个集团以德国和美国为首。其他的国家，只要还保持着资本主义关系，就不得不充当它们的帮凶。因此，如果你们弄清楚事情的这个实质（这个实质是每一个被压迫者都本能地意识到的，是俄国每一个工人和绝大多数农民都本能地意识到的），那么你们就会明白，用言论、宣言、传单、社会党代表大会来反对战争的想法是多么可笑。这种想法之所以可笑，是因为不管你们发出多少这样的宣言，不管你们进行了多少次政治变革（你们在俄国推翻了尼古拉·罗曼诺夫，在一定程度上建立了共和国；俄国大大地前进了一步，几乎一下子赶上了在不同条件下用100年才做到这一点而仍然是资本主义国家的法国），但是银行仍然拥有无限权力，资本家仍然存在。如果说资本家受到了一些限制，那他们在1905年也受到了限制，但是这难道就是把他们搞垮了吗？如果说这对俄国人说来是新东西，那么在欧洲，每一次革命都表明，在每次革命浪潮高涨时，工人们虽然多得到了一点东西，但是资本家的政权仍然是政权。反对帝国主义战争的斗争，只能是世界范围内的革命阶级反对统治阶级的斗争。这里说的统治阶级不是指地主，虽然俄国有地主，而且他们在俄国所起的作用比其他任何国家的地主要大，但这不是造成帝国主义的那个阶级。这里指的是以最大的金融巨头和银行家为首的资本家阶级。这个阶级统治着被压迫的无产者及其同盟者贫苦农民（即我们党纲中所说的半无产者），不推翻这个阶级，便不能摆脱这场战争。只有从俄国人狭隘的观点出发，才会产生幻想，认为你们用宣言和告各国人民书就能把全世界的劳动者联合起来。持这种观点的人，不知道西欧报纸是怎样嘲笑这类空话和宣言的。在西欧，工人和农民已经习惯于政治变革，而且已经看到过几十次。他们不知道，俄国的工人群众已经真正站起来了，就其大多数来说，都绝对真诚地相信各国资本家抱有侵略意图并且斥责这种意图，希望各国人民从银行家的压迫下解放出来。但是，这些欧洲人弄不明白：既然你们有了世界上其他任何一国人民都没有的工农兵代表苏维埃这种有武装的组织，那为什么还把你们的社会党人送去当部长。你们还是把政权交给了这些银行家。在国外，人们不只是责备你们幼稚，这倒没有什么——欧洲人无法理解这种政治上的幼稚，无法理解在俄国有几千万人是第一次觉醒过来，无法理解在俄国人们不知道什么是阶级和政府之间的联系，什么是政府和战争之间的联系。战争无非是资产阶级政治的继续。战时的政治也是由统治阶级决定的。战争完完全全是政治，是这些阶级通过另一种途径继续实现原来的目的。因此，当你们在工农的号召书中说“打倒你们的银行家”的时候，欧洲国家的每一个有觉悟的工人不是发笑，便是感到痛心，并自言自语地说："在那里，推翻了一个半野蛮的白痴和魔鬼般的君主，而这些东西我们早已清除了(这是我们的全部罪过)，现在他们却又和他们的'准社会党人'部长们一起去支持俄国的银行家，那我们能有什么办法呢?!"

银行家仍然掌握着政权，通过帝国主义战争来推行他们的对外政策，全力支持俄国尼古拉二世签订的那些条约。在我国，这一点特别明显。俄国对外的帝国主义政策的一切原则，不是现在的资本家确定的，而是以前的政府和已被我们推翻的尼古拉·罗曼诺夫确定的。他签订了这些条约，这些条约至今还是秘密的，资本家不会把这些条约公布出来，因为他们是资本家。但是没有一个工人和农民会了解这种乱七八糟的事情，因为他们想，既然我们呼吁打倒其他国家的资本家，那我们首先应该打倒本国的银行家，否则谁也不会信任我们，也不会郑重地对待我们，人们会这样议论我们：你们这些幼稚的俄国蛮子讲的话倒十分动听，但是没有政治内容。或者想得更坏些，认为我们是伪君子。这种议论你们可以在外国报纸上看到，如果各种色彩的外国报纸能够自由地通过国界来到俄国，不在托尔尼奥被英法当局扣留的话。只要看一下从外国报纸摘选的话，你们就会确信，你们陷入了多么惊人的矛盾，就会确信，靠召开社会党代表会议、靠在代表大会上同社会党人达成协议来反对这场战争的想法是多么荒唐可笑，多么错误。如果帝国主义是个别人的过错或罪恶，那么社会主义运动就会仍然是社会主义运动。帝国主义是资本主义发展的最后阶段，这时它已经瓜分了全世界，两大集团卷入了生死的搏斗。或者为这个集团服务，或者为那个集团服务，或者把这两个集团都打倒，其他的道路是没有的。你们拒绝单独媾和，理由是不愿意为德帝国主义服务，这是完全对的，因此，我们也反对单独媾和。但是，你们实际上违背了自己的心愿，继续为抱着同样的侵略和掠夺意图的英法帝国主义服务，而这种意图已被俄国资本家在尼古拉·罗曼诺夫帮助下变成了条约。我们不知道这些条约的条文，不过凡是注意政治书刊的人，凡是读过一本关于经济或外交的书籍的人，都会知道这些条约的内容。我还记得，米留可夫就曾在他的书中谈到这些条约和诺言，说他们要掠夺加利西亚、两个海峡、亚美尼亚，保持从前兼并的土地，并得到一批新兼并的土地。这些事尽人皆知，可是关于条约却继续保守秘密，而且还对我们说，如果你们要废除这些条约，就等于和盟国决裂。

关于单独媾和问题，我已经说过我们是不会这样做的；就从我们党的决议来看，也丝毫不必怀疑我们是拒绝单独媾和的，正像我们拒绝同资本家进行任何妥协一样。我们认为，单独媾和就是同德国强盗妥协，因为他们也和其他强盗一样在进行抢劫。但是，同俄国临时政府中的俄国资本家妥协，也同样是单独媾和。沙皇签订的条约仍然有效，根据这些条约还在抢劫和扼杀其他国家的人民。人们说"没有兼并和赔款的和约"，正像每个俄国工人和农民要说的那样，因为生活教他们这样说，因为银行利润对他们并没有什么好处，因为他们要活下去，可是我要回答他们说，目前工兵代表苏维埃中的你们那些来自民粹主义党派和孟什维克党的领袖，却在这个口号问题上弄糊涂了。他们在自己的《消息报》上说，这句话的意思是保持 status quo，即恢复战前原状，回到战前的状况。这难道不是资本主义的和平吗？而且又是一种什么样的资本主义的和平！既然你们提出这个口号，那就要知道，事变的进程有可能使你们的党取得政权，这在革命时期是可能的，你们就必须照你们所说的去做。如果你们现在提议缔结没有兼并的和约，德国人一定会接受，英国人却不会接受，因为英国资本家一寸土地也没有丧失，还在世界各地抢了很多东西。德国人抢了很多东西，可是也丢了不少东西，不仅丢了不少东西，还面临着美国这个最强大的敌人。你们提议缔结没有兼并的和约，如果你们把这种和约了解为保持原状，那就会滑到这样的地步，即从你们的建议中得出要同资本家单独媾和的结论，因为，你们提出这一点，德国资本家面对曾经与自己订过条约的美国和意大利，就会说："好，我们接受这个没有兼并的和约。对我们来说，这不是失败，而是对美国和意大利的胜利。"你们客观上会滑到你们责备我们要实行的同资本家单独媾和的地步，因为在你们的政策中，在实际行动中，在你们的实际措施中，你们并没有同你们和你们的"社会党人"部长们在临时政府中所支持的银行家——全世界帝国主义统治的代表——从原则上实行决裂。

因此，你们就使自己处于矛盾和摇摆之中，以致群众不大能够了解你们。从兼并中得不到好处的群众说：我们不愿意为任何资本家去打仗。有人对我们说，各国社会党人召开代表大会达成协议就可以中止这种政策，我们说，如果帝国主义是由个别罪犯造成的，那也许会这样；但是帝国主义是世界资本主义的发展，而工人运动是与此相联系的。

帝国主义的胜利是各国社会党人必不可免地分裂为两个阵营的开始。现在谁要是还把各国社会党人说成一个整体，或者说成可以成为一个整体，那就是自欺欺人。大家一致签名的巴塞尔宣言，宣布这场战争是在帝国主义资本主义的基础上产生的，在这以后，战争的整个进程，两年半的战争，已经引起了这种分裂。在巴塞尔宣言中没有一个字谈到“保卫祖国”。在战争爆发以前所写的宣言只能如此，同样，现在社会党人中谁也不会提议起草一个在日美战争中“保卫祖国”的宣言，因为还没有触及他们自己的利益，还没有触及他们的资本家和部长们的利益。请你们为国际代表大会写一项决议吧！你们知道，日美之间的战争已经准备好了，这个战争已经准备了好几十年，它不是偶然的；策略并不取决于谁打第一枪。如果那样看，就太可笑了。你们都很清楚，日本资本主义和美国资本主义同样都是掠夺成性的。双方都会说“保卫祖国”；这样说就是犯罪，不然就是由于要“保卫”我们的敌人——资本家的利益而产生的极大弱点。所以我们说，社会主义运动已经无可挽回地分裂了。完全背离社会主义的正是这样一些社会党人，这些人已经跑到本国政府或者本国银行家、本国资本家那方面去了，尽管表面上还在回避他们，斥责他们。问题不在于斥责。而且斥责德国人支持本国的资本家，有时正是替俄国人为同样的“罪恶”辩解打掩护！既然你们指责德国社会沙文主义者这些口头上的社会主义者（也许其中许多人是真心诚意的社会主义者）、实际上的沙文主义者，指责他们实际上不是保卫德国人民，而是保卫肮脏的、贪婪的、掠夺成性的德国资本家，那么你们就不要保卫英国、法国和俄国的资本家。德国社会沙文主义者，并不比我们内阁中那些继续执行同样的秘密条约政策即掠夺政策的人更坏些，这些人以善良天真的愿望来掩饰他们继续执行这种政策。其中有许多愿望还是好的，从群众的观点来看，我承认它们是绝对真诚的，但是，我不承认也不能承认其中哪一句话是政治上的真话。这只是你们的愿望罢了，战争仍然是帝国主义战争，仍然是为了那些秘密条约！你们号召别国人民打倒银行家，自己却支持本国的银行家！你们谈和平，但是，你们没有说是什么样的和平。当我们指出以保持原状为基础的和平是显著的矛盾时，没有一个人回答我们这个问题。在你们将要谈到没有兼并的和约的决议中，你们不能说这不是保持原状。你们也不能说这是保持原状，即恢复战前状况。那么，怎么办呢？从英国手里夺走德国的殖民地吗？你们用和平协商的办法试试看！大家都会笑你们的。你们试试不用革命的办法从日本手里夺走它抢去的胶州湾和太平洋岛屿！

你们陷入了不能自拔的矛盾。我们说“没有兼并”，那是说，在我们看来，这个口号只不过是反对全世界帝国主义的斗争的一个从属部分。我们说，我们要解放各个民族，并且从解放本国各个民族开始。你们谈论反兼并的战争和没有兼并的和约，可是你们在俄国国内却继续实行兼并政策。这是闻所未闻的事情。实际上，你们和你们的政府，你们的新部长们在继续对芬兰和乌克兰实行兼并政策。你们对乌克兰代表大会百般刁难，通过你们的部长来禁止乌克兰代表大会开会[97]。这还不是兼并吗？这种政策是对一个民族的权利的侮辱，这个民族因为自己的儿女要使用本民族语言而受尽了沙皇的折磨。这就是害怕出现单独的共和国。在工人和农民看来，这并不可怕。让俄国成为一个自由共和国的联盟吧。工农群众是决不会为阻碍这件事而战的。让每个民族都获得解放吧，首先让那些跟你们一起在俄国进行革命的民族获得解放。如果不那样做，你们就必然使自己落到这样的下场：你们在口头上是“革命民主派”，实际上你们的全部政策却是反革命的政策。

你们的对外政策是反民主、反革命的，而革命政策会使你们必须进行革命战争。但这也不一定。关于这一点，报告人和最近的报纸谈得很多。我也很想谈一谈。

我们实际上认为摆脱这场战争的出路是什么呢？我们说，摆脱这场战争的唯一出路是革命。支持受资本家压迫的阶级起来革命吧，推翻本国的资本家阶级，给其他国家树立榜样。这才是社会主义。这才是反对战争。其他一切都只是诺言、空话或天真善良的愿望而已。在世界各国，社会主义运动已经分裂。而你们还糊里糊涂，同那些支持本国政府的社会党人来往，忘记了英国和德国那些把群众的社会主义表达出来的真正社会主义者仍处于孤独的境地，而且正在坐牢。但是，只有他们才表达了无产阶级运动的利益。如果俄国被压迫阶级取得了政权，那会怎么样呢？要是有人问我们：你们将怎样单独摆脱战争？那我们就回答说：单独摆脱是不行的。我们党的每一个决议，我们在群众大会上的每一次演说都谈到，要想单独摆脱这场战争是荒唐的。几亿人，几千亿资本都卷入了这场战争。除非把政权转到那个确实有责任破坏帝国主义，即破坏金融的、银行的以及兼并的线索的革命阶级手里，没有别的办法能摆脱这场战争。只要事实上没有做到这一点，那就是什么也没有做。已实行的变革仅仅限于用彻头彻尾帝国主义的准共和国代替沙皇制度和帝国主义，这个共和国甚至由革命工农的代表出面，也还不善于对芬兰和乌克兰采取民主的态度，就是说，还是害怕它们分离。

有人说我们在力求单独媾和，这不是事实。我们说，不同任何资本家单独媾和，首先是不同俄国资本家单独媾和。同俄国资本家单独媾和的是临时政府。打倒这种单独媾和！（鼓掌）我们不承认同德国资本家的任何单独媾和，不同他们进行任何谈判，也不承认同英法帝国主义者的任何单独媾和。有人对我们说，同英法帝国主义者决裂，就等于同德国帝国主义者妥协。这话不对，应当立即同他们决裂，因为这是一个掠夺同盟。有人说，条约是决不能公布的，因为这样做就是在每个工人和农民面前把我们整个政府、我们的全部政策搞臭。如果把这些条约公布出来，并且在各种集会上，特别是在每个偏僻的小村庄里，明白地告诉俄国工人和农民说：你们现在就是为这些东西而战，为两个海峡而战，为控制亚美尼亚而战，那么他们每个人都会说：我们不愿意打这样的仗。（主席："您发言的时间到了。"喊声："请讲下去！"）再讲十分钟就完了。（喊声："请讲下去！"）

有人认为，"不是同英国帝国主义者在一起，就是同德国帝国主义者在一起"，如果同德国帝国主义者讲和，那就要同英国帝国主义者打仗，倒过来也一样。我说，这样对立起来是不正确的。这对那些没有同本国的资本家和银行家决裂而同他们结成各种各样联盟的人是有利的。这对我们是不利的。我们说的是我们要维护同被压迫阶级、被压迫民族的联盟，要忠实于这种联盟，这样你们才是革命民主派。这个任务是不容易的。这个任务不容许我们忘记：在一定的条件下，非进行革命战争不可。任何一个革命阶级都不能发誓不进行革命战争，否则就必然会陷入可笑的和平主义。我们不是托尔斯泰主义者[98]。如果革命阶级掌握了政权，如果在这个阶级的国家里不再有兼并的事情，如果政权不再属于银行和大资本（要在俄国做到这一点并不容易），那么革命阶级将不是在口头上而是在实际上进行革命战争。决不能发誓不进行这种战争。这样做就是陷入了托尔斯泰主义，陷入了小市民习气，完全忘掉了马克思主义科学和欧洲历次革命的经验。

单单俄国一国是摆脱不了战争的。但是，俄国的广大的同盟者在成长，这些同盟者现在不相信你们了，正是因为你们的立场是矛盾的,或者说是幼稚的,正是因为你们劝别国人民“打倒兼并”而自己却在实行兼并。你们对别国人民说,打倒银行家吧！而自己的银行家却不打倒。请你们试试别的政策吧。要把条约公布出来,使它们遭到每个工人和农民的斥责,遭到各种会议的斥责。请这样说:决不同德国资本家媾和,还要跟英法资本家彻底决裂。让英国人滚出土耳其,不再为争夺巴格达而战。让他们滚出印度和埃及。我们不愿意为保持掠夺来的赃物而战,也不愿意花费丝毫力气去帮助德国强盗保持他们的赃物。如果你们**做到**这一点(你们过去只是说说而已,在政治上,说空话是没有人相信的,不相信空话是完全对的),如果你们不仅说到,而且做到这一点,那么现有的同盟者就会显示出他们的力量。请看一看每个被压迫的工人和农民的情绪吧,他们同情你们,又为你们感到惋惜,因为你们这样软弱,有了武器却不去触动银行家。你们的同盟者是各国被压迫的工人。1905 年革命实际显示的情形又将发生。这个革命在开始时非常软弱。可是它在国际上产生了什么后果？俄国革命的对外政策是怎样根据这种政治,根据 1905 年的历史确定的呢？现在,你们完全是同资本家一起在执行俄国革命的对外政策。而 1905 年已经表明,俄国革命应该采取什么样的对外政策。明显的事实是:1905 年 10 月 17 日以后,在维也纳和布拉格的街头掀起了群众性的风潮,修筑了街垒。在 1905 年以后,接着就是土耳其的 1908 年,波斯的 1909 年,中国的 1910 年。如果你们向真正的革命民主派,即向工人阶级和被压迫群众呼吁,而不去同资本家妥协,那你们的同盟者将不是压迫阶级,而是被压迫阶级,将不是压迫阶级现在暂时占优势的民族,而是正在被肢解的民族。

有人在这里向我们提起德国战线。在那里,我们除了建议自由散发我们那些一面印有俄文一面印有德文的号召书以外，没有建议要作任何改变。这些号召书上写道：两国的资本家都是强盗。赶走他们只是实现和平的一个步骤。但是还有其他战线。土耳其战线有我们的军队，我不知道人数有多少。假定那里大约有 300 万。这些军队现在还留在亚美尼亚进行兼并，你们虽然有力量和政权，却容忍这种兼并行为，同时又向别国人民宣传没有兼并的和约。如果这些军队转而实行这个纲领，使亚美尼亚成为一个独立的亚美尼亚共和国，把英法金融资本家从我们身上榨取的钱送给他们，那就好了。

据说，我们没有英法的财政援助就不行。但是这种援助却像用绳索去“援助”①被吊的人一样。让俄国的革命阶级说：取消这种援助，我们不承认欠法国和英国资本家的债务，我们号召大家起来反对资本家。决不同德国资本家媾和，也决不同英国人和法国人结盟！如果在实际上执行这种政策，那我们在土耳其的军队就可以脱身，调回其他战线，因为，亚洲各国人民将会看到：俄国人民不是仅仅在口头上根据民族自决的原则宣布没有兼并的和约，俄国的工人和农民实际上是站在各被压迫民族的前头的；对于俄国的工农说来，反帝国主义的斗争不是空洞的愿望，不是部长们冠冕堂皇的言词，而是革命的切身利益。

我们的情况是这样的：革命战争可能加到我们头上，但也不一定发生，如果你们以自己的行动给俄国周围各国的人民作出榜样，英国帝国主义者就未必能够对我们进行战争。应当向人们证明，你们要解放亚美尼亚共和国，要同每个国家的工农代表苏维埃订

① 双关语，俄文“поддерживать”一词，既有“援助”的意思，也有“吊住”的意思。——编者注

立协定，主张建立自由共和国，那样，俄国革命的对外政策就会成为真正革命的、真正民主的对外政策。现在，这个政策只在口头上是这样，而实际上是反革命的，因为你们被英法帝国主义束缚住了，而且不愿意公开说出这一点，害怕承认这一点。如果你们不是去号召“打倒外国银行家”，而是直接对俄国人民，对工人和农民说，“我们太软弱了，我们摆脱不了英法帝国主义者的羁绊，我们是他们的奴隶，所以我们只好打仗”，那倒还好一些。这是令人痛苦的真话，但它具有革命意义，能真正促使这场掠夺战争趋于结束。这样做比同法国和英国的社会沙文主义者达成协议，召开有他们参加的代表大会，继续实行你们实际上害怕跟一国的帝国主义者决裂、又仍想做另一国的同盟者的政策要好千倍。你们可以依靠欧洲各国的被压迫阶级，依靠沙皇时代受俄国摧残而且现在还受它摧残的比较弱小的国家（如现在的亚美尼亚）的被压迫人民；你们依靠他们，同时可以给他们自由，帮助他们的工人委员会和农民委员会，这样你们就能站在一切被压迫阶级、一切被压迫民族的前头，来进行反对德国帝国主义和反对英国帝国主义的战争。德国帝国主义和英国帝国主义不可能联合起来对付你们，因为它们双方正在进行生死的搏斗，因为它们正处于不可挽救的困难境地，在这种情况下，俄国革命的对外政策，同被压迫阶级、被压迫民族的真诚同盟，就会获得成功，有百分之九十九的可能获得成功！

不久以前，在莫斯科我们党的报纸上，我们看到一位农民写的信，他阐述了我们的纲领。让我引用这封信中的几句话来结束我的讲话，这些话表明这位农民是怎样理解我们的纲领的。这封信登在莫斯科我们党的报纸《社会民主党人报》[99]第 59 号上，《真理报》第 68 号也转载了。这段话是这样的：“应该对资产阶级施加更

大的压力，把它压得粉碎。这样战争就会结束。如果对资产阶级的压力不够大，那就糟了。"（鼓掌）

载于1917年6月30日、7月1日和2日（7月13、14、15日）《真理报》第95、96、97号

译自《列宁全集》俄文第5版第32卷第277—291页

六三死硬派主张立即进攻

(1917年6月6日〔19日〕)

六三派[100]老爷们，这些在1905年以后帮助尼古拉·罗曼诺夫血洗我国、残杀革命者、恢复地主和资本家无限权力的人，在苏维埃代表大会召开的同时也召开了自己的会议。

当策列铁里沦为资产阶级的俘虏，企图用种种遁词来掩盖立即进攻这一政治问题的迫切性、重要性和紧急性时，血腥的尼古拉和绞刑手斯托雷平的同伙六三死硬派，地主和资本家们，却敢于直截了当地公开提出问题。下面就是他们最近**一致**通过的关于进攻问题的最重要的决议：

> “国家杜马〈??〉认为，只有立即进攻，只有与盟国密切交往，才能保证尽快结束战争，永远巩固人民所争得的自由。”

这是很清楚的。

这是一些政治家，是一些讲究实际的人，是**本**阶级即地主和资本家的忠实奴仆。

而策列铁里、切尔诺夫之流是怎样为**本**阶级服务的呢？他们在口头上用善良的愿望来敷衍搪塞，实际上却支持资本家。

策列铁里硬说，关于**立即**进攻的问题连提都不能提，假如他策列铁里部长知道关于“立即”进攻的事情，那他这位部长是不会把这件事告诉任何人的。策列铁里这样说时却没有料到（多么天真!)六三死硬派已经把他**驳倒了**,已经**用事实**把他驳倒了,因为他们甚至敢于在决议中高谈进攻,并且不是泛泛地谈进攻,而是谈**立即**进攻。他们这样做是对的,因为这是一个政治问题,是我国整个革命的命运问题。

这里没有中间道路:要么拥护“立即进攻”,要么反对;弃权是不行的;明里暗里拿军事秘密作借口来支吾搪塞是和一个负责的政治家完全不相称的。

主张立即进攻,就是主张继续进行帝国主义战争,主张为了扼杀波斯、希腊和加利西亚以及巴尔干的各族人民等等而使俄国工农遭到屠杀,主张让反革命势力活跃起来并得到加强,主张把“没有兼并的和约”的词句一笔勾销,主张**为**兼并而战。

反对立即进攻,就是主张全部政权转归苏维埃,主张激发被压迫阶级的革命首创精神,主张由**各**国被压迫阶级**立即**提议缔结“没有兼并的和约”,即缔结以推翻资本压迫、毫无例外地解放**一切**殖民地和**一切**被压迫的或没有充分权利的民族为明确条件的和约。

第一条道路是同资本家一起,为了资本家的利益,为了达到资本家的目的而走的道路,这是信任资本家的道路,资本家两年多来一直在许愿说,要把世界上的一切,甚至世界上没有的许多东西给我们,条件是“继续”把战争“进行到胜利”。

第二条道路是同资本家决裂、不信任资本家并制止他们谋求卑鄙的私利和靠订货发数亿横财的道路,是信任**各**国被压迫阶级、首先是信任**各**国工人的道路,是信任**反对资本的**国际**工人革命**的道路,是全力支持这一革命的道路。

只能在这两条道路中间进行选择。策列铁里、切尔诺夫之流是中间道路的爱好者。但是在这里,中间道路是不可能有的,因此，如果他们动摇不定或用空话支吾搪塞，那么他们，策列铁里、切尔诺夫之流，最终必然沦为反革命资产阶级手中的工具。

载于 1917 年 6 月 6 日（19 日）
《真理报》第 74 号

译自《列宁全集》俄文第 5 版
第 32 卷第 297—299 页

为制止革命而结成的联盟

(1917 年 6 月 6 日〔19 日〕)

新的联合政府正是资本家同民粹主义者和孟什维克的领袖们为了制止革命而结成的联盟，这一点远不是所有的人都了解的。也许连属于这两个政党的部长们也不了解。然而这是事实。

这一事实在星期日(6 月 4 日)揭示得特别清楚：早晨报纸上刚刊登了米留可夫和马克拉柯夫在第三届杜马(按照尼古拉·罗曼诺夫和绞刑手斯托雷平的传统，这届杜马被称为“国家杜马”)反革命分子会议上所作演说的报道，晚上策列铁里和其他部长就在全俄工兵代表苏维埃代表大会上发表演说，为政府辩护，为进攻政策辩护。

米留可夫和马克拉柯夫，像资本家和反革命派的一切有点价值的领袖一样，是讲究实际的人，当问题涉及**他们的**阶级的时候，他们是非常了解阶级斗争的意义的。因此，他们把进攻问题提得十分明确，决不从战略的角度空谈进攻，决不说策列铁里用来自欺欺人的那种空话。

不，立宪民主党人是十分精明的。他们知道，目前**实际生活提出来的**进攻问题，完全不是一个战略问题，而是一个政治问题，是**整个俄国革命转变**的问题。布尔什维克和国际主义者早在星期六晚上就在给苏维埃代表大会主席团的书面声明中提出这个问题，同样，立宪民主党人在“国家杜马”中也正是从政治上提出了这个问题。

绞刑手斯托雷平的著名帮凶马克拉柯夫宣称：“俄国的命运掌握在它自己的手中，这个命运很快就可以决定了〈对！对！〉。如果我们真正能够不只是用决议、不只是用群众大会上的演说和街头招展的旗帜来进攻和作战，而是认真地作战，像我们从前作战那样〈你听！你听！“像**我们**从前作战那样”，这是资本家领袖的历史性名言！〉，那么很快就会使俄国完全恢复元气。”

这几句话真是妙不可言，应当把它牢牢记住并且反复思索。说它妙不可言，是因为它说出了**阶级的真话**。米留可夫也重复了这一真话，只是稍有不同，他责备彼得格勒苏维埃“为什么在〈它的〉声明中丝毫没有谈到进攻”，他还着重指出，意大利帝国主义者提出了“一个简单的〈这是米留可夫先生的讽刺！〉问题：你们进攻不进攻？但是他们也没有得到〈彼得格勒苏维埃〉对这个问题的明确答复”。同时，马克拉柯夫向克伦斯基表示了“自己深切的敬意”，而米留可夫对这一点作了解释，他说：

“我很担心，我们的〈对！我们的，也就是资本家掌握下的！〉陆军部长安排好了的事情又会因此而弄糟，对于盟国提出的我们是否进攻的问题还能〈请注意这个“还”字〉作出使我们和他们双方都满意的答复的最后机会也将失去。”

“使我们和他们双方”，那就是既使俄国帝国主义者又使英法两国及其他国家的帝国主义者！进攻“还能”使他们“满意”，也就是说进攻能够帮助他们扼杀波斯、阿尔巴尼亚、希腊、美索不达米亚，保全他们从德国人那里掠夺来的东西并夺取德国强盗抢到手的东西。这就是问题的实质。这就是关于进攻的政治意义的阶级的真话。满足俄国、英国及其他国家的帝国主义者的胃口，延长帝国主义侵略战争，**不是**走缔结没有兼并的和约的道路(这条道路只有继续进行革命才可能走通)，**而是**走**为兼并而战**的道路。

从对外政策的角度来看，进攻的实质就是这样。而马克拉柯夫在上面所引的那句历史性名言中，是从**对内**政策的角度来规定这一实质的。马克拉柯夫口中的"使俄国完全恢复元气"，意思就是让反革命取得完全的胜利。谁没有忘记马克拉柯夫关于1905年和1907—1913年这个时期的精彩演说，谁就可以几乎从他的每一次演说中得到对这一判断的佐证。

"像我们从前作战那样"(这里的"我们"就是以沙皇为首的资本家!)来进行战争，来进行这场帝国主义者的战争，就是使俄国"恢复元气"，也就是保证资本家和地主的胜利。

这是阶级的真话。

不论进攻从军事观点来看会导致什么样的结局，它总是意味着在政治上加强帝国主义的精神、帝国主义的情绪、帝国主义的狂热，加强军队中没有更换过的旧指挥人员(**"像我们从前作战那样来进行战争"**)，加强**反革命的基本阵地**。

不管策列铁里和克伦斯基、斯柯别列夫和切尔诺夫是否愿意，也不管他们是否意识到这一点，他们(不是作为个人，而是作为民粹主义党派和孟什维克党的领袖)支持了反革命，转到了(在**这个决定性关头**)反革命方面，在为了制止革命、为了**"像我们从前作战那样"**继续进行战争而结成的联盟内占了一个位置。

在这一点上，决不要上当。

载于1917年6月6日(19日)
《真理报》第74号

译自《列宁全集》俄文第5版
第32卷第300—302页

感　谢

（1917年6月6日〔19日〕）

沙文主义的《人民意志报》[101]6月4日转载了我们关于取道德国一事的文件[102]，对此，我们深表感谢。从这些文件中可以看出，**早在那时**我们就认为格里姆的态度“暧昧”，并且拒绝了他的帮助。

这是事实，事实是不能回避的。

对《人民意志报》的吞吞吐吐的暗示，我们回答说：先生们，别胆小，**公开**指控我们犯了什么罪行或过失吧！试一试吧！用吞吞吐吐的暗示遮遮掩掩或者不敢用自己的名义提出指控，都是**不正派的**，这难道还不容易理解吗？

载于1917年6月6日（19日）《真理报》第74号

译自《列宁全集》俄文第5版第32卷第303页

有没有一条通向公正和约的道路？

（1917年6月7日〔20日〕）

有没有一条道路可以通向这样的和约，即没有资本家强盗们交换兼并土地（侵占土地）和分赃的和约？

有的，那就是通过反对各国资本家的工人革命。

俄国现在比任何国家都更接近于发生这样的革命。

只有俄国才有可能不经过起义，和平地立即使政权转归苏维埃这一现成的机构，因为资本家无法抗拒工兵农代表苏维埃。

在政权这样转变的条件下，就可以制服那些靠订货发了数十亿横财的资本家，揭穿他们的一切勾当，逮捕盗窃国库的百万富翁，摧毁他们的无限权力。

只有在政权转归被压迫阶级之后，俄国才能不向各国被压迫阶级说废话、发表空洞的宣言，而是由自己作出榜样并立即准确地**提出普遍媾和**的明确条件。

在这个要求立即媾和的建议中可以写上：各国的工人和劳动者同志们！血流够了。媾和是可能的。公正的和约就是没有兼并、没有侵占的和约。让德国的资本家强盗们和他们的戴皇冠的强盗威廉知道，我们不会同他们去磋商，我们不仅认为他们在战争爆发后夺到的土地是侵占的土地，而且认为阿尔萨斯和洛林以及归属普鲁士的丹麦土地和波兰土地也统统都是侵占的土地。

我们认为波兰、芬兰、乌克兰以及其他非大俄罗斯的土地都是俄国沙皇和资本家侵占的土地。

我们认为英法等国**所有的**殖民地、爱尔兰以及其他等地，都是这些国家的资本家侵占的土地。

我们俄国的工人和农民**决不**强制保留**任何一块**非大俄罗斯的土地或殖民地（如土耳其斯坦、蒙古、波斯）。打倒**瓜分殖民地**、瓜分兼并的土地（侵占的土地）和瓜分资本家赃物的战争！

俄国工人的榜样必然有人仿效，这也许不是在明天（革命不是按照订单制造的），但是必然有人仿效，**至少**德国和法国**这两个大国**的工人和劳动者会这样。

因为**这两个国家正趋向灭亡**，德国是由于饥荒，法国是由于人口减少。**不管它们的资本家政府愿不愿意**，这两个国家是会根据我们的公正条件缔结和约的。

通向缔结和约的道路就在我们面前。

如果英国、日本和美国的资本家企图抗拒**这种**和约，俄国和其他各国的被压迫阶级就不怕进行**反对资本家**的革命战争。在**这种**战争中，他们不仅会战胜这三个远离俄国、彼此角逐的国家的资本家，而且会战胜**全世界的**资本家。

通向公正和约的道路就在我们面前。我们决不害怕**走上**这条道路。

载于 1917 年 6 月 7 日（20 日）
《真理报》第 75 号

译自《列宁全集》俄文第 5 版
第 32 卷第 304—305 页

论人民公敌

（1917年6月7日〔20日〕）

不久以前，普列汉诺夫的《统一报》（连社会革命党的《人民事业报》也公正地称它是同自由派资产阶级统一的报纸）想起了1793年法兰西共和国关于人民公敌的法律。

这是十分及时的。

1793年的雅各宾派是18世纪最革命的阶级即城乡贫民的代表。当时，这个阶级已经实际上（而不是口头上）用最革命的办法，直到用上断头台的办法镇压了本国的君主、本国的地主、本国的温和的资产者，而欧洲的君主们就联合起来用战争来对付这个18世纪真正革命的阶级。

雅各宾派宣布："协助联合起来的暴君策动反对共和国的阴谋"的人是人民公敌。

雅各宾派的榜样是很有教益的。直到现在它还没有过时，只不过应当把它运用于20世纪的革命阶级，即工人和半无产者。对于20世纪的这个阶级来说，人民公敌已不是君主，而是地主和资本家阶级。

如果政权转到20世纪的"雅各宾派"即无产者和半无产者手中，那他们就会宣布：在帝国主义战争中，**也就是**在为了瓜分资本家的赃物和利润而进行的战争中发了数十亿横财的资本家是人民公敌。

20 世纪的“雅各宾派”不必把资本家送上断头台——仿效好的榜样并不是生搬硬套。只要把 50—100 个银行资本的巨头和大王，即把这些盗窃国库、利用银行巧取豪夺的主犯逮捕起来，关上几个星期，就足以**揭穿他们的勾当**，足以向全体被剥削者表明“谁需要战争”。揭穿银行大王的勾当之后，将银行、资本家的辛迪加以及所有为国家“工作的”承包商都置于工人的监督之下，就可以释放他们。

1793 年的雅各宾派是以掌握**全部**国家政权的**劳动者和被压迫者阶级**同**剥削者阶级**进行真正革命斗争的伟大典范而载入史册的。

可怜的《统一报》(孟什维克护国派由于同它结成联盟而感到羞愧)想仿效的是雅各宾主义的字句而不是它的精神，是它的外表而不是它的政治内容。这实质上等于背叛 20 世纪的革命，不过是打着效法 18 世纪革命者的虚伪幌子罢了。

载于 1917 年 6 月 7 日(20 日)
《真理报》第 75 号

译自《列宁全集》俄文第 5 版
第 32 卷第 306—307 页

关于格里姆问题

（1917 年 6 月 7 日〔20 日〕）

有人问我们，我们认为格里姆的行为“暧昧”是指什么。我们对未能拿到我们所指的那一号《人民意志报》的读者回答说：在我们签字的议定书（如果《真理报》上有版面，我们是愿意转载这个议定书的）中所说的**仅仅**是格里姆**对同一个**中立国（瑞士）的资产阶级部长**霍夫曼**的态度问题。

载于 1917 年 6 月 7 日（20 日）
《真理报》第 75 号

译自《列宁全集》俄文第 5 版
第 32 卷第 308 页

短 评

（1917 年 6 月 7 日〔20 日〕）

6 月 6 日的《新时报》上有一段话：

“在自由的日子里，不知从哪儿伸出这只黑手，牵动了俄国民主派的傀儡，这是怎么回事？列宁！…… 但是，列宁的名字有千千万万。每个十字路口都会跳出一个列宁。显然，力量不在于列宁本人，而在于无政府状态和疯狂行为的种子有容易滋长的土壤。”

资本家从订货中获得骇人听闻的利润，我们称之为无政府状态。资本家为瓜分兼并的土地、为瓜分利润而进行战争，我们称之为疯狂行为。如果说正是这些观点在“每个十字路口”都得到了人们的同情，那是因为它们正确地反映了无产阶级的利益，正确地反映了全体被剥削劳动者的利益。

载于 1917 年 6 月 7 日（20 日）
《真理报》第 75 号

译自《列宁全集》俄文第 5 版
第 32 卷第 309 页

“大 撤 退”

（1917 年 6 月 8 日〔21 日〕）

执行委员会的报告人在星期日把成立联合政府和前社会主义者参加内阁说成是“资产阶级从政府中的大撤退”。

这句名言只有后面三个字是正确的。“大撤退”对于理解 5 月 6 日事件（成立联合政府）确实很说明问题。“大撤退”真的是在那天开始的，或者确切些说，真的是在那天特别明显地表现出来的。不过这不是资产阶级从政府中的大撤退，而是孟什维主义和民粹主义的领袖从革命中的大撤退。

现在正在举行的兵工代表苏维埃代表大会的意义，就在于它非常清楚地表明了这一点。

5 月 6 日对资产阶级来说是一个好日子。当时它的政府已濒临死亡。群众旗帜鲜明地、无条件地、激烈地反对这个政府，与这个政府势不两立。只要苏维埃的那些民粹主义和孟什维主义的领袖说一句话，政府就得乖乖地把自己的政权交出来，李沃夫在玛丽亚宫的会议上也不得不公开承认这一点。

资产阶级玩弄巧妙的手法，这使俄国小资产者以至所有广大群众感到新奇，使孟什维主义和民粹主义的知识分子领袖陶醉，玩弄这种手法是正确地估计到了他们的路易·勃朗式的本性的。我们提醒一下，路易·勃朗是著名的小资产阶级社会主义者，他于 1848

年参加政府，1871 年也同样名声不好。路易·勃朗以“劳动民主派”或“社会主义民主派”(民主派这个词 1848 年在法国是常用的，正如 1917 年在**社会革命党人**和孟什维克的书刊上常用一样)的**领袖**自居，而实际上却是资产阶级的**尾巴**，资产阶级手中的玩具。

从那时以来将近 70 年中，西方资产阶级一再玩弄这种现在使俄国感到新奇的手法。这种手法的实质，就是使“脱离”社会主义和“脱离”革命的“社会主义民主派”领袖在资产阶级政府中充当对资产阶级无害的**附属品**，靠准社会党人部长们的帮助使人民看不清这个政府的真面目，用“社会党人”参加内阁这块光辉夺目的漂亮招牌来掩盖资产阶级的反革命性。

资产阶级的这套手法，在法国经过精心炮制，在盎格鲁撒克逊各国、斯堪的纳维亚各国以及许多罗曼语国家中试用过多次。1917 年 5 月 6 日在俄国玩弄的也正是这种手法。

“我们的”准社会党人部长们正是处于这样一种状况：资产阶级借**他们的**手火中取栗，**通过他们**来做那些没有他们就永远做不到的事情。

通过古契柯夫已不能吸引群众继续进行**帝国主义**侵略战争，即**为了瓜分**殖民地和兼并的土地而进行的战争。通过克伦斯基(以及策列铁里，他卫护捷列先科甚于卫护邮电部门的职工)，资产阶级却能够做到这一点，能够把继续进行这样一场战争的事情“安排好”，这是米留可夫和马克拉柯夫老老实实地承认的。

通过盛加略夫，即使在立宪会议召开以前也保不住地主土地占有制(马克拉柯夫说过，如果举行进攻，那就会“使俄国完全恢复元气”；这就是说，立宪会议也会“恢复元气”)。通过切尔诺夫却能做到这一点。虽然农民不太愿意，他们还是要农民接受这样的思想，即在立宪会议召开以前，按照与地主分别达成的协议租种地主的土地是“正常的秩序”，而立刻废除地主土地占有制，**向人民**租种过去地主的土地则是“无政府状态”。如果不通过切尔诺夫，这种地主的反革命思想是不能贯彻的。

通过柯诺瓦洛夫，那就不能维护（**并提高**——见部长的报纸《工人报》关于煤矿主的报道）军事订货的骇人听闻的利润。通过斯柯别列夫或者在他的参与下，却能在所谓维持原状的形式下，在用准“马克思主义”否认“实施”社会主义的可能性这一形式下维护这种利润。

社会主义不能实施，**因此**资本家的那些不是靠纯粹资本主义经营**而是靠军事订货和国家订货**获得的骇人听闻的高额利润**可以**向人民隐瞒并加以维护！——这就是司徒卢威式的妙论，捷列先科、李沃夫和“马克思主义者”斯柯别列夫就是在这种论调下联合起来的。

通过李沃夫、米留可夫、捷列先科、盛加略夫之流不能影响人民的集会和苏维埃。通过策列铁里、切尔诺夫之流却能给它们同样的资产阶级的影响，却能借助非常吸引人的、听起来非常“善意的”词句来执行**同样的**资产阶级帝国主义的政策，甚至否认**选举**地方政权、不由上面任命和批准这样一种最起码的民主权利。

前社会主义者策列铁里、切尔诺夫之流否认这种权利，实际上已经不知不觉地变成了前民主主义者。

无疑的，这是一次“大撤退”！

载于 1917 年 6 月 8 日（21 日）
《真理报》第 76 号

译自《列宁全集》俄文第 5 版
第 32 卷第 310—312 页

谈谈实质性论战的好处

（1917年6月8日〔21日〕）

可爱的《新生活报》撰稿人同志们！你们不满意我们的批评，说它有火气。现在我们就尽量温和一些，客气一些。

我们就从你们提出的两个问题谈起。

不打破"商业秘密的不可侵犯性"，能不能认真地谈对生产的监督（姑且不谈调节）呢？

我们曾经肯定说，《新生活报》对这个"实际"问题没有答复。《新生活报》却反驳说，"即使"在《工人报》上我们也会"找到"这个问题的答案。

可爱的同志们，我们找不到！你们也永远找不到。你们再好好地找一找吧，不过你们是找不到的。

对不起，《新生活报》的过错正是在于它大谈"监督"，而没有切实提出关于商业秘密不可侵犯性的实际问题。

第二个问题：能不能把立即实施社会主义（《新生活报》反对这样做，而我们也并没有建议这样做）同立即对银行和辛迪加实行实际监督混为一谈呢？我们在回答这个问题时指出，对于小经济，我们既不想去剥夺，也不想去调节和监督，而《新生活报》却反对说，这是"可贵的自白"，这"合情合理"，但是来得"太匆忙"了。

天哪，可爱的同志们，这里有什么"匆忙"可言！这不过是把我们代表会议的一大篇详尽的决议简要地转述一下而已。也许你们没有兴趣把这个决议读一遍吧？

进行实质性论战是有好处的。用模棱两可的话来回避这样的论战则是有害处的。

载于 1917 年 6 月 8 日（21 日）
《真理报》第 76 号

译自《列宁全集》俄文第 5 版
第 32 卷第 313—314 页

轻信的流行病

（1917 年 6 月 8 日〔21 日〕）

“同志们，资本家的反抗看来已经被打垮了。”

这个可喜的消息，我们是从彼舍霍诺夫部长的演说中得来的。真是一个惊人的消息！“资本家的反抗已经被打垮了”……

人们经常听到部长们的这类演说，经常鼓掌欢迎部长们的这类声明。这怎么不是轻信的流行病呢？

一方面，他们最喜欢用“无产阶级专政”来吓唬自己和吓唬别人。另一方面，“无产阶级专政”这个概念同打垮资本家的反抗究竟有什么区别呢？根本没有什么区别。无产阶级专政是一个科学的术语，这个术语规定了在这方面起作用的阶级以及叫做专政的那种特殊的国家政权形式，即不是依靠法律、不是依靠选举、而是直接依靠某一部分居民的武装力量的政权。

无产阶级专政的意义和作用何在呢？正是在于打垮资本家的反抗！如果说在俄国“资本家的反抗看来已经被打垮了”，那就等于说在俄国“无产阶级专政看来已经实现了”。

不幸的“仅仅”是，我们得到的不过是部长的一句空话。这就像斯柯别列夫扬言“必须把利润的 100％拿过来”①一样。这是今天在俄国到处传扬的“革命民主主义的”漂亮词句中的精华之一，这句话使小资产阶级如醉如痴，使人民群众受到腐蚀和愚弄，使大

① 见本卷第 103 页。——编者注

量轻信的流行病病菌到处散布。

在一部法国喜剧中(法国人玩弄社会党人内阁的把戏好像比其他民族精通),描写过有一架留声机在法国各个角落的选民大会上反复放送一位"社会党人"部长许愿的演说。我们认为,彼舍霍诺夫公民应该向发行留声机片的公司转达自己的历史性名言:"同志们,资本家的反抗看来已经被打垮了。"用各种语言在世界各地播送这句名言将是很合适很有益的(对于资本家来说),据说这是俄国试验资产阶级同社会党人组织联合内阁所取得的辉煌成就!

现在,彼舍霍诺夫部长公民**在同策列铁里和切尔诺夫一起进入内阁以后**,已被孟什维克和社会革命党人称为社会党人(1906年他们曾在报刊上表示同他划清界限,说他是一个向右转得太过分的小资产者),所以彼舍霍诺夫部长公民不妨回答一下下面这个简单而普通的问题:

我们从哪儿着手去打垮资本家的反抗呢?我们不应该向工会和各大政党揭露资本家获得空前的利润吗?我们不应该取消商业秘密吗?

我们怎么能谈"无产阶级专政"("打垮资本家的反抗")呢?着手**揭露盗窃国库的行为**不是更好吗?

如果像**部长的**《工人报》所报道的,革命政府**提高了**煤的订货价格,那么这算不算是盗窃国库的行为呢?哪怕每星期公布一次银行的"保证书"和其他有关军事订货及其价格的文件,不是也比大谈"打垮资本家的反抗"更好吗?

载于 1917 年 6 月 8 日(21 日)
《真理报》第 76 号

译自《列宁全集》俄文第 5 版
第 32 卷第 315—316 页

天上的仙鹤，还是手中的山雀？[103]

（1917年6月8日〔21日〕）

彼舍霍诺夫部长在自己的演说中谈到了许多美妙崇高的东西：既谈到了“平均分配我们所有的一切”，又谈到了“资本家的反抗看来已经被打垮了”，以及许多诸如此类的东西。

但是，他举出的确切数字只有一个。他的演说中指出的确切事实只有一件，在共有8栏的演说中只占6行。这件事实就是：钉子出厂是20戈比1俄磅，而卖给居民则高达2卢布1俄磅。

如果“资本家的反抗已经被打垮了”，那么能不能通过一个法律，规定必须公布：(1)所有关于订货价格的保证书，(2)所有国家订货的价格，(3)提供给国家的产品的成本，以及(4)能不能让工人组织来检查所有这一类的事情？

载于1917年6月8日(21日)
《真理报》第76号

译自《列宁全集》俄文第5版
第32卷第317页

实施社会主义，还是揭露盗窃国库的行为？

（1917年6月9日〔22日〕）

在俄国不能实施社会主义，人们对这一点已经作出决定而且签字表示赞同。米留可夫先生继孟什维克部长的《工人报》之后，在六三死硬派的会议上证明了这一点（差不多完全是按照马克思主义的观点）。同意这一点的有全国最大的、在苏维埃代表大会上也是最大的政党社会革命党。它不仅是最大的政党，而且对革命朝着社会主义方向继续前进所感到的思想上的（不是出于私利的）恐惧也是最大的。

老实说，只要查一下1917年4月24—29日布尔什维克代表会议的决议就可以证明，布尔什维克也认为不能立即在俄国“实施”社会主义。

那么究竟争论什么呢？究竟为什么叫嚷呢？

大声叫嚷反对在俄国“实施”社会主义，是为了支持（很多人并没有意识到这一点）那些反对**揭露盗窃国库行为**的人的活动。

公民们，我们不想争论字眼！这种争论不仅对于“革命民主派”是不相称的，甚至对于一般成年人也是不相称的。我们不想谈“大家”都已经否定的“实施”社会主义的问题。让我们来谈揭露盗窃国库的行为吧。

资本家为国防工作，也就是为国家工作，显然，这已经不是“纯粹的”资本主义，而是国民经济的一种特殊形式。纯粹的资本主义是商品生产。商品生产是为**情况不明的**自由市场工作的。为国防“工作”的资本家则完全不是为市场“工作”，而是**按照**国家**订货**，甚至往往是靠从国家得到的贷款“工作”的。

我们认为，隐瞒这种特殊业务所得的利润量，攫取高于实际参加生产的人所必需的生活费的利润，就是**盗窃国库的行为**。

如果你们不同意，那么你们显然是同绝大多数居民的意见不一致。丝毫不用怀疑，俄国工人和农民的绝大多数是同意这种意见的，只要不转弯抹角，不寻找借口，不用隐晦的外交辞令向他们提出问题，他们是会直截了当地表达这种意见的。

如果你们同意，那就让我们一起来同诡辩和借口作斗争吧。

为了在**共同**事业即在这一斗争中表示最大的让步，为了表示最大限度的温和，我们谨向苏维埃代表大会提出如下的决议草案：

“作出一项决定，取消与国家订货或整个国防订货有关的各项业务的商业（包括银行）秘密，这不仅是任何调节的第一步，甚至也是单纯对生产和分配实行监督的第一步〈加一个不写进决议本文的附注：甚至彼舍霍诺夫部长也答应竭力做到“平均分配我们所有的一切”〉，是同经济破坏和国家面临的灾难认真进行各种斗争的第一步。决定作出后，再立即制定一项法律，规定凡对享有全权的个人或团体直接或间接隐瞒有关商业秘密的文件或事实者，须给予刑事处分，这些享有全权的团体是：

(1)任何工人、士兵或农民代表苏维埃；

(2)任何工人或职员等等的工会；

(3)任何大的政党（确切规定“大”党这一概念，即使根据选民的人数规定也可以）。”

大家都同意不能立即在俄国实施社会主义。

大家是否同意必须立即揭露盗窃国库的行为呢？

载于1917年6月9日（22日）
《真理报》第77号

译自《列宁全集》俄文第5版
第32卷第318—320页

彼得格勒各区委员会及部队的代表同中央委员会及彼得堡委员会的代表联席会议的决议草案

（1917 年 6 月 10 日〔23 日〕）

会议研究了今天发表在《彼得格勒苏维埃消息报》上的苏维埃代表大会和其他组织的各项决议以及发表在《真理报》上的中央委员会关于服从在三天内不准举行游行示威的禁令的决议，在研究了上述决议并对局势进行了讨论之后，

决　定：

鉴于苏维埃代表大会和全俄农民代表苏维埃执行委员会在其号召书中直截了当地宣称：

“我们获悉，暗藏的反革命分子想利用你们的行动”

鉴于上述情况，必须承认：

——由于我们尚未获悉苏维埃代表大会已经获悉的情况，我们对反革命估计不足；

——同反革命的斗争自然也就更为迫切地提到日程上来；

——中央委员会关于服从在三天内不准游行示威的公开禁令

的决议是正确的；

——必须……①

载于1959年《列宁文集》俄文版第36卷

译自《列宁全集》俄文第5版第32卷第445页

① 手稿到此中断。——俄文版编者注

思想混乱和惊慌失措的人们

（1917年6月10日〔23日〕）

现在，恐惧与惊慌的气氛笼罩着彼得格勒，简直达到了空前未有的程度。

在我们党原定于星期六举行的游行示威遭到禁止这件大事[104]发生以前，有一件小事就已经说明了这一点。

那就是占用杜尔诺沃别墅这件小事。佩列韦尔泽夫部长起初下令腾出杜尔诺沃别墅，后来在代表大会上却声称，他要把别墅的花园留给人民，工会组织也完全不用搬出别墅了！说什么，仅仅是为了要逮捕几个无政府主义者。[105]

如果说占用杜尔诺沃别墅是违法的，那么无论是把花园留给人民，还是把工会组织留在别墅里，都是**不行**的。如果说逮捕是有合法理由的，那么捕人同别墅**没有**任何关系，因为**无论**在别墅里，**还是**在别墅外，都可以逮捕。结果是：别墅既没有"腾出来"，逮捕也没有进行。政府显然是陷入了思想混乱和惊慌失措的境地。如果不是这些人神经紧张，那就不会发生这场"风波"，因为一切都依然照旧。

大事就是关于游行示威的事。我党中央委员会和其他许多组织（包括总工会在内）决定在首都的大街上举行和平游行示威。在任何一个立宪的国家里，举行这种游行示威是公民不容置疑的权利。任何一个自由国家的任何法律，都不会认为举行街头和平游行示威、提出诸如修改宪法或更换政府成员的口号是什么违法行为。

思想混乱和惊慌失措的人们，特别是苏维埃代表大会上的多数派，借游行示威制造了一个前所未闻的“事件”。苏维埃代表大会的多数派通过了一项气势汹汹的、满篇都是用非常激烈的措辞攻击我党的、反对游行示威的决议，**禁止**在三天内举行任何游行示威，其中包括和平游行示威。

当这项正式决议通过时，我党中央委员会在星期六凌晨2时便决定取消游行示威。星期六早晨，在有各区的代表参加的紧急会议上贯彻了这个决定。

现在有一个问题：我们的第二“政府”即苏维埃代表大会禁止游行示威**是什么原因**？当然，自由国家里的任何一个政党都有权举行游行示威，而任何一个政府也可以宣布紧急状态来禁止游行示威，但是还有一个政治问题需要弄清楚：为什么要禁止游行示威呢？

苏维埃代表大会的决议中明白指出的唯一的政治理由是：

“……我们获悉，暗藏的反革命分子想利用你们的〈即我们党所组织的〉行动……”

这就是禁止和平游行示威的理由。苏维埃代表大会“获悉”有“暗藏的反革命分子”，“获悉”他们正想“利用”我们党决定发起的行动。

这是苏维埃代表大会的一项极其重要的声明。必须再三强调这个**举出了事实的**声明，这个声明因为举出了事实而不同于对我们的一连串谩骂。但是我们的第二政府采取了哪些措施来对付"暗藏的反革命分子"呢？这个政府所"获悉"的到底是什么呢？反革命分子到底想怎样利用这种或那种借口呢？

人民不能也不会耐心地、消极地等待暗藏的反革命分子起来行动。

我们的第二政府如果不愿用一道道禁令和一连串谩骂来掩盖自己的思想混乱和受到右边来的威胁而惊慌失措的心理，那它就应该向人民多**说些**"暗藏的反革命分子"的情况，多**做些**认真对付他们的事情。

载于 1917 年 6 月 11 日(24 日)
《真理报》第 79 号

译自《列宁全集》俄文第 5 版
第 32 卷第 321—323 页

影　射

（1917年6月10日〔23日〕）

疯狂的、凶恶的、咆哮的、咬牙切齿的、用辱骂和恶毒的字眼不断诬蔑我们党的人们，不是直截了当地指控我们犯了什么罪，而是用“影射”。

影射什么呢？

能影射的也只有一点：布尔什维克想举行政变，这是一伙卡提利纳，**所以**他们是应该千刀万剐的坏蛋和恶棍。

我们的敌人不敢公开说出这种蠢话，于是就“影射”，就“用语言”进行发泄。因为这个指控愚蠢到了极点，竟然说有人要通过星期四决定的、预定在星期六早晨宣布并在当天举行的和平游行示威来搞政变！先生们，你们用这种荒唐的影射来吓唬谁呢？

苏维埃代表大会的决议说有人“要求推翻临时政府”。难道要临时政府的一部分部长下台（在准备打出的旗帜上有一条标语是：打倒政府中的资产阶级成员）就是搞政变吗？？

人们曾无数次举着“全部政权归苏维埃”的旗帜走上彼得格勒街头，为什么谁也没有试图、甚至也没有威胁说要把他们送交法庭呢？

这些狂人害怕的是他们自己。

一个政府如果知道它的**全体**成员都照人民大多数的意志办

事，那就不会害怕预先宣布的游行示威。

它就不会禁止这种游行示威。

只有知道多数不在自己一边、人民群众也不赞成自己的人，才会如此野蛮地发作，才会在恶毒的文章里作**这样的影射**。

载于1917年6月11日（24日）
《真理报》第79号

译自《列宁全集》俄文第5版
第32卷第324—325页

"扰乱人心的谣言"

（1917年6月10日〔23日〕）

临时政府今天号召"居民"对"市内流传的扰乱人心的谣言"保持镇静。

这个临时政府是否以为苏维埃代表大会决议中的一句话会扰乱人心，而且一定会比其他各种"谣言"千百倍地扰乱人心呢？这句话就是：

"我们获悉，暗藏的反革命分子想利用你们的〈布尔什维克的〉行动。"

难道这句"何止是谣言"的话就不会扰乱人心吗？

载于1917年6月11日（24日）
《真理报》第79号

译自《列宁全集》俄文第5版
第32卷第326页

谜

(1917 年 6 月 10 日〔23 日〕)

寻常的资产阶级政府同不寻常的、革命的、不认为自己是资产阶级政府的政府有什么区别呢?

据说有如下区别:

寻常的资产阶级政府只有遵照宪法并且先实行戒严才可以禁止游行示威。

不寻常的和准社会党人的政府借口只有它自己知道的“事实”,不需要任何理由,就可以禁止游行示威。

载于 1917 年 6 月 11 日(24 日)
《真理报》第 79 号

译自《列宁全集》俄文第 5 版
第 32 卷第 327 页

俄国社会民主工党(布)中央委员会和布尔什维克党团委员会就禁止游行示威向全俄苏维埃代表大会提出的声明草案[106]

(1917 年 6 月 11 日〔24 日〕)

我们认为,被称做工兵农代表苏维埃的这种独特的机构,最近似代表人民大多数意志的全民机关,最近似革命的议会。

我们过去和现在都在原则上赞成全部政权转归这样的机关掌握,尽管它现在还操纵在敌视无产阶级政党的、护国主义的孟什维克党和社会革命党手里。

苏维埃内部有矛盾,摇摆不定,对反革命无能为力,这是由于它容忍一伙反革命,即容忍 10 个资产阶级部长,并且没有同英法帝国主义资本断绝关系。这种摇摆不定就是苏维埃目前的多数派神经紧张并对指出它摇摆不定的人动辄谩骂的根源。

我们决不让我们反对反革命的斗争同护国主义内阁主义党派进行的“斗争”配合和协调起来。

只要 10 个米留可夫精神十足的、属于米留可夫阶级的资产阶级反革命部长还在,我们就不能承认苏维埃的决议是正确政权的正确决议。即使苏维埃取得了全部政权(这是我们所期望的,也是我们始终支持的)，即使苏维埃成了拥有无限权力的革命议会，我们也**不**会服从它那些限制我们宣传自由的决议，如禁止在后方或前线散发传单，禁止举行和平游行示威等等。在这种情况下，我们宁愿成为受正式迫害的不合法的党，也决不放弃自己马克思主义的、国际主义的原则。

如果苏维埃代表大会要在俄国全体居民面前正式把我们当做“人民公敌”或者“革命的敌人”，我们就要这样做。

禁止在三天内举行游行示威的那些理由，我们只有条件地承认其中一点是正确的，即暗藏的反革命分子想暗中利用这次游行示威。如果这个理由确有事实根据，如果整个苏维埃都知道反革命分子的名字(我们是从李伯尔和执行委员会的其他人的口头通知中非正式地知道的)，那就必须立即宣布这些反革命分子是人民公敌，逮捕他们，并且追查他们的同党和帮凶。

苏维埃如不采取这些措施，就会使它的正确理由也只是有条件地正确，或者完全不正确。

载于 1924 年《往事》杂志
第 24 期

译自《列宁全集》俄文第 5 版
第 32 卷第 328—329 页

在俄国社会民主工党（布）彼得堡委员会会议上关于取消游行示威的讲话

（1917 年 6 月 11 日〔24 日〕）

大多数同志对取消游行示威表示不满是十分正当的，但是中央不能不这样做，理由有两个：第一，我们接到了半政权机关不许游行示威的正式禁令；第二，这个禁令所持的理由是："我们获悉，暗藏的反革命势力想利用你们的行动。"为了证实这个说法，他们对我们说了一些人的名字，例如举出了一位将军，并且答应三天后逮捕他；又说黑帮分子要在 6 月 10 日举行游行示威，他们准备干扰我们的游行示威，把它变成一场混战。

即使在通常的战争中，由于战略上的原因有时也会不得不取消预定的进攻；在阶级斗争中，由于中间的小资产阶级阶层的动摇，就更有可能如此。必须善于估计形势，当机立断。

取消游行示威是绝对必要的，后来的事件证实了这一点。今天，策列铁里发表了一篇有历史意义的歇斯底里的演说[107]。今天，革命已经进入了新的发展阶段。他们先禁止我们在三天内举行和平游行示威。现在又想禁止我们在代表大会整个召开期间举行游行示威，他们要求我们服从代表大会的决定，并且用开除出代表大会来威胁我们。但是，我们已经声明，我们宁愿被逮捕，也决不放弃宣传自由。

策列铁里的演说表明他是一个露骨的反革命分子，他宣称不应当用言词、决议来同布尔什维克作斗争，而应当剥夺他们手中的一切技术兵器。历次资产阶级革命的总结是：起初武装无产阶级，然后解除它的武装，使它不能继续前进。既然到了必须禁止和平游行示威的地步，情况自然很严重了。

来自临时政府核心圈子的策列铁里，在代表大会上明确地表示要解除工人的武装。他表现得十分疯狂，他要布尔什维克成为站在革命民主派行列之外的党。工人们应该冷静地考虑到，现在根本谈不上举行和平游行示威了。情况比我们预料的要严重得多。我们举行和平游行示威，是为了对代表大会作决定施加最大的压力，这是我们的权利，然而人们指责我们，说我们策划阴谋，要逮捕政府人员。

策列铁里说，除布尔什维克外，没有别的反革命分子。代表大会主席团、工兵代表苏维埃执行委员会全体成员和代表大会各党党团委员会，特别郑重地举行了一次会议来审判我们，在这次会议上，他们向我们泄露了全部真相，宣布向我们进攻。

无产阶级的回答是：最大限度地保持镇静、谨慎、坚毅、组织性，并牢牢记住，和平游行示威已经是过去的事情了。

我们不应该给人家提供进攻的口实，让他们来进攻吧，这样工人们就会了解，他们是在直接危害无产阶级的生存。但是，现实生活对我们有利，他们的进攻能否得手还不得而知，因为前线军队的不满情绪非常强烈，后方则是物价高涨，经济遭到破坏等等。

中央不想对你们作决定施加压力。你们有权对中央的行动提出抗议，这是合法的，你们的决定应当是自由作出的。

载于1923年《红色史料》杂志第9期

译自《列宁全集》俄文第5版第32卷第330—331页

转 变 关 头

（1917年6月11日或12日〔24日或25日〕）

俄国革命在其发展的第一阶段把政权交给了帝国主义资产阶级，同时建立了与这个政权并存的苏维埃；在苏维埃中占多数的是小资产阶级民主派。革命的第二阶段（5月6日），正式把恬不知耻的帝国主义代表米留可夫和古契柯夫排除出政权机关，而且使苏维埃中的多数派政党在事实上变成了执政党。我们党无论在5月6日以前或以后都处在反对派少数的地位。这是必然的，因为我们是站在国际主义立场上的社会主义无产阶级政党。在帝国主义战争期间站在国际主义立场上的社会主义无产阶级，不能不反对进行这场战争的任何政权，不管这个政权是君主政权、共和政权，还是"社会党人"护国派的政权。社会主义无产阶级政党必然会把因战争长期拖延而遭到破产的人民大众愈来愈多地团结在自己周围，人民大众现在不再相信为帝国主义效劳的"社会党人"了，正如他们过去不再相信正统的帝国主义者一样。所以，反对我们党的斗争从革命最初的日子起就开始了。立宪民主党人和普列汉诺夫派先生们反对无产阶级政党的斗争不管采取怎样卑鄙下流的形式，斗争的实质总是清楚的。这个斗争同帝国主义者和谢德曼分子反对李卜克内西和弗·阿德勒（德国"社会党人"的中央机关报曾经把他们两人宣布为"疯子"，至于资产阶级报刊，那更不必说了,它们干脆把这两位同志宣布为替英国效劳的"叛徒")的斗争是一样的。这是**整个**资产阶级社会(**也包括小资产阶级民主派**,不管他们过去是多么多么革命)对社会主义国际主义的无产阶级进行的斗争。

在俄国,这个斗争竟达到了这样的程度:帝国主义者企图借小资产阶级民主派领袖策列铁里之流、切尔诺夫之流等等之手,坚决果断地一举消灭无产阶级政党的日益壮大的力量。于是,策列铁里部长找到了反革命派已经多次使用过的手法——**指控我们搞阴谋**,以此作为进行这一坚决打击的借口。这种指控只不过是一个借口。问题的实质在于:听命于俄国和协约国帝国主义者的小资产阶级民主派,必须一劳永逸地把国际主义者社会党人消灭掉。他们认为打击的时机已经到了。他们在主子的皮鞭下,又激愤又惶恐地决定:现在就动手,不然就动不了手了。

社会主义无产阶级和我们党应该尽量保持冷静,应该表现出高度的坚定性和警惕性。让未来的卡芬雅克们先动手吧。我们党在自己的代表会议上早就警告说他们会来的。彼得格勒无产阶级决不容许他们推卸责任。彼得格勒无产阶级要等待时机,积蓄力量,准备**在**这些先生们敢于从言论转为行动的**时候**给予回击。

载于1917年6月13日(26日)
《真理报》第80号

译自《列宁全集》俄文第5版
第32卷第332—333页

给编辑部的信

(1917 年 6 月 12 日〔25 日〕)

有人问我为什么不出席星期日晚上举行的执行委员会、代表大会主席团和党团委员会的联席会议。这是因为我主张，布尔什维克根本不参加这次会议，并且要发表书面声明：讨论这类问题(禁止游行示威)的会议，我们一概不参加。

尼・列宁

载于 1917 年 6 月 13 日(26 日)
《真理报》第 80 号

译自《列宁全集》俄文第 5 版
第 32 卷第 334 页

矛盾的立场

(1917年6月13日〔26日〕)

今天报纸上刊载了代表大会谴责我们党的决议，毫无疑问，一切觉悟的工人和士兵都会拿它同11日宣读的、今天在《真理报》发表的我们党向全俄苏维埃代表大会提出的声明[108]作一个对比。

代表大会的决议暴露了代表大会领袖们立场的矛盾，我们的声明则特别清楚地揭露了这种矛盾。

代表大会的决议的第一点也是最重要的一点是这样说的："整个革命民主派——工人、士兵和农民——的团结一致，是俄国革命成功的基础，也是它的力量的基础。"在这里如果把"团结一致"理解为**反对反革命的团结一致**，那么这一点当然无可争议是正确的。但是，如果一部分"工人、士兵和农民"通过他们的领袖去同反革命联合和团结，那又怎么办呢？正是**这**部分"民主派"**实际上**已经不是"革命的"了，这难道还不清楚吗？

我们认为，某一部分"工人、士兵和农民"去同反革命"团结"是可能的，是可以想象的，这一点想必会使民粹主义者（社会革命党人）和孟什维克大为恼火。

谁企图用这种恼怒来抵消我们的论据和掩盖事情的实质，那我们只须引用同一决议的第3点来回答他们："……**有产阶级**中反革命阶层的**反抗正在增长**。"这是实事求是的见解！如果不是说

"有产阶级"(因为富裕的那一部分小资产阶级也包括在"有产阶级"之内)而是说资产阶级或资本家和地主,那就完全正确了。

毫无疑义,资产阶级的反抗正在增长。

但是要知道,正是资产阶级掌握了临时政府中的多数,而社会革命党人和孟什维克的领袖们却同这个多数**团结在一起**,不但在一般政治上,而且在组织上,即在一个机构内,在一个内阁中团结在一起!

这就是苏维埃的领袖们立场矛盾的关键所在,这就是他们的全部政策摇摆不定的主要根源。他们通过政府同资产阶级结成联盟,他们在政府中受占多数的资产阶级部长的支配,但同时他们又**不得不**承认"有产阶级中反革命阶层的反抗正在增长"!!

在这种情况下,革命无产阶级的政党显然只能"有条件地"承认同声名狼藉的"革命"(口头上的,而不是实际上的)民主派"团结一致"。他们同反革命作斗争,我们就同他们团结一致;他们同反革命团结在一起,我们就**不**同他们团结一致。

实际生活正是把反革命资产阶级的"反抗正在增长"这个问题提到日程上来了。泛泛地谈论"革命民主派团结一致或行动协调一致"来**回避**这个主要的根本的问题,掩盖一部分革命民主派同反革命团结一致或行动协调一致的事实,都是不合逻辑的、不明智的。

由此可见,代表大会的决议中指责我们"秘密"准备游行示威,说群众性的行动和游行示威必须事先通知苏维埃或得到它的同意才能举行,所有这些论点在原则上都是站不住脚的。这些论点没有任何意义。正如我们向全俄代表大会提出的声明中所说的那样,无产阶级政党决不承认这些论点。因为任何游行示威,只要它是和平的，都**不过是**一种鼓动，禁止鼓动或强求鼓动的一致是行不通的。

从正式手续来说，决议显得更软弱无力。要下禁令或者发命令，就必须执掌国家政权。苏维埃现在的领袖先生们，你们执政吧，——我们赞成，虽然你们是我们的政敌——这样你们才有权下禁令或者发命令。现在你们还没有执掌全国政权，还容忍 10 个资产阶级部长来支配你们，你们因软弱和不果断而不能自拔。

用"明显表现出来的意志"之类的空话来搪塞是不行的，意志如果是国家的意志，就应该表现为**政权机关**所制定的**法律**，否则，"意志"一词不过是放空炮而已。先生们，只要你们考虑到**法律**，你们就不能不想到自由共和国的宪法是**不会**禁止任何政党、任何团体的和平游行示威和任何群众性的行动的。

矛盾的立场使革命观念，同反革命作斗争的观念，国家(宪法)观念，一般法律观念变得非常离奇古怪。在对我党的粗野的辱骂声消失以后，就什么也没有留下，一点也没有留下！

把我们举行游行示威的倡议粗野地辱骂一顿之后，又决定游行示威……一星期以后举行。

载于 1917 年 6 月 14 日(27 日)
《真理报》第 81 号

译自《列宁全集》俄文第 5 版
第 32 卷第 338—340 页

俄国革命的对外政策

(1917年6月14日〔27日〕)

把对外政策同对内政策割裂开来，这是一种最错误最有害的思想。正是在战争期间这种严重的错误显得更加严重。而资产阶级总是千方百计地灌输和支持这种思想。人民群众不了解对外政策的要比不了解对内政策的广泛得多。连最自由的资本主义国家，最民主的共和国也严守外交“秘密”。

在对外政策“事务”方面对人民群众的欺骗是经过精心策划的，我们的革命由于这种欺骗而遭到极大的危害。千百万份资产阶级报纸到处散布欺骗的毒素。

同两个最富最强的帝国主义强盗集团中的哪一个集团结成联盟——这就是资本主义现实所提出的目前对外政策的根本问题。资本家阶级就是这样提这个问题的。自然，那些仍然持有陈腐的资本主义观点和偏见的广大小资产阶级群众也是这样提问题的。

思想上摆脱不了资本主义关系的人不理解，为什么觉悟的工人阶级对**哪**一个帝国主义强盗集团都不能**支持**。反过来说，工人也不理解，为什么有人指责始终忠于反对各国资本家的各国工人兄弟联盟的社会党人，说他们想同德国人单独媾和或实际上为这种媾和效劳。这样的社会党人(自然也包括布尔什维克)在任何情况下都不会赞同各国资本家之间的任何单独媾和。既不同德国资本家单独媾和，也不同英法资本家结成联盟，——这就是觉悟的无产阶级对外政策的基本原则。

我国的孟什维克和社会革命党人反对这个纲领，害怕同“英国和法国”决裂，实际上是在执行资本家的对外政策纲领，用“修改条约”、拥护“没有兼并的和约”之类的天真的冠冕堂皇的空话来粉饰资本家的纲领。所有这些善良的愿望都必将成为泡影，因为**资本主义**现实直截了当地提出了问题：要么受某一个集团的帝国主义者支配，要么进行反对一切帝国主义的革命斗争。

在这种斗争中有没有同盟者呢？有。那就是欧洲各被压迫阶级，首先是无产阶级；还有就是受帝国主义压迫的各个民族，首先是同我们邻近的亚洲各个民族。

孟什维克和社会革命党人自称“革命民主派”，实际上却在推行反革命反民主的对外政策。如果他们是革命者，那他们就会要俄国工人和农民站在受帝国主义压迫的各个民族和各个被压迫阶级的前头。

惊慌失措的庸人们反对说：“如果那样做，其他各国资本家就会联合起来反对俄国。”这也有可能。“**革命**”民主派没有权利发誓不进行任何革命战争。但是进行这种战争的实际可能性并不大。英帝国主义者和德帝国主义者不会“言归于好”来反对革命的俄国。俄国革命早在 1905 年就引起了土耳其、波斯和中国的革命，现在如果能够同殖民地和半殖民地国家的工农结成真正革命的联盟来反对暴君和可汗，把德国人逐出土耳其，把英国人逐出土耳其、波斯、印度、埃及等地，那就会使德帝国主义者和英帝国主义者都陷入非常困难的境地。

法国和俄国的社会沙文主义者喜欢援引 1793 年的历史，用这种动人的引证来掩盖自己对革命的背叛。俄国**真正**"革命的"民主派能够而且应当**本着** 1793 年的**精神**来对待被压迫的落后民族，而我们这里的人恰恰不愿意考虑这一点。

同帝国主义者结成"联盟"，即可耻地依附他们，——这就是资本家和小资产者的对外政策。同先进国家的革命者和各被压迫民族结成联盟，反对所有的帝国主义者，——这就是无产阶级的对外政策。

载于 1917 年 6 月 14 日（27 日）
《真理报》第 81 号

译自《列宁全集》俄文第 5 版
第 32 卷第 335—337 页

乌 克 兰

（1917年6月14日〔27日〕）

新的联合的临时政府的政策愈来愈明显地破产了。乌克兰中央拉达[109]颁布并经全乌克兰军人代表大会1917年6月11日通过的关于乌克兰体制的“宣言书”，就直截了当地揭露了这一政策，确凿地证明了它的破产。

该宣言书宣布：“乌克兰人民在不同整个俄国分离，不同俄罗斯国家断绝关系的条件下，有权在自己的土地上安排自己的生活…… 确定乌克兰制度的一切法律，只有我们乌克兰的议会才有权颁布；确定整个俄罗斯国家领土上的制度的法律，则应当由全俄议会颁布。”

这些话说得非常明白。这些话极其确切地表明，乌克兰人民现在不愿意同俄国分离。他们要求自治，但是丝毫没有否认“全俄议会”的必要性和它的最高权力。任何一个民主主义者都不会否认乌克兰人的要求是完全合理的，更不用说社会主义者了。任何一个民主主义者也都不会否认乌克兰有同俄国自由分离的**权利**，因为只有无条件地承认这种权利，才有可能宣传乌克兰人和大俄罗斯人结成自由联盟，宣传两个民族**自愿**联合成一个国家。只有无条件地承认这种权利，才能真正同万恶的沙皇制度的过去永远彻底决裂。那时采取了**种种**办法使在语言、居住地区、性格、历史等方面十分接近的各族人民**互相疏远**。万恶的沙皇制度把大俄罗斯人变成屠杀乌克兰人民的刽子手，千方百计地培养乌克兰人民的仇恨心理，使他们去仇恨那些甚至禁止乌克兰儿童用本民族语言讲话和学习的人。

俄罗斯革命民主派要想成为真正革命的真正民主派，就必须同过去这一切决裂，必须使乌克兰工人和农民重新像兄弟一样信任自己，信任俄罗斯的工人和农民。不完全承认乌克兰的权利，包括自由分离的**权利**，就不可能做到这一点。

我们不赞成分裂成许多小国家。我们主张各国工人结成最紧密的联盟，反对“本国的”和其他一切国家的资本家。但正是为了使这个联盟成为自愿的联盟，俄罗斯工人不论在什么事情上片刻都不信任俄罗斯资产阶级和乌克兰资产阶级，现在他们主张让乌克兰人有分离权，同时**不是硬要**他们**接受**自己的友谊，而是平等相待，把他们看做争取社会主义的斗争中的同盟者和兄弟来**赢得这种友谊**。

* * *

恶狠狠的半疯狂的资产阶级反革命分子的《言语报》，对乌克兰人，对他们“擅自”作出的决议进行了粗暴的攻击。“乌克兰人的行为”似乎“是公然的违法行为，应该立即受到严厉的法律制裁”。对于凶相毕露的资产阶级反革命分子的这种攻击，用不着再作任何的说明。打倒资产阶级反革命分子！自由乌克兰的自由农民和工人同革命俄罗斯的工人和农民的自由联盟万岁！

载于 1917 年 6 月 15 日（28 日）
《真理报》第 82 号

译自《列宁全集》俄文第 5 版
第 32 卷第 341—342 页

现在和“将来出现”卡芬雅克分子的阶级根源是什么？

（1917年6月14日或15日〔27日或28日〕）

“一旦出现真正的卡芬雅克，我们就同你们在一个行列里共同进行战斗。”——这是那个孟什维克党的机关报《工人报》在第80号上对我们说的话，这个党的党员策列铁里部长以前在他那篇臭名远扬的演说中却威胁说要解除彼得格勒工人的武装。

上面援引的《工人报》的这句名言，特别明显地暴露了俄国的两个执政党即孟什维克党和社会革命党的根本错误，因此是值得注意的。你们找卡芬雅克找得不是时候，或者说找得不是地方，——这就是部长的机关报这句话的含义。

让我们来回顾一下卡芬雅克的阶级作用。1848年2月，法国的君主制被推翻。资产阶级共和派上台执政。他们像我国的立宪民主党人一样想建立“秩序”，而所谓建立秩序就是恢复和加强警察、常备军、特权官吏等君主制压迫群众的工具。他们像我国的立宪民主党人一样想结束革命，因为他们仇视革命无产阶级及其当时表现得还很不明显的“社会的”（即社会主义的）倾向。他们像我国的立宪民主党人一样，极端仇视把法国革命传到整个欧洲去的政策，极端仇视把法国革命变成世界无产阶级革命的政策。他们像我国的立宪民主党人一样，巧妙地利用了路易·勃朗的小资产阶级的“社会主义”，让他当部长，而他本来想当社会主义工人的领袖，结果却变成了资产阶级的附属品和走狗。

这就是统治阶级的阶级利益、立场和政策。

另一种基本的社会力量是小资产阶级，他们动摇不定，被红色的幽灵所吓坏，还受了反对“无政府主义者”这种叫嚣的影响。小资产阶级倾向于幻想的和空谈的“社会主义”，喜欢把自己称做“社会主义民主派”（社会革命党人和孟什维克现在连这个名词也采用了！），但他们不敢信任革命无产阶级的领导，不懂得这种胆怯心理必然使自己去信任资产阶级。因为在资产阶级同无产阶级进行残酷的阶级斗争的社会里，特别是在革命必然使这个斗争尖锐化的情况下，“中间”路线是**不可能**有的。而小资产阶级的阶级立场和它的倾向的全部实质，就是想要不可能有的东西，向往不可能有的东西，也就是向往这样一条“中间路线”。

起决定作用的第三种阶级力量是无产阶级，他们向往的不是同资产阶级“调和”，而是战胜资产阶级，大胆地推进革命，而且在国际范围内推进革命。

这就是**产生**卡芬雅克的客观历史基础。小资产阶级的动摇不定使它“失去了”积极的活动家的作用，而法国的立宪民主党人卡芬雅克将军就利用小资产阶级不敢信任无产者的心理，悍然**解除了**巴黎工人的**武装**，大批枪杀他们。

革命以这次历史上有名的枪杀而结束；在数量上占优势的小资产阶级在政治上始终软弱无力，一直做资产阶级的尾巴，于是过了三年，在法国又以一种特别丑恶的形式恢复了凯撒式的君主制。

策列铁里在 6 月 11 日发表的那篇有历史意义的演说，显然是受立宪民主党人卡芬雅克分子指使的（可能直接受了资产阶级部长们的指使，也可能间接受了资产阶级报刊和资产阶级舆论的提示，这个区别并不重要）。这篇有历史意义的演说之所以出名，之所以具有历史意义，是因为策列铁里无比天真地**吐露了**整个小资产阶级（包括社会革命党人和孟什维克）的“隐疾”。这种“隐疾”就是：第一，完全没有能力执行独立的政策；第二，不敢信任革命无产阶级，不敢全心全意地支持**它的**独立政策；第三，因此就必然会屈从立宪民主党人或资产阶级（**即屈从卡芬雅克分子**）。

这就是症结所在。策列铁里或切尔诺夫本人，甚至克伦斯基，都不配扮演卡芬雅克的角色，这一角色将由另一些人扮演，这些人在适当的时候会向俄国的路易·勃朗们说：“躲开”！但策列铁里之流、切尔诺夫之流却是推行小资产阶级政策的首领，这种政策使卡芬雅克分子的出现不但可能而且必不可免。

“一旦出现真正的卡芬雅克，我们就同你们在一起。”——这是多么漂亮的诺言，这是多么美好的愿望！可惜的只是，这种诺言或愿望暴露了多愁善感或胆怯畏缩的小资产阶级所特有的对阶级斗争的不理解。因为卡芬雅克并不是偶然出现的，他的“出现”也不是孤立的现象。卡芬雅克是一个阶级（反革命资产阶级）的代表，是这个阶级的政策的执行者。社会革命党人和孟什维克先生们，你们**现在**所支持的正是这个阶级，正是这种政策！你们目前在国内拥有明显的多数，但是**你们**却让这个阶级及其政策在政府中占**优势**，也就是给他们提供良好的活动基地。

确实是这样。在全俄农民代表大会上几乎全由社会革命党人左右一切。在全俄工兵代表大会上拥有大多数的是社会革命党人和孟什维克的联盟。在彼得格勒区杜马选举时情况也是这样。事实是：社会革命党人和孟什维克现在是执政党。而这个执政党却自愿把政权（政府中的多数）交给**卡芬雅克分子的政党**！！

有坟就有鬼。有不坚定的、动摇的、害怕革命发展的小资产阶级，就一定会有卡芬雅克分子出现。

俄国目前有许多情况使我国革命不同于1848年的法国革命，这些情况是：帝国主义战争；毗邻的国家比较先进（而法国当时是与比较落后的国家为邻）；土地运动和民族运动。但是，这一切只能改变卡芬雅克分子出现的形式、时间、外因等等。这一切改变不了问题的实质，因为问题的实质是**阶级的相互关系**。

在口头上，路易·勃朗也和卡芬雅克有天壤之别。同革命工人“在一个行列里”共同对资产阶级反革命分子进行“战斗”，这类诺言路易·勃朗也不知许过多少。可是，任何一个马克思主义的历史学家，任何一个社会主义者都决不会怀疑，正是由于路易·勃朗之流的软弱、动摇以及对资产阶级的信任，卡芬雅克才得以产生，才获得了胜利。

以立宪民主党人为首的俄国资产阶级的反革命性，以及社会革命党人和孟什维克的小资产阶级政党的动摇、胆怯、不坚定，必然促使俄国的卡芬雅克分子产生。至于俄国的卡芬雅克分子的成败，那就完全要看俄国革命工人的坚定性和警惕性以及他们的力量如何了。

载于1917年6月16日（29日）
《真理报》第83号

译自《列宁全集》俄文第5版
第32卷第343—346页

可　耻！

（1917年6月15日〔28日〕）

请看，《新生活报》社论作者斯坦尼·沃尔斯基先生今天竟然写出这样的话：

“……社会主义在否定大民族有权奴役小民族的同时，从来没有提出要小民族反过来奴役大民族。然而，乌克兰拉达的纲领，至少是它的策略，恰恰是在压制整个俄国民主派的意志，否定共同的革命民主活动，用民族仇恨取代阶级斗争……”

请看，《新生活报》的小资产阶级空谈家已经摇摆到何等地步，竟宣传起露骨的黑帮思想来了！只有昨天的缅施科夫们和前天的卡特柯夫们才会把乌克兰人希望有自己的议会、自己的部长、自己的军队和自己的财政等等统统称之为乌克兰人对俄罗斯民族的“奴役”！

用甜蜜的、几乎是马克思主义的词句装饰起来的肮脏的大俄罗斯沙文主义——这就是维·切尔诺夫部长、沃尔斯基先生和《工人报》的说教。

载于1917年6月16日（29日）《真理报》第83号

译自《列宁全集》俄文第5版第32卷第347页

乌克兰问题和俄国执政党的失败

(1917年6月15日〔28日〕)

在乌克兰问题上，俄国的执政党，即在政府中占多数、在经济上拥有**资本**的莫大势力的立宪民主党人，以及目前在国内拥有明显多数的(但是在政府中、在这个资本主义国家的经济中却是软弱无力的)社会革命党人和孟什维克**都**遭到了明显的失败，而且是在全国范围内，在一个极其重大的问题上遭到了明显的失败。

立宪民主党人即反革命资产者的临时政府，**没有**履行自己起码的民主主义义务，**没有**宣布**赞成**乌克兰自治，**赞成**它有分离的完全自由，而社会革命党人和孟什维克竟容忍了这一切。正如切尔诺夫部长今天在《人民事业报》上所说的那样，乌克兰人的要求还要低得多，他们只要求“临时政府颁布一项特别法令，宣布它**不反对**乌克兰人民有自治权”。这是一个很有节制的、完全合理的要求，而另外的两条要求也是同样很有节制的:(1)乌克兰由当地居民选出一名代表参加俄国中央政府;从下面的事实可以看出这个要求是多么有节制:1897年在俄国，大俄罗斯人占人口的43%，乌克兰人占17%，也就是说，乌克兰人可以要求在16个部长席位中占6个席位，而不是占1个席位!!(2)在乌克兰应该“由当地居民选出1名代表参加俄国中央政府”，——难道还有比这种要求更合理的吗？民主主义者凭什么权利可以违背“不得由上面为地方居民任命一切政权机关”这个已经由理论和民主革命的经验证实了的原则呢??

临时政府拒绝了这些很有节制的、完全合理的要求，这是反革命分子的空前未有的无耻行为、野蛮的粗暴做法，是大俄罗斯“杰尔席莫尔达”[110]政策的真正表现，而社会革命党人和孟什维克却嘲弄了他们自己的党纲，在政府中容忍了这种行为，并且现在还在自己的报纸上为这种行为辩护!! 社会革命党人和孟什维克堕落到了多么可耻的地步！今天他们的机关报《人民事业报》和《工人报》的诡辩是多么可鄙。

混乱、骚动、“民族问题上的列宁派思想”、无政府状态——这就是这两家报纸像野蛮的地主那样向乌克兰人发出的叫嚣。

我们暂且不谈这种叫嚣。实质性的论据是什么呢？

在立宪会议召开以前，不论是乌克兰的疆界，还是它的意愿、征税的权利等等，等等，都无法“正确地”解决——这就是他们唯一的论据。他们要求“保证正确”，——《工人报》的一篇社论中的这种说法就是他们的论据的**全部实质**。

但是，先生们，这是反革命分子的明显的谎言、明显的无耻行为，提出这种论据实际上就是帮助货真价实的革命变节者和叛徒!!

“保证正确”……你们就稍微想一想这种说法吧。在俄国的任何地方，**无论在中央政府内**或是在某个地方机关内（除了彼得堡区杜马这样一些小机关以外），都**没有能够**保证正确，甚至显然**没有**什么正确可言。国家杜马和国务会议的存在显然就不“正确”。临时政府的组成显然就不“正确”，因为这种组成是对俄国农工兵大多数的意志和觉悟的嘲弄。苏维埃(工农兵代表苏维埃)的组成显然就不"正确",因为这些机关至今还没有制定出办法,保证选举严格按照普遍和民主的原则进行,虽然这并不妨碍**我们党**和全体工农群众认为它们在目前是人民大多数的意志的**最好的**表达者。在俄国到处都不会**而且也不可能**"保证正确",**在以往这样的革命时刻也从来没有能够**"保证正确",这一点大家都理解,谁也不会要求别的,大家都意识到这是不可避免的。

"我们"**唯独**对于乌克兰要求"保证正确"!

社会革命党人和孟什维克先生们,你们吓昏了,面对以罗将柯和米留可夫、李沃夫和捷列先科、涅克拉索夫和盛加略夫之流为首的大俄罗斯地主和资本家的反革命叫嚣,你们屈服了。你们现在已经完全成为被新出现的(**和"暗藏的"**)卡芬雅克分子吓倒的人了。

无论在乌克兰人的决议中,还是在他们的要求里,都丝毫没有可怕的东西,丝毫没有无政府状态和混乱。向这些完全合理的、很有节制的要求让步吧,这样,你们在乌克兰享有的威信也不会比在俄国任何地方享有的低,而在俄国,**只有**苏维埃(苏维埃**没有能够**"保证正确"!!)是享有威信的。未来的议会,未来的立宪会议将不单单在乌克兰问题上,而且在**所有**问题上向你们和俄国各族人民"保证正确",因为目前在俄国,显然在**任何一个**问题上都没有什么"正确"可言。向乌克兰人让步吧,——这才是明智的,否则就会更糟。用强力是留不住乌克兰人的,而只会引起怨恨。向乌克兰人让步吧,——这样你们就能为两个民族的互相信任,为它们之间平等的兄弟般的联合开辟道路!

作为执政党的社会革命党人和孟什维克,已经在乌克兰问题上遭到了失败，因为他们屈从于反革命的、立宪民主党的卡芬雅克分子。

载于 1917 年 6 月 17 日（30 日）
《真理报》第 84 号

译自《列宁全集》俄文第 5 版
第 32 卷第 350—352 页

怎样同反革命作斗争

（1917 年 6 月 16 日〔29 日〕）

几天以前，策列铁里部长还在他那篇“有历史意义的”演说中声称不存在任何反革命。而今天，部长的《工人报》在《可怕的征兆》一文中却采用了完全不同的调子。

“到处都可以觉察到反革命正在动员的明显迹象。”

总算不错，最后还是承认了事实。

但是部长的机关报接着说：“我们不知道它的〈反革命的〉司令部在什么地方，不知道它组织得如何。”

原来如此！你们不知道反革命的司令部在什么地方吗？让我们来帮你们弄明白吧。正在组织起来的反革命的司令部在临时政府里，就在有你们的 6 位同志参加的那个联合内阁里，先生们！反革命的司令部就在第四届国家杜马的会议厅里，在那里，领头的是米留可夫、罗将柯、舒利金、古契柯夫、安·盛加略夫、曼努伊洛夫之流，参加联合内阁的立宪民主党人则是米留可夫之流的左右手。反革命的司令部收罗了一些反动将军。在反革命的司令部里还有几个退休的高级官员。

如果你们除了抱怨反革命之外还想同他们作斗争，那你们就应该同我们一起说：打倒 10 个资本家部长……

《工人报》接着指出，反革命的主要工具是煽动反犹太主义、唆使群众反对犹太人的报刊。这不错。但结论是什么呢？先生们，你们不是执政党吗？你们采取了什么办法来管束这种下流的反革命报刊呢？既然你们自称为“革命民主派”，对这种为所欲为的显然是反革命的报刊，你们怎么能拒绝采取革命措施呢？其次，你们为什么不出版国家的机关报来刊登广告，以便剥夺下流的反革命报刊的主要收入来源，从而使它们失去欺骗人民的主要机会呢？说实在的，为了出版《新时报》、《小报》[111]、《俄罗斯意志报》以及其他御用报刊，何以见得现在必须使成千上万的人脱离真正有成效的劳动呢？

在同集中全力攻击我们党的反革命报刊作斗争方面，你们做了什么呢？什么也没有做！你们自己还为这种攻击提供了材料。你们一向忙于同左边来的危险进行斗争。

先生们，现在你们只好自食其果了。

如果你们继续在资产阶级立场和革命的无产阶级立场之间动摇不定，那么过去如此，将来还会如此。

载于 1917 年 6 月 17 日（30 日）
《真理报》第 84 号

译自《列宁全集》俄文第 5 版
第 32 卷第 348—349 页

惩办包庇奸细的
罗将柯和准科夫斯基！

（1917年6月16日〔29日〕）

从调查委员会[112]对奸细马林诺夫斯基案件所作的结论中可以看出，已查明如下事实：

准科夫斯基和**罗将柯**在1914年5月7日以前就都**已经知道**马林诺夫斯基是奸细[113]。

这两位人物谁也**没有**要杜马中有代表的政党首先是布尔什维克**提防**他们中间的奸细！！

这难道不是犯罪吗？

在这以后，难道还能够容忍把准科夫斯基和**罗将柯**算做清白的公民吗？

请每一个政党想一想这件事，表示一下自己的意见吧！

载于1917年6月17日（30日）
《真理报》第84号

译自《列宁全集》俄文第5版
第32卷第353页

莫名其妙的断章取义

(1917 年 6 月 17 日〔30 日〕)

昨天《日报》和《新生活报》比别的报纸更加详细地登载了调查委员会的结论,并且摘登了我的一段证词[114],《交易所小报》没有登这段证词,但在某些方面更充分地叙述了这个结论。

前两家报纸摘登的我的证词是这样开头的:"我不相信这里有奸细活动。"引文前面没有加省略号。结果弄得很荒谬,好像我现在还"不相信"。

只有这两家报纸上的这种极其莫名其妙的断章取义,才会造成这种荒谬的说法。实际上我是这样作证的:"我本人**曾经**不止一次地这样想过(在马林诺夫斯基的奸细活动被揭发以前):在阿捷夫案件以后,无论什么事情都不会使我惊奇。但是我不相信这里有奸细活动,这不仅因为我没有看到证据,没有看到罪证,而且还因为"(以下同《日报》所说的一样:即使马林诺夫斯基是奸细,保安处还是得不到它想得到的东西,因为我们这里的一切事情都是通过两个合法基地进行的,等等)[115]。

由此可见,在我的证词中所说的是过去。《日报》和《新生活报》①通过一种莫名其妙的断章取义的手法,把如此荒谬的东西栽

① 在这两家报纸上还有一个印刷错误:"布尔什维克不举行武装起义"中的"不"字应改成"要"字。

到我头上，好像我说的是现在。

结果，就同我实际上所说的完完全全相反了。

载于1917年6月17日（30日）
《真理报》第84号

译自《列宁全集》俄文第5版
第32卷第354页

执政的和负责的党

（1917年6月17日〔30日〕）

苏维埃代表大会和农民苏维埃执行委员会共同成立一个统一的或者说联合的中央委员会，这将是最近几天的事。问题已经提上日程，日内即将解决。社会革命党人和孟什维克在组成中央委员会的方法问题上发生的小小"争吵"，一点也不值得注意，因为两个同样持有护国主义（即支持掠夺战争）和内阁主义（即支持反革命资产阶级的政府）观点的政党之间的这种争执是无关紧要的。

成立中央委员会这件事意义重大，突出地说明了当前政局与以往不同。当前的政局是，情况已经彻底明朗化，现在大多数居民跟着社会革命党和孟什维克党走，而大家知道，这两个党是互相结成了联盟的。

全俄农民苏维埃、正在开会的全俄兵工代表苏维埃代表大会以及彼得格勒区杜马选举，最终肯定了这样一个事实：社会革命党人和孟什维克的联盟是**俄国的执政党**。

这个联盟现在在人民中显然拥有多数。毫无疑问，在即将成立的统一的或者说联合的苏维埃中央委员会（或者叫做苏维埃会议，——名称看来还没有确定）中，它也将拥有多数。

社会革命党人和孟什维克是执政的和负责的党。

这就是当前政局的基本事实。如果说在彼得格勒选举以前，在农民代表大会召开以前，在苏维埃代表大会召开以前，孟什维克和社会革命党人还可以躲躲闪闪，拿似乎有点道理的理由来搪塞，说什么多数人的意志还不清楚，立宪民主党人或许也近似多数，如此等等，那么现在就不能再拿这些来支吾搪塞了。人为的迷雾已经消散了。

社会革命党人和孟什维克先生们，你们拥有多数，你们是执政党，或者确切些说，是执政联盟。**你们是负有责任的**。

在宣传鼓动方面，特别是在立宪会议的选举运动中，我们现在的主要任务是：极其详尽地、实事求是地和明明白白地向广大的工农群众说明，社会革命党人和孟什维克作为执政党目前要对我国的政策负责。在此以前，情况并不是这样，因为作为政党，他们还没有弄清自己拥有多数，而乐于把自己说成是立宪民主党执政下的“反对党”。现在，多数人跟着社会革命党人和孟什维克走这一点却是不容置疑的了。

他们要对国家的全部政策负责。

他们现在要对“联合内阁”执政一个半月以来的后果负责。

他们要对政府中多数部长来自反革命资产阶级政党这一点负责。人人都知道、看到和感觉到，如果**没有**苏维埃代表大会和全俄农民苏维埃的**同意**，这些部长一天也当不下去。

社会革命党人和孟什维克要对政策的基本矛盾负责，这些矛盾愈来愈尖锐，愈来愈严重，而且愈来愈明显地强加到群众的头上。

——口头上“谴责”侵略战争和“要求”缔结没有兼并的和约。实际上正是继续进行侵略战争，同明明是侵略者的英法等国帝国主义者结成联盟。实际上根据这些盟国的要求，按照尼古拉二世为了使俄国地主和资本家发财而签订的掠夺性秘密条约准备进攻。

实际上执行兼并政策，即把一些民族（阿尔巴尼亚、希腊）强制并入一个国家或一个帝国主义者集团，**在**“革命的”（但是走反革命道路的）俄国**内部**也执行兼并政策，把芬兰和乌克兰作为被兼并的民族来对待，而不是作为真正自由的、真正平等的、拥有不容置疑的自治权和分离权的民族来对待。

——口头上说“资本家的反抗看来已经被打垮了”，执政联盟的部长彼舍霍诺夫就这样吹嘘过。实际上就连苏维埃代表大会的决议也不得不承认，“有产阶级〈即反革命资产阶级，16个部长中，资本家当部长的占10个，这个阶级在国内经济中实际上拥有莫大的势力〉的反抗正在加强”。

——口头上答应实行监督和调节，答应要把利润的100％拿过来（斯柯别列夫部长语）。实际上一个半月以来什么也没有做！无论对实行同盟歇业的资本家，还是对投机奸商和靠军事订货发财的骑士，对银行巨头都没有采取任何切实的、认真的措施！！

用不到再一一列举这些触目惊心的矛盾。上面指出的已经足够了。

经济破坏在加剧。危机在逼近。灾难正以不可阻挡之势来临。而孟什维克和社会革命党人还在向资本家劝善，用取走利润的100％来吓唬他们，一面吹嘘资本家的反抗已经被打垮，一面起草各种各样的决议和计划，计划和决议。

灾难临头了。社会革命党人和孟什维克的执政联盟要对此负**全部**责任。

载于1917年6月18日（7月1日）《真理报》第85号

译自《列宁全集》俄文第5版第32卷第355—357页

又是一个委员会

（1917 年 6 月 18 日〔7 月 1 日〕）

经济崩溃已经开始了。资产阶级正在展开全线进攻。必须采取坚决的措施。

临时政府打算采取什么措施呢？

为了挽救俄国，为了制止经济崩溃，为了组织经济生活，它拟定了成立一个新组织的草案，一个同经济崩溃作斗争的详细计划。

“组织国民经济和劳动”的全部工作将由一个**经济委员会**来领导。

终于采取措施，从口头转到行动了。好极了，早就该这么办了！

但是，这个**经济委员会**是由哪些人组成的呢？

谁去同经济崩溃作斗争呢？谁去同资本家、企业主和工厂主的罪恶政策作斗争呢？

原来在这个委员会里资本家将占压倒多数。这不是开玩笑吗？！

下面就是这个可敬的机构的成员：

资产者部长	6 人
资本家（银行委员会、交易所、农业等方面）的代表	9 人
总　计	15 人

工人(工兵代表苏维埃)代表	3人
工会代表	3人
农民代表苏维埃代表	3人
总　计	9人

此外,还有一名陆军部长、一名劳动部长和三名合作社的代表。

可见,起决定作用的将是资本家。

将要成立的又是一个在最好的情况下也不会带来任何好处的机构。

此外,照例还要成立数不胜数的大小委员会、常设委员会等等。

他们就是打算这样来同经济崩溃作斗争。

这是把狗鱼投到河里……

载于1917年6月18日(7月1日)
《真理报》第85号

译自《列宁全集》俄文第5版
第32卷第358—359页

六月十八日

(1917年6月20日〔7月3日〕)

不管怎样,6月18日将作为一个转折的日子载入俄国革命的史册。

各阶级彼此所处的地位,它们在斗争中的相互关系,它们的力量(特别是同各政党的力量相比),——这一切都在星期日的游行示威中显示得非常清楚、非常明白、非常深刻,因此,无论今后发展的进程和速度如何,人们的觉悟和认识总是有了很大的提高。

在数小时内,游行示威像吹散一撮尘土似地吹散了布尔什维克是阴谋家的无稽之谈,并且十分清楚地表明,俄国劳动群众的先锋队即首都工业无产阶级和首都绝大多数军队是拥护我们党一向主张的口号的。

工人和士兵的队伍步伐整齐。参加示威的约有50万人。他们万众一心地向前挺进。他们一致拥护的口号中,最常见的是:"全部政权归苏维埃"、"打倒10个资本家部长"、"反对同德国人单独媾和,反对同英法资本家签订秘密条约",等等。凡是看到游行示威的人,都毫不怀疑这些口号在俄国工人和士兵群众的有组织的先锋队中深得人心。

6月18日的游行示威,成了指出革命方向、指出摆脱绝境的出路的革命无产阶级的力量和政策的示威。星期日游行示威的巨大历史意义就在这里，它同革命烈士安葬日和五一节的游行示威的原则区别就在这里。革命烈士安葬日是全体人民对革命的最初胜利和对革命的英雄表示的**敬意**，是人民对自己十分迅速、十分成功地走过的争取自由的第一阶段的回顾。五一节是表示愿望和希望的**节日**，这些愿望和希望是同全世界工人运动的历史，同这一运动的和平和社会主义的理想联系着的。

这两次游行示威都没有打算指出革命今后发展的**方向**，而且也不可能指出。这两次游行示威都没有向群众和代表群众提出具体的、明确的和迫切的问题：革命应当向何处去，应当怎样进行。

从这个意义上来说，6 月 18 日是第一次**实际行动起来**的政治示威；它说明——不是在书本上或报纸上，而是在大街上；不是通过领袖，而是通过群众——为了继续推进革命，各个阶级正在怎样行动，打算怎样行动和将要怎样行动。

资产阶级躲藏起来了。在各政党自由提出口号的情况下，由人民的显著多数举行的、以反对反革命为主要目标的和平游行示威，资产阶级拒绝参加。这也是可以理解的。资产阶级也就是反革命。它躲避人民，它策划真正的反革命阴谋来反对人民。现在在俄国执政的政党即社会革命党和孟什维克党，在 6 月 18 日这个具有历史意义的日子里清清楚楚地表明自己是动摇的党。他们的口号表明了动摇，而且大家看得很清楚，赞成他们的口号的是少数。站在原地不动，暂时一切照旧，——这就是**他们**通过他们的口号、他们的动摇向人民提出的劝告。而人民已经感觉到，他们自己也已经感觉到，那是不可能的。

动摇得够了——无产阶级的先锋队，俄国工人和士兵群众的先锋队这样说。动摇得够了。信任资本家，信任**他们的**政府、**他们**

的枉费心机的改良、**他们的**战争和**他们的**进攻政策——这种信任政策是靠不住的。它的破产已为时不远。它的破产将不可避免。这也将是执政的社会革命党和孟什维克党的破产。经济破坏日益逼近。除非由掌握政权的革命阶级采取革命措施，否则经济破坏将**无法**避免。

愿人民同这种信任资本家的政策决裂，愿人民信任革命的阶级——无产阶级。无产阶级，只有无产阶级，才是力量的源泉。无产阶级，只有无产阶级，才能保证为**大多数人**的利益服务，即为受战争和资本压迫但有能力战胜战争和资本的被剥削劳动者的利益服务！

空前未有的危机已经逼近俄国和全人类了。信任被剥削劳动者的最有组织的先进部队，拥护它的政策，这才是出路。

人民是否会很快懂得这个道理以及将怎样加以贯彻，我们不知道。但是我们深知：除此以外没有其他摆脱绝境的出路；可能发生的动摇或反革命的暴行是不会有什么结果的。

除人民群众完全信任自己的领导者无产阶级以外，没有别的出路。

载于1917年6月20日（7月3日）
《真理报》第86号

译自《列宁全集》俄文第5版
第32卷第360—362页

在俄国社会民主工党（布）前线和后方军队党组织全国代表会议上关于目前形势的报告[116]

（1917年6月20日〔7月3日〕）

简 要 报 道

在上午会议上，列宁就目前形势问题作了报告。他指出了今天的形势与党的四月代表会议时的形势的区别。当时某些社会党的立场几乎还不明确。只有现在，在当前的事态和刚刚发生的事件的条件下，孟什维克和社会革命党人的真实政治面目才暴露了出来。小资产阶级尽管不是社会主义的，但是可以具有真正的民主主义思想。如果用这种观点来看待社会革命党和孟什维克的群众，那就不能否认他们的彻底的民主主义。但对他们的领袖就不能这样说了，因此我们发现，在社会革命党和孟什维克的群众与他们的领袖之间存在着一道鸿沟。这些群众的领袖不仅在逐渐背离社会主义，而且也在逐渐背离民主主义。这从社会党人部长们对待当前三个极其重要的问题的态度上可以看出来。

在土地问题上，政府中的社会党人与农民的观点截然不同，这些社会党人帮助地主继续支配他们所有的土地。鉴别社会党人部长们是否具有民主主义的第二块试金石，是他们对待地方自治的态度。民主主义的一条起码原则就是地方政权应该由当地人民自己选举产生,可是在这方面临时政府与地方自治机关之间发生过多次冲突,而内阁中的社会党人充当了反对这些真正民主原则的积极斗士。最后,第三个问题即关于进攻的问题。克伦斯基这个社会党人做了公开的帝国主义者古契柯夫没有能做到的事情。

我们革命的社会民主党人应该把自己的精力放到启发民主派群众的阶级自觉上去。因此我们应该无情地揭露小资产阶级民主派的这些前领袖,给民主派指出,他们的唯一道路是革命无产阶级将要领着他们走的那条道路。

载于1917年6月21日(7月4日)
《新生活报》第54号

译自《列宁全集》俄文第5版
第32卷第363—364页

革命、进攻和我们的党

(1917年6月21日〔7月4日〕)

策列铁里在向苏维埃代表大会报告进攻已经开始[117]的时候说:“俄国革命到了一个转折关头。”是的,不仅俄国革命,而且世界大战整个进程也都到了一个转折关头。俄国政府经过3个月的动摇之后,实际上作出了“盟国”政府要求它作出的决定。

宣布进攻据说是为了和平。但是各国帝国主义者“为了和平”竟把军队投入战斗,每次进攻的时候,每个交战国的将军们都力图拿诱人的希望来提高士气,说这次进攻一定会很快取得和平。

一切帝国主义者的这种惯技被俄国的“社会党人”部长们用最漂亮的词句装饰起来,社会主义、民主、革命这些字眼就像灵巧的杂技演员手中的玩意儿一样被要弄得有声有色。任何漂亮的词句也掩盖不了这样一个事实:俄国的革命军队被派去作战是为了达到英国、法国、意大利、日本和美国帝国主义者的目的。过去是齐美尔瓦尔德派、现在是劳合-乔治的伙伴的切尔诺夫,用任何诡辩都掩盖不了这样一点:即使俄国军队和俄国无产阶级确实没有抱侵略的目的,那也丝毫不会改变两大世界托拉斯的斗争的帝国主义掠夺性质。只要使俄国同其他国家的帝国主义者联结在一起的秘密条约还没有修改,只要俄国的同盟者里博、劳合-乔治和索尼诺还在继续谈论他们的对外政策的侵略目的,那么俄国军队的进攻就始终是为帝国主义者服务的。

策列铁里之流和切尔诺夫之流反驳说：可是，我们曾经再三声明我们拒绝进行任何侵略。我们说，这就更坏，这说明你们言行不一，因为实际上你们既在为俄国的帝国主义、也在为外国的帝国主义服务。而当你们开始积极地帮助“盟国的”帝国主义时，你们就是在出色地为俄国的反革命效劳。一切黑帮分子和一切反革命分子对你们的政策的断然转变表示高兴，就再明显不过地证明了这一点。是的，俄国革命处在一个转折关头。俄国政府通过“社会党人”部长们做了帝国主义者部长们古契柯夫和米留可夫做不到的事情：它把俄国军队交给司令部和外交官去支配，他们这些人是为了履行和依据未被废除的秘密条约，为了里博和劳合-乔治公开宣布的目的而行动的。但是，政府所以能够完成自己的任务，只是因为军队信任它，跟着它走。军队肯去牺牲，是因为相信自己作出牺牲是为了自由，为了革命，为了尽快取得和平。

但是军队所以会这样做，是因为它不过是在革命现阶段跟着社会革命党和孟什维克党走的人民的一部分。大多数人相信孟什维克和社会革命党人的小资产阶级政策，即依附于资本家的政策。这个总的和基本的事实决定了我们党的立场和行动。

我们要继续努力，揭露政府的政策，一如既往地坚决告诫工人和士兵，不对分散的、无组织的行动抱任何幻想。

这是全民革命阶段的问题。策列铁里之流和切尔诺夫之流跟着帝国主义跑，正处在小资产阶级幻想和小资产阶级空话的阶段，而小资产阶级幻想和小资产阶级空话都是掩饰这个最无耻的帝国主义的。

这个阶段应当结束了。我们要促使这个阶段较快地较少痛苦地结束。这将使人民摆脱**最后的**小资产阶级幻想，使政权转到革命阶级手中。

载于1917年6月21日(7月4日)
《真理报》第87号

译自《列宁全集》俄文第5版
第32卷第365—367页

社会革命党人和孟什维克先生们，你们同普列汉诺夫的区别究竟在哪里？

（1917年6月21日〔7月4日〕）

《人民事业报》屡次宣布“统一派”是社会帝国主义者。《工人报》也正式谴责同“统一派”建立选举联盟（在几乎所有的区杜马都进行了选举以后）。

目前，已经开始的进攻驱散了这些空话的烟幕，让人民看清了一个赤裸裸的事实。每个人都看到，对于已经开始的进攻这个重大的实际问题，普列汉诺夫同社会革命党人和孟什维克的领袖们的态度**是一致的**。

这就是说，你们所有人——既包括“统一派”，也包括克伦斯基和切尔诺夫、策列铁里和斯柯别列夫——都是“社会帝国主义者”（按照《人民事业报》的说法）。

载于1917年6月21日（7月4日）《真理报》第87号

译自《列宁全集》俄文第5版第32卷第368页

罗将柯怎样为自己辩护

（1917年6月21日〔7月4日〕）

《俄罗斯意志报》第143号刊载了罗将柯对记者的谈话，罗将柯认为谴责（《真理报》和《工人报》谴责）他包庇马林诺夫斯基是“不公正的”。原来准科夫斯基**早在1914年4月22日**就对罗将柯说过，马林诺夫斯基是奸细，但是曾经取得罗将柯的“保证”（！！！），不把这件事情告诉任何人。

简直令人难以置信，但这是事实。罗将柯向暗探作了“保证”，**却没有**把有关奸细的事**通知杜马代表**。奸细马林诺夫斯基继续同我们党和各种人士周旋，而他们**依然蒙在鼓里**……因为罗将柯已经向暗探“保证”**不告发奸细**。

难道这是可以容忍的吗？

难道可以认为罗将柯不是罪犯吗？

载于1917年6月21日（7月4日）
《真理报》第87号

译自《列宁全集》俄文第5版
第32卷第369页

社会革命党人和孟什维克把革命引向何处?

(1917年6月22日〔7月5日〕)

他们把革命引向服从帝国主义者。

进攻就是重新进行帝国主义战争。彼此交战的两大资本家同盟的相互关系没有发生任何重大的变化。2月27日革命之后,那些通过结盟以及通过以前沙皇时代的秘密条约同英法帝国主义资本联系在一起的资本家仍然在俄国主宰一切。在继续进行战争的情况下无论经济还是政治都和从前一样:还是那个帝国主义银行资本统治着经济生活;还是那些秘密条约起着作用,还是推行联合一个帝国主义者集团、反对另一个帝国主义者集团的对外政策。

孟什维克和社会革命党人的空话始终是空话,实际上不过是用甜言蜜语来为重新进行帝国主义战争涂脂抹粉,这自然能博得一切反革命分子、整个资产阶级和普列汉诺夫的一片热烈的赞扬。孟什维克的《工人报》说普列汉诺夫"跟着资产阶级报刊跑",其实它自己也跟着一帮社会沙文主义者跑。

不过别忘了目前这场重新进行的帝国主义战争的特点。重新进行战争是经过3个月的动摇之后开始的,在这期间工农群众曾千百次地谴责侵略战争(同时,实际上却继续支持进行侵略和掠夺的俄国资产阶级的政府)。群众动摇不定,他们好像要**在本国**履行

3月14日告全世界人民书向**别国**人民提出的忠告："别再给**银行家**充当侵略和使用暴力的工具了。"而实际上在我们本国，在"革命民主的"俄国，群众正是成了"银行家"进行侵略和使用暴力的工具。

这种情况的特点是：它是在社会革命党和孟什维克党享有相当大的自由来组织群众的条件下造成的。目前，正是这两个党赢得了多数，全俄苏维埃代表大会和全俄农民苏维埃都确定无疑地证明了这一点。

正是这两个党现在要对俄国的政策负责。

正是这两个党要对重新进行帝国主义战争负责，要对实际上是为了让一伙资本家"战胜"另一伙资本家而重新造成千百万人的牺牲负责，要对进攻必然引起的经济破坏进一步加剧负责。

我们非常清楚地看到，小资产阶级群众在自己欺骗自己，同时又受到资产阶级的欺骗，而资产阶级的这种欺骗是在社会革命党人和孟什维克的帮助下进行的。口头上这两个党是"革命民主派"。实际上它们，正是它们，把人民的命运交给了反革命资产阶级，交给了立宪民主党人；正是它们，从革命退到了继续进行帝国主义战争，从民主退到了向立宪民主党人"让步"——无论在政权问题上（例如由上面"批准"地方居民选举的政权机关）和土地问题上（孟什维克和社会革命党人都放弃了**他们**自己的纲领，即支持农民的革命行动，**直到没收**地主的土地），还是在民族问题上（为立宪民主党对乌克兰和芬兰的反民主的态度辩护），都是如此。

小资产阶级群众不能不动摇于资产阶级和无产阶级之间。在一切国家，特别是在1789—1871年间，情况都是这样。俄国现在的情况也是这样。孟什维克和社会革命党人**已经把群众引向**服从反革命资产者的政策。

目前情况的实质就在于此。进攻的意义就在于此。特点就在于此：不是暴力而是对社会革命党人和孟什维克的信任把人民引上了歧途。

这种情况会保持很久吗？

不会保持很久的。群众将从亲身的经验中学到东西。战争的新阶段（现在已经开始）的惨痛经验，因进攻而进一步加剧的经济破坏的惨痛经验，必然导致社会革命党和孟什维克党的**政治**破产。无产阶级政党的任务首先是帮助群众理解和正确吸取这个经验，对这个大破产正确地作好准备，这个破产将向群众指明，他们的真正领袖是有组织的城市无产阶级。

载于1917年6月22日（7月5日）
《真理报》第88号

译自《列宁全集》俄文第5版
第32卷第370—372页

用“雅各宾主义”能够吓住工人阶级吗？

（1917 年 6 月 24 日〔7 月 7 日〕）

“社会主义思想”（这不是说着玩的！）的机关报即资产阶级的和沙文主义的《日报》，在第 91 号上又提到了 6 月 18 日《言语报》的那篇确实很有意思的社论。《日报》完全没有理解这篇以一种既是**历史学家**又是凶恶的反革命资产者的口吻写的社论。《日报》从社论中看到，“立宪民主党人已下定决心要退出联合政府”。

这没有什么。立宪民主党人进行威胁不过是想吓唬策列铁里之流和切尔诺夫之流。这并不重要。

重要的和有意思的是 6 月 18 日《言语报》社论的作者是怎样从历史学家的观点来提出政权问题的。

他写道：“如果说在原先的政府组成的情况下至少还能对俄国革命的进程进行某种引导的话，那么现在看来俄国革命注定要按照一切革命的自发规律发展下去……　政府组成不当的状况不宜继续存在，这个问题已不仅仅由布尔什维克〈注意：**不**仅仅由布尔什维克！〉提出……也不仅仅由苏维埃的多数提出……　问题还应当由资本家部长自己提出来。”

历史学家正确地认为，**不**仅仅布尔什维克，还有各阶级的全部相互关系，社会的全部生活也把“政府组成不当的状况不宜继续存在”这个问题提到日程上来了。动摇不定——这就是现实。进攻——这是一条可能导致帝国主义资产阶级胜利的出路。是否还可能有别的出路呢？

历史学家在《言语报》上回答这个问题说：

“苏维埃取得‘全部政权’后，很快就会发现它的权力是很小的。所以它势必要用历史上曾经试验过的、青年土耳其党或雅各宾党的办法去弥补权力的不足…… 苏维埃把全部问题重新提出之后，是愿意堕落到雅各宾主义和采取恐怖手段呢，还是想表明与自己无关？这就是最近几天应当解决的迫切问题。”

历史学家说得对。不管是不是最近几天，反正很快就应当解决这个问题。**要么是**进攻，转向反革命，帝国主义资产阶级的事业取得胜利（能保持很久吗？），切尔诺夫和策列铁里“表明与自己无关”。

要么是实行“雅各宾主义”。资产阶级历史学家认为雅各宾主义是没落（“堕落”）。无产阶级历史学家则认为雅各宾主义是被压迫阶级解放斗争的一种极大的**高涨**。雅各宾党人给法国作出了民主革命和抗击反共和国的君主联盟的最好榜样。雅各宾党人未能取得完全的胜利，主要是因为18世纪法国在大陆上被极端落后的国家所包围，同时法国本身也没有实行社会主义的物质基础，没有银行，没有资本家的辛迪加，没有机器工业，没有铁路。

在20世纪的欧洲或在欧洲和亚洲接壤的地方，“雅各宾主义”将会是革命阶级即无产阶级的统治。得到贫苦农民支持的无产阶级，依靠已经具备的向社会主义前进的物质基础，不仅能够做出18世纪雅各宾党人做过的伟大的、不可磨灭的、令人难忘的一切，而且能够在世界范围内把劳动者引导到永久的胜利。

资产阶级的特性是仇视雅各宾主义。小资产阶级的特性是害怕雅各宾主义。觉悟的工人和劳动者则相信政权会转归革命的被压迫的阶级,因为**这是**雅各宾主义的实质,是克服危机的唯一出路,是摆脱经济破坏和摆脱战争的唯一出路。

载于1917年6月24日(7月7日)
《真理报》第90号

译自《列宁全集》俄文第5版
第32卷第373—375页

论建立俄国农业工人工会的必要性

(1917 年 6 月 24 日和 25 日〔7 月 7 日和 8 日〕)

第一篇文章

必须向正在彼得格勒举行的全俄工会代表会议[118]提出一个极端重要的问题。这就是建立全俄**农业工人**工会的问题。

俄国的一切阶级都组织起来了。但是最受剥削、最穷困、最分散和最受压迫的俄国农业雇佣工人阶级似乎被遗忘了。在一些非俄罗斯的边疆地区,例如在拉脱维亚边疆区,有农业雇佣工人的组织。在大俄罗斯和乌克兰的绝大多数省份中,还没有农村无产阶级的阶级组织。

俄国无产者的先进部队——产业工人工会——重大的义不容辞的责任,就是帮助自己的弟兄农业工人。组织农业工人有很大的困难,这是很明显的,所有资本主义国家的经验也都证实了这一点。

因此就更加需要尽量迅速、尽量积极地着手利用俄国的政治自由,立即建立全俄农业工人工会。正是工会代表会议能够而且应当做这件事。正是现在出席代表会议的更有经验、更加成熟、更有觉悟的无产阶级代表,能够而且应当向农业工人大声呼吁,号召他们来加入独立组织起来的无产者队伍，加入他们的工会队伍。正是工厂的雇佣工人应当发挥主动性，利用遍布全俄国的工会支部、小组和分会，以唤醒农业工人去进行独立的活动，积极投入改善自己生活状况的斗争，捍卫自己的阶级利益。

大概很多人会认为，甚至目前占主导地位的意见也可能认为，现在，正当农民在全俄国组织起来，宣布废除土地私有制、“平均”使用土地的时候，成立农业工人工会是不合时宜的。

恰恰相反。正是在这个时候，成立农业工人工会是很合时宜的，并且是迫切需要的。布尔什维克在1906年俄国社会民主工党斯德哥尔摩代表大会上提出并为孟什维克所接受的下述主张，从那时起一直包含在俄国社会民主工党的党纲中，凡是持有无产阶级的阶级观点的人，都不会怀疑它的正确性。这个主张是：

> “在**一切**情况下，在民主土地改革的**任何**状况下，党的任务都是：**始终不渝地**争取建立**农村无产阶级的独立阶级**组织，向农村无产阶级说明他们的利益和农民资产阶级的利益是不可调和地对立的，提醒他们不要迷恋于小经济制度，在商品生产存在的情况下，小经济制度是永远不能消灭群众的贫困的，最后，指出进行彻底的社会主义变革的必要性，说明这是消灭一切贫困和一切剥削的唯一手段。”

任何一个觉悟的工人，任何一个工会会员，都不会不承认这种主张是正确的。既然问题涉及**农村无产阶级的独立阶级组织**，那么实现这种主张正是工会应该做的事情。

我们希望，正是在革命时期，在一般劳动群众特别是工人渴望发挥自己的作用，为自己开辟道路，坚持由工人自己独立解决劳动的各种问题以建立新生活的时候，工会不要局限于狭隘的行会利益，不要忘记自己的力量较弱的弟兄农业工人，而要用一切力量来帮助他们建立俄国农业工人工会。

在下一篇文章中，我们将要指出这方面应当采取的几个实际步骤。

第二篇文章

在前一篇文章中，我们论述了俄国农业工人工会问题的原则意义。现在来谈一谈这个问题的若干实际方面。

俄国农业工人工会应包括所有基本上或主要地、**或至少部分地**在农业企业中从事雇佣劳动的人。

至于是否有必要把这样的工会分成纯粹农业工人的工会和只是部分地从事雇佣劳动的工人的工会，这要由经验来证明。不过，这一点毫不重要。重要的是，**所有**出卖自己劳动力的人的基本阶级利益是一致的，把**所有**靠给“外人”当雇工来取得生活资料哪怕是部分生活资料的人团结在一起是绝对必要的。

城市中、工厂中的雇佣工人同农村中的雇佣工人有千丝万缕的联系。前者向后者发出号召一定会得到响应。但是不应仅仅限于号召。城市工人的经验、知识、财力和人力要多得多。应当**从这些力量中拿出一部分**直接用来**扶助**农业工人。

应当规定一个日子，一切有组织的工人都把这一天所得的工资献给发展和巩固城乡雇佣工人联合的整个事业。譬如可以从这笔款项中拨出一部分完全用于城市工人帮助农业工人实现阶级联合的事业。可以从这笔基金中拨款印发许多最通俗的传单，出版农业工人的报纸（即使先出一个周报也好），派遣哪怕是少数鼓动员和组织者到农村去，**以便立即**在各地**建立**农业雇佣工人的工会。

只有这些工会本身的经验，才有助于找到今后开展工作的正确途径。每一个这样的工会的首要任务，应当是改善向农业企业出卖自己劳动力的人的生活状况，争取更高的工资和更好的食宿条件等等。

必须最坚决地反对这样一种偏见，即认为土地私有制即将废除，那时就会“把土地分给”每一个雇工和日工，就会把农业中的雇佣劳动连根除掉。这是一种偏见，而且是一种极端有害的偏见。废除土地私有制是一个重大的而且无疑是进步的改革，这种改革无疑是符合经济发展的利益和无产阶级的利益的，每一个雇佣工人都会全心全意地尽力给予支持，但是这种改革还丝毫不能消灭雇佣劳动。

土地是不能吃的。没有牲畜、农具、种子，没有存粮，没有钱，要经营土地是不可能的。相信有人会“帮助”农村雇佣工人得到牲畜、农具等等的“诺言”（不管它出自什么人之口），是最严重的错误，是不可饶恕的幼稚。

一切工会运动的基本准则，它的第一个信条，就是不相信“国家”，只相信**本阶级的力量**。国家是统治阶级的组织。

不相信诺言，只相信本阶级团结和觉悟的力量！

因此，农业工人工会的迫切任务应当是：不仅要争取改善工人的生活状况，而且特别要在当前的伟大的土地改革中**捍卫他们的阶级利益**。

农民和社会革命党人常常说：“劳力必须受乡委员会支配”。农业雇佣工人阶级的看法则恰恰相反：乡委员会必须受“劳力”支配！这种对立的看法清楚地表明了雇主的立场和雇佣工人的立场。

"土地归全体人民所有",这是正确的。**但人民是分为阶级的**。每一个工人都知道、看到、感觉到、体验到这个被资产阶级故意抹杀和**被小资产阶级经常忘记的**真理。

谁也帮助不了单个的穷人。如果**农村雇佣工人**——雇工、日工、贫苦农民、半无产者**不自己帮助自己**,那么任何"国家"都帮助不了他们。自己帮助自己的第一个步骤就是建立农村无产阶级的独立阶级组织。

我们希望全俄工会代表会议用最大的力量来做这件事,向全俄国发出号召,向农村无产者伸出援助的手,伸出有组织的无产者先锋队的强有力的手。

载于1917年6月24日和25日(7月7日和8日)《真理报》第90号和第91号

译自《列宁全集》俄文第5版第32卷第376—380页

松垮的革命

（1917年6月25日〔7月8日〕）

"一切都是布尔什维克的过错"，——无论是领导反革命的立宪民主党人，或者是自称"革命民主派"但每天都背离民主背离革命的"社会革命党人"和孟什维克的可爱的联盟，都同意这种说法。

"一切都是布尔什维克的过错"，这么说来，经济破坏日益严重，对此没有采取任何相应的措施，粮食状况很糟，临时政府处理乌克兰和芬兰问题遭到"挫折"也都是布尔什维克的过错。也许还可以设想是某个可恶的布尔什维克钻到谦逊、温和、谨慎的芬兰人当中"煽动了"全体人民吧！

到处都对布尔什维克发出恶毒而疯狂的叫嚣，卑鄙的扎斯拉夫斯基之流先生们和《言语报》、《工人报》的匿名作者们掀起了一场卑鄙的诽谤运动，——这一切无非说明，松垮的革命的代表人物看到自己的政策屡遭"挫折"而必然要"发泄心头之恨"。

立宪民主党是反革命资产阶级的政党。在俄国执政的社会革命党人和孟什维克的联盟也承认这一点，这个联盟在苏维埃代表大会的决议中宣称，有产阶级的反抗正在增长，而且形成了反革命的基础。同时，这个由于没有气节而每天受《言语报》指责的联盟本身又同立宪民主党人结成了联盟，并且是一种用临时政府的人员构成固定下来的最奇特的联盟！

统治俄国的就是这两个联盟——社会革命党人同孟什维克的联盟以及这个联盟同立宪民主党人的联盟,而立宪民主党人又同比他们更右的一切政党结成了联盟。革命的松垮必然由此产生。因为这个执政的"联盟的联盟"的每一部分都是松垮的。

立宪民主党人自己也不相信自己的共和主义了,目前躲在立宪民主党人背后并投票拥护他们的形形色色的十月党人和君主派,那就更加不相信共和主义了。立宪民主党人不相信"社会联盟派",却乐意把他们派来的部长"派去"进行种种"安抚",但是同时又因一些农民群众和部分工人的"过分要求"而咬牙切齿,怒不可遏。这些农民群众和部分工人听了社会革命党人和孟什维克的冠冕堂皇的诺言("既满足劳动者,又不得罪资本家")已经信任了他们,可是现在竟敢期待和要求真正实现这些诺言!

社会联盟派是互不信任的:社会革命党人不信任孟什维克,孟什维克也不信任社会革命党人。直到现在还没有一个"最亲爱的一半"[①]敢于比较明确地、公开地、原则地向大家正式声明,司徒卢威式的被阉割了的"马克思主义"的拥护者和"土地所有权"的拥护者是怎样联合起来的,由于什么原因联合起来的,为了什么联合起来的,联合到了什么程度。这两个"最亲爱的一半"在各自内部也四分五裂:在社会革命党人那里,他们的代表大会以 136 票对 134 票"选掉了"克伦斯基,这使"老太太"自己退出了中央委员会[119],而中央委员会的解释是,没有选举克伦斯基似乎完全是因为他所担任的内阁职务太繁重(与切尔诺夫不同)。"右派"社会革命党人在《人民意志报》上责骂自己的党及其代表大会,左派则栖身于《土

① 俄语中对妻子或丈夫的谑称。——编者注

地和自由报》，敢于谈论群众不要战争，继续认为战争是帝国主义战争。

受到“统一派”（昨天在彼得格勒的选举中还同整个孟什维克党保持联盟）“青睐”的波特列索夫所领导的孟什维克右翼转移到了《日报》方面。左翼对国际主义表示同情，并且正在创办自己的报纸。银行通过《日报》同波特列索夫之流结成联盟；全体孟什维克，包括波特列索夫和马尔托夫在内，通过“统一的”孟什维克党结成联盟。

这还不松垮吗？

“护国主义”掩盖不住这个松垮的革命，因为甚至在现在，甚至在重新进行帝国主义战争以后，甚至在进攻所引起的狂欢的情况下，在一个同盟内，波特列索夫的拥护者向波特列索夫的反对者的“进攻”更加激烈了，在另一个同盟内，克伦斯基的拥护者向克伦斯基的反对者的“进攻”也更加激烈了。

“革命民主派”不再相信革命，并且害怕民主，唯恐同英法资本家决裂，唯恐俄国资本家不满。（“我们的革命是资产阶级革命”，——切尔诺夫部长“本人”信仰的就是这条被唐恩、策列铁里和斯柯别列夫可笑地歪曲了的“真理”。）立宪民主党人仇视革命和民主。

这还不松垮吗？

到处都对布尔什维克发出野蛮的、恶毒的和疯狂的叫嚣，这正是立宪民主党人、社会革命党人和孟什维克对本身的松垮的普遍抱怨。

他们是大多数。他们掌握政权。他们互相结成联盟。而他们看到自己却一事无成！！怎么能不朝着布尔什维克发狠呢？

革命提出了异常困难的、极其重要的、具有世界意义的问题。如果不采取最坚决的、以被压迫被剥削群众忘我的英雄主义为依靠的革命措施，如果这些群众对自己的有组织的先锋队无产阶级不予以信任和支持，那就不可能战胜经济破坏，也不可能从帝国主义战争的可怕的铁钳下挣脱出来。

群众目前还在试图“比较容易地”，即通过立宪民主党人同社会革命党人和孟什维克的联盟结成联盟，寻找出路。

可是看不出有什么出路。

载于1917年6月25日（7月8日）
《真理报》第91号

译自《列宁全集》俄文第5版
第32卷第381—383页

阶 级 变 动

（1917年6月27日〔7月10日〕）

任何革命，只要是真正的革命，都可以归结为阶级变动。因此，启发群众的觉悟，揭露用革命誓言欺骗群众的行为，最好的方法就是分析这一革命中究竟发生了和发生着怎样的阶级变动。

在1904—1916年，即沙皇制度最后十几年，俄国的阶级对比关系表现得特别鲜明。以尼古拉二世为首的一小撮农奴主-地主掌握了政权，他们同那些获得欧洲闻所未闻的暴利并且签订对自己有利的掠夺性外交条约的金融资本巨头结成了最紧密的联盟。

以立宪民主党人为首的自由派资产阶级处于反对派的地位。它害怕人民比害怕反动势力还要厉害，通过同君主制的妥协逐步接近于取得政权。

人民，即工人和农民，连同被迫转入地下的领导者是革命的，是无产阶级的和小资产阶级的"革命民主派"。

1917年2月27日的革命扫除了君主制，使自由派资产阶级掌握了政权。自由派资产阶级直接同英法帝国主义者达成协议，曾经想搞一个小小的宫廷政变。它决不想超越有选举资格限制的立宪君主制。当革命真正发展到要彻底消灭君主制并建立苏维埃（工兵农代表苏维埃）的时候，自由派资产阶级就完全成了反革命的阶级。

现在,革命过去了4个月,立宪民主党这个自由派资产阶级的主要政党的反革命性已经昭然若揭。大家都看到了这种反革命性,而且不得不承认这种反革命性。但远不是所有的人都愿意正视这个真理并且考虑它的意义。

现在,俄国是一个民主共和国,由可以在人民中间进行自由鼓动的**各政党**通过自由协商来管理。在2月27日以后的4个月中间,**所有**比较大的政党都已经完全团结起来和组织起来,在选举(苏维埃和地方机关的选举)中出头露面,这些政党同各阶级的联系也显露出来了。

现在,在俄国掌握政权的是反革命资产阶级,小资产阶级民主派即社会革命党和孟什维克党则成了反革命资产阶级"陛下的反对派"[120]。这两个党的政策的实质就是同反革命资产阶级**妥协**。小资产阶级民主派为了执掌政权,首先占据了地方机关(就像自由派在沙皇制度下首先夺取地方自治机关一样)。现在这个小资产阶级民主派想同资产阶级**分掌政权**而不想推翻资产阶级,这跟过去立宪民主党人想同朝廷分掌政权而不想推翻君主制一模一样。小资产者和大资产者的深厚的阶级血缘关系使小资产阶级民主派(社会革命党人和孟什维克)同立宪民主党人妥协,就像资本家和生活在20世纪的地主的阶级血缘关系使他们围绕在"受人崇敬的"君主周围互相拥抱一样。

妥协的**形式**改变了:在君主制度下,这种形式是笨拙的,沙皇只准许立宪民主党人在国家杜马中占一个角落。在民主共和国时代,妥协已经成了欧洲式的巧妙的妥协,即准许小资产者在内阁中占无害的少数,扮演一些无害的(对资本家来说)角色。

立宪民主党人占了朝廷的位置。策列铁里之流和切尔诺夫之流占了立宪民主党人的位置。无产阶级民主派占了**真正**革命民主派的位置。

帝国主义战争异常地加快了整个发展进程。没有帝国主义战争，社会革命党人和孟什维克就很可能望着部长的职位叹息几十年。可是这场战争还会继续加快发展进程。因为战争不是改良主义地而是革命地**提出**问题的。

社会革命党和孟什维克党本来可以按照同资产阶级达成的协议，给俄国带来不少的改良。但是客观的世界政治形势是革命的，改良**不能改变**这种形势。

帝国主义战争蹂躏着、摧残着各国人民。小资产阶级民主派也许能够短时期地延缓各国人民的死亡。但只有革命的无产阶级才能使他们得救。

载于 1917 年 6 月 27 日(7 月 10 日)
《真理报》第 92 号

译自《列宁全集》俄文第 5 版
第 32 卷第 384—386 页

革命毅力的奇迹

（1917年6月27日〔7月10日〕）

我们的准社会党人部长们正在发挥几乎令人难以置信的毅力。彼舍霍诺夫宣称，“资本家的反抗看来已经被打垮了”，在我们神圣的俄罗斯，所有一切都要“平均”分配。斯柯别列夫宣称，必须把资本家利润的100％拿过来。策列铁里宣称，无论从民主或社会主义的观点来看，在帝国主义战争中实行进攻是最正义的事情。

但是，切尔诺夫部长无疑打破了这一切奇迹般的毅力的记录。在临时政府最近一次会议上，切尔诺夫要立宪民主党的先生们听他作关于他那个部门的一般政策的报告，并且声明，他要提出整整**10项**法案！

这岂不是革命毅力的奇迹吗？从5月6日到现在还不到6个星期，在这短短的时期内竟**许下了**整整10项法案！而且都是些什么样的法案啊！部长的《人民事业报》报道说，这些法案“加起来囊括了农村经济生活的一切主要表现”。

不多不少，正好是“一切表现”……　干吗要这样起誓呢？

可疑的一点是：部长的报纸用100多行的版面来列举这些宏伟的法案中的**若干**法案，但是对**任何一项**法案都没有说清楚。“某些关于农民的法令停止生效”……哪些法令，不知道。最有意思的是“关于调解室”的法案，为哪些人调解，怎样调解，不知道。“调整租地关系”——简直令人莫名其妙；甚至不知道是否指租种那些原来说要无偿剥夺的地主土地。

“进行改革，使地方土地委员会更加民主化”……　编造冠冕堂皇的诺言的先生们，你们如能马上举出哪怕是10个地方土地委员会，确切地说明，它们的组成在革命后的现在仍然不完全是民主的（照你们的自供），岂不是更好吗？

切尔诺夫部长以及上面提到的其他部长的紧张活动，非常清楚地说明了自由派官吏和革命民主派之间的区别，这就是问题的实质。

自由派官吏向“上司”即向李沃夫、盛加略夫等先生作的是关于几百项造福人类的法案的大报告，而送给人民的呢……送给人民的只是一大堆废话、诺言和诺兹德列夫式的空谈[121]（如必须把利润的100％拿过来或必须在前线实行“社会主义”进攻等等）。

革命民主派在向“上司”提出报告的同时，甚至在提出报告之前，就向人民揭露一切弊病和一切缺点，向**人民**的毅力呼吁。

“农民们，揭露地主，揭露他们借‘地租’之名向你们搜刮了多少钱，揭露他们在‘调解室’或地方土地委员会里捞了多少钱，揭露他们如何制造许多麻烦来阻挠耕种全部土地，阻挠把地主的农具和牲畜交给人民特别是交给贫苦的人民使用！农民们，你们自己来揭露，而我，‘革命俄国的部长’，‘革命民主派的部长’，将**帮助**你们把所有这类的揭露材料公布出来，通过你们在下面的压力和我在上面的压力来消除一切欺压行为！！！”真正革命民主派的言行难道不应该是这样的吗？

哪儿会有这样的事！他们根本不会这样做！请看部长的报纸是用什么样的口吻来谈切尔诺夫向李沃夫之流先生们作的“报告”

的。“维·米·切尔诺夫不否认某些省份在土地问题上发生过一系列过火行为，但同时认为，整个说来，俄国农村比预料的要平稳得多……”

在谈到“停止土地买卖”这项唯一提得明确的法律草案时，对于**停止执行**这项法律草案的原因却只字未提。早就答应过农民要立刻停止土地买卖，早在5月就答应了，而6月25日的消息却说，切尔诺夫作了“报告”，临时政府“尚未作出最后决定”！！！

载于1917年6月27日（7月10日）
《真理报》第92号

译自《列宁全集》俄文第5版
第32卷第387—389页

空话与事实

（1917年6月28日〔7月11日〕）

斯柯别列夫部长发表了告全国工人书。为了“我们的”（就是这样说的：我们的）社会主义理想，为了革命，以革命民主派的名义，以其他各种各样的名义，向工人宣传“调解室”的作用，并且严厉地斥责各种各样的“越轨”行动。

请听，这位准社会党人部长，这位孟什维克斯柯别列夫唱得多么好听：

“你们〈工人们〉完全有理由对有产阶级在战争期间大发横财表示愤怒。沙皇政府滥用了人民的几十亿金钱。革命政府应当把这些钱归还人民的国库。”

唱得倒好听，可是天晓得做不做！

斯柯别列夫先生的告工人书是6月28日发表的。联合内阁是5月6日组成的[122]。在这一段时间内，国家有迅即遭到经济破坏和空前灾难的危险，可是政府并没有对发了“**几十亿**”横财的资本家采取任何严正的措施！要把这几十亿“**归还人民的国库**”，在**5月7日**就应当颁布一项法律，取消商业秘密和银行秘密，立即对银行和资本家的辛迪加实行监督，因为不然的话，这几十亿不仅**不可能**“归还”，而且**不可能找到**。

现在好几个星期已经过去了，孟什维克斯柯别列夫部长**能够**

办到和必须办到的都没有办到，难道他认为工人都是小孩子，用不兑现的诺言（“归还”“几十亿”是不可能的，只要能停止盗窃国库，退还一两个亿也就谢天谢地了）就能骗过吗？

当孟什维克斯柯别列夫部长又拿着一篮子最动人的关于共和国的、革命的和“社会主义的”空话在工人面前散布的时候，偏偏就在同一天，主张把护国派（就是沙文主义者）同工人“联合”起来的阿维洛夫同志却想出了一个十分巧妙的好主意，他在《新生活报》上写了一篇文章，这篇文章没有结论，**但是有事实**。

世界上再没有比这些简单的事实更为雄辩的了。

5 月 5 日联合内阁组成了。在一篇庄严的宣言中，它**答应……实行监督**，甚至还答应“组织生产”。5 月 16 日，彼得格勒苏维埃执行委员会通过了一项给自己的部长们的“指令”，要求“立即〈你听！〉开始最坚决地实行〈千真万确，就是这样写的！〉国家调节生产”以及其他等等。

于是就开始坚决地实行了。

5 月 19 日柯诺瓦洛夫离职，并且发表了一篇非常“坚决”的声明来反对……“极端的社会主义者”！6 月 1 日召开了全俄工商业代表会议[123]，会议表示坚决**反对**监督。在柯诺瓦洛夫走后，留下来的三位副部长“坚决地实行”以下几项措施：第一副部长斯捷潘诺夫在顿涅茨煤矿主制造的冲突（用意大利式的罢工破坏生产）中，支持……**企业主**。从此，企业主就不再接受斯柯别列夫的任何调解建议了。

第二副部长帕尔钦斯基对“燃料会议”实行怠工。

第三副部长萨温搞了一种“部门协商会议”来调节生产，这对调节生产可说是一种“拙劣的甚至是愚蠢的讽刺”。

6月10日，第一副部长斯捷潘诺夫向临时政府提交了一份“报告”……对执行委员会的纲领**提出异议**。

6月21日，苏维埃代表大会又通过了决议……

下面自发地建立了供应委员会。上面答应成立总“经济委员会”。第二副部长帕尔钦斯基解释说：“该机构〈经济委员会〉何时开始工作，还很难说……”

听起来这简直是笑话，但这是事实。

资本家嘲弄工人和人民，他们一方面继续实行隐蔽的同盟歇业政策和掩盖骇人听闻的利润的政策，另一方面却派斯柯别列夫之流、策列铁里之流和切尔诺夫之流用空话去“安抚”工人。

载于1917年6月29日(7月12日)
《真理报》第94号

译自《列宁全集》俄文第5版
第32卷第390—392页

资本家先生们是怎样把利润隐藏起来的

（关于监督问题）

（1917年6月29日〔7月12日〕）

人们对监督谈论得太多了！可是在那么多的谈论中，内容却很少。人们用空泛的言论、夸夸其谈的词句、庄严的“方案”（这种方案注定永远是方案）来回避问题的实质！

问题的实质在于，如果不取消商业秘密和银行秘密，不立即颁布一项法律，规定向工会公开商业账目，那么一切关于监督的谈论，一切关于监督的方案就都是空谈。

下面就是对这个问题的一个小小的然而是颇有教益的说明。有一位同志是银行职员，他告诉我们以下的材料，说明资本家是怎样把利润隐藏在正式的报表里面的。

在1917年5月7日的《财政通报》杂志[124]第18期上，公布了彼得格勒贴现贷款银行的一份报表。从这份报表看，该银行的纯利一共是1 300万卢布（准确数字是1 296万，在文中我们引用整数，把准确数字放在括号内）。

但是，只要仔细研究一下报表，内行的人立刻就会看出，这**远不是全部利润**，很大一部分利润被狡猾地隐藏在其他项目里了，如果不完全取消商业秘密和银行秘密，那么任何“捐税”，任何“强制公债”以及一切财政措施也都永远抓不住这部分利润。实际上，特种后备资本的项目上标有 550 万卢布的数目。正是在这种所谓后备或后备资本中，往往记入了所要隐藏的利润。比方我是一个百万富翁，得了 1 700 万卢布的利润，要提出 500 万“作后备”，那我只要把这 500 万作为“后备资本”记入账内，就万事大吉了！所有关于“国家监督”、“国家征收利润税”的法律等等就都**避开了！！**

其次，在这份报表中，利息和佣金收入这一项的金额差不多有 100 万卢布(825 000 卢布)。这个银行职员写道：“如果收到的利息不记入利润项目，那么请问，银行的利润究竟是由哪些款项构成的呢??”

第三，往年利润结余这一项的金额为 30 万卢布，可是**在利润总额中没有列入**这一笔钱！！这就是说，连同前面的一项共隐藏了 100 多万的利润。同样，一笔“没有发给股东的股息”224 000 卢布也**没有**列入利润总额内，而股息由纯利支付是人人都知道的事情。

第四，报表中还有“结转金额”380 万卢布。这位同志写道：“这一笔结转金额是怎么回事呢？没有直接参与其事的人是很难弄明白的。只能这样说：在编制报表时，在‘结转金额’的名义下可以隐藏部分利润，然后再从这里转移到‘该转移的地方去’。”

结论是：所谓 1 300 万卢布的利润，实际上大概是 1 900 万到 2 400 万，达到 3 000 万卢布固定资本的 80%。

在没有取消商业秘密和银行秘密以前，政府对资本家的威胁，政府向工人许下的诺言，政府征收大资本家 90%的利润的方案和法律，都不过是一些空话，这不是很清楚吗？

载于1917年6月29日(7月12日)
《真理报》第94号

译自《列宁全集》俄文第5版
第32卷第393—394页

危机日益逼近，经济破坏日益严重

（1917年6月29日〔7月12日〕）

每天都得敲警钟。各种各样的蠢人曾经责备我们“急于”要把全部国家政权转到兵工农代表苏维埃手中，说循规蹈矩地“等待”循规蹈矩的立宪会议的召开才“更温和更谨慎”。

现在连这些小资产阶级蠢人中最蠢的人都能看出，**实际生活是不等人的**，不是我们“急”，而是**经济破坏来得急**。

社会革命党和孟什维克党所表现的小资产阶级懦弱性促使他们作出这样的决定：目前我们还是把事情留给资本家办吧，也许经济破坏会“等待”立宪会议召开！

每天的事实都在说明，经济破坏大约不会等待立宪会议的召开，崩溃会提前来到。

就拿今天公布的事实来说吧。彼得格勒兵工代表苏维埃执行委员会经济部决定“通知临时政府”：“莫斯科地区（15个省）五金工业的情况十分危急”，“**古容的工厂管理处显然在瓦解生产，有意识地使企业停工**”，因此“国家政权〈社会革命党人和孟什维克正好把这个政权留在**古容之流的党**手中，即留在实行同盟歇业的反革命资本家的政党手中〉应当把工厂掌管起来……并供给它流动资金”。

迫切要求拨给500万卢布的流动资金。

协商会议（参加会议的有经济部和莫斯科工人代表苏维埃供给部的代表）“提请临时政府注意〈可怜的、天真的、幼稚无知的临时政府啊！它是不知道这一点的！它是无罪的！它一定会弄明白，唐恩之流和切列万宁之流、阿夫克森齐耶夫之流和切尔诺夫之流一定会劝告它、忠告它！〉，莫斯科工厂协商会议和莫斯科地区供给委员会临时小组**已经不得不去阻止**科洛姆纳机车制造厂以及别热茨克的索尔莫夫斯克工厂和布良斯克工厂停工。尽管如此，索尔莫夫斯克工厂现在还是因工人罢工而停工，其余的工厂每天都可能停工……”

灾难是不等人的。它在异常迅速地逼近。A. 桑多米尔斯基无疑非常透彻地了解实际情况，今天他在《新生活报》上写了顿涅茨区的情况：

> “愈来愈多的企业陷入了恶性循环——缺乏煤，缺乏金属，缺乏机车和车辆，生产停顿，在这同时，煤却在烧掉，金属积压在工厂里，需要金属的地方却得不到金属。”

得到社会革命党人和孟什维克支持的政府公然**阻挠**同经济破坏作斗争。A. 桑多米尔斯基报道了一件事实：根据工业家的申诉，商业部副部长帕尔钦斯基（实际上是策列铁里之流、切尔诺夫之流的同僚）针对顿涅茨委员会要调查金属数量一事，宣布禁止（！！）“擅自”（！！）成立的监督委员会干预。

想想吧，这简直成了疯人院！国家正在毁灭，人民处于饥饿和破产的前夕，煤和铁短缺，而这些本来是可以弄到的。顿涅茨委员会要**通过**兵工代表**苏维埃**对金属数量进行调查，也就是给人民寻找铁。工业家的奴仆，资本家的奴仆帕尔钦斯基部长却伙同策列铁里之流和切尔诺夫之流禁止调查。于是危机继续加剧，灾难更加逼近。

从什么地方、用什么方法才能弄到钱呢？一个工厂“要”500万卢布还容易，但是必须懂得，所有工厂需要的就多得多了，这不是很明显吗？

不实行我们**在4月初**提出和宣传的那种措施，不把所有的银行合并成一个银行并对这个银行实行监督，不取消商业秘密，就**弄不到钱**，这不是很明显吗？

古容之流和其他资本家在帕尔钦斯基之流的帮助下，“有意识地”（这是经济部所用的字眼）使企业停工。政府是**站在他们那一边的**。策列铁里之流和切尔诺夫之流不过是装饰品或者走卒罢了。

先生们，社会革命党和孟什维克**作为政党**，必须在人民面前对灾难负责，这一点现在难道还不该明白吗？

载于1917年6月30日（7月13日）
《真理报》第95号

译自《列宁全集》俄文第5版
第32卷第395—397页

这究竟该怎么办？

（1917年6月29日〔7月12日〕）

《工人报》对进攻的**政治**含义感到不安。该报一位撰稿人甚至责备另一位撰稿人说，他的闪烁其词最终是等于承认，现在俄国革命军队客观上不是为没有兼并的和约流血，而是为协约国资产阶级的侵略计划流血（《工人报》第93号第2版小品文栏第1部分）。

请看，进攻的这种“客观”含义已经不能不使工人群众感到不安了（他们中的一部分人还在追随孟什维克）。而这也反映在《工人报》上。该报不愿同工人公开决裂，总是企图把“进攻”同革命无产阶级争取和平的斗争联系起来。而狡猾的编辑部的不幸就在于，除了**否定的**联系之外，这里根本不能建立任何联系。

很难想象还有比这个可敬的编辑部更可怜更糊涂的了，这个编辑部被他们自己和社会革命党人一起招来的阴魂吓倒了。

一方面，《工人报》报道说：“现在西欧把俄国进攻的意义完全理解错了。英国和法国的资产阶级报纸认为这种进攻就是放弃苏维埃的‘空想’计划。在向克伦斯基和进攻的革命军队致敬的幌子下，一项项沙文主义的决议被通过了。在为俄国的进攻伴奏的雷鸣般的战鼓声中，那些同俄国民主派持同样见解并承认同一个和平纲领的人正在受到加紧的迫害。”

这种自供真是宝贵极了！尤其是出现在部长的报纸上，因为这家报纸昨天还认为，我们布尔什维克预先指出进攻**必然**产生这种后果，是别有用心。原来，问题不在于我们“别有用心”，而在于苏维埃的领袖们执行的政策有自己的**逻辑**，按照这个逻辑，结果必然是国内外**反革命力量**的加强。

这正是《工人报》总想掩盖的不愉快的事实。编辑部建议的办法是极其简单的：“工兵代表苏维埃代表大会中央执行委员会必须立即同农民代表苏维埃一起明确地坚决地声明：在俄国民主派看来，战争的目的仍然和从前一样”以及诸如此类的话。请看，孟什维克是多么坚决地反对帝国主义战争：他们准备再作一次紧急的坚决的声明。他们不知道作过多少次这种最“紧急”、最“坚决”、最“热情”的声明了。他们用最迅速的方式不知道重复过多少次这种最坚决的声明，目的不过是想用这些话来稍微冲淡一下部长的《工人报》全力支持的这个政府的**行动**。

不，先生们，最“坚决的”词句、宣言和照会并不能冲淡你们自己报道的事实。能够同这些事实相抗衡的，只有**行动**，只有**真正**表明已同继续进行**帝国主义**战争的政策决裂的行动。但这是李沃夫—捷列先科—盛加略夫—克伦斯基—策列铁里政府办不到的。这个政府对芬兰和乌克兰的怯懦而可怜的政策，只是证实自己完全不能实现关于“没有兼并”和关于自决“权”的最“坚决的”声明。在这种情况下，所有这些满篇诺言的宣言都是用来迷惑群众的幌子。用响亮的宣言来迷惑群众，而不开展“无产阶级争取和平的斗争”，这就是《工人报》的纲领，这就是该报对反革命力量因进攻而得到加强的真正回答。

载于1917年6月30日(7月13日)
《真理报》第95号

译自《列宁全集》俄文第5版
第32卷第398—400页

人们怎样欺骗农民和为什么欺骗农民？

（1917年7月1日〔14日〕）

大家知道，在全国的农民代表来到彼得格勒参加全俄农民代表苏维埃会议时，社会革命党人和政府都答应农民要立刻禁止土地买卖。

佩列韦尔泽夫部长最初确实想履行这个诺言，并且发出电报制止土地买卖。但是，后来不知是谁的一只看不见的手干预了这件事，于是佩列韦尔泽夫部长便收回他给公证人的电报，就是说，又准许土地买卖了。

农民焦急不安了。如果我们没有弄错，他们好像还派了一个专门的代表团到内阁去。

有人来安慰农民，像哄小孩一样说服农民，要他们相信：马上就会颁布禁止土地买卖的**法律**，**“只是”**为了要颁布这项法律，佩列韦尔泽夫的临时命令才“搁置”下来。

社会革命党人安慰了农民，用诺言满足了他们。农民相信了。农民放心了。农民各自回去了。

时间一周一周地过去。

6月24日（直到6月24日），报纸上出现了一条消息，说社会革命党领袖切尔诺夫部长向政府提出了关于禁止土地买卖的法案(还仅仅是法案)。

6月29日,报纸上发表了关于国家杜马在6月28日举行"非正式会议"[125]的消息。据《言语报》(这是在临时政府中占多数的党的报纸)报道,在这次会议上,罗将柯先生

"在总结发言中就政府采取的新〈哦,的确非常新!新到了极点!〉措施谈到了土地买卖问题。他论证说,如果禁止土地买卖,那就会使土地失去价值〈对谁来说失去价值呢?显然是对地主!!但是,农民就是要把土地从地主手里夺过来!〉,使贷款的抵押品贬值,而土地占有者〈过去的土地占有者,罗将柯先生!〉便得不到任何贷款。于是,米·弗·罗将柯问道:土地占有者将拿什么钱向银行偿清自己的债务呢?在大多数情况下,这些债款都已经逾期,而根据这项法案的规定,将不经拍卖而根据法律立刻废除土地所有权。

因此,米·弗·罗将柯建议会议委托一个临时委员会讨论这一问题,**设法阻止实施**这个不是摧毁私人土地所有制而是危害国家的**法律**"。

正是在这个时候,那只"看不见的手"清清楚楚地显露出来了!请看,有准社会党人部长参加的联合政府的"巧妙把戏",被国家杜马前主席、前地主、绞刑手斯托雷平的前亲信、奸细马林诺夫斯基的前庇护人——说话不小心的罗将柯先生揭穿了!

我们就假定说,现在,在这位罗将柯先生如此愚蠢地泄露了秘密之后,禁止土地买卖的法律最后还会颁布。最后还是要颁布!

但是问题不仅在这里。问题还在于,通过这个鲜明的例子,我们大家都应当理解,并且应当帮助农民群众理解,**人们怎样欺骗农民和为什么欺骗农民**。因为这毕竟是无可争辩的不容置疑的事实:农民受了骗,人们在全俄农民代表苏维埃会议上答应农民要立刻实行的措施并**没有**立刻实行。

人们是怎样欺骗农民的呢?是用诺言来款待农民。这就是世

界上一切联合内阁，即有社会主义的叛徒参加的资产阶级内阁的“巧妙把戏”。在这种内阁中，前社会主义者成了（不管他们是否意识到这一点）资本家欺骗群众的工具。

人们为什么欺骗农民呢？因为作为欺骗工具的社会革命党人**本身不了解**（根据对他们的最好假设）目前俄国行政当局在阶级统治和阶级政策方面的巧妙把戏。社会革命党人沉湎于空谈。但实际上正像罗将柯“事件”极其明显地证实的那样，实际统治俄国的是两个联盟的联盟，两个同盟的同盟。

一个是立宪民主党人同君主派地主的联盟，罗将柯先生则是这个联盟的首脑。在彼得堡选举的时候，**一切**黑帮报纸以及**一切**比立宪民主党更右的报纸都支持立宪民主党人，这就向全俄国证实了这个联盟的存在已经是一个政治事实。由于社会革命党人和孟什维克的过错，这个联盟在政府中占了**多数**。这个联盟迟迟不实行禁止土地买卖的措施，这个联盟支持地主和**实行同盟歇业的资本家**。

另一个是社会革命党人和孟什维克的联盟，这个联盟用空洞的诺言来欺骗人民。斯柯别列夫和策列铁里，彼舍霍诺夫和切尔诺夫都曾经许下一大堆诺言。许诺言是容易的。“社会党人”部长用诺言安抚人民的手法在世界**一切**先进国家中都试用过，结果到处都遭到破产。而俄国的特点则是：由于国内的革命形势，社会革命党和孟什维克党将比往常更加彻底更加迅速地遭到破产。

让每个工人和每个士兵都通过这个对农民特别有教益的例子，好好地向农民解释：**人们怎样欺骗他们和为什么欺骗他们！**

农民只有同工人结成同盟而不同资本家结成联盟（同盟）才能

达到自己的目的。

载于 1917 年 7 月 1 日（14 日）
《真理报》第 96 号

译自《列宁全集》俄文第 5 版
第 32 卷第 401—403 页

由谁负责?

(1917 年 7 月 1 日〔14 日〕)

在部长的《工人报》上,恩·罗斯托夫先生从一些士兵的来信中摘录了几段话,说明农村极端愚昧无知。据作者自己说,他在工兵代表苏维埃执行委员会鼓动部有一大包全国各地的来信,他说这些信件都发出同样的呼声:报纸! 请送报纸来!

这个孟什维克撰稿人恍然大悟并惊呼起来:"如果革命不能让他们〈农民〉看到明显的极大好处,他们就会起来反对革命"…… 农民"仍旧是愚昧无知的"。

这位有一包信件的孟什维克内阁官员醒悟得未免晚了一点。从 5 月 6 日起,即从孟什维克为资本家效劳时起,已经有 7 个多星期了,在这个时期,资产阶级的反革命谎言,他们对革命的诽谤,通过处于优势地位的资产阶级报纸,通过孟什维克所支持的资本家政府的直接间接的奴仆和拥护者,畅行无阻地泛滥到农村去了。

假如孟什维克和社会革命党人不出卖革命,假如他们不支持反革命的立宪民主党,政权在 5 月初就转到执行委员会手中了,执行委员会就能够马上对报纸上的私人广告实行国家垄断,用这个办法就能够获得**几千万**份报纸,**免费**分送农村。那时,大规模的印刷厂和大量的纸张就会在执行委员会的掌握下为教育农村而"服务",再不让那些实际上在新闻业中起**主导作用**的 10 多家资产阶级反革命报纸去蒙骗农村。

那时，执行委员会就能够解散国家杜马，从而节省一笔人民的金钱（其他好多方面就不用说了），用这笔钱可以派遣一千个鼓动员甚至几千个鼓动员到农村去。

在革命时期，迟缓有时就等于完全背叛革命。迟迟不把政权交给工人、士兵和农民，迟迟不采取革命措施教育愚昧的农村，这完全应当由社会革命党人和孟什维克负责。**他们**在这一点上背叛了革命。**他们**使工人和士兵在同反革命的资产阶级报纸和鼓动作斗争时不得不局限于目前的“手工业”手段，而本来工人和士兵是能够并且应当握有**全国性的手段**去进行这种斗争的。

载于 1917 年 7 月 1 日（14 日）
《真理报》第 96 号

译自《列宁全集》俄文第 5 版
第 32 卷第 404—405 页

立宪民主党人退出内阁有什么打算？[126]

（1917年7月4日和14日〔17日和27日〕之间）

产生这个问题是很自然的。为了采取一定的策略来正确地应付事变，就必须正确地理解事变。那么，怎样来理解立宪民主党人退出内阁呢？

是由于懊恼吗？是由于在乌克兰问题上发生了原则性分歧吗？当然不是。谁要是以为立宪民主党人会有什么原则性，或者以为资产阶级会由于懊恼而行动，那简直可笑。

不是的。立宪民主党人退出内阁只能理解为经过考虑的结果。这种考虑的实质是什么呢？

实质就是：要管理一个完成了一次大革命而又不能安定下来的国家，而且又是在进行世界规模的帝国主义战争的时候，那就需要真正革命阶级的一种极其勇敢的、具有伟大历史意义的、充满忘我热情的首创精神和气魄。要么是用暴力镇压这个阶级（立宪民主党早从5月6日起就这样宣传了）；要么是信任它的领导。要么是同帝国主义资本结成同盟，那就必须实行进攻，必须成为资本的顺从奴仆，必须受资本的奴役，必须抛弃无偿废除土地所有权的空想（见李沃夫在《交易所小报》上反对切尔诺夫纲领的言论）；要么是反对帝国主义资本，那就必须立即向各国人民提出确切的媾和条件（因为各国人民已经被战争弄得精疲力竭），必须勇于和善于举起全世界无产阶级反对资本的革命旗帜，在实际上而不是在口头上做到这一点，最坚决地把俄国本身的革命推向前进。

立宪民主党人无论在商业、财政金融、维护资本方面，还是在政治方面，都是十分精明的生意人。立宪民主党人正确地估计到，**客观上**是革命的形势。他们同意改良，而且愿意同改良主义者策列铁里之流和切尔诺夫之流分掌政权。但是改良没有用。摆脱危机即摆脱战争、摆脱经济破坏的改良道路**是没有的**。

从本阶级的观点来看，从帝国主义剥削者阶级的观点来看，立宪民主党人的打算是正确的，他们说：我们退出内阁，也就是提出最后通牒；我们知道，策列铁里之流和切尔诺夫之流现在并不信任真正革命的阶级，现在并不想实行真正革命的政策；我们是吓唬吓唬他们；失去立宪民主党人，就是失去遍及全世界的英美资本的“帮助”，就是**也**要革英美资本的命；策列铁里之流和切尔诺夫之流不敢这样做！他们一定会向我们让步！

如果不是这样，那就是革资本的命，但即使革命开始了，它也不会成功，我们还是会回来的。

立宪民主党人就是这样打算的。我们重复一遍：从剥削者阶级的观点来看，这种打算是正确的。

如果策列铁里之流和切尔诺夫之流不是站在动摇的小资产阶级的立场上，而是站在被剥削阶级的立场上，他们就会用赞同革命无产阶级的政策这一正确的行动来回答立宪民主党人的正确的打算。

载于1917年7月15日（28日）
《无产阶级事业报》第2号

译自《列宁全集》俄文第5版
第32卷第406—407页

全部政权归苏维埃！

（1917 年 7 月 5 日〔18 日〕）

“你把本性赶出门外，它会从窗口飞进来……”127　看来，执政的社会革命党和孟什维克党还得一次次地通过亲身的经验来“体会”这个简单的真理。他们既然要做“革命民主派”，既然处在革命民主派的地位，就应当作出任何一个革命民主主义者所应当作出的结论。

民主就是多数人的统治。在多数人的意志还不清楚的时候，在这样说似乎还有点道理的时候，人们奉献给人民的是一个挂着“民主”政府招牌的反革命资产者的政府。不过这种局面是不会拖延很久的。在 2 月 27 日以后的几个月里，工农大多数的意志即我国绝大多数居民的意志，不仅仅是大体上清楚了。这种意志已通过工兵农代表苏维埃这些群众组织表达出来了。

怎么可以顶着不把全部国家政权交给苏维埃呢？这正是意味着背弃民主！这恰恰是把一个**显然**不可能通过**民主的**方法，即不可能通过真正自由、真正全民的选举的方法产生出来和维持下去的政府强加给人民。

不管初看起来多么奇怪，但事实上正是社会革命党人和孟什维克**忘记了**这个最简单、最清楚、最明显的真理！他们那种虚假的地位把他们弄得糊里糊涂，晕头转向，以至“捕捉”不住这个被他们遗忘的真理。在彼得格勒和莫斯科的选举之后，在全俄农民苏维埃和苏维埃代表大会召开之后，各阶级和各政党的立场在全国都可以看得清清楚楚了，除了精神失常和假装糊涂的人以外，谁也不会看不清这一点。

对立宪民主党部长、立宪民主党政府或者立宪民主党政策的容忍，就是对民主和民主主义的挑战。而这正是 2 月 27 日以来历次政治危机的根源，也是我国政府系统不稳定的根源。他们事事处处、每天甚至每小时都以最有权威的国家机关和代表大会的名义，向人民的革命性和民主主义呼吁，但同时，政府的总政策，特别是它的对外政策和经济政策，却都背弃了革命性，违反了民主主义。

这样下去是不行的。

由于种种原因，出现目前这样的不稳定局面是不可避免的。固执己见并不是很聪明的政策。经过推动和飞跃，一定会使我党早已提出的政权转归苏维埃的口号得到实现。

载于 1917 年 7 月 5 日（18 日）
《真理报》第 99 号

译自《列宁全集》俄文第 5 版
第 32 卷第 408—409 页

政权在哪里？反革命在哪里？

（1917 年 7 月 5 日〔18 日〕）

对于这个问题，人们往往回答得很简单：反革命根本就没有，或者是我们不知道它在哪里；至于政权，我们知道得很清楚，它掌握在全俄工兵代表苏维埃代表大会中央执行委员会[128]监督下的临时政府手中。这就是通常的回答。

各种各样的危机多数都能揭露一切假象、消除各种错觉，同样，昨天的政治危机[129]发生后，我们方才引用的对一切革命的根本问题的通常的回答中所表现的错觉，也就烟消云散了。

曾任第二届国家杜马代表的阿列克辛斯基还活在世上，但是**在他没有恢复自己的名誉以前**，也就是说在他没有恢复自己的人格以前，工兵农代表苏维埃的执政党，即**社会革命党人**和**孟什维克拒绝**让他参加兵工代表苏维埃执行委员会[130]。

这是怎么一回事呢？为什么执行委员会公开正式表示不信任阿列克辛斯基，要求他恢复人格，即认为他是一个身败名裂的人呢？

因为阿列克辛斯基以专事诽谤出名，巴黎各党派的记者曾经宣布他是一个诽谤者。阿列克辛斯基并没有想在执行委员会面前恢复自己的人格，却宁愿在普列汉诺夫的《统一报》中躲藏下来，起初用缩写的名字发表文章，后来胆子大了，就公开发表文章。

昨天（7 月 4 日）白天，有几个布尔什维克从熟人那里得到警告，说阿列克辛斯基告诉彼得格勒记者委员会一个新的诽谤性消息。获悉情况的人多数根本没有重视这一警告，他们对阿列克辛斯基和他的“工作”只是感到厌恶和鄙视。但是有一个布尔什维克，中央执行委员会委员朱加施维里（斯大林），他是格鲁吉亚社会民主党人，老早就认识齐赫泽同志，他在中央执行委员会会议上同齐赫泽同志谈起了阿列克辛斯基这一新的卑鄙的诽谤活动。

当时已是深夜，但齐赫泽表示，中央执行委员会对那些害怕中央执行委员会审讯和侦查的人的造谣诽谤，决不会置之不理。他立刻用自己中央执行委员会主席的名义和临时政府成员策列铁里的名义，**打电话**给各报编辑部，要它们**拒绝刊登**阿列克辛斯基的**诽谤**。他告诉斯大林说，大多数报纸表示要按他的要求办，只有《统一报》和《言语报》有些“装聋作哑”（《统一报》我们没有看到，《言语报》**没有**转载这一诽谤）。结果，只有知识界多半根本没有听说过的、由 A.M.乌曼斯基编辑和出版的黄色小报《现代言论报》[131]（第 51 号（总第 404 号））刊载了这一诽谤性消息。

现在，诽谤者将要受到审讯。从这一方面说来，问题很简单，并不复杂。

这一诽谤显然是十分荒唐的：第 16 西伯利亚步兵团有一个叫什么叶尔莫连科的准尉“在 4 月 25 日被派到〈？〉第 6 集团军战线的后方，向我们宣传尽速单独对德媾和”。看来，这家伙是个逃出来的俘虏。《现代言论报》刊登的“文件”又说：“叶尔莫连科是在他的同志再三请求下接受这个任务的！！”

由此就可以断定，对一个愿意接受这种“任务”的无耻之徒究竟能给予多大的信任！……　证人是个毫无人格的人。这是事实。

Россійская Соціалъ-Демократическая Рабочая Партія. Цѣна 3 коп.

Пролетаріи всѣхъ странъ, соединяйтесь!

ЛИСТОКЪ „ПРАВДЫ".

Четвергъ 19-го іюля (6 іюля стараго стиля) 1917 года.

Спокойствіе и выдержка.

РАБОЧІЕ! СОЛДАТЫ!

Центральный Комитетъ Рос. Соц.-Дем. Р. Партіи.

Петербургскій Комитетъ Рос. Соц.-Дем. Р. Партіи.

Военная Организація Рос. Соц.-Дем. Р. Партіи.

Междурайонный Комитетъ объединенныхъ соціалдемократовъ-интернаціоналистовъ.

Изъ за чего идетъ борьба?

Гдѣ власть и гдѣ контръ-революція?

1917 年 7 月 6 日(19 日)载有列宁

《政权在哪里？反革命在哪里?》一文的《〈真理报〉小报》第 1 版

(按原版缩小)

那么，这个证人说了些什么呢？

他作证说："德国总参谋部的军官希迪茨基和吕贝尔斯告诉我，在俄国进行这种宣传的还有德国总参谋部的间谍、'乌克兰解放协会'[132]乌克兰分会主席 A.斯柯罗皮西-约尔图霍夫斯基和列宁。列宁的任务是竭力破坏俄国人民对临时政府的信任。"

总之，德国军官为了要叶尔莫连科从事可耻的勾当，就在他面前恬不知耻地诬蔑列宁。但是，正像大家所知道的，正像布尔什维克党**全党**所正式声明的，列宁一直是坚定不移地断然**否定**单独对德媾和的！！德国军官的谎话是如此明显、笨拙和荒诞，任何一个有见识的人都会毫不迟疑地说，这是谎话。而一个有政治见识的人更会毫不迟疑地说，把列宁同约尔图霍夫斯基（？）这等人以及同"乌克兰解放协会"相提并论，显然是荒谬绝伦的，因为列宁和一切国际主义者正是在战争期间曾多次**公开**同这个可疑的社会爱国主义的"协会"**划清了界限！**

被德国人收买的叶尔莫连科或德国军官的笨拙谎话，本来完全可以置之不理，如果"文件"不加上一条所谓"新到消息"的话（谁收到的消息，怎样收到的，从谁那里收到的，什么时候收到的，这一切都不清楚）。据这条消息说："宣传经费"是"经过""可靠的人"，即"布尔什维克"菲尔斯滕贝格（加涅茨基）和科兹洛夫斯基"领到"的（谁领到的？"文件"**不敢**直截了当地说列宁受到指控或怀疑！！文件没有说是**谁**"领到"的！）。据说还有关于银行汇款的材料，"战时邮检机关已查明，德国间谍同布尔什维克首领们不断〈！〉有政治和金钱方面的电报来往"！！

这同样是极其笨拙的谎话，它的荒诞无稽是一眼就可以看穿的。如果这里有一句话是真的，那么试问：（1）为什么**在不久以前**

还让加涅茨基自由地进入俄国，又自由地离开俄国呢？(2)为什么**在**报上公布加涅茨基和科兹洛夫斯基的罪行**之前没有**把他们逮捕起来呢？如果总参谋部确实掌握了关于汇款、电报等等多少有些可靠的情报，难道会不逮捕加涅茨基和科兹洛夫斯基，反而让阿列克辛斯基之流和黄色报纸走漏风声吗？我们现在碰到的不过是报纸上下流的诽谤者炮制的蹩脚货色，这还不明白吗？

我们再补充一点，加涅茨基和科兹洛夫斯基都不是布尔什维克，而是波兰社会民主党党员，加涅茨基是该党的中央委员，我们是在伦敦代表大会(1903年)[133]上认识他的，波兰代表后来退出了这次代表大会，如此等等。无论从加涅茨基那里还是从科兹洛夫斯基那里，布尔什维克都**没有**收到过**任何**钱。这一切都是彻头彻尾的拙劣的谎话。

这种谎话的政治意义是什么呢？第一，布尔什维克的政敌不撒谎、不诽谤就过不了日子。这些敌人就是这样卑鄙和下流。

第二，我们找到了本文标题所提出的那个问题的答案。

关于“文件”的报告早在**5月**16日就送交克伦斯基了。克伦斯基既是临时政府的成员，又是苏维埃的委员，也就是说，他是两个“政权”的成员。从5月16日到7月5日，时间是很多的。政权既然是政权，它就能够而且应当**自己**研究这些“文件”，传讯证人，逮捕嫌疑分子。政权，即**两个**“政权”，无论临时政府或中央执行委员会，都是能够而且应当这样做的。

两个政权都没有行动。而总参谋部却同因为进行诽谤活动而不能参加苏维埃执行委员会的阿列克辛斯基有某种关系！总参谋部恰恰在立宪民主党人退出内阁的时候(想必是偶然的)把自己的正式文件交给阿列克辛斯基去公布！

政权没有行动。即使列宁、加涅茨基和科兹洛夫斯基受到了怀疑，克伦斯基、临时政府或苏维埃执行委员会连想都没有想过要逮捕他们。昨天(7月4日)夜里，齐赫泽和策列铁里还要求各家报纸不刊登这种十分明显的诽谤。但是过了不久，在深夜里，波洛夫采夫却派士官生和哥萨克捣毁了《真理报》，使它不能出版，并且逮捕了出版人，抄走了账簿(似乎是为了检查一下其中有没有可疑的款项)，就在这个时候，黄色的、下流的、卑鄙龌龊的《现代言论报》登出了卑鄙的诽谤，想煽起狂热，污辱布尔什维克，造成行凶的气氛，替捣毁《真理报》的波洛夫采夫、士官生和哥萨克的行为开脱。

只要不是闭眼**不看真实情况**的人，就不会迷惑。**必须**行动的时候，**两个**政权都没有行动——中央执行委员会是由于“信任”立宪民主党人，怕触怒他们，立宪民主党人则是不愿意作为政权出面行动，他们宁愿从事**幕后**活动。

十分明显，幕后的反革命就是立宪民主党人、总参谋部的某些人物(我们党的决议把他们叫做“军队的高级指挥官”)和形迹可疑的半黑帮报纸。这些人**不是**没有行动，他们是齐心协力地在“工作”；正是这批人在制造行凶的气氛、策动大暴行、枪杀游行示威者等等，等等。

只要不是故意闭眼不看真实情况的人，就不会再迷惑下去。

在政权转归苏维埃，从而奠定建立政权的基础以前，不存在政权，也不会有政权。反革命势力把立宪民主党人同军队的某些高级指挥官以及黑帮报纸联合在一起，正在利用这种无政权的局面。这就是可悲的现实，但这是现实。

工人和士兵们！你们要沉着、坚定和警惕！

载于 1917 年 7 月 6 日（19 日）
《〈真理报〉小报》

译自《列宁全集》俄文第 5 版
第 32 卷第 410—417 页

黑帮报纸和阿列克辛斯基的卑鄙诽谤

（1917年7月5日〔18日〕）

具有明显的黑帮性质的报纸《现代言论报》，今天刊登了一个卑鄙龌龊的诽谤，诬蔑列宁。[①]

《真理报》在7月4日夜里被士官生捣毁，无法出版，因此我们不能立即详尽地驳斥这种卑鄙的诽谤。

我们暂且声明，《现代言论报》登载的消息是**诽谤**，**齐赫泽**在4日深夜曾经打电话**给各大报纸**，要求它们不要刊登这种诽谤中伤的东西。各大报纸都按齐赫泽的要求办了，7月5日，除了卑鄙龌龊的《现代言论报》以外，**没有**一家报纸**刊登这一卑鄙的诽谤**。

至于阿列克辛斯基，则是一个臭名远扬的诽谤者，因此，**在他**没有恢复名誉**以前**，也就是说**在他没有恢复人格以前**，**没有允许**他参加苏维埃执行委员会。

公民们！不要相信卑鄙的诽谤者阿列克辛斯基和《现代言论报》。

从下面这一点就可以立即看出《现代言论报》的诽谤，该报写道：总参谋部在**5月16日**就把控告列宁的公函（第3719号）送交

① 这一诽谤还印成传单张贴，但没有署名。

克伦斯基了。很明显，如果克伦斯基对这种指控或怀疑多少有点信以为真，那他就必定会立即逮捕列宁并且指定由**政府**进行**侦查**。

载于1917年7月6日（19日）
《〈真理报〉小报》

译自《列宁全集》俄文第5版
第32卷第418页

诽谤和事实

(1917 年 7 月 5 日〔18 日〕)

7 月 3 日和 4 日的游行示威发生以后，无数的谩骂和诽谤落到了布尔什维克身上。

有人甚至给布尔什维克加上了"力图占领城市"、"强奸"苏维埃的意志、"侵犯苏维埃的权力"等各种各样的罪名。

但是事实说明，尽管群众已经武装起来了，布尔什维克并**没有**占领(虽然能够占领)而且也**没有**打算占领城市的一个角落，更不用说一座建筑物或一个机关。

事实说明，**对机关**使用暴力的唯一**政治**事件是发生在 7 月 4 日的夜里，士官生和哥萨克按照波洛夫采夫的命令，**没有通知苏维埃，不顾苏维埃的意志**，捣毁了《真理报》。

这才是事实。

这才是经过周密考虑对整个机关凶狠地使用暴力的行为，这才是事实上的而不是口头上的"侵犯"和"强奸"。如果这种侵犯行为是正当的，那么，无论临时政府或者苏维埃都会批准这种做法，但是，**没有一个政权这样做**。捣毁《真理报》的暴徒们无论在苏维埃中或者在临时政府中都**没有得到支持**。

布尔什维克号召开始行动的士兵采取**和平的有组织的**行动。

临时政府和苏维埃都**没有**号召士官生、哥萨克和波洛夫采夫采取和平的有组织的行动,采取合法的行动。

* * *

但是,我们听说,当时有人开枪。

是的,当时确实有人开枪。但是谁开的枪呢?谁敢不经过侦查就给人加上开枪的罪名呢?

你们不妨听一下**资产阶级方面的目击者**所讲的话。

这个目击者就是《交易所新闻》(7月4日的晚刊);这个目击者不会偏袒布尔什维克,大概世界上不会有人怀疑这点吧!请看这个目击者所说的话:

> "下午2时整,正当武装示威队伍通过花园街和涅瓦大街的拐角处,许多人聚集在那里安静地观看游行的时候,**从花园街的右方传来了一声震耳的枪声**,接着开始了连珠般的射击。"

资产阶级报纸这个目击者也不得不承认真实的情况,承认枪声**首先**是从**花园街右方**发出的!!这难道不是清楚地表明有人**向示威者**开枪吗?

如果示威群众一定要使用暴力或者想使用暴力,**他们就该派人到某一机关去**(像波洛夫采夫向《真理报》派出士官生和哥萨克一样),这难道不好理解吗?但是相反,既然有许多水兵被打死,既然资产阶级报纸的目击者说,"正当武装示威队伍通过……的时候,从花园街的右方"有人先开枪,这难道不是清楚地证明,要求使用暴力、希望使用暴力的**正是黑帮分子**,**正是**民主的**敌人**,正是同立宪民主党人接近的那些集团吗?

载于1917年7月6日(19日)
《〈真理报〉小报》

译自《列宁全集》俄文第5版
第32卷第419—420页

接近了本质

(1917年7月5日〔18日〕)

柴可夫斯基公民7月4日晚在中央执行委员会会议上的发言,令人惊异地接近了事情的本质。

他反对苏维埃掌握政权,并且还提出了一个可以说“有决定意义的”理由:我们必须打仗,而没有钱是不能打仗的,如果政权掌握在“社会党人”手中,英国人和美国人就不肯借钱给我们,只有立宪民主党人参加政府,他们才肯借钱。

这是接近了本质。

要参加帝国主义战争,就不能不向资本家老爷借债,“参加”资本主义奴役人民的勾当。

要真正起来反对帝国主义战争,就必须割断同资本联系和受资本牵制的**一切**线索,大胆地让工人和农民监督银行、监督生产和调节生产。

我们也这样想:没有立宪民主党人作担保,英国人和美国人是不肯借钱的。二者必居其一:要么是为立宪民主党人效劳,为资本效劳,借帝国主义的债愈积愈多(那就休想得到“革命”民主派的称号,而只好容忍**帝国主义**民主派这个公允的绰号);要么是同立宪民主党人一刀两断,同资本家一刀两断,同帝国主义一刀两断,在战争问题上也成为真正的革命者。

柴可夫斯基接近了本质。

载于1917年7月6日(19日)
《〈真理报〉小报》

译自《列宁全集》俄文第5版
第32卷第421页

是新的德雷福斯案件吗?

(1917年7月5日〔18日〕)

我们总参谋部的某些“长官”是不是想重演德雷福斯案件[134]呢?

《现代言论报》上登载的一则令人愤慨的卑鄙而荒唐的诽谤(我们已在别的地方作了详尽的剖析),就使人产生这种想法。

在德雷福斯案件中,法国总参谋部不惜采取各种违反规定的、不正派的、简直是罪恶的(卑鄙的)手段来加罪于德雷福斯,结果在全世界面前可悲而又可耻地丢了脸。

我们的总参谋部好像是第一次公开通过……(令人惊奇地、意味深长地、难以置信地)通过黑帮的《现代言论报》在反布尔什维克“案件”中出面了。该报刊登了一个明显的诽谤,说列宁是间谍。这条消息开头说:

> “最高总司令部长官把审讯记录〈叶尔莫连科的〉随同1917年5月16日的第3719号公函送给了陆军部长。”

在办案时如果情况多少是正常的,难道能够设想参谋部的审讯记录**在**进行侦查**之前**或**在**逮捕嫌疑犯**之前**就在黑帮报纸上公布吗?

参谋部管侦查工作,这是无可争辩的。但是,5月16日发出的、克伦斯基早已收到的文件,不是由**克伦斯基**而是由黑帮报纸来散布，这样的侦查工作难道可以设想吗？？

实质上，这同德雷福斯案件中采取的那些手段又有什么区别呢？

载于1917年7月6日(19日)《〈真理报〉小报》

译自《列宁全集》俄文第5版第32卷第422页

俄国社会民主工党(布)彼得堡委员会执行委员会号召书

(1917年7月6日〔19日〕)

为了执行昨天公布的俄国社会民主工党中央委员会的决定(彼得堡委员会也在决定上签了名)[135],俄国社会民主工党彼得堡委员会执行委员会号召工人从明天(7月7日)早晨起复工。

维堡区各厂职工代表会议也同意上述决定。

俄国社会民主工党彼得堡委员会执行委员会

载于1928年《列宁文集》俄文版第7卷

译自《列宁全集》俄文第5版第32卷第423页

给《新生活报》编辑部的信[136]

（1917 年 7 月 6 日或 7 日〔19 日或 20 日〕）

同志们，由于我们党的报纸被迫停刊[137]，请允许我们向你们求助。有一类报纸对我们进行疯狂的攻击，指控我们进行间谍活动或私通敌国政府。

以下一些简单的事实足以证明，这种攻击简直是空前地……轻率(用词不当，太轻了)。《现代言论报》最初说列宁是间谍，后来又装腔作势地发表一个于事无补的“更正”，声明并未指控他进行间谍活动！最初他们搬出叶尔莫连科的证词，后来又不得不承认，把这样一个人的这样一些证词当做凭据简直是笨拙和可耻。

他们拉扯上帕尔乌斯的名字，却避而不谈，早在 1915 年，谁也没有像我们编辑的日内瓦的《社会民主党人报》那样无情地尖锐地斥责过帕尔乌斯，该报在《堕落到了极点》①一文中就曾经痛斥帕尔乌斯是“向兴登堡摇尾乞怜”的“叛徒”，如此等等。稍有见识的人都知道，或者不难知道，我们和帕尔乌斯绝对谈不上有什么政治关系或者其他关系。

他们把一个叫什么苏缅松的人牵连进来，我们不仅从未与此人打过交道，也从未见到过她。他们又扯到加涅茨基和科兹洛夫斯基的商务，但是没有举出一件事实，说明商务究竟是在什么地方、什么时候以及怎样掩护间谍活动的。我们不仅从未直接或间

① 见本版全集第 27 卷第 100—101 页。——编者注

接参与商务，而且根本没有从上面提到的两位同志那里为个人或党拿过一个戈比。

他们甚至把德国报纸转载（有歪曲）《真理报》电讯也算做我们的罪过，却“忘记”提到《真理报》用德文和法文在国外出版新闻简报[138]，而这个新闻简报上的东西是完全可以自由转载的！

所有这一切都是在阿列克辛斯基的参加下甚至倡导下进行的，而此人没有获准参加苏维埃，他是公认的，或者说是出了名的诽谤者！！难道真的不明白，对我们采取**这种**手段就是**法律暗杀**吗？一般说来，中央执行委员会讨论中央执行委员会委员出庭受审的条件问题，无疑带有整顿的成分[139]。社会革命党和孟什维克党想参加法律暗杀的阴谋活动吗？想甚至不指出我们究竟犯了间谍罪还是谋叛罪就送交法庭审判，也就是根本没有在法律上明确地定出罪名就送交法庭审判吗？想通过显然有倾向性的诉讼来阻挠他们自己的党指定的立宪会议代表取得候选人资格吗？这两个党是否想把俄国立宪会议召开的前夕变成俄国国土上的德雷福斯案件的开端呢？

不久的将来，这些问题都会得到回答。我们认为，公开提出这些问题是自由报刊的责任。

关于资产阶级的报刊我们就不谈了。不言而喻，米留可夫认定我们进行间谍活动或者领取德国的津贴，就像马尔柯夫和扎梅斯洛夫斯基认定犹太人喝儿童的鲜血一样。

不过，米留可夫及其同伙很清楚，自己干的是什么。

尼·列宁

载于1917年7月11日（24日）
《新生活报》第71号

译自《列宁全集》俄文第5版
第34卷第6—7页

德雷福斯案件重演

（1917 年 7 月 6—7 日〔19—20 日〕）

新旧手法兼施并用，——这就是沙皇政府进行剥削和镇压的一贯手段，共和制俄国的情况也是这样。反革命资产阶级在对各族革命无产阶级的政党布尔什维克进行政治迫害时，总是还要进行极端卑鄙的诽谤，在报刊上展开“攻势”，同法国教权派和君主派的报刊在德雷福斯案件中的攻势一模一样。

要不惜一切给德雷福斯加上进行间谍活动的罪名！——这是那时的暗号。要不惜一切给某个布尔什维克加上进行间谍活动的罪名！——这是现在的暗号。卑鄙地诽谤，颠倒是非，漫天撒谎，挖空心思地混淆读者视听，——所有这些手法，黄色报纸和一切资产阶级报纸都在非常卖力地采用。他们的嚎叫简直达到了疯狂的程度，别说论据，有时就连叫些什么也听不清楚。

下面就是最近在我们共和国上演德雷福斯案件时采用的几种手法。最初他们“搬出”三个主要“论据”：叶尔莫连科；科兹洛夫斯基的 2 000 万；同帕尔乌斯的关系。

第二天，鼓吹行凶的主要报纸《现代言论报》就刊登了两点“更正”，承认布尔什维克的“领袖”不是被人收买，而是狂热分子，同时把 2 000 万改成了 2 万。另一家报纸则说叶尔莫连科的证词是次要的。

我们在7月6日的《〈真理报〉小报》[140]上已经指出，叶尔莫连科的证词完全是荒诞无稽的①。显然，他的证词已不便再引用了。

同一号《〈真理报〉小报》还刊登了科兹洛夫斯基驳斥诽谤的一封信。遭到驳斥之后，2 000万减到了2万，但仍然没有说出确切数字，而是用了一个"整数"！

他们把帕尔乌斯扯在里面，竭力捏造说帕尔乌斯同布尔什维克有某种联系。其实正是布尔什维克，早在日内瓦的《社会民主党人报》上就把他叫做叛徒②，把他当做德国的普列汉诺夫无情地加以斥责，永远排除了同这种社会沙文主义者进行任何接触的一切可能。正是布尔什维克，在有瑞典左派社会党人[141]参加的斯德哥尔摩欢迎大会上，不仅断然拒绝同帕尔乌斯交谈，而且不让他以任何身份，甚至以来宾身份参加大会。

加涅茨基是经商的，他供职的那家公司有帕尔乌斯的股份。有关商务和钱财的通信当然要经过邮检机关，而且完全能够彻底加以检查。有人却毫无根据地竭力把商务同政治搅在一起!!

甚至还有这样可笑的事情：有人指责《真理报》，就因为《真理报》发给瑞典及其他国家社会党报纸的电讯（当然也经过邮检机关，这个机关是了解得十分清楚的）德国报纸也转载了，有时还加以歪曲！好像电讯被人转载或者遭到恶意的歪曲也应当受指责似的！

这是地地道道的德雷福斯案件，采取撒谎和诽谤的攻势是基于疯狂的政治仇恨……　但是，用散布诽谤来代替思想斗争的谣

① 见本卷第385—392页。——编者注

② 见本版全集第27卷第100—101页。——编者注

言制造者该是多么卑鄙啊！

载于1925年《列宁文集》俄文版第4卷

译自《列宁全集》俄文第5版第32卷第424—426页

辟　谣

（1917年7月7日〔20日〕）

7月6日的《〈真理报〉小报》已经详尽地驳斥了黑帮报纸对列宁等人的卑鄙诽谤[①]，另外，还以我党中央的名义印发了传单，对这种诽谤作了同样的但是比较简短的驳斥。

我们所要补充的只是回答人们向我们提出的如下问题：传说列宁、加米涅夫、季诺维也夫等人已被逮捕，是否确实？不，这种传说**不确实**。这里提到的几个被卑鄙无耻、专事诽谤的报纸攻击得特别厉害的布尔什维克，都是全俄工兵代表苏维埃中央执行委员会的委员。我们再一次请求每一个正直的公民不要相信卑鄙龌龊的诽谤和谣言。

载于1928年《列宁文集》俄文版第7卷

译自《列宁全集》俄文第5版第32卷第427页

① 见本卷第385—392页。——编者注

三 次 危 机[142]

（1917年7月7日〔20日〕）

在这些日子里，对布尔什维克的诽谤和造谣中伤愈厉害，我们在驳斥谣言和诽谤时就愈应当沉着地深入考察事件的历史联系和目前革命进程的政治意义**即阶级**意义。

为了驳斥谣言和诽谤，在这里我们只须再次指出7月6日的《〈真理报〉小报》，并请读者特别注意发表在后面的一篇文章，这篇文章确凿地证明：7月2日布尔什维克进行了**反对**发起行动的宣传（社会革命党的报纸承认这一点），7月3日群众情绪沸腾，不顾我们的劝告而开始了行动，7月4日我们在传单（正是那家社会革命党人的《人民事业报》也转载过这一传单）中号召举行**和平的有组织的**游行示威。7月4日夜间我们决定停止游行示威。诽谤家们，你们诽谤吧！你们永远也驳不倒这些事实及其全部联系的决定意义！

现在我们来谈谈事件的历史联系问题。早在4月初，当我们反对支持临时政府的时候，社会革命党人和孟什维克就攻击过我们。但是，实际生活证明了什么呢？

4月20日和21日、6月10日和18日、7月3日和4日这三次政治危机证明了什么呢？

它们证明：第一，群众对临时政府的资产阶级多数派的资产阶级政策日益不满。

值得指出的是，执政的社会革命党的报纸《人民事业报》虽然极端敌视布尔什维克，但是它在7月6日不得不承认7月3日和4日的运动有深刻的经济原因和政治原因。说这个运动是人为地挑起的，说布尔什维克的鼓动**支持**这次行动，这种愚蠢的、拙劣的、卑鄙的谎言将愈来愈被揭露出来。

上述三次政治危机总的原因，总的由来，总的深刻的根源是清楚的，如果按照科学所要求于我们的那样来观察政治，即从相互联系中来观察这三次政治危机，那就更加清楚了。认为这样的三次危机可能是人为地挑起的，那是荒谬的。

第二，深入考察一下什么是三次危机中共同的东西，什么是每次危机中特有的东西，是有教益的。

共同的东西就是群众对资产阶级及**其**政府表示极端的不满和愤慨。谁要是忘记、抹杀或轻视**问题的这一实质**，谁就是违背社会主义关于阶级斗争的起码常识。

让自称为社会主义者并且知道一点欧洲革命中的阶级斗争的那些人想想俄国革命中的阶级斗争吧。

这三次危机各有它自己独特的表现：第一次（4月20—21日）是自发的、猛烈的、完全没有组织的行动，这次行动导致黑帮分子对示威群众开枪射击，给布尔什维克加上荒谬绝伦的莫须有的罪名。这一爆发之后发生了政治危机。

第二次，布尔什维克决定举行游行示威，在苏维埃代表大会提出威胁性的最后通牒和明令禁止之后，取消了游行示威；6月18日举行了总示威，布尔什维克的口号显然占了上风。社会革命党人和孟什维克自己在6月18日晚上承认，假如前线不发动进攻，政治危机可能就爆发了。

第三次危机是在7月3日自发地发展起来的，尽管布尔什维克在7月2日曾竭力加以制止；7月4日，危机达到了最高点，在5日和6日便导向反革命的顶点。斯皮里多诺娃和其他一些社会革命党人主张政权转归苏维埃，这表现了社会革命党人和孟什维克的动摇，过去反对这样做的孟什维克国际主义者也这样主张了。

最后，分析事件的联系，从中得出的最终的、也许是最有教益的结论就是：在波浪起伏的运动（迅速的高涨和急遽的低落）中，在革命和反革命都锋芒毕露的情况下，在中间分子较长时间被"冲刷掉"的情况下，**所有**这三次危机都向我们表明，出现了我国革命史上不曾有过的某种更加复杂的游行示威的形式。

这三次危机期间的运动形式都是**游行示威**。反政府的游行示威——从形式上看，这是对事件最确切的描绘。但实质上，这不是普通的游行示威，而是某种比游行示威大得多而比革命小一些的事件。这是革命和反革命的**同时**爆发，这是无产阶级分子和资产阶级分子猛然显示力量而使中间分子剧烈地、有时几乎是突然地被"冲刷掉"。

这方面很能说明问题的是，**每一次**运动，所有中间分子对无产阶级和资产阶级这**两种**特定的阶级力量都要分别责骂一通。请看一看社会革命党人和孟什维克吧：他们拼命叫嚷，说布尔什维克的极端行为帮助了反革命，同时又一再承认立宪民主党人（他们在政府中与立宪民主党人结成了联盟）是反革命的。昨天的《人民事业报》写道："与一切右倾分子，包括好战成性的'统一派'〈可以补充一句，社会革命党人在选举中同"统一派"结成了联盟〉断然划清界限，——这就是我们的迫切任务。"

请拿今天(7 月 7 日)的《统一报》同这些话比较一下吧，普列汉诺夫为该报写的社论不得不确认下述无可争辩的事实：苏维埃(即社会革命党人和孟什维克)要求“考虑两周”，以及政权如果转归苏维埃，那就“等于列宁派取得胜利”。普列汉诺夫写道：“如果立宪民主党人不遵循愈坏愈好的准则……那么他们自己将不得不承认他们犯了大错〈退出内阁〉，便利了列宁派的工作。”

难道这不说明问题吗？中间分子谴责立宪民主党人便利了布尔什维克的工作，同时又谴责布尔什维克便利了立宪民主党人的工作!! 应该用阶级名称代替政治名称，这样我们就能看到小资产阶级幻想无产阶级同资产阶级之间阶级斗争已经消失，看到小资产阶级埋怨无产阶级同资产阶级的阶级斗争，这难道难以揣摩吗？如果不是最深刻的经济原因和政治原因使无产阶级行动起来，世界上任何布尔什维克连一次“人民运动”也无力“挑起”，更不用说三次了；如果不是同样深刻的原因使资产阶级作为一个阶级具有反革命性，任何立宪民主党人和君主派合在一起也都无力“从右边”挑起任何运动，这难道难以揣摩吗？

由于 4 月 20—21 日运动，社会革命党人和孟什维克责骂我们、也责骂立宪民主党人固执、极端和过火，甚至把涅瓦大街发生枪击的事归罪于布尔什维克(多么荒谬)，而在运动结束以后，这些社会革命党人和孟什维克又在自己的统一的正式机关报《消息报》上写道，“人民运动”“清除了帝国主义者米留可夫等等”，也就是说，他们又**赞扬了**运动!! 难道这不说明问题吗？难道这不是非常清楚地表明小资产阶级不了解无产阶级同资产阶级的阶级斗争的奥妙或实质吗？

客观情况是这样的：国内大多数居民的生活状况、特别是思想状况是小资产阶级的。但是在国内占统治的是大资本,统治的办法首先通过银行和辛迪加。我国已经有相当成熟的城市无产阶级,能够走自己的路,但是还不能一下子把大多数半无产者争取过来。由于这个基本的即阶级的事实,就不可避免地产生了我们所研究的这三次危机,并且产生了这三次危机的形式。

当然危机的形式将来可能改变,但是事情的实质是不会改变的,即使社会革命党的立宪会议在10月召开,情况也是一样。社会革命党人向农民许了愿:(1)废除土地私有制;(2)把土地转交劳动者;(3)没收地主土地,把土地无偿地转交农民。要实现这些伟大的改革,不对资产阶级采取最坚决的革命措施是绝对不可能的。要采取这些措施,**只有**使贫苦农民同无产阶级联合起来,**只有**把银行和辛迪加收归国有。

轻信的农民暂时还相信同资产阶级妥协就可以得到这些美妙的东西,他们对于无产阶级为了真正实现社会革命党人的诺言而同资产阶级进行尖锐的阶级斗争必然会感到失望和……“不满”(说得轻一点)。过去如此,将来还会如此。

载于1917年7月19日《女工》杂志第7期

译自《列宁全集》俄文第5版第32卷第428—432页

关于布尔什维克领袖们出庭受审的问题[143]

（1917年7月8日〔21日〕）

从私下的谈话来看，对这个问题有两种意见。

沉醉于“苏维埃气氛”中的同志往往倾向于出庭受审。

比较接近工人群众的同志显然不倾向于出庭受审。

从原则上说，问题主要可以归结为怎样评价通常所谓的立宪幻想。

如果认为，在俄国现在有或者可能有正确的政府和正确的法庭，可能召开立宪会议，那就可以得出应当出庭受审的结论。

但是这种意见是根本错误的。正是最近（7月4日以后）的一些事件已经极为清楚地表明，召开立宪会议是不可能的（如果不发生新的革命），俄国目前没有而且（眼下）也不可能有正确的政府和正确的法庭。

法庭是政权机关。自由派有时忘记了这一点。对马克思主义者来说，忘记这一点就是罪过。

那么政权在哪里呢？谁在掌握政权呢？

没有政府。它每天都在变动。它不起作用。

起作用的是军人专政。在这种情况下谈“审判”是可笑的。这不是“审判”的问题，而是**内战的一个插曲**。那些主张出庭受审的人毫无理由地拒绝了解的正是这一点。

佩列韦尔泽夫和阿列克辛斯基是“案件”的策划者!! 在这种情况下谈审判，难道不可笑吗？认为在这种条件下法庭还能够进行什么分析、判断和调查，难道不是一种天真的想法吗？

政权掌握在军事独裁者手里，如果没有新的革命，这个政权在一定的时期，首先是在战争时期只会得到巩固。

“我没有做任何违法的事情。法庭是公正的。法庭会把事情审清楚。审判会公开进行。人民是会理解的。我要出庭受审。”

这是一种天真到了幼稚程度的议论。不是审判，而是对国际主义者进行迫害，——这就是**政权需要做的**。把国际主义者抓起来和关起来，——这就是克伦斯基之流先生们所需要的。过去如此(在英国和法国)，将来还会如此(在俄国)。

让国际主义者尽自己的力量秘密地工作吧，但是决不能让他们去做自愿出庭受审的蠢事！

载于1925年《无产阶级革命》杂志第1期

译自《列宁全集》俄文第5版第32卷第433—434页

给《无产阶级事业报》编辑部的信[144]

（1917年7月9日和14日〔22日和27日〕之间）

同志们：

我们改变了本来的打算，决定不服从临时政府逮捕我们的命令，理由如下：

从星期日《新时报》刊登的前司法部长佩列韦尔泽夫的信中，可以十分清楚地看出，关于列宁等人从事"间谍活动"的"案件"，完全是反革命政党蓄意捏造的。

佩列韦尔泽夫完全公开地承认：他利用未经核实的指控，是为了激起士兵对我们党的愤恨（他的原话）。供认这一点的是昨天的司法部长，是昨天还自称为社会主义者的人！佩列韦尔泽夫下台了。但是，谁也不敢说新的司法部长不会采用佩列韦尔泽夫和阿列克辛斯基的这些手法。

反革命资产阶级试图制造新的德雷福斯案件。他们认定我们从事"间谍活动"，正如制造贝利斯案件[145]的俄国反动派头子认定犹太人喝儿童的鲜血一样。目前在俄国根本没有公正审判的保障。

以俄国民主派的全权代表机关自命的中央执行委员会，成立过一个委员会来调查间谍案件，但是在反革命势力的压力下又把这个委员会解散了。对于逮捕我们的命令，中央执行委员会既不想直接批准也不想撤销。它表明与自己无关，事实上是把我们交给了反革命。

控告我们进行“阴谋活动”和在“精神上”“煽动”叛乱，其性质已十分明确。无论是临时政府或者苏维埃都根本没有对我们的所谓罪行在法律上明确地定出罪名，它们明明知道，说7月3—5日的运动有什么“阴谋”简直是无稽之谈。孟什维克和社会革命党人的领袖不过是想引起对他们也在施加压力的反革命的怜悯，按照反革命的指示把我党的一些党员交给反革命。现在，在俄国根本没有什么合法的基础，就连走上正轨的资产阶级国家中存在的宪法保障也谈不上。现在把自己交给当局，就是把自己交给米留可夫之流、阿列克辛斯基之流、佩列韦尔泽夫之流，交给疯狂的反革命分子。在这些反革命分子看来，对我们的一切控告只不过是内战的一个插曲而已。

在7月6—8日的事件发生以后，没有一个俄国革命者还会抱立宪幻想了。革命和反革命正在进行决定性的搏斗。我们要一如既往站在革命方面进行斗争。

我们要一如既往尽力帮助无产阶级的革命斗争。如果立宪会议召开，并且不是由资产阶级召开的，那就只有立宪会议才有权处置临时政府发出的逮捕我们的命令。

尼·列宁

载于1917年7月15日(28日)
《无产阶级事业报》第2号

译自《列宁全集》俄文第5版
第34卷第8—9页

附　　录

没有写完的自传[146]

（不早于1917年5月4日〔17日〕）

同志们！彼得格勒工兵代表苏维埃已经把你们1917年4月24日的信交给了我。你们在这封信中问到我的出身、经历，如果我曾被流放，原因是什么？还问我是怎样回到俄国的以及我目前从事什么样的活动，也就是说它们（这些活动）对你们有益还是有害。

现在我来回答所有这些问题，但最后一个问题除外，因为我的活动是否对你们有益，只有你们自己才能作出判断。

我叫弗拉基米尔·伊里奇·乌里扬诺夫。

1870年4月10日，我出生于辛比尔斯克。1887年春，我的哥哥亚历山大因谋刺（1887年3月1日）亚历山大三世而被他处死。1887年12月，我由于参加学潮第一次被捕并被喀山大学开除，随后又被逐出喀山。

1895年12月，我由于在彼得堡工人中间进行社会民主主义的宣传再次被捕……①

载于1927年4月16日《真理报》第86号

译自《列宁全集》俄文第5版第32卷第21页

① 手稿到此中断。——俄文版编者注

《在彼得格勒党组织大会上关于俄国社会民主工党（布）第七次全国代表会议（四月代表会议）结果的报告》的提纲[①]

（1917年5月6日和8日〔19日和21日〕之间）

一

“胜利了”！因此……

议论纷纷，情绪激昂，

“狂欢”……

“革命民主”＝**反动**民主……

(α)内阁（资本家的支柱）……

(β)主张进攻……

(γ)反对夺取土地……

(δ)反对联欢……

“人人像孩子一样”

（《土地和自由报》）第36号

（1917年5月6日）

伊里亚·伊林的诗《春意》

“人人像孩子一样！日子
多么欢畅！
没有黑夜！不用睡眠！
好像没有过严寒，
好像永远是春天！”

---

① 报告见本卷第46—49页。——编者注

划分出无产阶级的阶级路线＝建立

群众性的无产阶级政党……

把一切政党重新排队……

‖资本家……

‖（劳动派）民粹主义者和孟什维克

‖无产阶级政党

1915年10月13日《社会民主党人报》第47号上的要点

第8—11点①。

小资产阶级的**动摇**＝实质。但是小资产阶级＝千千万万，“多不胜数”，数不尽的集团和阶层、更小的集团和更小的阶层等等。**极其漫长的**过程……

二

贯穿**各项**决议的红线

(1)战争：资本家

革命护国派（民粹主义者和孟什维克）……

国际主义无产者。

(2)对临时政府的态度：

资本家

联络委员会（民粹主义者和孟什维克）

国际主义无产者。

---

① 见本版全集第27卷第53—56页。——编者注

(3)**土地问题**：

地主和资本家

{ **“不要夺取土地”**（**民粹主义者和孟什维克**）（第 4 条）
不要把农业雇佣工人单独划出来
不要向社会主义迈进……（第 8 条和第 9 条）[147] }

国际主义无产者。

(4)柏格比尔和**国际**

(+5)三派：(α)拥护资本家的

(β)动摇的（民粹主义者和孟什维克）

(γ)国际主义无产者。

+(6)联合内阁　　资本家占多数

民粹主义者和孟什维克

无产者。

(7)民族问题　**资本家**

芬兰　　**孟什维克**

无产者。

(8)联合国际主义者反对小资产阶级护国主义联盟……

(9)目前形势：对社会主义的态度

(α)资本家

(β)孟什维克和民粹主义者（不是社会主义）

(γ)无产者。

(10)党纲。总结　关于**帝国主义**

关于**国家**

关于**国际**。

注意

(11)向社会主义迈进

(12)苏维埃{各地在发展，中央已停滞}

总结＝**改选**……

((B.o.!!))[148]

三

新的条件：

{(α)空前未有的合法性……

(β)我们面对千百万群众……

(γ)规模空前的崩溃即将来临 (**主要的**)……

(战争——及饥饿)

因此：

{要像磐石那样坚定不移地执行无产阶级路线，反对小资产阶级的动摇——

——要采取**说服**、“**解释**”的办法去影响群众——

——对崩溃要有准备，要准备进行**比二月革命强1 000倍的**革命。

小资产阶级的动摇：{托洛茨基……

拉林及宾什托克

马尔托夫

《新生活报》}

群众：(农民代表大会)

原有的鼓动员＋宣传员＋**组织者**＋等等??

新生力量(人手不足)。

(α)党员大会(像这次大会一样)。

(β)**成十倍地增加**

鼓动员＋宣传员＋**组织者**

怎么做？**不知道**。但明确地知道，做不到这一点就**根本谈不上**进行无产阶级革命。

(γ)小组的鼓动——群众性的鼓动

(对比大会的鼓动)。

(γ)也要**组织起来**。

(δ)最马克思主义＝最通俗和朴实(转化)。

(δ)无产阶级和半无产阶级的政党＝工人和贫苦农民的政党……

(δ)最马克思主义＝(转化)最通俗

贫苦农民。

恶意煽动？在历次革命中所有的人都受到过这样的指责。

马克思主义恰恰是保证……

载于1925年《列宁文集》俄文版第4卷

译自《列宁全集》俄文第5版第32卷第439—442页

《关于同经济破坏作斗争的几项经济措施的决议》的提纲[1]

（1917年5月25日〔6月7日〕以前）

1. 崩溃已经逼近。
2. 无论是官僚主义的或是资产阶级的**解决办法**都行不通。
3. 工人监督应该首先是真正的**工人**监督（在有**表决**权的人中工人占¾）。
4. 工人监督应该发展为**调节**。
5. 工人监督应该扩大到监督一切金融业务和整个财务状况。
6. 要摆脱崩溃就一定要**没收**最大的和较大的资本作为**首先**采取的革命措施。
7. 接着应该采取如下革命措施：**通过工人民兵**来建立**普遍劳动义务制**……（工人在8小时工作以外在民兵中义务执行勤务）。
8. 把劳动力转到煤和原料的生产以及运输业中去……

+**补**6　组织粮食与工具、鞋子、衣服……的交换

+**9.** 把生产炸弹的劳动力转到生产有用的产品中去。

---

① 决议见本卷第163—165页。——编者注

＋**节省人力……**

＋普遍劳动义务制必须最大限度地、最严格地节省人力和劳动。

载于1925年《列宁文集》俄文版第4卷

译自《列宁全集》俄文第5版第32卷第443—444页

罗·瓦·马林诺夫斯基奸细活动案询问记录[149]

（1917年5月26日〔6月8日〕）

记　录

1917年5月26日，受派参加特别调查委员会的H.A.科洛科洛夫依据刑事公诉程序规则第443条询问了下面这个人，他提供了证词。

弗拉基米尔·伊里奇·乌里扬诺夫，47岁，现住莫伊卡32号《真理报》编辑部

我是在1912年1月我党（俄国社会民主工党（布尔什维克））布拉格代表会议上第一次见到马林诺夫斯基的。[150]马林诺夫斯基出席这次会议时已经是一位十分著名的合法工人运动工作者了，孟什维克对他谈论颇多，都把他当成自己人。我听说，孟什维克舍尔甚至称马林诺夫斯基是"俄国的倍倍尔"。

马林诺夫斯基之所以不仅在社会民主党的领导人中间，而且在广大工人群众中间享有盛誉，其原因就在于他当过一个最大的工会即五金工会的书记。要在这个十分先进的工人为数不少的行业中脱颖而出，要在必须同群众经常打交道的职位上赢得声望，殊非易事。因此我们这些参加布拉格代表会议的人，都觉得马林诺

夫斯基的声望是无可争辩的。马林诺夫斯基当时还对我们说，他是经过一番深思熟虑和认真观察才逐渐由孟什维主义转向布尔什维主义的。他说，1911 年春他曾因这一转变与请他出席一次极为重要的孟什维克会议的著名的工人孟什维克发生了极其剧烈的冲突。这样一来，在所有与会者的心目中，马林诺夫斯基的声望更加提高了。顺便说一句，谈到马林诺夫斯基的奸细活动经历，不妨研究和调查一下我们在国外出版的一号《社会民主党人报》上谈到过的孟什维克于 1911 年春召开的这次会议[151]。记得，马林诺夫斯基提到的与会者的姓名中有契尔金，此人我在 1905 — 1906 年接触过一两次，当时他是个狂热的孟什维克。

马林诺夫斯基在布拉格代表会议上当选为中央委员，我们当即确定他为国家杜马候选人。为了确保他当选，我们中央委员会直接命令他选举前要格外谨慎、待在自己的工厂里、不去莫斯科等等。

至于说到我党的路线，这条必然直接导致同机会主义者-孟什维克分裂的路线自然是从 1903 年以来党的历史，尤其是从 1908—1910 年同“取消派”的斗争，从俄国取消派首领们破坏 1910 年一月全会的决议之后极端加剧的这一斗争中得出的。马林诺夫斯基若不是把自己装扮成通过长期的合法工作“亲身”感受到取消主义的十足危险的热烈而坚定的布尔什维克，他既不会当选为中央委员，也不会代表我党参加国家杜马。

马林诺夫斯基有一次在布拉格曾十分神秘地似乎“仅仅”对我一个人讲起（后来才知道**不**仅对我一人讲过），由于 1905 年事件的缘故他只得持他人的护照。经历了革命和对日战争之后，这种情况在社会民主党的队伍中并无任何不同寻常之处，成千上万名五金工人一步一步看着马林诺夫斯基是怎样生活和活动的,他们对他们这位书记的信任消除了我对他的任何怀疑。

我第二次见到马林诺夫斯基已是在克拉科夫,我于1912年春从巴黎迁往克拉科夫,以便每天为《真理报》工作。该报于1912年4月创刊,很快就成为我党对群众起影响作用的主要的机关报。马林诺夫斯基来到克拉科夫时,同穆拉诺夫一样已是国家杜马代表,记得后来,到12月份,彼得罗夫斯基和巴达耶夫也来过。

马林诺夫斯基这个人容易冲动,无疑也很有才能。有人说他在工人会议上很受欢迎。我只听过他一次长篇演讲(1914年1月在布鲁塞尔召开的拉脱维亚社会民主党代表大会[152]上),我觉得这篇演讲足可证明他是位颇受欢迎的鼓动家。对于马林诺夫斯基这样一位中央委员,我们所看重的恰恰是他的宣传鼓动活动,尤其是杜马活动;我们认为他作为一名组织家,在与人交往时太易冲动,不够稳重。对**其他**代表当选中央委员一事(我们很快就开始逐步把我们的**所有**代表一一增补为中央委员),马林诺夫斯基有些冲动,他没有反对,但好像不大情愿。我们认为,这都是因为他自尊心太强、太爱发号施令的缘故,地方工作人员也对此时有怨言,这在会议上也可以察觉到。我们由于第一届和第二届国家杜马的某些代表而取得可悲经验之后,对于国家杜马代表的"崇高称号"使人头脑发昏、有时把人"宠坏"这一点,已经不感到惊奇了。

现在我很清楚,马林诺夫斯基看到其他代表当选为中央委员就感到不安,是因为这完全动摇了他的"无限权力"(如果只他一人,他就可以一手控制国内的全部线索,因为我们当时被迫侨居国外)。

马林诺夫斯基到克拉科夫的次数比其他人都多。他说,一方面是因为疲劳过度，另一方面是想去华沙（据说，那儿有他一些波兰的熟人和亲友）等等。在克拉科夫，马林诺夫斯基作为波兰人结识了达申斯基（此人我不认识）和波兰社会民主党的领袖，我们同这些领袖很友好，马林诺夫斯基也博得了他们的充分信任。

我的妻子多年担任中央委员会秘书，她对于马林诺夫斯基的组织联系和活动更加留意。我最感兴趣的是杜马的工作，常常同马林诺夫斯基讨论此事，如同为其他代表一样，为他起草发言稿①，其次感兴趣的是《真理报》。我们知道波列塔耶夫为《真理报》做了大量的工作，所以我们要求马林诺夫斯基最多的是关心《真理报》、关心该报的发行和巩固工作。我们对待合法工作极其认真，因为这一工作坚持同取消派进行不调和的斗争，始终不渝地忠实于革命的原则，我们要求严格遵守《真理报》的合法性。不妨通过《真理报》的其他工作人员和职员来核实一下马林诺夫斯基究竟在多大程度上遵守了我们的坚决要求。

马林诺夫斯基同其他代表经常发生摩擦和冲突，尤其是在这些代表都成为中央委员以后，这全都起因于他的自尊心和统治癖。我们曾不止一次因此责备过他，要求他善待同事。

在《真理报》的路线和社会民主党党团分裂的问题上，马林诺夫斯基完全执行了我们（我和季诺维也夫等人）在国外会议上所确定的以及（我已经讲过）布尔什维主义的历史所决定的政策。

我听说，大约是在1911年，莫斯科有人曾对马林诺夫斯基政治上是否诚实表示怀疑，而在他1914年春突然退出国家杜马以后，有人曾特别明确地把这种怀疑告诉了我们。至于莫斯科的传

① 见《列宁全集补遗》第1卷第106—107页及注163。——编者注

闻，那是在“抓奸细热”甚嚣尘上的时候的事，当时未曾向我们通报过一件事实，哪怕多少经得起推敲的事实。

马林诺夫斯基退出国家杜马后，我们任命了一个委员会（季诺维也夫、加涅茨基和我）来调查疑点。我们询问了不少证人，安排了同马林诺夫斯基的对质，证词记了几百页（可惜，好多都毁于战争或者留在克拉科夫了）。委员会所有委员当时都未能发现丝毫证据。马林诺夫斯基向我们解释说：他所以出走，是因为他再也无法隐瞒迫使他改名的一段个人经历，这段经历关系到一个女人的名誉，发生在他结婚以前很久。他给我们举出了很多证人，有在华沙的，也有在喀山的，记得其中还有一位是喀山大学教授。我们当时觉得这段经历合乎情理，而马林诺夫斯基易于激动的气质又使这段经历看上去很有可能发生，我们认为不该由我们来把这种事情宣扬出去。我们决定把证人召到克拉科夫来，或者派委员会的代表到俄国国内去会见他们。由于战争爆发而未能这样做。

但是，委员会的三个委员当时都确信马林诺夫斯基不是奸细，我们在报刊上声明了这一点。[153]

我本人曾经不止一次地这样想过：在阿捷夫案件以后，无论什么事情都不会使我惊奇。但是我不相信这里有奸细活动，这不仅因为我没有看到证据，没有看到罪证，而且还因为，即使马林诺夫斯基是奸细，保安处由此得到的也并不如我们党从《真理报》和整个合法机关得到的那样多。

显然，保安处把奸细塞进杜马，为此排除了布尔什维主义对手等等，其依据是一种对布尔什维主义粗浅的看法，我甚至要说是一种对布尔什维主义拙劣的丑化：说什么布尔什维克要“举行武装起义”了。为了掌握这次酝酿中的起义的所有线索，（在保安处看来)不择手段让马林诺夫斯基打进国家杜马和中央委员会是值得的。

这两点保安处都做到了,结果是马林诺夫斯基却成了一根结实的长链条上的一个环节,这根链条把我们的秘密基地同党影响**群众**的两个最大机关——《真理报》和社会民主党杜马党团联系在一起(而且是从各个方面)。奸细要取得我们的信任,只得保护这两个机关。

这两个机关由我们直接指导,因为我和季诺维也夫**每天**为《真理报》撰稿,而党的决议又**完全**确定了《真理报》的路线。因此,保持对4万—6万名工人的影响当时是有保证的。杜马党团的情况也是如此,尤其是穆拉诺夫、彼得罗夫斯基、巴达耶夫,他们在工作中越来越不依赖于马林诺夫斯基,他们扩大**自己的**联系,**自己**去影响广大工人阶层。

马林诺夫斯基当时可以害人,他也一个一个地害了许多人。然而党的工作的作用在日益加强,其对成千上万**群众**(通过1912年4月以后声势变得更为浩大的罢工)的影响在不断扩大,这一势头他既无法阻止,也无法控制和"引导"。如果保安处让马林诺夫斯基退出杜马的种种理由中再冒出下面这一个理由,那我是不会感到奇怪的,即:马林诺夫斯基实际上受合法的《真理报》和在群众中进行**革命**工作的合法代表党团的束缚太多,已经超过了"他们"即保安处所能够接受的限度。

本证词由本人亲笔提供。

弗拉基米尔·乌里扬诺夫[①]

---

① 看来,下面是特别委员会的侦查员的笔录。——俄文版编者注

下面就向我提出的一些问题继续提供本人的证词。

中央委员当时在国内的并不多,我和季诺维也夫还侨居国外。留在这里的人当中,斯大林(朱加施维里)多半都在监狱里或者在流放中。马林诺夫斯基在这里当然就显得突出了。我们或许从国外就同芬兰社会民主党[154]建立联系或是在赫尔辛福斯建立印刷厂的问题给他发过指示。不过我已经不记得了。马林诺夫斯基有权而且能够在这方面独立行事。可见,马林诺夫斯基也可以亲自发起建立印刷厂。我可以说,在我看来马林诺夫斯基是个杰出的积极工作者。1914 年 1 月在布鲁塞尔我曾和马林诺夫斯基待在一起,我们一同离开克拉科夫,以中央委员会代表的身份出席拉脱维亚代表大会。我同他从布鲁塞尔去了巴黎,他在巴黎向几百名听众作了关于杜马活动的公开的长篇报告。我当时大概很忙,好像没去听马林诺夫斯基的报告。关于马林诺夫斯基对我们的态度我还可以用下面这件事情来说明。马林诺夫斯基来我们这儿约有六七次,反正比所有代表都来得勤。他想在国内的中央委员中起主导作用,看来,只要我们把重要的任务交给别人而不交给他,他就不满意。一般说来,我们有个习惯,即:凡是比我们更左的行动都不允许出现;稍微右一点的行动尚可补救,更左的行动则会贻害无穷。看来,马林诺夫斯基并不总是喜欢这条行动方针。他想干更加大胆的秘密工作,我们在克拉科夫就曾不止一次地谈到过这个话题。不过我们当时只把这归之于马林诺夫斯基的情绪急躁。现在回想起马林诺夫斯基的全部活动,我可以说,在马林诺夫斯基的背后无疑有一个智囊班子在操纵他的每一步政治行动,因为凭自身的力量他不可能把自己的方针贯彻得如此精细。现在我想不起来其他关于马林诺夫斯基的有意思的细节了。在马林诺夫斯基退出杜马、我们因罪证不足无法认定他是奸细之后，他离开了波罗宁村（克拉科夫附近），我再也没有见过他。不过我听到了马林诺夫斯基被德国人俘虏的消息。他在我们的战俘中开设党课，讲课，阐释爱尔福特纲领。这个情况我是从马林诺夫斯基给我的信和其他几个俘虏的信中得知的，这几个俘虏对马林诺夫斯基本人和他的讲课赞不绝口。总的说来，这个人挺机灵，很会见风使舵。我没有什么要补充的了。①

同意下列改动：第6页下面"受束缚太多"，"进行"，"所能够接受的"；第7页："在……之后"改为"在……中"；第8页添写的"波罗宁村（克拉科夫附近）"。

签名：**弗拉基米尔·乌里扬诺夫**②

载于1917年6月17日《彼得格勒工兵代表苏维埃消息报》第94号（非全文）

译自未刊印的《列宁文集》俄文版第41卷

① 接下去是列宁的笔录。——俄文版编者注

② 在证词上签名的还有H.A.科洛科洛夫。——俄文版编者注

关于苏维埃代表大会[155]

（1917年6月上半月）

民粹主义者和孟什维克空谈并阻止（＝扼杀）革命

“新”政府：

(1)同盟歇业者……

(2)……拖延大厮杀的人……

(3)……地主的救星……

进攻（为了没有兼并的和约）。

‖ 秘密条约（及没有兼并的和约）。

‖ 芬兰（既要没有兼并的和约，又要**民主**）。

拖延解决土地问题（拿农民苏维埃、国家杜马代表会议同最高土地委员会对比）。

同盟歇业者（及对工人的迫害）。

施吕瑟尔堡和喀琅施塔得，——邮电部门的职员（是进行安抚的部长还是扼杀革命的部长？还是派去进行安抚的部长？）

捷列先科＋盛加略夫＋李沃夫之流＝讲实际的人…… 克伦斯基＝革命戏剧性的部长……

经济破坏和灾难(及诺言)。

孟什维克＋民粹主义者(社会革命党人)＋"统一派"的联盟……

小资产阶级同大资产阶级结成联盟**反对**工人……

载于1925年《列宁文集》俄文版第4卷

译自《列宁全集》俄文第5版第32卷第446—447页

注　　释

1 指1917年4月20—21日(5月3—4日)彼得格勒工人和士兵为抗议资产阶级临时政府的帝国主义政策而举行群众性集会和游行示威。

1917年4月18日(5月1日),临时政府外交部长帕·尼·米留可夫照会英、法两国政府,保证临时政府将遵守沙皇政府缔结的一切条约,并把战争进行到最后胜利。照会内容透露出来之后,被激怒的士兵于4月20日(5月3日)涌向临时政府当时所在地玛丽亚宫,提出"打倒米留可夫!"的口号。4月21日(5月4日),约有10万名工人和士兵响应布尔什维克的号召,在彼得格勒举行游行示威,要求缔结民主和约和把政权交给苏维埃。以立宪民主党人为首的反革命分子在"信任临时政府!"的口号下组织了反游行示威。双方在一些地方发生冲突,并有伤亡。彼得格勒军区司令拉·格·科尔尼洛夫将军下令出动炮兵对付工人,但士兵和军官拒绝执行。在莫斯科、雷瓦尔和维堡等城市也举行了抗议性游行示威。关于四月游行示威,可参看列宁的《三次危机》一文(见本卷第408—412页)。——1。

2 指1917年3月2日(15日)成立的俄国资产阶级临时政府。这个政府是国家杜马临时委员会同把持彼得格勒工兵代表苏维埃执行委员会的社会革命党和孟什维克领导人协议成立的,起初称"第一届社会内阁",3月10日(23日)定名为临时政府。这个政府的组成是:总理兼内务部长格·叶·李沃夫公爵(立宪民主党人)、外交部长帕·尼·米留可夫(立宪民主党人)、陆海军部长亚·伊·古契柯夫(十月党人)、交通部长尼·维·涅克拉索夫(立宪民主党人)、工商业部长亚·伊·柯诺瓦洛夫(进步党人)、财政部长米·伊·捷列先科(无党派人士)、教育部长亚·阿·曼努伊洛夫(立宪民主党人)、农业部长安·伊·盛加略夫(立宪民主党人)、司法部长亚·费·克伦斯基(劳动派)、正教院总监 B.H.李沃夫、国家监察长 И.B.戈德涅夫(十月党人)。——1。

3 指1917年4月22日(5月5日)彼得格勒报纸刊载的临时政府通告。通告对外交部长帕·尼·米留可夫4月18日(5月1日)致盟国政府的照会加以"解释",说照会谈到坚决战胜敌人是指要达到临时政府3月27日(4月9日)宣言所提出的目的,即所谓"在各民族自决的基础上建立持久的和平"等等。临时政府想用这种解释来掩饰米留可夫照会的帝国主义性质,平息群众的义愤。

彼得格勒工兵代表苏维埃执行委员会于4月21日(5月4日)晚讨论了临时政府通告,以34票赞成、19票反对(布尔什维克和孟什维克国际主义派)通过决议,认为政府的解释是令人满意的,事件已经结束。——1。

4 指彼得格勒工兵代表苏维埃执行委员会。

彼得格勒工兵代表苏维埃执行委员会是在1917年俄国二月革命最初的日子里产生的。二月革命中,彼得格勒各工厂企业先后选举了苏维埃代表。2月27日(3月12日)白天,孟什维克取消派分子库·安·格沃兹杰夫、波·奥·波格丹诺夫和国家杜马孟什维克代表尼·谢·齐赫泽、马·伊·斯柯别列夫等人为了取得苏维埃的领导权,组织了苏维埃临时执行委员会。当天晚上,彼得格勒工人代表苏维埃在塔夫利达宫举行第1次会议,选出了由15人组成的执行委员会,孟什维克杜马党团的领导人齐赫泽当选为主席,劳动派分子亚·费·克伦斯基和孟什维克斯柯别列夫当选为副主席。委员中有两名布尔什维克——亚·加·施略普尼柯夫和彼·安·扎卢茨基。3月1日(14日),有10名士兵和水兵代表被选进执行委员会,其中有两名布尔什维克——亚·尼·帕杰林和安·德·萨多夫斯基,工人代表苏维埃从此改称工兵代表苏维埃。苏维埃执行委员会设常务委员会,成员有齐赫泽、尤·米·斯切克洛夫、波格丹诺夫、彼·伊·斯图契卡、彼·阿·克拉西科夫、格沃兹杰夫等。

当时政权实际上掌握在苏维埃手里。但是在关键时刻,3月1日

(14 日)夜里,苏维埃执行委员会的妥协派领导人却自愿把政权让给了资产阶级,同意由国家杜马临时委员会组织临时政府。在社会革命党和孟什维克护国主义联盟的把持下,彼得格勒苏维埃执行委员会实行妥协政策,支持资产阶级临时政府。——1。

5 指彼得格勒工兵代表苏维埃执行委员会同资产阶级临时政府关于成立联合内阁的谈判。这一谈判是临时政府为摆脱四月事变引起的政治危机并给人以改弦更张的假象而建议举行的。1917 年 4 月 26 日(5 月 9 日),临时政府发表《关于联合政府的声明(临时政府的解释)》,保证要再作努力,通过吸收"国家的积极有为之士"来扩大政府组成人员。在 4 月 28 日(5 月 11 日)公布的临时政府总理格·叶·李沃夫给彼得格勒苏维埃执行委员会主席尼·谢·齐赫泽的信中,更直接地提出了有苏维埃执行委员会领袖人物参加的联合政府的问题。4 月 28 日(5 月 11 日),这个问题提交执行委员会会议讨论,以 23 票对 22 票被否决(2 票弃权)。5 月 1 日(14 日),执行委员会连夜举行紧急会议,再次讨论这个问题,最后通过了与它 3 月 1 日通过的决议完全相反的关于派苏维埃代表参加政府的决议(劳动派、人民社会党、社会革命党和孟什维克 44 票赞成,布尔什维克和孟什维克国际主义派 19 票反对,社会革命党 2 票弃权),并选出了由各派代表组成的同临时政府进行谈判的委员会。执行委员会的这些决定在 5 月 2 日(15 日)晚上举行的彼得格勒苏维埃紧急会议上获得批准。经过谈判,5 月 5 日(18 日)双方达成了关于新政府席位分配的协议。当晚,彼得格勒苏维埃听取了马·伊·斯柯别列夫关于谈判结果的报告后,决定派自己的代表参加政府(条件是他们要对苏维埃负责、向苏维埃报告工作),同时对新政府表示完全信任。第一届联合临时政府的组成是:总理兼内务部长格·叶·李沃夫(立宪民主党人)、陆海军部长亚·费·克伦斯基(社会革命党人)、司法部长巴·尼·彼列维尔泽夫(劳动派)、外交部长米·伊·捷列先科(无党派人士)、交通部长尼·维·涅克拉索夫(立宪民主党人)、工商业部长亚·伊·柯诺瓦洛夫(进步党人)、教育部长亚·阿·曼努伊洛夫(立宪民主党人)、财政部长安·伊·盛加略夫(立宪民主党人)、农业部长维·米·切尔诺夫(社会革命党人)、邮电部长伊·格·策列铁里(孟什维克)、劳动部长马·伊·斯柯别列夫(孟什维克)、粮食部长阿·瓦·彼舍霍诺夫(人民社会党人)、国家救济部长德·伊·沙霍夫斯科伊(立宪民主党人)、国家监察长 И.В.戈德涅夫(十月党人)和正教院总监 В.Н.李沃夫。列宁指出,社会革命党人和孟什维克参加联合内阁,拯救了摇摇欲坠的资产阶级政府,甘愿做它的奴仆和卫士。关于联合内阁,可参看列宁的《革命的教训》一文(本版全集第 32 卷)。——1。

6　这样一来,就能奏出截然不同的音乐了一语出自俄国作家伊·安·克雷洛夫的寓言《四重奏》。这则寓言说:猴子、熊、驴子和山羊表演四重奏,它们演奏得不成调子,却归咎于自己没有坐对位置,以为调换一下位置就能奏出截然不同的音乐了。——2。

7　指参加前线士兵代表大会的代表。

前线士兵代表大会于 1917 年 4 月 24 日—5 月 4 日(5 月 7—17 日)在彼得格勒举行。大会讨论了对战争与和平的态度问题、前线士兵联欢问题、对临时政府的态度问题、运输状况与军队的弹药和装备供给问题、土地问题和粮食问题。亚·伊·古契柯夫、帕·尼·米留可夫、亚·费·克伦斯基、伊·格·策列铁里等在会上发表讲话,为临时政府的对内对外政策辩护。彼得格勒工兵代表苏维埃执行委员会主席尼·谢·齐赫泽在发言中号召支持临时政府及其旨在继续进行战争的各种努力,并为“自由公债”辩解。出席代表大会的布尔什维克揭露了临时政府的帝国主义政策和把持彼得格勒苏维埃的社会革命党和孟什维克领袖们的妥协行为。

由于绝大多数与会代表怀有护国主义情绪,大会通过了支持社会革命党和孟什维克联盟的决议,并赞同彼得格勒苏维埃关于社会党人参加联合政府的决定。——4。

8　《真理报》(«Правда»)是俄国布尔什维克的合法报纸(日报),1912 年 4 月 22 日(5 月 5 日)起在彼得堡出版。《真理报》是群众性的工人报纸,依靠工人自愿捐款出版,拥有大批工人通讯员和工人作者(它在两年多时间内就刊载了 17 000 多篇工人通讯),同时也是布尔什维克党的实际上的机关报。《真理报》编辑部还担负着党的很大一部分组织工作，如约见基层组织的代表，汇集各工厂党的工作的情况，转发党的指示等。在不同时期参加《真理报》编辑部工作的有斯大林、雅·米·斯维尔德洛夫、尼·尼·巴图林、维·米·莫洛托夫、米·斯·奥里明斯基、康·斯·叶列梅耶夫、米·伊·加里宁、尼·伊·波德沃伊斯基、马·亚·萨韦利耶夫、尼·阿·斯克雷普尼克、马·康·穆拉诺夫等。第四届国家杜马的布尔什维克代表积极参加了《真理报》的工作。列宁在国外领导《真理报》，他筹建编辑部，确定办报方针，组织撰稿力量，并经常给编辑部以工作指示。1912—1914 年，《真理报》刊登了 300 多篇列宁的文章。

《真理报》经常受到沙皇政府的迫害。仅在创办的第一年，编辑们就被起诉过 36 次，共坐牢 48 个月。1912—1914 年出版的总共 645 号报纸中，就有 190 号受到种种阻挠和压制。报纸被查封 8 次，每次都变换名称继续出版。1913 年先后改称《工人真理报》、《北方真理报》、《劳动真理报》、《拥护真理报》；1914 年相继改称《无产阶级真理报》、《真理之路报》、《工人日报》、《劳动的真理报》。1914 年 7 月 8 日(21 日)，即在第一次世界大战前夕，沙皇政府下令禁止《真理报》出版。

1917 年二月革命后，《真理报》于 3 月 5 日(18 日)复刊，成为俄国社会民主工党中央委员会和彼得堡委员会的机关报。列宁于 4 月 3 日(16 日)回到俄国，5 日(18 日)就加入了编辑部，直接领导报纸工作。1917 年七月事变中，《真理报》编辑部于 7 月 5 日(18 日)被士官生捣毁。7 月 15 日(28 日)，资产阶级临时政府正式下令查封《真理报》。7—10 月，该报不断受到资产阶级临时政府的迫害，先后改称《〈真理报〉小报》、《无产者报》、《工人日报》、《工人之路报》。1917 年 10 月 27 日(11 月 9 日)，《真理报》恢复原名，继续作为俄国社会民主工党中央委员会的机关报出版。1918 年 3 月 16 日起，《真理报》改在莫斯科出版。——4。

9 《告各国社会党人书》是在彼得格勒工兵代表苏维埃 1917 年 4 月 30 日(5 月 13 日)的会议上通过的。这次会议批准了执行委员会关于召开各国社会党代表会议的决议，同时通过了两份号召书(《告各国社会党人书》和《告军队书》)。两个文件一并发表在 5 月 2 日(15 日)的报纸上。

社会革命党和孟什维克妥协派在这些文件里一方面谴责各国帝国主义者策划的世界战争是莫大罪行,另一方面却断言从俄国方面来说战争已不再是帝国主义战争了,因而号召士兵们保卫革命事业,在前线不仅要采取防御行动,而且要打进攻战。他们还为临时政府的对外政策辩护,硬说临时政府主张缔结没有兼并和赔款的和约,承认民族自决的原则。——5。

10 一勺焦油来源于俄国俗话“一勺焦油坏了一桶蜜”,意思相当于中国俗话“一粒老鼠屎坏了一锅饭”。——6。

11 民粹主义者在这里是指三个民粹派小资产阶级政党:劳动派、社会革命党和人民社会党(参看本卷第 158 页)。——10。

12 《言语报》(«Речь»)是俄国立宪民主党的中央机关报(日报),1906 年 2 月 23 日(3 月 8 日)起在彼得堡出版,实际编辑是帕·尼·米留可夫和约·弗·盖森。积极参加该报工作的有马·莫·维纳维尔、帕·德·多尔戈鲁科夫、彼·伯·司徒卢威等。1917 年二月革命后,该报积极支持资产阶级临时政府的对内对外政策,反对布尔什维克。1917 年 10 月 26 日(11 月 8 日)被查封。后曾改用《我们的言语报》、《自由言语报》、《时代报》、《新言语报》和《我们时代报》等名称继续出版,1918 年 8 月最终被查封。——14。

13 社会革命党人是俄国最大的小资产阶级政党社会革命党的成员。该党是 1901 年底—1902 年初由南方社会革命党、社会革命党人联合会、老民意党人小组、社会主义土地同盟等民粹派团体联合而成的。成立时的领导人有马·安·纳坦松、叶·康·布列什柯-布列什柯夫斯卡娅、尼·谢·鲁萨诺夫、维·米·切尔诺夫、米·拉·郭茨、格·安·格尔舒尼等,正式机关报是《革命俄国报》(1901—1904 年)和《俄国革命通报》杂志(1901—1905 年)。社会革命党人的理论观点是民粹主义和修正主义思想的折中混合物。他们否认无产阶级和农民之间的阶级差别，抹杀农民内部的矛盾，否认无产阶级在资产阶级民主革命中的领导作用。在土地问题上，社会革命党人主张消灭土地私有制，按照平均使用原则将土地交村社支配，发展各种合作社。在策略方面，社会革命党人采用了社会民主党人进行群众性鼓动的方法，但主要斗争方法还是搞个人恐怖。为了进行恐怖活动，该党建立了事实上脱离该党中央的秘密战斗组织。

在 1905—1907 年俄国第一次革命中，社会革命党曾在农村开展焚烧地主庄园、夺取地主财产的所谓"土地恐怖"运动，并同其他政党一起参加武装起义和游击战，但也曾同资产阶级的解放社签订协议。在国家杜马中，该党动摇于社会民主党和立宪民主党之间。该党内部的不统一造成了 1906 年的分裂，其右翼和极左翼分别组成了人民社会党和最高纲领派社会革命党人联合会。在斯托雷平反动时期，社会革命党经历了思想上、组织上的严重危机。在第一次世界大战期间，社会革命党的大多数领导人采取了社会沙文主义的立场。

1917 年二月革命后，社会革命党中央实行妥协主义和阶级调和的政策，党的领导人亚·费·克伦斯基、尼·德·阿夫克森齐耶夫、切尔诺夫等参加了资产阶级临时政府。七月事变时期该党公开转向资产阶级方面。社会革命党中央的妥协政策造成党的分裂，左翼于 1917 年 12 月组成了一个独立政党——左派社会革命党。

十月革命后，社会革命党人（右派和中派）公开进行反苏维埃的活动，在国内战争时期进行反对苏维埃政权的武装斗争，对共产党和苏维埃政权的领导人实行个人恐怖。内战结束后，他们在"没有共产党人参加的苏维埃"的口号下组织了一系列叛乱。1922 年，社会革命党彻底瓦解。——14。

14 《彼得格勒工兵代表苏维埃消息报》（«Известия Петроградского Совета Рабочих и Солдатских Депутатов»）于 1917 年 2 月 28 日（3 月 13 日）在彼得格勒创刊，最初称《彼得格勒工人代表苏维埃消息报》，从 3 月 2 日（15 日）第 3 号起成为彼得格勒工兵代表苏维埃的机关报。编辑部成员起初有：波·瓦·阿维洛夫、弗·亚·巴扎罗夫、弗·德·邦契-布鲁耶维奇、约·彼·戈尔登贝格和格·弗·策彼罗维奇。由于编辑部内部意见分歧，阿维洛夫、邦契-布鲁耶维奇和策彼罗维奇于4月12日(25日)退出了编辑部，孟什维克和社会革命党人费·伊·唐恩、弗·萨·沃伊京斯基、A.A.郭茨、伊·瓦·切尔内绍夫随后进入编辑部。在全俄苏维埃第一次代表大会成立了工兵代表苏维埃中央执行委员会以后，该报成为中央执行委员会的机关报，从1917年8月1日(14日)第132号起，用《中央执行委员会和彼得格勒工兵代表苏维埃消息报》的名称出版。决定该报政治方向的是当时在执行委员会中占多数的社会革命党—孟什维克联盟的代表人物。

十月革命后，该报由布尔什维克领导。在全俄苏维埃第二次代表大会以后，即从1917年10月27日(11月9日)起，该报更换了编辑部成员，成为苏维埃政权的正式机关报。1918年3月该报迁至莫斯科出版。从1923年7月14日起，成为苏联中央执行委员会和全俄中央执行委员会的机关报。从1938年1月26日起，改称《苏联劳动人民代表苏维埃消息报》。——14。

15 激进社会党(全称激进和激进社会共和党)是法国最老的资产阶级政党，于1901年6月成立，作为派别则于1869年形成。该党宗旨是一方面保卫议会制共和国免受教权派和保皇派反动势力的威胁，另一方面通过政治改革和社会改革来防止社会主义革命。第一次世界大战以前，它基本代表中小资产阶级的利益。在第一次和第二次世界大战之间，党内大资产阶级的影响加强了。党的领袖曾多次出任法国政府总理。——20。

16 “正当收入”是对沙皇俄国官场收受贿赂的讽刺性说法，见于俄国诗人尼·阿·涅克拉索夫的《玛莎》一诗。——22。

17 联络委员会是1917年3月8日(21日)由孟什维克和社会革命党人把持的彼得格勒工兵代表苏维埃执行委员会建立的，成员有马·伊·斯柯别列夫、尤·米·斯切克洛夫、尼·苏汉诺夫、B.H.菲力波夫斯基和尼·谢·齐赫泽，后又增加维·米·切尔诺夫和伊·格·策列铁里。联络委员会名义上是要“影响”和“监督”临时政府的活动，但实际上它的作用却是帮助临时政府利用苏维埃的威信来掩饰其反革命政策,并制止群众进行争取政权转归苏维埃的革命斗争。1917 年 4 月中,联络委员会被取消,其职能由执行委员会常务委员会执行。——24。

18 《给刚诞生的……“新”政府的小礼物》一文,除开头一段引用《言语报》的社论外,全是根据 1917 年 5 月 5 日(18 日)俄国资产阶级报纸发表的第四届国家杜马代表非正式会议的材料写成的。

二月革命后,临时政府不顾群众的要求,没有正式解散第四届国家杜马。杜马的代表,从狂热的君主派到立宪民主党人,在杜马主席米·弗·罗将柯主持下定期举行非正式会议,讨论国家的对内对外政策方针并通过决议。他们的这些会议曾被资产阶级报纸广泛报道。列宁称第四届国家杜马代表的会议为“反革命的司令部”(见本卷第 323 页)。文中提到的这次第四届国家杜马代表非正式会议于 1917 年 5 月 4 日(17 日)在彼得格勒举行。在会上发言的有十月党和立宪民主党的领袖亚·伊·古契柯夫、帕·尼·米留可夫、瓦·阿·马克拉柯夫以及 H.B.萨维奇和瓦·维·舒利金等。所有发言的中心意思是:要求恢复俄军在前线的攻势,要求整顿军队内部和国家内部的“秩序”,即消灭革命。立宪民主党和十月党反革命集团召开这次会议是为了对新成立的联合政府施加压力。

6—7 月间,第四届国家杜马的代表愈来愈加紧其反革命活动。6 月 2 日(15 日),罗将柯曾写信给第四届国家杜马代表,号召他们不要离开彼得格勒,声称“当前的政治形势要求国家杜马代表先生们作好准备,原地待命”。

一直到 1917 年 10 月 6 日(19 日),临时政府在得到劳动群众支持的布尔什维克党的要求下,才正式解散了第四届国家杜马。——30。

19 《俄罗斯意志报》(«Русская Воля»)是俄国资产阶级报纸(日报),由沙皇政府内务大臣亚·德·普罗托波波夫创办,1916 年 12 月起在彼得格勒出版。该报靠大银行出钱维持。1917 年二月革命后,该报诽谤布尔什维克。1917 年 10 月 25 日被查封。——33。

20 指全俄农民第一次代表大会(见注 62)。——33。

21 《人民事业报》(«Дело Народа»)是俄国社会革命党的报纸(日报),1917年3月15日(28日)起在彼得格勒出版,1917年6月起成为该党中央机关报。先后担任编辑的有B.B.苏霍姆林、维·米·切尔诺夫、弗·米·晋季诺夫等,撰稿人有尼·德·阿夫克森齐耶夫、阿·拉·郭茨、亚·费·克伦斯基等。该报反对布尔什维克党,号召工农群众同资本家和地主妥协、继续帝国主义战争、支持资产阶级临时政府。该报对十月革命持敌对态度,鼓动用武力反抗革命力量。1918年1月14日(27日)被苏维埃政府查封。以后曾用其他名称及原名(1918年3—6月)出版。1918年10月在捷克斯洛伐克军和白卫社会革命党叛乱分子占领的萨马拉出了4号。1919年3月20—30日在莫斯科出了10号后被查封。——35。

22 《晚间报》(«Вечернее Время»)是俄国黑帮报纸(日报),由反动出版家阿·谢·苏沃林创办,1911年11月起在彼得堡出版。1917年成为反革命军官报纸。同年11月被查封。——35。

23 立宪民主党人是俄国自由主义君主派资产阶级的主要政党立宪民主党的成员。立宪民主党(正式名称为人民自由党)于1905年10月成立。中央委员中多数是资产阶级知识分子、地方自治人士和自由派地主。主要活动家有帕·尼·米留可夫、谢·安·穆罗姆采夫、瓦·阿·马克拉柯夫、安·伊·盛加略夫、彼·伯·司徒卢威、约·弗·盖森等。立宪民主党提出一条与革命道路相对抗的和平的宪政发展道路,主张俄国实行立宪君主制和资产阶级的自由。在土地问题上,主张将国家、皇室、皇族和寺院的土地分给无地和少地的农民;私有土地部分地转让,并且按"公平"价格给予补偿;解决土地问题的土地委员会由同等数量的地主和农民组成,并由官员充当他们之间的调解人。1906年春,曾同政府进行参加内阁的秘密谈判,后来在国家杜马中自命为"负责任的反对派"。第一次世界大战期间,支持沙皇政府的掠夺政策,曾同十月党等反动政党组成"进步同盟",要求成立责任内阁,即为资产阶级和地主所信任的政府,力图阻止革命并把战争进行到最后胜利。二月革命后,立宪民主党在资产阶级临时政府中居于领导地位,竭力阻挠土地问题、民族问题等基本问题的解决,并奉行继续帝国主义战争的政策。七月事变后,支持科尔尼洛夫叛乱,阴谋建立军事独裁。十月革命胜利后,苏维埃政府于1917年11月28日(12月11日)宣布立宪民主党为"人民公敌的党"。该党随之转入地下,继续进行反革命活动,并参与白卫将军的武装叛乱。国内战争结束后,该党上层分子大多数逃亡国外。1921年5月,该党在巴黎召开代表大会时分裂,作为统一的党不复存在。——36。

24 十月党人是俄国十月党的成员。十月党(十月十七日同盟)代表和维护大工商业资本家和按资本主义方式经营的大地主的利益,属于自由派的右翼。该党于1905年11月成立,名称取自沙皇1905年10月17日宣言。十月党的主要领导人是大工业家和莫斯科房产主亚·伊·古契柯夫、大地主米·弗·罗将柯,活动家有彼·亚·葛伊甸、德·尼·希波夫、米·亚·斯塔霍维奇、尼·阿·霍米亚科夫等。十月党完全拥护沙皇政府的对内对外政策,支持政府镇压革命的一切行动,主张用调整租地、组织移民、协助农民退出村社等办法解决土地问题。第一次世界大战期间,号召支持政府,后来参加了军事工业委员会的活动,曾同立宪民主党等结成"进步同盟",主张把帝国主义战争进行到最后胜利,并通过温和的改革来阻止人民革命和维护君主制。二月革命后,该党参加了资产阶级临时政府。十月革命后,十月党人反对苏维埃政权,在白卫分子政府中担任要职。——36。

25 派代表参加"恢复和保持工业企业正常工作进程的中央委员会"的大都是俄国资产阶级和地主的政治组织。这些组织拥护资产阶级临时政府,反对日益逼近的俄国社会主义革命,主张把帝国主义战争进行到最后胜利。

国家杜马临时委员会是在沙皇尼古拉二世因二月革命爆发而下令第四届国家杜马停止活动后,国家杜马成员为了反对革命和挽救君主制度,于1917年2月27日(3月12日)成立的。其成员有:十月党人米·弗·罗将柯(任主席),民族主义者瓦·维·舒利金,右派分子B.H.李沃夫,十月党人谢·伊·施德洛夫斯基和伊·伊·德米特留科夫，进步党人弗·阿·勒热夫斯基、亚·伊·柯诺瓦洛夫和亚·亚·布勃利科夫，接近进步党人的米·亚·卡拉乌洛夫，立宪民主党人帕·尼·米留可夫和尼·维·涅克拉索夫，劳动派分子亚·费·克伦斯基，孟什维克尼·谢·齐赫泽。

全俄地方自治机关联合会和全俄城市联合会是俄国自由派地主和资产阶级建立的组织，目的是协助沙皇政府组织战时后勤工作。地方自治机关联合会于1914年7月30日(8月12日)在莫斯科召开的省地方自治机关代表大会上成立，大会选出了地方自治机关联合会总委员会，以立宪民主党人格·叶·李沃夫公爵为总代表；城市联合会于同年8月8—9日(21—22日)在莫斯科召开的市长代表大会上成立，大会选出了城市联合会总委员会，以立宪民主党人米·瓦·切尔诺科夫为总代表。这两个联合会起初主要从事援助伤病员的工作，后来又承接军需总署的军衣军鞋订货，并对难民进行救济。两个联合会的经费都靠政府资助、地方组织交费和个人捐款。地方自治机关联合会和城市联合会是"进步同盟"的支柱之一。两联合会于1915年9月在莫斯科分别召开代表大会，要求延揽资产阶级活动家参加政府。大会派遣代表团向沙皇呈递关于必须"革新"政府组成的声明，但未被沙皇接见。沙皇政府并于1915年12月禁止两联合会同军事工业委员会举行联合代表大会，1916年12月在莫斯科召开的两联合会的代表大会也被警察驱散。于是两联合会的领导人决定参加宫廷政变，希望通过更换沙皇和组成以格·叶·李沃夫公爵为首的"责任内阁"把战争进行"到最后胜利"，并防止发生革命。1917年二月革命后，两联合会的领导人李沃夫、安·伊·盛加略夫等参加了资产阶级临时政府。两联合会敌视十月社会主义革命，曾经参与策划怠工和反革命阴谋。1918年1月4日(17日)，人民委员会下令撤销这两个联合会的总委员会，它们的财产移交给了最高国民经济委员会。

全俄工程师协会是俄国工程技术人员的职业和政治组织，1917年二月革命后成立。协会的多数会员敌视十月社会主义革命。1925年，全俄工程师协会改组为全俄工程师联合会，1929年解散。

工商界代表大会委员会是俄国大工厂主和大商人的政治组织，成立于1907—1910年的反动时期，主要任务是对付工人罢工。委员会乐于凭借政府的武装力量镇压工人运动，同时也向沙皇政府提出一些诚惶诚恐的要求，责备它"老爷式地忽视"祖国工商业的利益等等。第一次世界大战时期，该委员会对俄军作战情况表示不满，要求成立能够得到资产阶级信任的政府。1917年10—11月它和其他资产阶级反革命组织一起被取缔。

彼得格勒工厂主协会是1905年3月成立的对付工人罢工的企业主组织，当时，大企业主彼此订立协议，拒绝工人关于提高工资等一切稍为重要的要求。1912年，鉴于工人运动的高涨，企业主又缔结了新协定，规定对由于某种原因违背协议条款的协会会员处以罚金。1914年该协会决定，参加协会的一切企业为抵制罢工举行两周同盟歇业，如再次发生罢工则举行一个月同盟歇业。由于企业主之间的这种勾结，致使彼得格勒75家企业的76 000名罢工工人失去工作。但工人在同盟歇业期满以后仍继续罢工，直到战争爆发罢工才停下来。在莫斯科、罗兹和其他城市也有过对付罢工的企业主同盟。

中央军事工业委员会是1915年7月军事工业委员会第一次代表大会选出的。军事工业委员会是第一次世界大战时期俄国资产阶级的组织。这一组织是根据1915年5月第九次全俄工商界代表大会的决议建立的，其目的是把供应军火的工厂主联合起来，动员工业企业为战争需要服务，在政治上则对沙皇政府施加压力，并把工人阶级置于资产阶级影响之下。1915年7月，军事工业委员会召开了第一次代表大会。这次大会除讨论经济问题外，还提出了建立得到国家杜马信任的政府等政治问题。大会选出以十月党人亚·伊·古契柯夫（任主席）和进步党人亚·伊·柯诺瓦洛夫为首的中央军事工业委员会。军事工业委员会企图操纵全国的经济，然而沙皇政府几乎在军事工业委员会成立的同时就采取对策，成立了自己的机构，即国防、运输、燃料和粮食等"特别会议"。这就使军事工业委员会实际上只充当了国家和私营工业之间的中介人。1915年7月，军事工业委员会的领导人在孟什维克和社会革命党的支持下，开始在委员会内建立工人团。布尔什维克在大多数工人的支持下对工人团的选举进行了抵制。在244个地方军事工业委员会中，只有 76 个委员会进行了选举，成立了工人团的委员会则只有 58 个。中央军事工业委员会内组织了以孟什维克库·安·格沃兹杰夫为首的工人团。1917 年二月革命后，中央军事工业委员会的领导人在临时政府中担任部长职务，委员会成了资产阶级反对工人阶级的组织。十月革命胜利后，苏维埃政府曾试图利用军事工业委员会里的专家来整顿被战争破坏了的生产，遭到了资产阶级上层的反抗。1918 年 7 月 24 日军事工业委员会被撤销。

全俄地方自治机关和城市联合会军需供应总委员会是 1915 年夏天沙皇军队遭到失败后于 7 月 10 日由全俄地方自治机关联合会和全俄城市联合会组成的，目的是动员手工业为军队生产武器弹药。总委员会由两个联合会的领导人格·叶·李沃夫和米·瓦·切尔诺科夫共同领导。资产阶级企图通过军需供应总委员会和军事工业委员会操纵军队的供应，但沙皇政府于 1915 年 8 月迅即成立了调整战时经济的机构——国防、运输、燃料和粮食等“特别会议”，使这两个组织只起完成国家订货的中介作用。军需供应总委员会的代表参加了“特别会议”。——37。

26 《给工厂和团队选出的工兵代表苏维埃代表的委托书》是 1917 年 5 月 7 日（20 日）《真理报》第 51 号发表的《选举工兵代表苏维埃代表委托书草案》的基础。《委托书草案》是布尔什维克党在改选苏维埃代表时提出的政纲，对苏维埃的布尔什维克化起了重要作用。——38。

27 这份文件是列宁在彼得格勒全市党组织大会上所作报告的简要记录。这次大会于 1917 年 5 月 8 日（21 日）在海军武备学校举行，有 5 000—6 000 名党员参加。报告记录是弗·伊·涅夫斯基作的，当时没有发表。——46。

28 《新生活报》（«Новая Жизнь»）是由一批孟什维克国际主义者和聚集在《年鉴》杂志周围的作家创办的俄国报纸（日报），1917 年 4 月 18 日（5 月 1 日）起在彼得格勒出版，1918 年 6 月 1 日起增出莫斯科版。出版人是阿·谢列布罗夫（阿·尼·吉洪诺夫），编辑部成员有马·高尔基、谢列布罗夫、瓦·阿·杰斯尼茨基、尼·苏汉诺夫，撰稿人有弗·亚·巴扎罗夫、波·瓦·阿维洛夫、亚·亚·波格丹诺夫等。在1917年9月2—8日(15—21日)被克伦斯基政府查封期间,曾用《自由生活报》的名称出版。十月革命以前,该报的政治立场是动摇的,时而反对临时政府,时而反对布尔什维克。该报对十月革命和建立苏维埃政权抱敌对态度。1918年7月被查封。——50。

29 《交易所小报》(«Биржевка»)即《交易所新闻》(«Биржевые Ведомости»),是俄国资产阶级温和自由派报纸,1880年在彼得堡创刊。起初每周出两次,后来出四次,从1885年起改为日报,1902年11月起每天出两次。这个报纸的特点是看风使舵,趋炎附势,没有原则。1905年该报成为立宪民主党人的报纸,曾改用《自由人民报》和《人民自由报》的名称。从1906年起,它表面上是无党派的报纸,实际上继续代表资产阶级利益。1917年二月革命后,攻击布尔什维克党和列宁。1917年10月底因进行反苏维埃宣传被查封。——54。

30 《新时报》(«Новое Время»)是俄国报纸,1868—1917年在彼得堡出版。出版人多次更换,政治方向也随之改变。1872—1873年采取进步自由主义的方针。1876—1912年由反动出版家阿·谢·苏沃林掌握,成为俄国最没有原则的报纸。1905年起是黑帮报纸。1917年二月革命后,完全支持资产阶级临时政府的反革命政策,攻击布尔什维克。1917年10月26日(11月8日)被查封。——57。

31 《日报》(«День»)是俄国自由派资产阶级的报纸(日报),1912年在彼得堡创刊。孟什维克取消派参加了该报的工作。该报站在自由派和孟什维克的立场上批评沙皇制度和资产阶级地主政党。第一次世界大战期间持护国主义立场。从1917年5月30日起,成为孟什维克的机关报,支持资产阶级临时政府,反对布尔什维克。1917年10月26日(11月8日)被查封。——57。

32 指各交战国和中立国社会党国际代表会议筹备委员会组织条例。这个条例是由社会革命党和孟什维克所把持的彼得格勒工兵代表苏维埃执行委员会在1917年5月8日(21日)通过的。条例规定,筹备委员会由彼得格勒苏维埃主席团、3名执行委员会委员和各党(包括布尔什维克党在内)的代表组成。

5月20日(6月2日),彼得格勒苏维埃执行委员会通过了告各国社会党和中央工会组织书,呼吁它们参加国际代表会议,并确定代表会议于1917年6月28日—7月8日(7月11—21日)在斯德哥尔摩举行。

布尔什维克坚决拒绝参加筹备委员会和这次代表会议,并在党的第六次代表大会的决议中指出:这种通过对盟国政府施加压力和同社会帝国主义者订立协议来争取和平的运动,不能不遭到严重的破产(参看《苏联共产党代表大会、代表会议和中央全会决议汇编》1964年人民出版社版第1分册第480—482页)。——66。

33 指齐美尔瓦尔德第三次代表会议。

齐美尔瓦尔德第三次代表会议原定于1917年5月31日召开,后一再延期,最终于1917年9月5—12日在斯德哥尔摩举行。这是齐美尔瓦尔德联盟最后一次代表会议。派代表参加这次会议的有各国社会党左派(瑞典左派、美国社会主义宣传同盟、由边疆区执行委员会统一的波兰社会民主党、奥地利左派、斯巴达克派、丹麦社会民主主义青年团),中派(德国独立社会民主党、瑞士社会民主党、芬兰社会民主党、罗马尼亚党、孟什维克国际主义派、保加利亚独立工会)和社会沙文主义派(以帕·波·阿克雪里罗得为首的俄国孟什维克)。俄国社会民主工党(布)第七次代表会议(四月代表会议)以多数票通过了派代表参加齐美尔瓦尔德代表会议的决议。列宁投了反对票,他认为,布尔什维克应和齐美尔瓦尔德联盟断绝关系,立即着手组织第三国际。他只同意为了解情况而参加齐美尔瓦尔德代表会议。代表布尔什维克出席会议的是瓦·瓦·沃罗夫斯基和尼·亚·谢马什柯。代表会议是秘密举行的。主要议程有:国际社会党委员会的报告;罗·格里姆事件(指原国际社会党委员会主席格里姆充当瑞士部长阿·霍夫曼的密使,在俄国进行有利于德国帝国主义的单独媾和的试探一事);对斯德哥尔摩和平代表会议的态度;为在各国争取和平和开展齐美尔瓦尔德运动而斗争。由于参加这次代表会议的代表成分非常复杂,会议的决议和宣言也就具有模棱两可的妥协性质。

沃罗夫斯基代表俄国社会民主工党(布)中央委员会、中央委员会国外局和波兰社会民主党,要求代表会议表明对俄国孟什维克的态度。他指出,孟什维克作为齐美尔瓦尔德联盟的成员,派代表参加了俄国卡芬雅克式的人物亚·费·克伦斯基的政府,应对这个政府镇压革命的一切罪行负完全责任。一些代表对与会的布尔什维克表示支持,但以胡·哈阿兹为首的多数派借口对俄国情况不熟悉,拒绝就这个问题通过决议。

代表会议的宣言号召各国工人举行反对战争和保卫俄国革命的国际总罢工,但是没有写进革命社会民主党关于变帝国主义战争为国内战争、使各交战国政府遭到失败等口号。代表会议通过决议,声援被捕的奥地利社会民主党人弗·阿德勒以及囚禁在克伦斯基监狱中的俄国布尔什维克亚·米·柯伦泰等。

关于这次代表会议,可参看《我党在国际中的任务》一文(本版全集第 32 卷)。——66。

34 区联派(联合派)是俄国联合社会民主党人区联组织的成员。区联组织于 1913 年 11 月出现于彼得堡,起初称俄国社会民主工党区联工作委员会,1914 年底起改称区联委员会。参加这个组织的有托洛茨基分子、一部分孟什维克护党派、前进派和对机会主义分子持调和态度而离开了党的布尔什维克。区联派企图把彼得堡的布尔什维克组织和孟什维克组织联合起来,建成"统一的俄国社会民主工党"。第一次世界大战期间,区联派持中派立场,反对社会沙文主义,但没有与孟什维主义完全决裂。1917 年二月革命后,区联组织与护国派决裂,声明赞成布尔什维克党的路线。同年 5—6 月彼得格勒区杜马选举时,布尔什维克与区联派结成联盟。当时,弗·沃洛达尔斯基、阿·阿·越飞、阿·瓦·卢那察尔斯基、德·扎·曼努伊尔斯基、列·达·托洛茨基、莫·索·乌里茨基、康·康·尤列涅夫等人都是区联派。区联派代表参加了筹备召开俄国社会民主工党(布)第六次代表大会的组织局。在这次代表大会上,区联组织(约 4 000 名成员)集体加入了布尔什维克党。——68。

35 “社会党人的”内阁主义，即米勒兰主义，是社会党人参加资产阶级反动政府的一种机会主义策略，因法国社会党人亚·埃·米勒兰于1899年参加瓦尔德克-卢梭的资产阶级政府而得名。

1900年9月23—27日在巴黎举行的第二国际第五次代表大会讨论了米勒兰主义问题。大会通过了卡·考茨基提出的调和主义决议。这个决议虽谴责社会党人参加资产阶级政府，但却认为在“非常”情况下可以这样做。法国社会党人和其他国家的社会党人就利用这项附带条件为他们在第一次世界大战期间参加帝国主义资产阶级政府的行为辩护。列宁认为米勒兰主义是一种修正主义和叛卖行为，社会改良主义者参加资产阶级政府必定会充当资本家的傀儡，成为这个政府欺骗群众的工具。——68。

36 孟什维克国际主义派是第一次世界大战期间俄国孟什维克党内持不彻底国际主义立场的人数不多的一翼，最著名的代表人物为尔·马尔托夫、尤·拉林、亚·马尔丁诺夫等，1917年4—6月出版过《国际》杂志（月刊）。孟什维克国际主义派采取中派立场，既批评俄国的社会沙文主义者，又不敢在组织上与其决裂，同时反对布尔什维克党关于战争、和平与革命问题的列宁主义策略的基本原理。布尔什维克几次试图把国际主义者联合起来对社会沙文主义者采取共同行动。列宁于1915年2月在给《我们的言论报》编辑部的复信中，曾经提出关于把国际主义者的力量联合起来并同社会沙文主义者决裂的宣言草案（见本版全集第47卷第59号文献），但是孟什维克国际主义派不肯同社会沙文主义者坚决决裂。在俄国社会民主工党彼得格勒市代表会议和第七次全国代表会议（四月代表会议）以及在党的第六次代表大会上都曾提出同国际主义者联合的问题。由于孟什维克国际主义派的首领马尔托夫和伊·谢·阿斯特罗夫-波韦斯提出了许多不能接受的条件，致使联合未能实现。但有些孟什维克国际主义者（尤·拉林等）加入了布尔什维克党。十月社会主义革命后，孟什维克国际主义派的一部分人流亡国外，转入公开反对苏维埃政权的阵营，这个集团的个别代表加入了布尔什维克党，并参加了苏维埃机关的工作。——68。

37 《社会民主党人报》(«Социал-Демократ»)是俄国社会民主工党秘密发行的中央机关报。1908年2月在俄国创刊,第2—32号(1909年2月—1913年12月)在巴黎出版,第33—58号(1914年11月—1917年1月)在日内瓦出版,总共出了58号,其中5号有附刊。根据俄国社会民主工党第五次代表大会选出的中央委员会的决定,该报编辑部由布尔什维克、孟什维克和波兰社会民主党人的代表组成。实际上该报的领导者是列宁。1911年6月孟什维克尔·马尔托夫和费·伊·唐恩退出编辑部,同年12月起《社会民主党人报》由列宁主编。该报先后刊登过列宁的80多篇文章和短评。在斯托雷平反动时期和新的革命高涨年代,该报同取消派、召回派和托洛茨基分子进行斗争,宣传布尔什维克的路线,加强了党的统一和党与群众的联系。第一次世界大战期间,该报同国际机会主义、民族主义和沙文主义进行斗争,反对帝国主义战争,团结各国坚持国际主义立场的社会民主党人,宣传布尔什维克在战争、和平和革命等问题上提出的口号,联合并加强了党的力量。该报在俄国国内和国外传播很广,影响很大。列宁在《〈反潮流〉文集序言》中写道,"任何一个觉悟的工人,如果想了解国际社会主义革命思想的发展及其在1917年10月25日的第一次胜利",《社会民主党人报》上的文章"是不可不看的"(见本版全集第34卷第116页)。——71。

38 劳动派(劳动团)是俄国国家杜马中的农民代表和民粹派知识分子代表组成的小资产阶级民主派集团,1906年4月成立。领导人是阿·费·阿拉季因、斯·瓦·阿尼金等。劳动派要求废除一切等级限制和民族限制,实行自治机关的民主化,用普选制选举国家杜马。劳动派的土地纲领要求建立由官地、皇族土地、皇室土地、寺院土地以及超过劳动土地份额的私有土地组成的全民地产,由农民普选产生的地方土地委员会负责进行土地改革,这反映了全体农民的土地要求,同时它又容许赎买土地,则是符合富裕农民阶层利益的。在国家杜马中,劳动派动摇于立宪民主党和布尔什维克之间。布尔什维克党支持劳动派的符合农民利益的社会经济要求,同时批评它在政治上的不坚定,可是劳动派始终没有成为彻底革命的农民组织。六三政变后,劳动派在地方上停止了活动。第一次世界大战期间,劳动派多数采取沙文主义立场。二月革命后,劳动派积极支持资产阶级临时政府,1917 年 6 月与人民社会党合并为劳动人民社会党。十月革命后,劳动派站在资产阶级反革命势力方面。——71。

39 《我们的曙光》杂志(«Наша Заря»)是俄国孟什维克取消派的合法的社会政治刊物(月刊),1910 年 1 月—1914 年 9 月在彼得堡出版。领导人是亚·尼·波特列索夫,撰稿人有帕·波·阿克雪里罗得、费·伊·唐恩、尔·马尔托夫、亚·马尔丁诺夫等。围绕着《我们的曙光》杂志形成了俄国取消派中心。第一次世界大战一开始,该杂志就采取了社会沙文主义立场。——71。

40 齐赫泽党团指以尼·谢·齐赫泽为首的俄国第四届国家杜马中的孟什维克党团,1916 年其成员为马·伊·斯柯别列夫、伊·尼·图利亚科夫、瓦·伊·豪斯托夫、齐赫泽和阿·伊·契恒凯里。第一次世界大战期间,该党团采取中派立场,实际上全面支持俄国社会沙文主义者。列宁对齐赫泽党团的机会主义路线的批判,见《组织委员会和齐赫泽党团有没有自己的路线?》、《齐赫泽党团及其作用》(本版全集第 27 卷和第 28 卷)等文。——71。

41 组织委员会(组委会)是 1912 年在取消派的八月代表会议上成立的俄国孟什维克的领导中心。第一次世界大战期间,组委会采取社会沙文主义立场,站在沙皇政府方面为战争辩护。组委会先后出版过《我们的曙光》、《我们的事业》、《事业》、《工人晨报》、《晨报》等报刊。1917 年 8 月孟什维克党选出中央委员会以后,组委会的职能即告终止。除了在俄国国内活动的组委会外,在国外还有一个组委会国外书记处。这个书记处由帕·波·阿克雪里罗得、伊·谢·阿斯特罗夫-波韦斯、尔·马尔托夫、亚·萨·马尔丁诺夫和谢·尤·谢姆柯夫斯基组成,持和中派相近的立场,实际上支持俄国的社会沙文主义者。书记处的机关报是《俄国社会民主工党组织委员会国外书记处通报》,1915 年 2 月—1917 年 3 月在日内瓦出版,共出了 10 号。——71。

42 这是列宁在校阅娜·康·克鲁普斯卡娅写的《俄国社会民主工党历史

上的一页》时加的一段话。克鲁普斯卡娅的这篇文章是针对当时资产阶级的以及社会革命党、孟什维克的报刊对列宁及其他取道德国返回俄国的布尔什维克掀起的诽谤运动而写的,发表于1917年5月13日(26日)《士兵真理报》第21号。——73。

43 指1917年5月6日(19日)俄国第一届联合临时政府发表的宣言第3节,其中说:"临时政府将坚定不移地同国内的经济破坏作斗争,为此将进一步有计划地对产品的生产、运输、交换和分配实行国家和社会监督,必要时还将组织生产。"——75。

44 《战争与革命》是列宁在彼得格勒瓦西里耶夫岛海军武备学校礼堂作的演讲。这次演讲向听众收费,所得归入1914年为巩固布尔什维克秘密报刊而设立的《真理报》固定基金。演讲持续了两个多小时,听众2 000多人,其中有不少是知识分子、大学生、士兵和军官。长期以来人们认为演讲稿已经丢失,后来发现了一份不知出自谁手的这次演讲的记录,由列宁的妹妹玛·伊·乌里扬诺娃交给了列宁研究院,1929年4月23日在《真理报》发表。——77。

45 《人道报》(«L'Humanité»)是法国日报,由让·饶勒斯于1904年创办。该报起初是法国社会党的机关报,在第一次世界大战期间为法国社会党极右翼所掌握,采取了社会沙文主义立场。1918年该报由马·加香领导后,反对法国政府武装干涉苏维埃俄国的帝国主义政策。在法国社会党分裂和法国共产党成立后,从1920年12月起,该报成为法国共产党中央机关报。——82。

46 第一次世界大战初期,德国粗暴地破坏比利时的中立,占领了比利时,企图利用它的领土对法国进行决定性打击。由于德国的占领和掠夺,比利时的经济遭到严重破坏,工业濒于崩溃。1918年德国战败后,比利时才获得解放。——83。

47 《土地和自由报》(«Земля и Воля»)是俄国社会革命党彼得格勒区域委员会的机关报(日报),1917年3月21日(4月3日)—10月13日(26

日)在彼得格勒出版。——86。

48　法兰西第三共和国是1870年9月4日宣告成立的资产阶级共和国,一直存在到1940年7月。

19世纪最后25年,随着法国金融资本的迅速发展,法国帝国主义资产阶级加紧推行兼并政策,并借助议会中的共和派空谈家为它粉饰。在此期间,法兰西第三共和国对非洲和亚洲进行了一系列殖民战争,占领中非(刚果),奴役突尼斯、马达加斯加、越南和苏丹,侵略中国。——87。

49　皇室费是君主立宪国国家预算中用于君主个人支出和供养宫廷的部分。——91。

50　巴塞尔宣言即1912年11月24—25日在巴塞尔举行的国际社会党非常代表大会一致通过的《国际局势和社会民主党反对战争危险的统一行动》决议,德文本称《国际关于目前形势的宣言》。宣言谴责了各国资产阶级政府的备战活动,揭露了即将到来的战争的帝国主义性质,号召各国人民起来反对帝国主义战争。宣言斥责了帝国主义的扩张政策,号召社会党人为反对一切压迫小民族的行为和沙文主义的表现而斗争。宣言写进了1907年斯图加特代表大会决议中列宁提出的基本论点:帝国主义战争一旦爆发,社会党人就应该利用战争所造成的经济危机和政治危机,来加速资本主义的崩溃,进行社会主义革命。——98。

51　指俄国第四届国家杜马的布尔什维克代表阿·叶·巴达耶夫、格·伊·彼得罗夫斯基、马·康·穆拉诺夫、费·尼·萨莫伊洛夫和尼·罗·沙果夫。第一次世界大战爆发后,他们在1914年7月26日(8月8日)的杜马会议上强烈抗议沙皇俄国参加帝国主义战争,并拒绝对军事拨款投赞成票。他们访问了许多工业中心,召集了多次反对战争的工人集会。1914年11月2—4日(15—17日),他们在彼得格勒近郊的奥泽尔基村召开了有彼得格勒、伊万诺沃-沃兹涅先斯克、哈尔科夫和里加等地布尔什维克代表参加的会议,讨论了列宁关于战争的提纲,一致表示支持。11月4日(17日),他们和全体与会代表一起被捕,

1915年2月被交付法庭审判，以“叛国”罪名被判处终身流放东西伯利亚。——99。

52 前线士兵代表大会再次于1917年5月12—17日(25—30日)在彼得格勒举行，讨论了战争、前线士兵联欢、逃兵、战俘等问题。代表大会受孟什维克和社会革命党人的操纵，反对前线士兵联欢，主张继续进行战争。代表大会建议在全俄工兵代表苏维埃成立以前，先在彼得格勒苏维埃下面设立前线士兵部。

列宁文中提到的代表大会的决议发表于1917年5月14日(27日)《真理报》第57号。决议对《言语报》及其他资产阶级报纸歪曲评论5月12日(25日)会议的情况表示愤慨。——101。

53 指顿涅茨工人代表团向彼得格勒工兵代表苏维埃经济部发表的声明。这个代表团由1917年4—5月召开的俄国南方煤炭工业和冶金工业工人代表会议派遣到彼得格勒，其使命是要求工商业部和劳动部进行调停，促使顿涅茨资本家提高低工资工人的工资。代表团在声明中摆出大量确凿事实，揭露矿井和冶金工厂的老板和经理实行怠工，企图用饥饿来压制怀有革命情绪的工人。——107。

54 波涛出版社是俄国布尔什维克的合法出版社，1912年11月在彼得堡创办。该社对工人运动的各种问题作出反应，1913年初在所谓“保险运动”期间，出版了有关工人社会保险问题的书刊。同年7月成为俄国社会民主工党中央的出版社以后，遵照中央的指示，着重出版有关社会政治问题和党的问题的宣传鼓动性通俗读物。参加出版社工作的有安·伊·乌里扬诺娃-叶利扎罗娃、米·斯·奥里明斯基、费·伊·德拉布金娜等人。波涛出版社于1913年12月出版了袖珍历书《1914年工人手册》，其中载有列宁的《俄国的罢工》一文；1914年出版了刊有列宁的文章的《马克思主义和取消主义》文集。第一次世界大战初期，沙皇政府加紧迫害工人出版事业，波涛出版社被迫停止活动。1917年3月复业，1918年并入共产党人出版社。——111。

55 《启蒙》杂志(«Просвещение»)是俄国布尔什维克的合法的社会政治和

文学月刊,1911年12月—1914年6月在彼得堡出版,共出了27期。该杂志是根据列宁的倡议,为代替被沙皇政府查封的布尔什维克刊物——在莫斯科出版的《思想》杂志而创办的,受以列宁为首的国外编辑委员会的领导。出版杂志的实际工作,由俄国国内的编辑委员会负责。在不同时期参加国内编辑委员会的有:安·伊·乌里扬诺娃-叶利扎罗娃、列·米·米哈伊洛夫、米·斯·奥里明斯基、A.A.里亚比宁、马·亚·萨韦利耶夫、尼·阿·斯克雷普尼克等。从1913年起,《启蒙》杂志文艺部由马·高尔基领导。《启蒙》杂志作为布尔什维克机关刊物,曾同取消派、召回派、托洛茨基分子和资产阶级民族主义者进行过斗争,登过列宁的28篇文章。第一次世界大战前夕,《启蒙》杂志被沙皇政府查封。1917年秋复刊后,只出了一期(双刊号),登载了列宁的《布尔什维克能保持国家政权吗?》和《论修改党纲》两篇文章。

列宁又称该杂志为《共产党人》,说明他曾考虑杂志复刊时用《启蒙》或《共产党人》的名称。——111。

56 指俄国社会民主工党1908年十二月代表会议、1910年中央委员会全体会议、1912年布拉格代表会议以及1913年中央委员会在波罗宁召开的八月会议的决议。——111。

57 《金融报》(«Финансовая Газета»)是俄国金融、经济、工业和交易所的报纸(晚报),由维·维·普罗托波波夫创办,1915—1917年在彼得格勒出版。——120。

58 *在应当使用权力的时候大谈空话*一语出自俄国作家伊·安·克雷洛夫的寓言《猫和厨子》。厨子看见猫儿瓦西卡在偷鸡吃,便唠唠叨叨地开导它,责骂它,而瓦西卡却边听边吃,全不理会,直到整只鸡被吃完。寓言最后说:"在应当使用权力的时候,就不要多说空话。"——124。

59 《统一报》(«Единство»)是俄国孟什维克护国派极右翼集团统一派的报纸,在彼得格勒出版。1914年5—6月出了4号。1917年3—11月为日报。1917年12月—1918年1月用《我们的统一报》的名称出版。编辑部成员有格·瓦·普列汉诺夫、维·伊·查苏利奇、柳·伊·阿克雪里罗得、格·阿·阿列克辛斯基、尼·瓦·瓦西里耶夫、列·格·捷依奇和尼·伊·约尔丹斯基。该报持极端沙文主义立场，主张和资产阶级合作，支持资产阶级临时政府，反对社会主义革命，攻击布尔什维克，敌视苏维埃政权。——125。

60 《工人报》(«Рабочая Газета»)是俄国孟什维克报纸(日报)，1917年3月7日(20日)—11月30日(12月13日)在彼得格勒出版，8月30日(9月12日)起是孟什维克中央机关报。参加报纸工作的有帕·波·阿克雪里罗得、波·奥·波格丹诺夫、库·安·格沃兹杰夫、费·伊·唐恩、尔·马尔托夫、亚·尼·波特列索夫、伊·格·策列铁里、尼·谢·齐赫泽、涅·切列万宁等。该报采取护国主义立场，支持资产阶级临时政府，反对布尔什维克党，对十月革命和苏维埃政权抱敌对态度。——127。

61 《全俄农民代表苏维埃消息报》(«Известия Всероссийского Совета Крестьянских Депутатов»)是全俄农民代表苏维埃的正式机关报(日报)，1917年5月9日(22日)—1918年1月在彼得格勒出版，编辑为瑙·雅·贝霍夫斯基。该报代表社会革命党右翼的观点，敌视十月革命，被苏维埃政权查封。——131。

62 这一组文献包括列宁代表布尔什维克党在全俄农民第一次代表大会上提出的决议草案和在代表大会上发表的讲话。

全俄农民第一次代表大会于1917年5月4—28日(5月17日—6月10日)在彼得格勒举行。出席代表大会的有由各省农民代表大会和军队农民组织选出的代表1 115名，其中社会革命党人537名，社会民主党人103名(大部分是孟什维克，布尔什维克党团只有9人)，人民社会党人4名，劳动派分子6名，无党派人士136名(其中由米·瓦·伏龙芝组织的“14名无党派人士集团”完全支持布尔什维克)，党派背景不详的329名。列入大会议程的有联合临时政府问题、粮食问题、战争与和平问题、土地问题等。

在大会的主要问题——土地问题上，布尔什维克和社会革命党人展开了特别尖锐的斗争。列宁十分重视农民代表大会，直接领导了布尔什维克党团的工作。他以布尔什维克党团的名义向大会提出的决议草案和他发表的讲话产生了巨大影响。社会革命党人为了避免他们自己的关于土地问题的决议案遭到否决，不得不在他们已经准备好的决议草案中写上“一切土地应当毫无例外地交土地委员会管理”（第2条）。在他们的操纵下大会表示支持资产阶级临时政府的政策，赞成社会党人参加联合政府，主张把战争继续进行“到最后胜利”和在前线发动进攻，同意社会革命党人关于把土地问题拖延到召开立宪会议时再解决的主张。大会选出了由社会革命党人把持的农民代表苏维埃执行委员会。——136。

63 最高土地委员会是1917年二月革命后俄国资产阶级临时政府于3月19日（4月1日）设立的土地机关，受农业部长直接领导。参加最高土地委员会的有农业部的主管人员、政府委派的其他官吏、各省土地委员会的代表和各政党的代表。根据土地委员会条例，建立土地委员会是为了准备土地改革并在立宪会议解决土地问题以前制定一些迫不及待的临时措施。实际上，这是临时政府采取的一种手法，目的是拖延土地问题的解决和诱使农民放弃夺取地主土地的革命斗争。最高土地委员会的绝大多数委员是立宪民主党人和社会革命党人。十月革命后，最高土地委员会反对实行苏维埃政权的土地法令，1917年12月19日（1918年1月1日）被解散。——138。

64 第一届国家杜马（维特杜马）是根据沙皇政府大臣会议主席谢·尤·维特制定的条例于1906年4月27日（5月10日）召开的。

在1905年十月全俄政治罢工的冲击下，沙皇尼古拉二世被迫发表了10月17日宣言，宣布召开具有立法职能的国家杜马以代替布里根咨议性杜马，借以把国家引上君主立宪的发展道路。1905年12月11日，沙皇政府公布了《关于修改国家杜马选举条例的命令》，这一命令原封不动地保留了为选举布里根杜马而制定的以财产资格和阶级不平等为基础的选举制度，只是在原来的三个选民团——土地占有者（地主）选民团、城市（资产阶级）选民团、农民选民团之外，新增了工人选民团。就分得的复选人数额来说，各选民团的权利不是平等的。地主的1票相当于城市资产阶级的3票、农民的15票、工人的45票。工人选民团的复选人只占国家杜马全部复选人的4%。选举不是普遍的。全体妇女、不满25岁的青年、游牧民族、军人、学生、小企业(50人以下的企业)的工人、短工、小手工业者、没有土地的农民都被剥夺了选举权。选举也不是直接的。一般是二级选举制,而为工人规定了三级选举制,为农民规定了四级选举制。

十二月起义失败后,沙皇政府一再限制曾经宣布过的杜马的权力。1906年2月20日的诏书给了国务会议以批准或否决国家杜马所通过的法案的权力。1906年4月23日(5月6日)又颁布了经尼古拉二世批准的《国家根本法》,将国家政策的最重要问题置于杜马管辖之外。

第一届国家杜马选举于1906年2—3月举行。布尔什维克宣布抵制,但是没能达到搞垮这次选举的目的。当杜马终究召集起来时,列宁要求利用杜马来进行革命的宣传鼓动并揭露杜马的本质。

第一届国家杜马的代表共478人,其中立宪民主党179人,自治派63人(包括波兰、乌克兰、爱沙尼亚、拉脱维亚、立陶宛等民族的资产阶级集团的成员),十月党16人,无党派人士105人,劳动派97人,社会民主党18人。主席是立宪民主党人谢·安·穆罗姆采夫。

第一届国家杜马讨论过人身不可侵犯、废除死刑、信仰和集会自由、公民权利平等等问题,但是中心问题是土地问题。在杜马会议上提出的土地纲领主要有两个:一个是立宪民主党人于5月8日提出的由42名代表签署的法案,它力图保持地主土地占有制,只允许通过"按公平价格"赎买的办法来强制地主转让主要用农民的耕畜和农具耕种的或已出租的土地;另一个是劳动派于5月23日提出的"104人法案",它要求建立全民土地资产,把超过劳动土地份额的地主土地及其他私有土地收归国有,按劳动份额平均使用土地。

第一届国家杜马尽管很软弱,它的决议尽管很不彻底,但仍不符合政府的愿望。1906年7月9日(22日),沙皇政府解散了第一届国家杜马。

第二届国家杜马(第二届杜马)于1907年1—2月选举、当年2月20日(3月5日)召开,共有代表518人。主席是立宪民主党人费·

亚·戈洛文。尽管当时俄国革命处于低潮时期，而且杜马选举是间接的、不平等的，但由于各政党间的界限比第一届杜马时期更为明显，群众的阶级觉悟较前提高，以及布尔什维克参加了选举，所以第二届杜马中左派力量有所加强。按政治集团来分，第二届杜马的组成是：右派即君主派和十月党54名，立宪民主党和靠近它的党派99名，各民族代表76名，无党派人士50名，哥萨克集团17名，人民社会党16名，社会革命党37名，劳动派104名，社会民主党65名。

同第一届杜马一样，第二届杜马的中心议题是土地问题。右派和十月党人捍卫1906年11月9日斯托雷平关于土地改革的法令。立宪民主党人大大删削了自己的土地法案，把强制转让土地的成分降到最低限度。劳动派在土地问题上仍然采取在第一届杜马中采取的立场。孟什维克占多数的社会民主党党团提出了土地地方公有化法案，布尔什维克则捍卫全部土地国有化纲领。除土地问题外，第二届杜马还讨论了预算、对饥民和失业工人的救济、大赦等问题。在第二届杜马中，布尔什维克执行与劳动派建立"左派联盟"的策略，孟什维克则执行支持立宪民主党人的机会主义策略。

1907年6月3日(16日)沙皇政府发动政变，解散了第二届杜马；同时颁布了保证地主和大资产阶级能在国家杜马中占绝对多数的新选举法。这一政变标志着俄国历史上斯托雷平反动时期的开始。——139。

65 指1917年5月20日(6月2日)最高土地委员会第二次会议通过的《最高土地委员会宣言》。《宣言》为安抚争取土地的农民群众，声称将来土地改革时所有农业用地都要交给劳动农民使用，但又把土地问题推迟到立宪会议召开时再彻底解决。最高土地委员会在宣言中坚决反对分配地主的土地，说什么"居民企图用夺取土地的办法擅自满足自己的土地需要，对国家是一种严重危险"。——140。

66 这一次第四届国家杜马代表非正式会议于1917年5月20日(6月2日)在米·弗·罗将柯主持下召开。由于5月19日最高土地委员会召开第一次会议，杜马代表非正式会议便把土地问题作为议题。十月党人、地主谢·阿·施德洛夫斯基在会上作报告，反对分配地主的土地，声称土地问题的中心“不是土地少，而是必须提高土地的生产力”。会议通过的决议企图吓唬为争取土地而斗争的农民，说什么用暴力解决土地问题将会导致无穷无尽的争论、冲突、歉收和饥饿。决议号召农民等待立宪会议的召开。——140。

67 俄国农民作为封建社会的一个阶级分为三大类：(1)私有主农民即地主农民，(2)国家农民即官地农民，(3)皇族农民。每一大类又分为若干在出身、占有土地和使用土地的形式、法律地位和土地状况等等方面互不相同的等级或特殊类别。1861 年的农民改革保留了五花八门的农民类别，这种状况一直持续到 1917 年。——150。

68 意大利式的罢工即消极罢工或留场罢工，因首先流行于意大利而得名。这里是指资本家故意荒废和破坏生产，使工厂停工，工人失业，借以压制怀有革命情绪的工人和打击革命者。——155。

69 《市政府消息报》(«Ведомости Общественного Градоначальства»)是俄国彼得格勒市政府的报纸(日报)，1917 年 3 月 8 日(21 日)起出版。该报前身是 1839 年起出版的《圣彼得堡市警察局消息报》。自 1917 年 6 月 22 日(7 月 5 日)起，采用《城市自治机关通报》这一名称。该报完全支持资产阶级临时政府的政策，十月革命后不久被查封。——157。

70 人民社会党人是 1906 年从俄国社会革命党右翼分裂出来的小资产阶级政党人民社会党的成员。人民社会党的领导人有尼·费·安年斯基、韦·亚·米雅柯金、阿·瓦·彼舍霍诺夫、弗·格·博哥拉兹、谢·雅·叶尔帕季耶夫斯基、瓦·伊·谢美夫斯基等。人民社会党提出“全部国家政权应归人民”，即归从无产者到资产阶级知识分子的全体劳动者，主张对地主土地进行赎买和实行土地国有化，但不触动份地和经营“劳动经济”的私有土地。在俄国 1905—1907 年革命趋于低潮时，该党赞同立宪民主党的路线，六三政变后，因没有群众基础，实际上处于瓦解状态。第一次世界大战期间，持社会沙文主义立场。二月革命后，该党开始恢复组织。1917 年 6 月，同劳动派合并为劳动人民社会党。这个党代表富农利益，积极支持资产阶级临时政府，十月革命后参加反革命阴谋活动和武装叛乱，1918 年后不复存在。——158。

71 统一派是俄国极右的孟什维克护国派分子和一些前取消派分子联合组成的集团，因出版《统一报》而得名。1914 年出现，1917 年 3 月正式形成。除彼得格勒外，莫斯科、巴库等地也有它的组织。格·瓦·普列汉诺夫以及前取消派分子安·法·布里扬诺夫和尼·伊·约尔丹斯基在统一派中起领导作用。统一派否认社会主义在俄国有胜利的可能，无条件地支持资产阶级临时政府，主张把帝国主义战争继续进行"到最后胜利"，并与资产阶级和黑帮报刊一起攻击布尔什维克。在彼得格勒区杜马选举中统一派独自提出候选人名单，有时则与孟什维克和社会革命党等结成联盟。该派参加一切护国主义的示威游行，欢迎六月前线进攻。七月事变后，它鼓吹建立"坚强的政权"，即军事独裁。统一派对十月革命和苏维埃政权持敌对态度，1918 年夏在组织上瓦解。——158。

72 指孟什维克组织和统一组织全国代表会议。

孟什维克组织和统一组织全国代表会议于 1917 年 5 月 7—12 日(20—25 日)在彼得格勒举行。出席这次会议的有 88 名有表决权的代表和 35 名有发言权的代表，共代表 44 830 人。列入议程的有：对临时政府的态度和参加临时政府的问题，对战争的态度问题，恢复国际的问题，土地问题及其他问题。会议赞成社会党人参加联合政府，主张充分支持联合政府；谴责前线士兵联欢，主张加强军队的战斗力；同资产阶级政党一样认为只能由立宪会议进行土地改革，并号召"坚决反对无政府主义地夺取土地和用其他各种方法擅自解决土地问题"。会议赞成彼得格勒苏维埃关于召开国际社会党代表会议的决议，并委托组织委员会参加齐美尔瓦尔德第三次代表会议。——159。

73 《关于同经济破坏作斗争的几项经济措施的决议》是为当时即将举行的彼得格勒工厂委员会代表会议起草的，1917 年 5 月 25 日(6 月 7 日)由党中央委员会签署发表于莫斯科布尔什维克的《社会民主党人报》，然后又在 6 月 2 日(15 日)作为召集这次代表会议的组织委员会提出的决议草案发表于《真理报》第 71 号。代表会议于 5 月 31 日(6 月 13 日)

以绝大多数票通过这个决议，并提交专门委员会最后审定。专门委员会审定的文本在6月3日（16日）的闭幕会议上通过，次日发表于《真理报》第73号。列宁在《经济破坏和无产阶级同它的斗争》（见本卷第232—234页）一文中对这个决议进行了分析。本卷还收载了这个决议的提纲（见第423—424页）。——163。

74 指彼得格勒工兵代表苏维埃发表的《告全世界人民书》。这个号召书是苏维埃中的社会革命党人和孟什维克多数在要求停止战争的群众运动的压力下被迫在1917年3月14日（27日）的苏维埃会议上通过的，第二天发表于《真理报》和《彼得格勒工兵代表苏维埃消息报》。号召书充满关于和平的华丽词句，但没有揭露战争的掠夺性质，没有提出争取和平的任何实际措施，实质上是为资产阶级临时政府继续进行帝国主义战争辩护。——166。

75 一座大山生了一只小老鼠意为“雷声大，雨点小”，出典于伊索寓言《大山临盆》。寓言说：大山临产，隆隆作响，人们蜂拥而至，以为大祸临头，不料结果却是从山里跑出来一只小老鼠。——174。

76 爱尔福特纲领是指1891年10月举行的德国社会民主党爱尔福特代表大会通过的党纲。它取代了1875年的哥达纲领。爱尔福特纲领以马克思主义关于资本主义生产方式必然灭亡和被社会主义生产方式所代替的学说为基础，强调工人阶级必须进行政治斗争，指出了党作为这一斗争的领导者的作用。它从根本上说是一个马克思主义的纲领。但是，爱尔福特纲领也有严重缺点，其中最主要的是没有提到无产阶级专政是对社会实行社会主义改造的手段这一原理。纲领也没有提出推翻君主制、建立民主共和国、改造德国国家制度等要求。对此，恩格斯在《1891年社会民主党纲领草案批判》（见《马克思恩格斯文集》第4卷）中提出了批评意见。代表大会通过的纲领是以《新时代》杂志编辑部的草案为基础的。——181。

77 猫儿瓦西卡边听边吃出典于俄国作家伊·安·克雷洛夫的寓言《猫和厨子》（参看注58）。——185。

78 指资产阶级临时政府于1917年5月24日和27日(6月6日和9日)接连公布的两项决定。第一项决定说:"临时政府认为喀琅施塔得的局势是带有威胁性的,是完全不能允许的";第二项决定要求"喀琅施塔得全体公民必须绝对执行临时政府的命令"。

喀琅施塔得是保卫彼得格勒的海上要塞,也是俄国波罗的海舰队的主要后方基地。喀琅施塔得工兵代表苏维埃从成立时起就跟着布尔什维克走,这一方面是由于喀琅施塔得具有革命传统,另一方面是由于那里有坚强的布尔什维克组织,它在整个战争期间一直进行革命工作。

由于喀琅施塔得苏维埃同临时政府派去的委员佩佩利亚耶夫之间发生冲突,喀琅施塔得苏维埃根据无党派人士的倡议并在布尔什维克的支持下,于1917年5月17日(30日)通过了废除政府委员职位、由喀琅施塔得苏维埃掌握全部权力的决议。其中说,喀琅施塔得市的唯一政权是工兵代表苏维埃,它将就一切国家大事同彼得格勒工兵代表苏维埃直接联系。

资产阶级的和社会革命党、孟什维克的报刊就这一事件对喀琅施塔得人民和布尔什维克发起攻击,说什么俄国开始解体,喀琅施塔得要闹独立等等。

为平息喀琅施塔得事件,彼得格勒工兵代表苏维埃派出由尼·谢·齐赫泽等人组成的代表团,临时政府随后也派出由伊·格·策列铁里和马·伊·斯柯别列夫两个部长组成的代表团。经过谈判,喀琅施塔得苏维埃接受了一个折中的解决办法:政府委员由苏维埃推选,但须经临时政府最后批准。

列宁认为喀琅施塔得人民采取这样的行动为时过早。喀琅施塔得苏维埃布尔什维克党团关于平息冲突的谈判,以及喀琅施塔得党组织后来的工作,都是在列宁的直接领导下进行的。——186。

79 《俄罗斯日报》(«Русская Газета»)是俄国通俗报纸,1904—1906年在彼得堡出版。——195。

80 《前进报》(«Вперед»)是列宁领导的布尔什维克的群众性工人报纸,1906年9月10日(23日)—1908年1月19日(2月1日)由《无产者报》编辑部在维堡秘密出版，共出了 20 号。从第 2 号起作为俄国社会民主工党莫斯科委员会、彼得堡委员会和莫斯科郊区委员会的机关报出版，有些号同时作为彼尔姆委员会、库尔斯克委员会、喀山委员会或乌拉尔区域委员会的机关报出版。《前进报》用广大工农读者易懂的通俗语言宣传俄国社会民主工党的纲领，阐述第五次（伦敦）党代表大会以及党的全国代表会议和市、区代表会议的决议，解释布尔什维克的策略，同时揭露孟什维克和社会革命党的机会主义策略的危害。该报同工人读者联系密切。它广泛地阐述工人问题，同时也用相当的篇幅来解释布尔什维克在农民问题上的策略。《前进报》刊载过列宁的多篇文章。——196。

81 指 1917 年 5 月 28 日（6 月 10 日）俄国各报登载的法英两国政府答复俄国临时政府 3 月 27 日宣言的照会。

法英两国政府在照会中声称它们进行战争的任务之一是要“解放”受别国暴政压迫的民族，因此欢迎俄国临时政府宣布解放整个波兰（包括沙俄专制政府统治的波兰和并入德奥两国的那一部分波兰领土）的意图。法国还表示要为收复阿尔萨斯—洛林和迫使德国赔偿损失而战。两国照会都表示希望同俄国一起把战争进行“到胜利”。——198。

82 这次会议于 1917 年 5 月在彼得格勒举行，讨论工人要求增加工资等问题。由于资本家拒绝让步，会议没有取得任何结果。——201。

83 这是列宁在彼得格勒工厂委员会第一次代表会议上就实行工人对生产的监督问题发表的讲话。

工厂委员会是俄国 1917 年二月革命后出现的无产阶级的阶级组织，由各企业职工大会选举产生。它与工会的区别在于它以企业为单位联合工人，而不论他们属于哪个工会或从事哪种职业。工厂委员会的主要任务是对生产和分配实行工人监督，它集中工人的经济要求向企业主提出，不经官方许可径自实行八小时工作制，监督厂方对劳动力的雇用和解雇，建立工人民兵队伍，解决工人的粮食供应问题，并与工会一起解决签订集体合同和处理工资福利等问题。一旦企业主关闭工厂或缩减生产，工厂委员会就履行管理的职能。工厂委员会是布尔什维克在企业中的可靠支柱。在准备和进行十月革命的过程中，工厂委员会起了积极的作用。1918年工厂委员会与工会合并，成为工会的基层组织。

彼得格勒工厂委员会第一次代表会议于1917年5月30日—6月3日（6月12—16日）举行。出席会议的有彼得格勒市区和郊区各工厂委员会、工会理事会及其他工人组织的代表共168名。雅·米·斯维尔德洛夫担任会议主席。代表会议讨论了关于彼得格勒的工业状况和对生产的监督与调节、关于工厂委员会的任务及其在工会运动中的作用等问题。

在代表会议上，孟什维克企图把工厂委员会的政治作用和经济作用化为乌有，并用有资产阶级政党参加的国家监督代替工人监督。经过激烈斗争，代表会议以多数票通过了布尔什维克提出的决议案。代表会议选出了由25人（其中19人是布尔什维克）组成的彼得格勒工厂委员会中央理事会，它实际上是全俄工厂委员会的中心。——209。

84　阿·瓦·卢那察尔斯基在列宁讲话之前发言。他在发言中建议：向法英政府提出最后通牒，迫使它们同意没有兼并和赔款的和约这一原则；宣布全线停战；呼吁盟国以及德奥两国的人民利用一切可能的手段对本国政府施加压力。他认为，确立了这样的原则，如果德国政府还要继续进行战争，那么，它所谓自己是在进行防御战争的谎言就被戳穿了。——211。

85　把狗鱼投到河里出自俄国作家伊·安·克雷洛夫的寓言《狗鱼》。狗鱼因危害鱼类而受到审判。糊涂法官听从了和狗鱼狼狈为奸的检察官狐狸的建议，判决把狗鱼投到河里淹死。——219。

86　这个标题出自俄国民间谚语："看得见别人眼里的草屑，看不见自己眼里的木块。"意思是：明于察人，暗于察己。——220。

87　列宁引用的是《全俄工兵代表苏维埃第一次代表大会代表尼·瓦·克雷连柯向士兵、工人和农民解释布尔什维克政纲的传单》。传单全文见1957年基辅版《伟大十月社会主义革命准备和进行时期的乌克兰布尔什维克组织》一书。——227。

88 《前进报》(«Vorwärts»)是德国社会民主党的中央机关报(日报),1876年10月在莱比锡创刊,编辑是威·李卜克内西和威·哈森克莱维尔。1878年10月反社会党人非常法颁布后被查禁。1890年10月反社会党人非常法废除后,德国社会民主党哈雷代表大会决定把1884年在柏林创办的《柏林人民报》改名为《前进报》(全称是《前进。柏林人民报》),从1891年1月起作为中央机关报在柏林出版,由李卜克内西任主编。恩格斯曾为《前进报》撰稿,同机会主义的各种表现进行斗争。1895年恩格斯逝世以后,《前进报》逐渐转入党的右翼手中。它支持过俄国的经济派和孟什维克。第一次世界大战期间持社会沙文主义立场。俄国十月革命以后,进行反对苏维埃的宣传。1933年停刊。——235。

89 这是列宁在全俄工兵代表苏维埃第一次代表大会上的两篇讲话。

全俄工兵代表苏维埃第一次代表大会于1917年6月3—24日(6月16日—7月7日)在彼得格勒举行。出席大会的代表共1 090名,代表305个工兵农代表联合苏维埃,53个区、州和省苏维埃,21个作战部队组织,8个后方军队组织和5个海军组织。绝大多数代表属于孟什维克—社会革命党人联盟和支持它的一些小集团,当时在苏维埃中占少数的布尔什维克只有105名代表。列入代表大会议程的有革命民主和政权问题、对战争的态度问题、立宪会议的筹备问题、民族问题、土地问题等12项。列宁在会上就对临时政府的态度问题和战争问题发表了讲话。孟什维克和社会革命党人在会上号召加强军队纪律、在前线发动进攻、支持临时政府,并试图证明苏维埃不能掌握政权。列宁代表布尔什维克党指出,布尔什维克党时刻准备掌握全部政权。布尔什维克充分利用大会讲台揭露临时政府的帝国主义政策以及孟什维克和社会革命党人的妥协策略,对每个主要问题都提出并坚持自己的决议案。在社会革命党人和孟什维克把持下通过的代表大会决议支持临时政府、赞成前线的进攻、反对政权转归苏维埃。代表大会选出了由320人组成的中央执行委员会,其中孟什维克123名,社会革命党人119名,布尔什维克 58 名,统一社会民主党人 13 名,其他党派代表 7 名。孟什维克尼·谢·齐赫泽是中央执行委员会主席。

在本卷的《"大撤退"》一文中列宁指出,这次代表大会非常清楚地表明社会革命党人和孟什维克的领袖们已经退出革命(参看第 278 页)。——237。

90 指土耳其境内的博斯普鲁斯海峡和达达尼尔海峡,两个海峡统称为黑海海峡。

第一次世界大战期间,土耳其站在德国方面参战以后,英法于 1915 年同俄国签订一个秘密协定,允诺把君士坦丁堡(伊斯坦布尔)和黑海海峡划归俄罗斯帝国,以鼓励它把对德战争进行到最后胜利。十月社会主义革命后,苏维埃俄国废除了这一协定。——242。

91 这里说的是全俄农民第一次代表大会通过的关于俄国未来政治制度的决议。关于这次代表大会,见注 62。——243。

92 指 1917 年 6 月 4 日(17 日)《新生活报》第 40 号刊载的弗·亚·巴扎罗夫的《今后怎样?》一文。作者在文章中坚持所谓为挽救革命而继续单独进行战争的论点。——244。

93 指英国政府发给英国独立工党领袖拉姆赛·麦克唐纳去俄国的护照一事。麦克唐纳是应彼得格勒工兵代表苏维埃执行委员会的邀请到俄国访问的,因英国海员工会拒绝为他开船而未能成行。——245。

94 1917 年 6 月,意大利占领了阿尔巴尼亚,宣布阿尔巴尼亚的独立受意大利事实上的保护。

同年 6 月 11 日,协约国在希腊策动政变,迫使反对参战的希腊国王君士坦丁一世逊位,而把曾被国王撤职的亲协约国的首相埃·威尼齐洛斯重新扶上台。希腊终于站在协约国方面参了战。

在战争期间,波斯(伊朗)北部被俄军占领,南部被英军占领,完全丧失了独立。所有这些帝国主义的侵略暴行都得到了临时政府外交上的支持。——246。

95 指布尔什维克党团委员会和统一社会民主党人国际主义者委员会要求在全俄苏维埃第一次代表大会上首先提出前线进攻这一问题的声明。声明指出，这次进攻是由帝国主义盟国的资本巨头指使的，俄国反革命集团则指望借此把权力集中于军人、外交家集团和资本家集团手中，打击争取和平的革命斗争和俄国民主派所争得的阵地。声明呼吁工人阶级、军队和农民注意国家面临的危险，要求大会立即回击反革命的进攻。声明中提出的建议被代表大会所否决。——246。

96 希瓦是16世纪初在中亚阿姆河下游建立的一个封建国家（希瓦汗国），居民有乌兹别克人、土库曼人、卡拉卡尔帕克人等，1873年被沙皇俄国征服，成为它的属国。

布哈拉是16世纪在中亚建立的一个封建国家（布哈拉汗国），居民有乌兹别克人、塔吉克人、土库曼人等，1868年被沙皇俄国征服，成为它的属国。——247。

97 指俄国临时政府陆军部长亚·费·克伦斯基禁止全乌克兰军人代表大会召开一事。这个代表大会不顾禁令于1917年6月5—12日（18—25日）在基辅举行，约有2 000名代表出席。大会通过了乌克兰中央拉达颁布的关于乌克兰自治的宣言。

列宁在《乌克兰》以及《乌克兰问题和俄国执政党的失败》（见本卷第312—313、319—322页）两文中批判了临时政府以及孟什维克和社会革命党对乌克兰的政策。——258。

98 托尔斯泰主义者是19世纪末—20世纪初在列·尼·托尔斯泰的宗教哲学学说影响下产生的一种宗教空想主义社会派别。托尔斯泰主义者主张通过宗教道德的自我完善来改造社会，宣传"博爱"和"不用暴力抵抗邪恶"。列宁指出：托尔斯泰主义者正好是把托尔斯泰学说中最弱的一面变成一种教义（参看本版全集第17卷第185页）。——260。

99 《社会民主党人报》（«Социал-Демократ»）是俄国社会民主工党（布）中央莫斯科区域局和莫斯科委员会的机关报，稍后也是莫斯科郊区委员会的机关报，1917年3月7日（20日）—1918年3月15日在莫斯科出版，总共出了292号。在不同时期参加该报编辑部的有：尼·伊·布哈林、米·斯·奥里明斯基、恩·奥新斯基、伊·伊·斯克沃尔佐夫-斯捷潘诺夫、阿·亚·索尔茨、叶·米·雅罗斯拉夫斯基等。1918年3月，由于苏维埃政府和俄共（布）中央由彼得格勒迁至莫斯科，《社会民主党人报》同俄共（布）中央机关报《真理报》合并。

《社会民主党人报》第59号发表的信是农民Г.安德列耶夫写的。——263。

100　六三派指俄国地主和资产阶级的党派——右派、十月党和立宪民主党。这些党派因沙皇政府于1907年6月3日（16日）颁布反动的选举法，大大削减了工农本来就很有限的选举权而在第三届和第四届杜马中占了优势。

六三派定期举行所谓第四届国家杜马代表非正式会议。1917年6月3日（16日），正当全俄工兵代表苏维埃第一次代表大会开幕那天，六三派举行了自己的例会，这显然是对在苏维埃代表大会中占多数的孟什维克和社会革命党人施加政治压力。这次例会的主题是讨论对外政策。六三派的著名首领瓦·阿·马克拉柯夫、帕·尼·米留可夫、瓦·维·舒利金等都在会上发言，要求积极履行对盟国的条约义务并消灭革命。会议通过了具有这种精神的决议。——265。

101　《人民意志报》（«Воля Народа»）是俄国社会革命党右翼的机关报（日报），1917年4月29日起在彼得格勒出版。参加编辑工作的有皮·亚·索罗金、叶·康·布列什柯-布列什柯夫斯卡娅等。1917年11月被查封后，曾以《意志报》、《自由的意志报》、《人民的意志报》、《国家意志报》、《独立意志报》等名称出版。1918年2月最终被查封。——271。

102　指《由中央委员会统一的俄国社会民主工党党员会议记录（1917年4月8日）》。这个文件记载了俄国各政治派别的侨民就取道德国返回俄国一事同瑞士社会民主党人、国际社会党委员会主席罗·格里姆和瑞士社会民主党书记弗·普拉滕进行的谈判。

列宁在获悉二月革命的确实消息后，就开始设法从瑞士回国。但是侨居国外的国际主义者要回到俄国，既受到资产阶级临时政府的阻挠，也受到英、法"盟国"政府的阻挠。因此，列宁曾打算采取使用别人证件过境的办法回国，并就这一问题同维·阿·卡尔宾斯基和雅·斯·加涅茨基通过信。1917 年 3 月 6 日（19 日），在伯尔尼的俄国各党派中央机构的非正式会议上，尔·马尔托夫提出一项计划：以遣返拘留在俄国的德国人为条件，换取德国方面对取道德国的同意。这一计划得到了列宁的支持。

同德国驻瑞士公使交涉俄国政治流亡者取道德国回国事宜，开头是由格里姆负责的。由于格里姆采取模棱两可的立场，布尔什维克以后就把这件事情委托给了普拉滕。德国政府接受了俄国侨民经德国回国的条件，保证车厢通过德国时享有治外法权。

由于孟什维克要求让临时政府或彼得格勒苏维埃事先同意用被俘的德国非军事人员交换侨民，从瑞士动身的时间延迟到了 3 月 27 日（4 月 9 日）。所有条件和动身情况都记录在议定书上，并告知德、法、波兰、瑞士的齐美尔瓦尔德左派代表。此外，还以他们的名义准备了一份向报界发表的声明。声明说："我们这些在下面署名的人知道协约国政府对俄国国际主义者回国所设置的重重障碍，我们知道德国政府允许取道德国前往瑞典的条件……　我们认为，我们的俄国同志不仅有权利而且应当利用提供给他们的取道德国回国的机会。"这个声明刊登于 1917 年 4 月 15 日《政治报》第 86 号。

鉴于法国报纸报道，临时政府外交部长帕·尼·米留可夫对取道德国回国的侨民进行威胁，说要把他们作为叛国犯加以逮捕，以列宁为首的各派侨民在动身当天签字具结："1. 普拉滕同德国大使馆商定的各项条件已向本人宣读；2. 本人服从旅程负责人普拉滕的各项安排；3. 本人已被告知《小巴黎人报》的一则消息：俄国临时政府要对取道德国的俄国国民治以叛国罪；4. 本人此行的全部政治责任概由自己承担；5. 普拉滕只负责本人到斯德哥尔摩的旅程。"

列宁一行于 3 月 31 日（4 月 13 日）到达斯德哥尔摩。当天离开这里经芬兰回俄国。4 月 3 日到达彼得格勒以后，列宁（和格·叶·季诺维也夫）受由瑞士回来的侨民的委托，于 4 月 4 日在彼得格勒苏维埃执行委员会会议上作了取道德国回国的报告。执行委员会听取了报告，决定“立即向临时政府进行交涉，同时采取措施使所有侨民都能迅速获准返回俄国，而不管他们的政治见解和对战争的态度怎样”。就在这次会议上，列宁被补选进彼得格勒工兵代表苏维埃执行委员会。尽管这些事实都十分清楚和无可辩驳，资产阶级的和社会革命党、孟什维克的报刊仍试图利用取道德国一事诽谤和污蔑布尔什维克党。——271。

103　这个标题出自俄国民间谚语：“天上的仙鹤，不如手中的山雀。”——285。

104　这里是指全俄苏维埃第一次代表大会禁止布尔什维克党中央委员会决定的在 1917 年 6 月 10 日(23 日)举行游行示威这件事。

6 月初，彼得格勒的形势日益紧张。临时政府拖延战争、准备在前线发动进攻以及居民粮食供应困难，引起了工人和士兵的强烈不满，而政府关于要维堡区工人组织从杜尔诺沃别墅搬出去的命令更直接激起了几十个工厂的罢工。群众自发地涌上街头。布尔什维克党中央、彼得格勒委员会和军事组织为了防止可能的挑拨和不必要的牺牲，于 6 月 8 日(21 日)吸收各区工人和部队代表举行会议，根据列宁的提议，决定在 6 月 10 日举行有组织的和平游行示威。这一决定受到群众的热烈欢迎，同时也引起临时政府以及孟什维克和社会革命党的极端惊慌。6 月 9 日(22 日)晚，孟什维克、社会革命党所把持的全俄苏维埃第一次代表大会通过决议，禁止三天内举行任何街头游行示威。布尔什维克党中央不愿置自己于对抗苏维埃代表大会决议的地位，乃于 9 日深夜根据列宁的提议决定取消这次游行示威，并于 10 日晨派中央委员、彼得格勒委员会委员和党的积极工作者分赴工厂和兵营进行解释工作，说服了工人和士兵群众。

社会革命党和孟什维克的领袖们害怕失去人民的信任，过了两天又在代表大会上通过决议，规定于 6 月 18 日(7 月 1 日)举行游行示威。这一天是俄军预定在前线发动进攻的日子，各妥协主义政党的领导人也企图利用游行示威来显示群众对临时政府的信任。布尔什维克党中央和彼得格勒委员会在列宁直接领导下进行了大量的工作，以争取游行示威能够反映出群众的真实情绪，并打赢这一场同孟什维克和社会革命党人争取群众的和平战斗。列宁亲自参与了游行示威的准备。18日这天，彼得格勒50万工人和士兵参加了游行示威，绝大多数群众举着布尔什维克的革命标语行进，只有三五成群的一些人手持妥协主义政党的信任临时政府的标语。这次游行示威显示了群众革命情绪的高涨和布尔什维克党威望的增长。列宁对六月游行示威的评论，见《六月十八日》、《三次危机》（本卷第333—335、408—412页）等文。——291。

105 1917年俄国二月革命胜利后，彼得格勒维堡区面包工人工会、民兵组织和一些无政府主义者占用了前沙皇大臣彼·尼·杜尔诺沃的空闲别墅。邻接别墅的大花园，也被该区工人用做休息场所。1917年6月7日（20日），临时政府下令占用者搬出杜尔诺沃别墅。这项命令引起彼得格勒特别是维堡区工人的抗议，许多工厂宣布罢工。临时政府作了让步，但又在6月18日（7月1日）深夜派武装队伍占领了别墅，打死两名无政府主义者，逮捕了59人。临时政府对杜尔诺沃别墅的武装袭击引起了工人的强烈愤慨。——291。

106 这个草案的基本论点写入了俄国社会民主工党（布）中央委员会和全俄苏维埃第一次代表大会布尔什维克党团委员会就全俄苏维埃第一次代表大会禁止布尔什维克党原定在1917年6月10日（23日）举行的和平游行示威一事发表的声明。声明刊载于1917年6月13日（26日）《真理报》第80号。——298。

107 指俄国临时政府部长、孟什维克伊·格·策列铁里1917年6月11日（24日）在全俄苏维埃第一次代表大会主席团、彼得格勒工兵代表苏维埃执行委员会、农民代表苏维埃执行委员会和代表大会各党团委员会联席会议上发表的演说。他在演说中诬蔑布尔什维克准备举行的游行示威是"企图推翻政府和由布尔什维克夺取政权的阴谋"，声言"必须解除布尔什维克的武装"。为了对策列铁里以及社会革命党和孟什维克的其他首领表示抗议，布尔什维克退出了会场。列宁没有出席并且反对参加这次会议。他在给《真理报》编辑部的信中说明了不参加这次会议的理由(见本卷第305页)。——300。

108 指俄国社会民主工党(布)中央委员会和全俄苏维埃第一次代表大会布尔什维克党团委员会的声明。这项声明曾在1917年6月11日(24日)苏维埃代表大会主席团、彼得格勒苏维埃执行委员会、农民代表苏维埃执行委员会和代表大会各党团委员会联席会议上宣读。列宁所写的草案(见本卷第298—299页)是这篇声明的基础。

声明指出,6月10日(23日)的游行示威没有举行,并不是由于苏维埃代表大会的社会革命党和孟什维克的多数下了禁令,而是由于布尔什维克党中央委员会取消了它。声明揭露了社会革命党、孟什维克对反革命势力的纵容和对布尔什维克的诽谤。声明指出,临时政府的成员伊·格·策列铁里捏造所谓布尔什维克搞军事阴谋的无稽之谈,是为了要解除彼得格勒无产阶级的武装和解散彼得格勒卫戍部队,而解除革命先锋队的武装是反革命资产阶级的惯技。策列铁里等人不会不知道,无产阶级从来没有不经战斗就放下从革命中获得的武器。由此可见,当权的资产阶级及其"社会党人"部长们是在有意识地挑动内战。

布尔什维克本想在苏维埃代表大会6月12日(25日)的会议上宣读这篇声明,可是大会主席不让布尔什维克的代表发言。声明交给了大会主席团。尽管布尔什维克已经取消了游行示威,这次会议仍作出了谴责布尔什维克党的决议。——306。

109 乌克兰中央拉达是乌克兰资产阶级和小资产阶级民族主义政党和团体的联合机关,1917年3月4日(17日)在有乌克兰社会民主工党、乌克兰社会革命党以及各社会团体参加的乌克兰社会联邦党总委员会会议上成立。1917年6月,产生了称为小拉达的执行机关,主席是乌克兰资产阶级思想家米·谢·格鲁舍夫斯基,副主席是弗·基·温尼琴科和谢·亚·叶弗列莫夫。中央拉达在1917年3月9日(22日)的告乌克兰人民书中号召支持资产阶级临时政府。6月10日(23日),它宣布乌克兰自治,建立了名为总书记处的政府,但很快就同临时政府妥协,赞成将自治问题搁置到召开立宪会议时再解决。十月社会主义革命后,中央拉达于11月7日(20日)宣布自己是乌克兰人民共和国的最高机关,1918年1月11日(24日)宣布乌克兰独立。1917年11月—1918年1月,中央拉达同苏俄人民委员会举行谈判,同时却支持阿·马·卡列金等白卫将军,并违背自己的诺言,不解决土地问题、工人问题及民族问题。中央拉达既向协约国寻求财政上的支持,又同德奥同盟进行秘密谈判。1917年12月,列宁起草的俄罗斯联邦人民委员会告乌克兰人民书(见本版全集第33卷第144—146页)揭露了中央拉达的反革命面目。12月11—12日(24—25日)在哈尔科夫举行的乌克兰苏维埃第一次代表大会宣布乌克兰为苏维埃共和国,中央拉达不受法律保护。俄罗斯联邦人民委员会承认乌克兰苏维埃政府是乌克兰唯一合法的政府。乌克兰人民逐渐认清了中央拉达的反革命政策,于1917年12月—1918年1月在乌克兰全境举行了反对中央拉达的武装起义。1918年1月26日(2月8日)在乌克兰的苏维埃军队占领基辅后,中央拉达逃往沃伦。次日它与德奥同盟签订了叛卖性的布列斯特-里托夫斯克条约。根据条约,中央拉达必须在1918年7月31日以前向德国和奥匈帝国提供100万吨粮食、4亿个鸡蛋、毛重5万吨的牛羊以及其他物资,以换取德奥的军事援助。3月中央拉达与德奥占领军一起返回基辅,成了武装占领者操纵的傀儡。由于中央拉达无力镇压乌克兰的革命运动和往德国调运粮食,4月29日德军指挥部将它解散,而以君主派地主、乌克兰盖特曼帕·彼·斯科罗帕茨基的傀儡政府代之。——312。

110　杰尔席莫尔达是俄国作家尼·瓦·果戈理的喜剧《钦差大臣》中的一个愚蠢粗野、动辄用拳头打人的警察。——320。

111　《小报》(«Маленькая Газета»)是俄国黑帮的低级趣味报纸,1914年9月—1917年7月由阿·阿·苏沃林(反动出版家阿·谢·苏沃林之子)在彼得格勒出版。该报迎合群众同情社会主义的心理,从1917年5月起,在报头下面标上"非党社会主义者的报纸"字样。二月革命后该报反对列宁和布尔什维克党。——324。

112 指俄国临时政府为审理前沙皇政府大臣以及其他高级军政官员渎职罪行而设的特别调查委员会。这个机构于 1917 年 3 月 11 日(24 日)成立,受司法部长直接领导。同年 6 月 16 日(29 日),《日报》、《交易所新闻》、《新生活报》等发表了该委员会关于罗·瓦·马林诺夫斯基奸细案的结论。——325。

113 沙皇政府副内务大臣弗·费·准科夫斯基在 1914 年就了解到第四届国家杜马代表罗·瓦·马林诺夫斯基是奸细。当年 5 月 7 日(20 日),他将此事告诉了第四届国家杜马主席米·弗·罗将柯,并"以名誉担保属实"。他们决定让马林诺夫斯基离开杜马,而又不致使杜马和部长们丢丑,于是就建议马林诺夫斯基辞去杜马代表职务,在警察司协助下移居国外。直到 1917 年 6 月,在审理旧政权罪行的特别调查委员会公布了警察司有关的档案材料后,马林诺夫斯基才被揭发出来。资产阶级的以及孟什维克和社会革命党人的报纸曾利用这件事起劲污蔑布尔什维克。1918 年,马林诺夫斯基回俄国后受到审判,根据全俄中央执行委员会最高法庭 11 月 5 日的判决被枪决。——325。

114 由于调查前沙皇政府内务大臣和其他官员的罪行时发现了罗·瓦·马林诺夫斯基的奸细活动,律师 H.A.科洛科洛夫于 1917 年 5 月 26 日(6 月 8 日)请求列宁提供证词(见本卷第 425—432 页)。

资产阶级的以及社会革命党人和孟什维克的报纸在摘引列宁的证词时,故意断章取义,作了许多歪曲。列宁在文中提到的一段证词见本卷第 428—429 页。——326。

115 列宁的这段证词见本卷第 429—430 页。——326。

116 列宁的报告在俄国社会民主工党(布)前线和后方军队党组织全国代表会议的各项工作中占中心地位。据米·谢·克德罗夫回忆,在非布尔什维克报刊中,代表会议主席团只准许《新生活报》派一名记者以客观报道会议工作为条件出席会议。收入本卷的这个报告文本就是《新生活报》记者的记录。保存下来的还有一份克德罗夫所作的记录,见《伟大的十月社会主义革命(彼得格勒和莫斯科革命参加者回忆录)》一书

1957年莫斯科版第77—79页。

俄国社会民主工党(布)前线和后方军队党组织全国代表会议于1917年6月16—23日(6月29日—7月6日)在彼得格勒举行。出席代表会议的代表共107名,代表43个前线军队中布尔什维克组织和17个后方军队中布尔什维克组织的26 000名党员。会议议程包括:各地的报告;对俄国社会民主工党(布)第七次全国代表会议(四月代表会议)决议的态度;目前形势;政权组织和工兵代表苏维埃;战争、和平与进攻;土地问题等。列宁在代表会议上作了关于目前形势和关于土地问题的两个报告。代表会议在关于目前形势的决议中指出:俄国社会民主工党(布)军队党组织的任务是在士兵中进行布尔什维主义的宣传和鼓动;无产阶级和革命军队必须全面地准备力量,来迎接新的革命阶段。会议批准了军队党组织章程草案,选出了由米·谢·克德罗夫、尼·瓦·克雷连柯、弗·伊·涅夫斯基和尼·伊·波德沃伊斯基等组成的全俄军队党组织中央局。这次会议对加强无产阶级同士兵群众的联系具有重要意义。——336。

117 指资产阶级临时政府根据俄国和英法两国的帝国主义者的要求而组织的1917年6月俄军在前线的进攻。6月16日(29日),陆军部长亚·费·克伦斯基发布了进攻的命令。6月18日(7月1日),俄军在西南战线转入进攻。最初几天,俄军进展顺利,俘获德军数千人。但是由于俄军士兵疲惫不堪、不理解进攻目的以及技术训练差,战线很快就被德军突破了。俄军狼狈溃退,在10天战斗中损失约6万人。

前线进攻遭到重大损失,引起劳动人民的极大愤慨,加速了国内新的政治危机的到来。——338。

118 全俄工会代表会议(第三次)于1917年6月21—28日(7月4—11日)在彼得格勒举行。这是在全俄国范围内首次公开召集的工会代表会议。出席会议的有表决权的代表共211人,代表140万工会会员。由于选举没有采取比例制,大小工会派出同等数量的代表,因此由彼得格勒、莫斯科、基辅、伊万诺沃-沃兹涅先斯克、乌拉尔等大工业中心选派的布尔什维克只有73名。代表会议讨论了工会运动的任务、工会建设、经济斗争等问题。列宁亲自领导了布尔什维克党团的工作。从会议的第一天起，布尔什维克就联合孟什维克国际主义派，在议程所有基本问题上同孟什维克、社会革命党人和崩得分子等展开了尖锐的斗争。布尔什维克揭露了妥协派集团的路线，批判了孟什维克和社会革命党人宣扬的工会"中立"论。代表会议以 10—12 票的微弱多数通过了孟什维克、社会革命党人提出的各项决议案。这些决议把工会任务仅仅归结为领导向企业主争取改善出卖劳动力的条件的斗争，不主张工会会员参加工人对生产的监督，而建议他们参加临时政府建立的国家监督。但是经过布尔什维克的努力，代表会议仍通过了按生产原则建立工会的决定以及向当局提出立即颁布八小时工作制法令和禁止加班等要求。会议选举了工会临时中央理事会，35 名理事中有 16 名是布尔什维克。——349。

119 这里说的是 1917 年 5 月底—6 月初在莫斯科举行的社会革命党第三次代表大会。在这次代表大会上，社会革命党的左派和右派之间发生了尖锐的意见分歧，左派社会革命党人反对临时政府拖延战争的政策。6 月 2 日(15 日)，代表大会进行了中央委员会的选举；在公布选举结果时发表声明说，鉴于亚·费·克伦斯基在陆军部和海军部工作过于繁重，许多代表出于实际的而不是政治的考虑，投票反对他作为中央委员候选人。

社会革命党的创始人之一、右派社会革命党人叶·康·布列什柯-布列什柯夫斯卡娅("老太太")认为不选克伦斯基是一个阴谋。为了表示抗议，她放弃了该党中央委员的头衔，并就此事在报刊上发表了声明。——355。

120 陛下的反对派一语出自俄国立宪民主党领袖帕·尼·米留可夫的一次讲话。1909 年 6 月 19 日(7 月 2 日)，米留可夫在伦敦市长举行的早餐会上说："在俄国存在着监督预算的立法院的时候，俄国反对派始终是陛下的反对派，而不是反对陛下的反对派。"(见 1909 年 6 月 21 日(7 月 4 日)《言语报》第 167 号)——359。

121 诺兹德列夫式的空谈意为大话和假话。诺兹德列夫是俄国作家尼·

瓦·果戈理的小说《死魂灵》中的一个惯于信口开河、吹牛撒谎的无赖地主。——362。

122 第一届联合临时政府于1917年5月5日(18日)组成。5月6日(19日),资产阶级的以及社会革命党和孟什维克的报纸公布了参加临时政府的社会党人部长名单。关于这届政府,见注5。——364。

123 全俄工商业代表会议于1917年6月1—2日(14—15日)在彼得格勒举行。会议由立宪民主党人尼·尼·库特列尔担任主席,讨论了工业状况问题和同经济破坏作斗争的措施。大企业主以关闭工厂相威胁,要求临时政府采取措施反对实行八小时工作制和给工人提高工资。为了使企业主的利益得到最好的保护,会议决定由大工商业联合组织的代表组成统一的全俄工商业机关。——365。

124 《财政通报》杂志即《财政与工商业通报》杂志(«Вестник Финансов, Промышленности и Торговли»)是沙皇俄国财政部的刊物(周刊),1883年11月—1917年在彼得堡出版,1885年1月前称《财政部政府命令一览》。该杂志刊登政府命令、经济方面的文章和评论、官方统计资料等。——367。

125 这次第四届国家杜马代表非正式会议由米·弗·罗将柯主持于1917年6月28日(7月11日)在塔夫利达宫召开。正式公布的议程是讨论国家的财政和经济状况问题。实际上会议的主要目的是对联合临时政府施加压力,迫使它拒绝在土地问题上采取任何措施,特别是拒绝通过禁止买卖土地的法律。——376。

126 列宁的这篇文章是就立宪民主党人退出临时政府一事而写的。

1917年7月2日(15日),立宪民主党人部长安·伊·盛加略夫、亚·阿·曼努伊洛夫和德·伊·沙霍夫斯科伊在得到六月进攻失败的最初消息后,退出了联合临时政府。他们所持的借口是:临时政府在对乌克兰中央拉达的宣言中保证按照双方同意的原则来任命乌克兰管理机关——总书记处,而立宪民主党人主张只能由立宪会议来解决乌克兰问题。实际上,立宪民主党人退出政府是要制造政府危机,向社会党人部长们施加压力,迫使他们同意实行立宪民主党的反革命纲领——解除赤卫队的武装,把革命军队调出彼得格勒,取缔布尔什维克党。——381。

127 你把本性赶出门外,它会从窗口飞进来!是法国作家让·拉封丹所写的寓言《变成女人的牝猫》的结束语,意思是事物的本性不能改变。寓言说,一个男人养了一只牝猫,经过日夜祈祷,牝猫终于变成了女人,做了他的妻子。可是一天夜里,老鼠来咬席子,新娘又像猫一样捉起老鼠来。——383。

128 这届中央执行委员会是在1917年6月举行的全俄工兵代表苏维埃第一次代表大会上选举产生的,共有委员320名,其中孟什维克123名,社会革命党人119名,布尔什维克58名,统一社会民主党人13名,其他党派代表7名。孟什维克尼·谢·齐赫泽是中央执行委员会主席。这届中央执行委员会存在到1917年10月召开全俄苏维埃第二次代表大会为止。——385。

129 指1917年的七月事变。

1917年七月事变是俄国1917年二月革命后,继四月危机和六月危机而发生的又一次危机,是达到全国性危机的一个新的重要的阶段。

俄国资产阶级临时政府所组织的前线进攻以惨败告终,激怒了彼得格勒的工人和陆海军士兵。1917年7月3日(16日),由第一机枪团带头,自发的游行示威从维堡区开始,并有发展成为反对临时政府的武装行动的趋势。鉴于当时俄国革命危机尚未成熟,布尔什维克党不赞成搞武装行动。7月3日(16日)下午4时,党中央决定劝阻群众。但是示威已经开始,制止已不可能。在这种情况下,当夜,布尔什维克党中央又同彼得堡委员会和军事组织一起决定参加游行示威,以便把它引导到和平的有组织的方向上去。当时正在内沃拉村休息的列宁,闻讯后于7月4日(17日)晨赶回彼得格勒。7月4日(17日)这天参加游行示威的共50多万人。列宁在克舍辛斯卡娅公馆的阳台上向游行的水兵发表了演说,要求群众沉着、坚定和警惕。示威群众派代表要求苏维埃中央执行委员会夺取政权，遭到社会革命党、孟什维克领袖的拒绝。军事当局派军队镇压和平的游行示威，示威群众在市内好几个地方同武装的反革命分子发生冲突，死56人，伤650人。在人民意志表达以后，布尔什维克党于5日发表了停止游行示威的号召书。莫斯科、下诺夫哥罗德等城市也发生了反政府的游行示威。临时政府在孟什维克和社会革命党所领导的中央执行委员会的支持下，随即对革命人民进行镇压。7月5—6日(18—19日)，《真理报》编辑部和印刷厂以及布尔什维克党中央办公处所被捣毁。7月6日(19日)，临时政府下令逮捕列宁。工人被解除武装。革命的彼得格勒卫戍部队被调出首都，派往前线。七月事变后，政权完全转入反革命的临时政府手中，苏维埃成了它的附属品，革命和平发展时期告终，武装起义的任务提上了日程。列宁对七月事变的评述，见《三次危机》(本卷第408—412页)和《俄国革命和国内战争》(本版全集第32卷)。——385。

130 列宁指的是下述事实：1917年4月，诽谤者和阴谋家格·阿·阿列克辛斯基回到俄国后，曾向彼得格勒工兵代表苏维埃执行委员会提出愿意为它效力。执行委员会为此通过了如下决议："鉴于已经查明的有关格·阿·阿列克辛斯基活动的事实，执行委员会认为不能允许他参加自己的机构。如果他希望恢复自己的名誉，执行委员会不回避参加调查工作。"

阿列克辛斯基是资产阶级报纸《俄罗斯意志报》的撰稿人。——385。

131 《现代言论报》(«Живое Слово»)是俄国的黑帮报纸(日报)，1916年起在彼得格勒出版，А.М.乌曼斯基任编辑。该报最初称为《新小报》，1917年3月8日(21日)起改称《现代言论报》，1917年8月起改名《言论报》，后又改为《新言论报》。该报反对布尔什维克，1917年10月被彼得格勒苏维埃军事革命委员会查封。——386。

132 乌克兰解放协会是乌克兰资产阶级民族主义组织，于1914年第一次世界大战初期建立，领导人为德·顿佐夫、А.Ф.斯科罗皮西-约尔图霍夫斯基和马·伊·美列涅夫斯基。该协会指望沙皇俄国在战争中被摧毁，力图使乌克兰从俄国分离出去，建立一个受德国保护的资产阶级和地主的乌克兰君主国。——389。

133 伦敦代表大会即1903年7月17日(30日)—8月10日(23日)召开的俄国社会民主工党第二次代表大会。这次代表大会的头13次会议在布鲁塞尔举行。由于警察迫害，后来的会议移到伦敦举行。波兰社会民主党人在代表大会上有发言权，他们因不同意俄国社会民主工党纲领中关于民族自决权的条款而退出了代表大会。——390。

134 德雷福斯案件指1894年法国总参谋部尉级军官犹太人阿·德雷福斯被法国军界反动集团诬控为德国间谍而被军事法庭判处终身服苦役一案。法国反动集团利用这一案件煽动反犹太主义和沙文主义，攻击共和制和民主自由。在事实证明德雷福斯无罪后，当局仍坚决拒绝重审，引起广大群众强烈不满。法国社会党人和资产阶级民主派进步人士(包括埃·左拉、让·饶勒斯、阿·法朗士等)发动了声势浩大的运动，要求重审这一案件。在社会舆论压力下，1899年瓦尔德克-卢梭政府撤销了德雷福斯案件，由共和国总统赦免了德雷福斯。但直到1906年7月，德雷福斯才被上诉法庭确认无罪，恢复了军职。——399。

135 在1917年7月4日(17日)深夜举行的俄国社会民主工党(布)中央委员会和彼得堡委员会联席会议上，通过了关于停止游行示威的决定，在为此拟定的给工人和士兵的号召书中指出，游行示威的目的已经达到，应当和平地、有组织地结束游行示威，并为今后的斗争准备力量。号召书由俄国社会民主工党(布)中央委员会、彼得堡委员会、俄国社会民主工党区联委员会、俄国社会民主工党(布)中央军事组织和工兵代表苏维埃工人部委员会联名签署，刊载于7月5日(18日)《真理报》第99号。——401。

136 这封信刊登在1917年7月11日(24日)《新生活报》第71号，在信上签名的，除列宁以外，还有格·叶·季诺维也夫和尤·加米涅夫。关于《新生活报》，见注28。——402。

137 指《真理报》编辑部于1917年7月5日(18日)被士官生捣毁一事。——402。

138 指俄国社会民主工党(布)中央委员会国外代表机关于1917年6—11月在斯德哥尔摩用德文和法文出版的《〈真理报〉俄国新闻简报》。——403。

139 在俄国黑帮报纸《现代言论报》登出诽谤列宁的材料以后,工兵代表苏维埃中央执行委员会根据布尔什维克党团的要求,于1917年7月5日(18日)成立了一个专门委员会,来调查对列宁和其他布尔什维克的诬告。但在临时政府作出关于由彼得格勒高等法院检察官负责调查所谓"1917年7月3—5日在彼得格勒组织反对国家政权的武装行动"一案的决定以后,中央执行委员会的调查委员会立即放弃自己的职权,于7月9日(22日)在《彼得格勒工兵代表苏维埃消息报》上发表声明,自行宣布"停止活动,并把收集到的材料移交给政府委员会"。7月13日(26日),工兵代表苏维埃中央执行委员会和全俄农民代表苏维埃执行委员会举行联席会议,在孟什维克和社会革命党人把持下通过决议,声称列宁规避出庭受审是完全不能容许的,所有受司法机关指控的人应一律停止参加苏维埃的工作。——403。

140 《〈真理报〉小报》(«Листок«Правды»»)是布尔什维克合法日报《真理报》在遭受临时政府迫害时使用过的名称之一,1917年7月6日(19日)出了一号,以代替当天应出的《真理报》。《〈真理报〉小报》以《坚定和沉着》为题刊载了俄国社会民主工党(布)中央委员会、彼得堡委员会和俄国社会民主工党(布)军事组织的号召书,还刊载了列宁的《政权在哪里? 反革命在哪里?》、《黑帮报纸和阿列克辛斯基的卑鄙诽谤》、《诽谤和事实》、《接近了本质》和《是新的德雷福斯案件吗?》等文。——405。

141 瑞典左派社会党人是瑞典社会民主党的左派。在第一次世界大战期间,瑞典左派社会党人采取了国际主义立场,加入了齐美尔瓦尔德左派。1917年5月,他们组成了瑞典左派社会民主党。1919年该党成为共产国际成员，1921年，在该党第四次代表大会上接受了加入共产国际的条件，并改名为瑞典共产党。——405。

142 由于《真理报》被士官生捣毁，《三次危机》一文发表于1917年7月19日（8月1日）布尔什维克合法杂志《女工》第7期。编辑部在这期杂志的封面上刊登告全体男女工人、工会、工厂委员会和俄国社会民主工党（布）组织书，呼吁他们采取有效措施使这期杂志得到最广泛的传播。——408。

143 本文可能是列宁对1917年7月7日（20日）晚上布尔什维克党中央委员和一些党的工作者讨论布尔什维克领袖们是否出庭问题的情况所作的概括。

第一次世界大战刚一爆发，沙皇俄国的保安机关就开始诽谤布尔什维克，说布尔什维克主张变帝国主义战争为国内战争、宣传使沙皇政府在战争中失败是叛国行为，是为德国效劳。1917年俄国二月革命后，由于布尔什维克党采取了在俄国准备社会主义革命的方针，资产阶级的以及社会革命党和孟什维克的报刊便利用以列宁为首的一批布尔什维克取道德国返回俄国这件事掀起了对布尔什维克的诽谤运动。六月事变、特别是七月事变显示出布尔什维克在工人、士兵群众中的影响日益增强时，对布尔什维克的诽谤也日益变本加厉。反革命势力在反间谍机关的帮助下炮制了所谓列宁和德国总参谋部有联系的案件。由于人民群众不相信沙皇政府的反间谍机关，他们便决定由第二届国家杜马代表格·阿·阿列克辛斯基和民意党人瓦·谢·潘克拉托夫在报上进行这一显系虚构的指控。7月5日（18日），黑帮报纸《现代言论报》首先刊登了由阿列克辛斯基和潘克拉托夫署名的声明。第二天，这一声明也出现在其他报纸上。

7月6日（19日），临时政府发出了逮捕列宁的命令。从7月5日（18日）起已转入地下的列宁，对这种诽谤性指控极为愤慨。他起初倾向于同意出席临时政府的法庭。他在为抗议7月6日（19日）夜里对他的住所进行搜查而给工兵代表苏维埃中央执行委员会常务委员会的信中写道，如果中央执行委员会认可临时政府关于逮捕他的命令，他将服从。他当时认为，必须争取公开审判，以便揭露对他和布尔什维克党的诽谤，把这一审判变成对反革命临时政府的审判。

由于列宁出庭问题关系全党的大局，党的最高领导机关进行过几次讨论。1917年7月7日(20日)晚上，在列宁当时匿居的老布尔什维克、工人谢·雅·阿利卢耶夫家里，举行了中央委员和党的一些工作者的会议。出席会议的有列宁、斯大林、维·巴·诺根、格·康·奥尔忠尼启则、叶·德·斯塔索娃等人。会议决定列宁不应出席临时政府的法庭。在7月13—14日(26—27日)召开的有彼得堡委员会、莫斯科区域局、莫斯科委员会和莫斯科郊区委员会以及中央军事组织代表参加的俄国社会民主工党(布)中央委员会扩大会议上，也讨论了这一问题。出席这次会议的有斯大林、雅·米·斯维尔德洛夫、格·伊·博基、安·谢·布勃诺夫、尼·伊·布哈林、弗·沃洛达尔斯基、维·米·莫洛托夫、诺根、尼·伊·波德沃伊斯基、马·亚·萨韦利耶夫、格·雅·索柯里尼柯夫、阿·伊·李可夫等人。会议决定，列宁不应出席临时政府的法庭。7月26日—8月3日(8月8—16日)举行的俄国社会民主工党(布)第六次代表大会经过集体讨论，也一致通过了反对列宁出庭受审的决议，并写信向列宁表示慰问。——413。

144 这封给俄国喀琅施塔得工兵代表苏维埃布尔什维克党团机关报《无产阶级事业报》的信，于1917年7月15日(28日)在该报发表，署名的除列宁外，还有格·叶·季诺维也夫。同年7月18日(31日)，布尔什维克莫斯科委员会的报纸《社会民主党人报》第110号转载了这封信，文字稍有改动，并增加了列·波·加米涅夫的署名。——415。

145 贝利斯案件是沙皇政府和黑帮分子迫害俄国一个砖厂的营业员犹太人门·捷·贝利斯的冤案。贝利斯被控出于宗教仪式的目的杀害了信基督教的俄国男孩A.尤辛斯基，而真正的杀人犯却在司法大臣伊·格·舍格洛维托夫的庇护下逍遥法外。贝利斯案件的侦查工作从1911年持续到1913年。黑帮分子企图利用贝利斯案件进攻民主力量，并策动政变。俄国先进的知识分子以及一些外国社会活动家则仗义执言，为贝利斯辩护。1913年9—10月在基辅对贝利斯案件进行审判。俄国许多城市举行了抗议罢工。布尔什维克还作好准备,一旦贝利斯被判刑,就在彼得堡举行总罢工。贝利斯终于被宣告无罪。——415。

146 这是列宁对俄军第8骑炮连(作战部队)士兵委员会的一封信的答复(没有写完)。第8骑炮连士兵委员会的信是1917年4月24日(5月7日)写给彼得格勒苏维埃的,当时正是资产阶级和小资产阶级报刊对列宁和其他从瑞士取道德国回到俄国的布尔什维克掀起诽谤运动的时候。信里说,由于该连士兵之间关于列宁"发生了许多摩擦",请尽快给他们一个答复,好让他们之间不再发生争吵,避免白白糟蹋时间,并且得以向其他同志进行解释。1927年4月16日,《真理报》首次发表列宁的这篇文献,同时刊登了第8骑炮连士兵委员会的信。——417。

147 括号里是俄国社会民主工党(布)第七次全国代表会议(四月代表会议)通过的《关于土地问题的决议》(见本版全集第29卷)的条款编号。——420。

148 ((В.о.))大概是彼得格勒的瓦西里耶夫岛(Васильевский остров)的缩写。当时瓦西里耶夫岛已经进行了区苏维埃的改选。改选后处于少数地位的护国派不愿服从多数,曾于4月28日和5月2日(5月11日和15日)两次退出会场,进行捣乱。——421。

149 这里发表的文献是列宁为罗·瓦·马林诺夫斯基奸细案提供的证词。

俄国临时政府为审理前沙皇政府大臣以及其他高级军政官员渎职罪行于1917年3月11日(24日)成立了特别调查委员会。调查委员会在调查内务大臣和其他官员的罪行时发现了马林诺夫斯基的奸细活动。律师H.A.科洛科洛夫于1917年5月26日(6月8日)要列宁提供证词。关于这个问题,还可以见本卷第325、326—327、342页。——425。

150 罗·瓦·马林诺夫斯基是俄国社会民主工党第六次(布拉格)全国代表会议的代表。他是在会议快结束时到会的,声称他的代表证书是俄国社会民主工党莫斯科组织发的。由于莫斯科已有两个代表(菲·伊·

戈洛晓金和格·叶·季诺维也夫)，于是允许他作为工会组织的代表与会。

俄国社会民主工党第六次全国代表会议于1912年1月5—17日(18—30日)在布拉格举行，会址在布拉格民众文化馆捷克社会民主党报纸编辑部内。

这次代表会议共代表20多个党组织。会议的代表中有两位孟什维克护党派分子Д.М.施瓦尔茨曼和雅·达·捷文，其余都是布尔什维克。这次代表会议实际上起了代表大会的作用。

列入代表会议议程的问题是：报告(俄国组织委员会的报告，各地方以及中央机关报和其他单位的报告)；确定会议性质；目前形势和党的任务；第四届国家杜马选举；杜马党团；工人国家保险；罢工运动和工会；"请愿运动"；关于取消主义；社会民主党人在同饥荒作斗争中的任务；党的出版物；组织问题；党在国外的工作；选举；其他事项。

列宁代表中央机关报编辑部出席代表会议，领导了会议的工作。列宁致了开幕词，就确定代表会议的性质讲了话，作了关于目前形势和党的任务的报告和关于社会党国际局的工作的报告，并在讨论中央机关报工作、关于社会民主党在同饥荒作斗争中的任务、关于组织问题、关于党在国外的工作等问题时作了报告或发了言。他起草了议程上所有重要问题的决议案，代表会议通过的决议也都经过他仔细审定。

代表会议的一项最重要的工作是从党内清除机会主义者，决定把取消派开除出俄国社会民主工党。代表会议谴责了国外反党集团——孟什维克呼声派、前进派和托洛茨基分子——的活动。

代表会议恢复了党，选出了中央委员会，并由它重新建立了中央委员会俄国局。当选为中央委员的是：列宁、菲·伊·戈洛晓金、格·叶·季诺维也夫、格·康·奥尔忠尼启则、苏·斯·斯潘达良、施瓦尔茨曼、罗·瓦·马林诺夫斯基(后来发现是奸细)。在代表会议结束时召开的中央委员会全会决定增补伊·斯·别洛斯托茨基和斯大林为中央委员。过了一段时间又增补格·伊·彼得罗夫斯基和雅·米·斯维尔德洛夫为中央委员。代表会议还决定安·谢·布勃诺夫、米·伊·加里宁、亚·彼·斯米尔诺夫、叶·德·斯塔索娃和斯·格·邵武勉为候补中央委员。代表会议选出了以列宁为首的《社会民主党人报》编辑委员会,并选举列宁为俄国社会民主工党驻社会党国际局的代表。

这次代表会议规定了党在新的条件下的政治路线和策略,决定把取消派开除出党,对俄国社会民主工党这一新型政党的进一步发展和巩固党的统一具有决定性意义。——425。

151 大概指1911年9月1日(14日)《社会民主党人报》第23号发表的题为《合法工人运动活动家会议》的报道。关于《社会民主党人报》,见注37。——426。

152 指拉脱维亚边疆区社会民主党第四次代表大会。

*拉脱维亚边疆区社会民主党第四次代表大会*于1914年1月13—26日(1月26日—2月8日)在布鲁塞尔召开。参加代表大会的共35人,其中有表决权的18人,有发言权的11人,来宾6人。在有表决权的代表中,布尔什维克和孟什维克各8人,调和派2人。列宁作为布尔什维克党中央委员会的代表应邀出席了大会。

这次代表大会是在该党内部布尔什维克和孟什维克进行尖锐斗争的形势下召开的。1913年底前,该党所有中央机关都被孟什维克取消派和调和派所夺取。布尔什维克组成了自己的派别,其组织中心是拉脱维亚边疆区社会民主党国外小组联合会。列宁积极参加了筹备和召开代表大会的工作。大会前他曾同拉脱维亚的布尔什维克进行了频繁的通信,到柏林和巴黎去亲自会见他们,了解大会的筹备、组成以及大会上可能出现的斗争结局等等问题。在代表大会上列宁作了关于拉脱维亚边疆区社会民主党对俄国社会民主工党和对杜马党团分裂一事的态度的报告,参加了布尔什维克代表的会议,帮助他们准备决议草案。代表大会前夕,即1914年1月12日(25日)晚,列宁在布鲁塞尔向大会的代表们就民族问题作了专题报告,阐述了布尔什维克在民族问题上的理论与策略。

代表大会在拉脱维亚边疆区社会民主党对俄国社会民主工党和对杜马党团分裂一事的态度问题上展开了特别尖锐的斗争,最后通过了布尔什维克的决议。这个决议的草案是列宁写的。由于列宁和拉脱维亚布尔什维克在代表大会上对调和主义倾向进行了有力的斗争，拉脱维亚社会民主党人终于退出了八月联盟。列宁认为这是对托洛茨基的联盟的“致命打击”。

在列宁直接参加下召开的这次代表大会是拉脱维亚边疆区社会民主党历史上的一个转折。代表大会选举了持布尔什维克立场的中央委员会。党的中央机关报《斗争报》也转到了布尔什维克的拥护者一边。——427。

153 声明发表在 1914 年 11 月 1 日《社会民主党人报》第 33 号上。——429。

154 芬兰社会民主党于 1899 年成立，1903 年以前称芬兰工人党。在俄国 1905—1907 年革命中，该党领导人落后于局势的发展，执行了机会主义路线。该党只采取合法斗争形式，没有组织无产阶级对其压迫者进行武装斗争。该党的左翼虽然赞成无产阶级进行独立的斗争，但是未能采取坚决措施清除党内的机会主义分子。从 1907 年起，芬兰社会民主党参加了芬兰议会。1918 年初，该党代表领导了芬兰工人革命，但党的右翼转向反革命方面。1918 年春芬兰工人革命失败后，芬兰社会民主党实际上陷于瓦解。1918 年 8 月，左派社会民主党人组成了芬兰共产党。同年，右派社会民主党人使用原来的名称，在社会改良主义基础上恢复活动。——431。

155 《关于苏维埃代表大会》这篇文献可能是列宁在全俄工兵代表苏维埃第一次代表大会上就对待临时政府的态度发表的讲话的提纲草稿，也可能是一篇未曾着笔的文章的提纲。——433。

人名索引

A

阿德勒,弗里德里希(Adler,Friedrich 1879—1960)——奥地利社会民主党右翼领袖之一,“奥地利马克思主义”理论家,第二半国际和社会主义工人国际的组织者和领袖之一;维·阿德勒的儿子。1907—1911年任苏黎世大学理论物理学讲师。1910—1911年任瑞士社会民主党机关报《民权报》编辑,1911年起任奥地利社会民主党书记。在哲学上是经验批判主义的信徒,主张以马赫主义哲学“补充”马克思主义。第一次世界大战期间主张社会民主党对帝国主义战争保持“中立”和促使战争早日结束。1914年8月辞去书记职务。1916年10月21日因枪杀首相卡·施图尔克伯爵被捕。1918年11月获释后重新担任党的书记,走上改良主义道路。1919年当选为全国工人代表苏维埃执行委员会主席。1923—1939年任社会主义工人国际书记。——96、303、304。

阿夫克森齐耶夫,尼古拉·德米特里耶维奇(Авксентьев,Николай Дмитриевич 1878—1943)——俄国社会革命党领袖之一,该党中央委员。1905年为彼得堡工人代表苏维埃委员。斯托雷平反动时期和新的革命高涨年代参加社会革命党右翼,任社会革命党中央机关刊物《劳动旗帜报》编委。第一次世界大战期间是社会沙文主义者,为护国派刊物《在国外》、《新闻报》、《号召报》撰稿。1917年二月革命后任彼得格勒苏维埃执行委员会委员、全俄农民代表苏维埃执行委员会主席、第二届联合临时政府内务部长,10月任俄罗斯共和国临时议会(预备议会)主席。十月革命后是反革命叛乱的策划者之一。1918年是所谓乌法督政府的主席。后流亡国外,继续反对苏维埃政权。——371。

阿捷夫,叶夫诺·菲舍列维奇(Азеф,Ефно Фишелевич 1869—1918)——俄国

社会革命党领导人之一,奸细,沙俄警察司密探(1892年起)。1901年起是社会革命党的组织者之一,1903年实际上领导了该党的战斗组织。为取得社会革命党领导人的信任,策划并制造了数起恐怖事件,同时又多次向警察当局出卖社会革命党党员和该党战斗组织成员。1906年曾防止了对内务大臣彼·尼·杜尔诺沃的暗杀,1907年又防止了对尼古拉二世的暗杀。1908年被揭穿并被社会革命党中央委员会判处死刑,但隐藏起来。1915年作为俄国间谍在德国被俘。死于柏林。——189、190、326、429。

阿列克辛斯基,格里戈里·阿列克谢耶维奇(Алексинский, Григорий Алексеевич 1879—1967)——俄国社会民主党人,后蜕化为反革命分子。1905—1907年革命期间是布尔什维克。第二届国家杜马彼得堡工人代表,社会民主党党团成员,参加了杜马的失业工人救济委员会、粮食委员会和土地委员会,并就斯托雷平在杜马中宣读的政府宣言,就预算、土地等问题发了言。作为社会民主党杜马党团代表参加了第五次(伦敦)代表大会的工作。斯托雷平反动时期是召回派分子、派别性的卡普里党校(意大利)的讲课人和"前进"集团的组织者之一。第一次世界大战期间是社会沙文主义者,曾为多个资产阶级报纸撰稿。1917年加入孟什维克统一派,持反革命立场;七月事变期间伙同特务机关伪造文件诬陷列宁和布尔什维克。1918年逃往国外,投入反动营垒。——385、386、390、393、403、414、415、416。

阿维洛夫,波里斯·瓦西里耶维奇(Авилов, Борис Васильевич 1874—1938)——俄国社会民主党人,新闻工作者,统计学家。1904年加入俄国社会民主工党。1905年代表哈尔科夫布尔什维克《前进报》小组出席党的第三次代表大会,对孟什维克采取调和主义态度。同年参与组织和领导哈尔科夫武装起义。曾为布尔什维克报刊撰稿。1917年退党,为半孟什维克的《新生活报》撰稿,后加入孟什维克国际主义派。1918年脱离政治活动。1928年以前在苏联中央统计局工作,1929年起在俄罗斯联邦国家计划委员会工作,后在交通人民委员部工作。——174、209、210、217、218、233、234、365。

"奥佐夫"——见日托米尔斯基,雅柯夫·阿布拉莫维奇。

B

巴达耶夫，阿列克谢·叶戈罗维奇（Бадаев，Алексей Егорович 1883—1951）——1904年加入俄国社会民主工党，在彼得堡做党的工作。第四届国家杜马彼得堡省工人代表，参加布尔什维克杜马党团，同时在杜马外做了大量的革命工作，是中央委员会俄国局成员，为布尔什维克的《真理报》撰稿，出席了有党的工作者参加的俄国社会民主工党中央委员会克拉科夫会议和波罗宁会议。因进行反对帝国主义战争的革命活动，1914年11月被捕，1915年流放图鲁汉斯克边疆区。1917年二月革命后从流放地回来，在彼得格勒参加布尔什维克组织的工作，是十月武装起义的参加者。十月革命后在党、苏维埃和经济部门担任领导工作。在党的第十四至第十八次代表大会上当选为中央委员。1938—1943年任俄罗斯联邦最高苏维埃主席团主席和苏联最高苏维埃主席团副主席。——427、430。

巴扎罗夫，弗·（**鲁德涅夫，弗拉基米尔·亚历山德罗维奇**）（Базаров，В.（Руднев，Владимир Александрович）1874—1939）——俄国哲学家和经济学家。1896年参加社会民主主义运动。1904—1907年是布尔什维克，曾为布尔什维克报刊撰稿。1907—1910年斯托雷平反动时期背弃布尔什维主义，宣传造神说和经验批判主义，是用马赫主义修正马克思主义的主要代表人物之一。1917年是孟什维克国际主义者，半孟什维克的《新生活报》的编辑之一；反对十月革命。1921年起在国家计划委员会工作。和伊·伊·斯克沃尔佐夫-斯捷潘诺夫合译了《资本论》（第1—3卷，1907—1909年）及马克思的其他一些著作。晚年从事文艺和哲学著作的翻译工作。其经济学著作涉及经济平衡表问题。哲学著作追随马赫主义，主要著作有《无政府主义的共产主义和马克思主义》（1906）、《两条战线》（1910）等。——171、174、233、234、244。

贝利斯，门德尔·捷维奥维奇（Бейлис，Мендель Тевиович 生于1873年）——俄国基辅一家砖厂的营业员，犹太人。1911年遭诬告，指控他为举行宗教仪式杀了一名信奉基督教的儿童。沙皇政府力图借此诉讼案煽起反犹太人运动。此案件延续了两年多，在人民群众的抗议下，贝利斯终于在1913年被宣告无罪。——415。

贝特曼-霍尔韦格,特奥巴尔德(Bethmann-Hollweg, Theobald 1856—1921)——德国国务活动家。1905—1907年任普鲁士内务大臣,1907—1909年任帝国内务大臣和副首相,1909—1917年任德国首相。实行镇压工人运动的政策,积极参与策划和发动第一次世界大战。1917年7月辞职并脱离政治活动。——5。

倍倍尔,奥古斯特(Bebel, August 1840—1913)——德国工人运动和国际工人运动活动家,德国社会民主党和第二国际的创建人和领袖之一,马克思和恩格斯的朋友和战友;旋工出身。19世纪60年代前半期开始参加政治活动,1867年当选为德国工人协会联合会主席,1868年该联合会加入第一国际。1869年与威·李卜克内西共同创建了德国社会民主工党(爱森纳赫派),该党于1875年与拉萨尔派合并为德国社会主义工人党,后又改名为德国社会民主党。多次当选国会议员,利用国会讲坛揭露帝国政府反动的内外政策。1870—1871年普法战争期间持国际主义立场,在国会中投票反对军事拨款,支持巴黎公社,为此曾被捕和被控叛国,断断续续在狱中度过近六年时间。在反社会党人非常法施行时期,领导了党的地下活动和议会活动。90年代和20世纪初同党内的改良主义和修正主义进行斗争,反对伯恩施坦及其拥护者对马克思主义理论的歪曲和庸俗化。是出色的政论家和演说家,对德国和欧洲工人运动的发展有很大影响。马克思和恩格斯高度评价了他的活动。——99。

比索拉蒂,莱奥尼达(Bissolati, Leonida 1857—1920)——意大利社会党创建人和右翼改良派领袖之一。1896—1903年和1908—1912年任社会党中央机关报《前进报》主编。1897年起为议员。1912年因支持意大利政府进行侵略战争被开除出社会党,后组织了改良社会党。第一次世界大战期间是社会沙文主义者,主张意大利站在协约国方面参战。1916—1918年参加政府,任不管部大臣。——235。

彼得罗夫斯基,格里戈里·伊万诺维奇(Петровский, Григорий Иванович 1878—1958)——1897年参加俄国社会民主主义运动。俄国第一次革命期间是叶卡捷琳诺斯拉夫工人运动的领导人之一。第四届国家杜马叶卡捷琳诺斯拉夫省工人代表,布尔什维克杜马党团主席。1912年被增补为党中央委员。因进行反对帝国主义战争的革命活动,1914年11月被捕,

1915年流放图鲁汉斯克边疆区，在流放地继续进行革命工作。积极参加十月革命。1917—1919年任俄罗斯联邦内务人民委员，1919—1938年任全乌克兰中央执行委员会主席。1922—1937年为苏联中央执行委员会主席之一，1937—1938年任苏联最高苏维埃主席团副主席。在党的第十至第十七次代表大会上当选为中央委员，1926—1939年为中央政治局候补委员。1940年起任国家革命博物馆副馆长。——427、430。

彼舍霍诺夫，阿列克谢·瓦西里耶维奇（Пешехонов，Алексей Васильевич 1867—1933）——俄国社会活动家和政论家。19世纪90年代为自由主义民粹派分子。《俄国财富》杂志撰稿人，1904年起为该杂志编委；曾为自由派资产阶级的《解放》杂志和社会革命党的《革命俄国报》撰稿。1903—1905年为解放社成员。小资产阶级政党"人民社会党"的组织者（1906）和领袖之一，该党同劳动派合并后（1917年6月），参加劳动人民社会党中央委员会。1917年二月革命后任彼得格勒工兵代表苏维埃执行委员会委员，同年5—8月任临时政府粮食部长，后任预备议会副主席。十月革命后反对苏维埃政权，参加了反革命组织"俄罗斯复兴会"。1922年被驱逐出境，成为白俄流亡分子。——24、25、172、214、283、284、285、287、330、361、377。

别德内依，杰米扬（**普里德沃罗夫，叶菲姆·阿列克谢耶维奇**；有害的庄稼汉）（Бедный，Демьян（Придворов，Ефим Алексеевич，Мужик вредный）1883—1945）——苏联诗人，社会主义现实主义诗歌的开创者之一。1912年加入俄国社会民主工党。1911年起先后为布尔什维克的《明星报》和《真理报》撰稿。他的诗歌和寓言充满了反对资本主义制度及其维护者的斗争精神。外国武装干涉和国内战争时期，在前线用诗歌进行鼓动工作。卫国战争时期在《真理报》上发表充满爱国主义精神的诗作。——116。

宾什托克，Г.О.（Бинншток，Г.О.）——俄国孟什维克。孟什维克《国际》杂志撰稿人，反对社会主义革命和苏维埃政权。因进行反革命活动被取消苏联国籍。——421。

波格丹诺夫（**马林诺夫斯基**），亚历山大·亚历山德罗维奇（Богданов（Малиновский），Александр Александрович 1873—1928）——俄国社会民主党人，哲学家，社会学家，经济学家；职业是医生。19世纪90年代参加

社会民主主义小组。1903 年成为布尔什维克。在党的第三、第四和第五次代表大会上被选入中央委员会。曾参加布尔什维克机关报《前进报》和《无产者报》编辑部,是布尔什维克《新生活报》的编辑。在对待布尔什维克参加第三届国家杜马的问题上持抵制派立场。1908 年是反对布尔什维克在合法组织里工作的最高纲领派的领袖。斯托雷平反动时期和新的革命高涨年代背离布尔什维主义,领导召回派,是"前进"集团的领袖。在哲学上宣扬经验一元论。1909 年 6 月因进行派别活动被开除出党。第一次世界大战期间持国际主义立场。十月革命后是共产主义科学院院士,在莫斯科大学讲授经济学。1918 年是无产阶级文化派的思想家。1921 年起从事老年医学和血液学的研究。1926 年起任由他创建的输血研究所所长。主要著作有《经济学简明教程》(1897)、《经验一元论》(第 1—3 卷,1904—1906)、《生动经验的哲学》(1913)、《关于社会意识的科学》(1914)、《普遍的组织起来的科学(组织形态学)》。——196。

波列塔耶夫,尼古拉·古里耶维奇(Полетаев,Николай Гурьевич 1872—1930)——俄国第一批工人社会民主党人之一,布鲁斯涅夫小组和彼得堡工人阶级解放斗争协会成员,1904 年加入俄国社会民主工党,布尔什维克。多次被捕和流放。1905 年任彼得堡工人代表苏维埃执行委员会委员。第三届国家杜马彼得堡省代表,参加社会民主党杜马党团的布尔什维克派。1910 年代表布尔什维克出席哥本哈根国际社会党代表大会。曾参加布尔什维克《明星报》和《真理报》的出版工作。十月革命后从事出版和经济工作。——428。

波洛夫采夫,彼得·亚历山德罗维奇(Половцев,Петр Александрович 1874—1964)——俄国将军,1917 年夏任彼得格勒军区司令。七月事变期间指挥枪杀彼得格勒的和平示威群众和捣毁《真理报》编辑部。十月革命后为白俄流亡分子。——391、395、396。

波特列索夫,亚历山大·尼古拉耶维奇(Потресов,Александр Николаевич 1869—1934)——俄国孟什维克领袖之一。19 世纪 90 年代初参加马克思主义小组。1896 年加入彼得堡工人阶级解放斗争协会,后被捕,1898 年流放维亚特卡省。1900 年出国,参与创办《火星报》和《曙光》杂志。在俄国社会民主工党第二次代表大会上是《火星报》编辑部有发言权的代表,属火

星派少数派，会后是孟什维克刊物的主要撰稿人和领导人。斯托雷平反动时期和新的革命高涨年代是取消派思想家，在《复兴》杂志和《我们的曙光》杂志中起领导作用。第一次世界大战期间是社会沙文主义者。1917 年在反布尔什维克的资产阶级《日报》中起领导作用。十月革命后侨居国外，为克伦斯基的《白日》周刊撰稿，攻击苏维埃政权。——356。

伯格比尔，弗雷德里克(Borgbjerg，Frederik 1866—1936)——丹麦社会民主党领导人之一，改良主义者。1892 年起为丹麦社会民主党中央委员，1911—1924 年任党的中央机关报《社会民主党人报》主编。1898 年起为议员。第一次世界大战期间是社会沙文主义者。1917 年春曾到彼得格勒建议召开交战国社会党代表会议，列宁揭露了这个建议的帝国主义性质。敌视俄国十月革命。1919 年是伯尔尼国际的组织者之一。1924—1926 年任丹麦王国政府社会保障大臣，1929—1935 年任教育大臣。——420。

勃朗，路易(Blanc，Louis 1811—1882)——法国小资产阶级社会主义者，历史学家。19 世纪 30 年代成为巴黎著名的新闻工作者，1838 年创办自己的报纸《进步评论》。1848 年二月革命期间参加临时政府，领导所谓研究工人问题的卢森堡宫委员会，推行妥协政策。1848 年六月起义失败后流亡英国，是在伦敦的小资产阶级流亡者的领导人之一。1870 年回国。1871 年当选为国民议会议员，对巴黎公社抱敌视态度。否认资本主义制度下阶级矛盾的不可调和性，反对无产阶级革命，主张同资产阶级妥协，幻想依靠资产阶级国家帮助建立工人生产协作社来改造资本主义社会。主要著作有《劳动组织》(1839)、《十年史，1830—1840》(1841—1844)、《法国革命史》(12 卷，1847—1862)等。——117、234、278、279、314、315、317。

布朗基，路易·奥古斯特(Blanqui，Louis-Auguste 1805—1881)——法国革命家，空想共产主义的代表人物。曾参加巴黎 1830—1870 年间的各次起义和革命，组织并领导四季社以及其他秘密革命团体。在从事革命活动的 50 多年间，有 30 余年是在狱中度过的。1871 年巴黎公社时期被反动派囚禁在凡尔赛，缺席当选为公社委员。憎恨资本主义制度，但不懂得组织工人革命政党和依靠广大群众的重要意义，认为只靠少数人密谋，组织暴动，即可推翻旧社会，建立新社会。——49。

布列什柯-布列什柯夫斯卡娅，叶卡捷琳娜·康斯坦丁诺夫娜(“老太太”)

(Брешко-Брешковская, Екатерина Константиновна(“Бабушка”) 1844—1934)——俄国社会革命党的组织者和领导人之一,属该党极右翼。19 世纪 70 年代初参加革命运动,是“到民间去”活动的参加者。1874—1896 年服苦役和流放。1899 年参与创建俄国政治解放工人党,该党于 1902 年并入社会革命党。曾参加 1905—1907 年革命。多次当选为社会革命党中央委员。1917 年二月革命后极力支持资产阶级临时政府,主张把帝国主义战争继续进行到“最后胜利”。十月革命后反对苏维埃政权。1919 年去美国,后住在法国。在国外继续反对苏维埃俄国,主张策划新的武装干涉,参加了巴黎白俄流亡分子的《白日》周刊的工作。——355。

C

策列铁里,伊拉克利·格奥尔吉耶维奇(Церетели, Ираклий Георгиевич 1881—1959)——俄国孟什维克领袖之一。1902 年参加社会民主主义运动。第二届国家杜马代表,在杜马中领导社会民主党党团,参加土地委员会,就斯托雷平在杜马中宣读的政府宣言以及土地等问题发了言。作为社会民主党杜马党团的代表参加了第五次(伦敦)代表大会的工作。斯托雷平反动时期和新的革命高涨年代是取消派分子。第一次世界大战期间是中派分子。1917 年二月革命后任彼得格勒苏维埃执行委员会委员、第一届中央执行委员会主席团委员,护国派分子。1917 年 5—7 月任临时政府邮电部长,七月事变后任内务部长,极力反对布尔什维克争取政权的斗争。十月革命后领导立宪会议中的反苏维埃联盟;是格鲁吉亚孟什维克反革命政府首脑之一。1921 年格鲁吉亚建立苏维埃政权后流亡法国。1923 年是社会主义工人国际的组织者之一。1940 年移居美国。——12、13、24、25、26、28、30、31、32、43、50、52、55、60、61、76、172、180、181、182、183、203、214、219、220、221、230、240、241、265、266、267、268、270、279、280、284、300、301、304、314、315、316、323、338、339、341、346、347、356、359、361、366、371、372、374、377、382、386、391。

柴可夫斯基,尼古拉·瓦西里耶维奇(Чайковский, Николай Васильевич 1851—1926)——俄国民粹派分子,后为社会革命党人、人民社会党人。早年参加柴可夫斯基派小组,小组被破坏后,1874—1906 年流亡国外。

1904 年参加社会革命党，1910 年与该党决裂。第一次世界大战期间是社会沙文主义者，全俄城市联合会领导人之一。1917 年二月革命后是劳动人民社会党中央委员、彼得格勒工兵代表苏维埃和全俄农民代表苏维埃执行委员会委员。十月革命后支持外国武装干涉苏维埃政权并策划反苏维埃叛乱，是美国和英法武装干涉者在俄国北部的傀儡。1918 年是反革命组织“俄罗斯复兴会”的组织者之一。1918 年 8 月起是社会革命党在阿尔汉格尔斯克建立的反革命的北方区域临时政府首脑。1919 年流亡巴黎。1920 年初为邓尼金政府成员。邓尼金被击溃后逃往伦敦。——397、398。

D

达申斯基，伊格纳齐（Daszynski，Ignacy 1866—1936）——波兰政治活动家。1892—1919 年领导加利西亚社会民主党，后为统一的波兰社会党（右派的）领袖之一。1919 年起三次当选为波兰议会议员，任波兰社会党议会党团主席。1920 年参加波兰地主资产阶级政府，任副总理。支持皮尔苏茨基在波兰发动的法西斯政变和建立的法西斯制度。——428。

德布兹，尤金·维克多（Debs，Eugene Victor 1855—1926）——美国工人运动活动家。1893 年组织美国铁路工会，任该工会主席至 1897 年。1897 年领导建立美国社会民主党，是 1901 年成立的美国社会党左翼领袖之一。1905 年参与创建美国工会组织——世界产业工人联合会。在工人群众中享有极高声望，于 1900、1904、1908、1912、1920 年五次被提名为美国社会党的总统候选人。第一次世界大战期间持国际主义立场，谴责社会沙文主义者的背叛行径，反对美国参战。拥护俄国十月革命。1918 年因进行反对帝国主义的宣传被判处十年徒刑，于 1921 年获赦。——99。

德雷福斯，阿尔弗勒德（Dreyfus，Alfred 1859—1935）——法国总参谋部军官，犹太人。1894 年被诬告为德国间谍而被判处终身苦役。法国反动政界利用德雷福斯案件煽动沙文主义和反犹太人运动，攻击共和制和民主自由。由于工人阶级和进步知识界起来为其辩护，纷纷要求重审此案，德雷福斯于 1899 年获赦，1906 年恢复名誉。——399、400、404、405。

多勃罗斯科科夫（**多勃罗斯科克**），伊万·瓦西里耶维奇（Доброскоков（Доброскок），Иван Васильевич）——俄国奸细，1901 年起是哈尔科夫保安

处的密探,1904年起是彼得堡保安处的密探。1904—1905年在国外,主要在孟什维克和社会革命党人中间活动,为警察司效劳。1905年被揭露后成了彼得堡保安处的官员,1914年被委任为彼得罗扎沃茨克市警察局局长。——189。

E

恩格斯,弗里德里希(Engels,Friedrich 1820—1895)——科学共产主义创始人之一,世界无产阶级的领袖和导师,马克思的亲密战友。——114、119、181、182、240。

F

菲尔斯滕贝格,雅·斯·——见加涅茨基,雅柯夫·斯坦尼斯拉沃维奇。

G

盖得,茹尔(**巴西尔,马蒂厄**)(Guesde,Jules(Basile,Mathieu) 1845—1922)——法国工人运动和国际工人运动活动家,法国工人党创建人之一,第二国际的组织者和领袖之一。19世纪60年代是资产阶级共和主义者。拥护1871年的巴黎公社。公社失败后流亡瑞士和意大利,一度追随无政府主义者。1876年回国。在马克思和恩格斯影响下逐步转向马克思主义。1877年11月创办《平等报》,宣传社会主义思想,为1879年法国工人党的建立作了思想准备。1880年和拉法格一起在马克思和恩格斯指导下起草了法国工人党纲领。1880—1901年领导法国工人党,同无政府主义者和可能派进行坚决斗争。1889年积极参加创建第二国际的活动。1893年当选为众议员。1899年反对米勒兰参加资产阶级内阁。1901年与其拥护者建立了法兰西社会党,该党于1905年同改良主义的法国社会党合并,盖得为统一的法国社会党领袖之一。20世纪初逐渐转向中派立场。第一次世界大战一开始即采取社会沙文主义立场,参加了法国资产阶级政府。1920年法国社会党分裂后,支持少数派立场,反对加入共产国际。——235。

格里姆,罗伯特(Grimm,Robert 1881—1958)——瑞士社会民主党和第二国

际领袖之一;职业是印刷工人。1909—1918年任《伯尔尼哨兵报》主编,1919年以前任瑞士社会民主党主席。第一次世界大战期间是中派分子,齐美尔瓦尔德代表会议和昆塔尔代表会议主席,国际社会党委员会主席。1921年参与组织第二半国际。1911年起为议员,1945—1946年任瑞士国民院议长。——235、271、276。

格罗曼,弗拉基米尔·古斯塔沃维奇(Громан,Владимир Густавович 1874—1940)——俄国社会民主党人,孟什维克。是提交俄国社会民主工党第四次(统一)代表大会的土地纲领草案起草人之一;曾参加孟什维克的《我们的事业》杂志的编辑工作。斯托雷平反动时期是取消派分子。1917年二月革命起在彼得格勒工兵代表苏维埃工作,任粮食委员会主席。1918年任北方粮食管理局主席,1919年任国防委员会全俄疏散委员会委员,1920年任帝国主义战争和国内战争对俄国国民经济造成的损失考察委员会主席;后从事经济计划方面的工作,曾任国家计划委员会主席团委员和中央统计局局务委员。1931年因进行反革命活动被判刑。——175、176。

古契柯夫,亚历山大·伊万诺维奇(Гучков,Александр Иванович 1862—1936)——俄国大资本家,十月党的组织者和领袖。1905—1907年革命期间支持政府镇压工农。1907年5月作为工商界代表被选入国务会议,同年11月被选入第三届国家杜马;1910年3月—1911年3月任杜马主席。第一次世界大战期间是中央军事工业委员会主席和国防特别会议成员。1917年3—5月任临时政府陆海军部长。同年8月参与策划科尔尼洛夫叛乱。十月革命后反对苏维埃政权,1918年起为白俄流亡分子。——1、11、215、279、303、323、337、339。

古容,尤利·彼得罗维奇(Гужон,Юлий Петрович 1854或1858—1918)——俄国大企业家,法国人。20世纪初起任莫斯科五金工厂股份公司董事长(到1917年年中)、工商业委员会莫斯科分会会员、法国互助协会会员、莫斯科工业区厂主协会主席(1907—1917)、工商界代表大会委员会委员。——370、372。

H

韩德逊,阿瑟(Henderson,Arthur 1863—1935)——英国工党和工会运动领

袖之一。1903年起为议员，1908—1910年和1914—1917年任工党议会党团主席，1911—1934年任工党书记。第一次世界大战期间是社会沙文主义者。1915—1917年先后参加阿斯奎斯政府和劳合-乔治政府，任教育大臣、邮政大臣和不管部大臣等职。俄国1917年二月革命后到俄国鼓吹继续进行战争。1919年参与组织伯尔尼国际。1923年起任社会主义工人国际执行委员会主席。1924年和1929—1931年两次参加麦克唐纳政府，先后任内务大臣和外交大臣。——216、220、221、222、235。

赫尔岑，亚历山大·伊万诺维奇（Герцен，Александр Иванович 1812—1870）——俄国革命民主主义者，作家和哲学家。在十二月党人的影响下走上革命道路。1829—1833年在莫斯科大学求学期间领导革命小组。1834年被捕，度过六年流放生活。1842年起是莫斯科西欧主义者左翼的领袖，写有《科学中华而不实的作风》（1842—1843）、《自然研究通信》（1844—1845）等哲学著作和一些抨击农奴制度的小说。1847年流亡国外。欧洲1848年革命失败后，对欧洲革命失望，创立“俄国社会主义”理论，成为民粹主义创始人之一。1853年在伦敦建立自由俄国印刷所，印发革命传单和小册子，1855年开始出版《北极星》文集，1857—1867年与尼·普·奥格辽夫出版《钟声》杂志，揭露沙皇专制制度，进行革命宣传。在1861年农民改革的准备阶段曾一度摇摆。1861年起坚定地站到革命民主主义方面，协助建立土地和自由社。晚年关注第一国际的活动。列宁在《纪念赫尔岑》（1912）一文中评价了他在俄国解放运动史上的作用。——223。

胡斯曼，卡米耶（Huysmans，Camille 1871—1968）——比利时工人运动最早的活动家之一，比利时社会党领导人之一，语文学教授，新闻工作者。1905—1922年任第二国际社会党国际局书记。第一次世界大战期间持中派立场，实际上领导社会党国际局。1910—1965年为议员，1936—1939年和1954—1958年任众议院议长。1940年当选为社会主义工人国际常务局主席。多次参加比利时政府，1946—1947年任首相，1947—1949年任教育大臣。——213。

霍夫曼，阿尔图尔·赫尔曼（Hoffmann，Arthur Hermann 1857—1927）——瑞士国务活动家，自由党领导人之一；职业是律师。1911年起为瑞士政府——联邦委员会委员，1914 年任联邦委员会主席，掌握对外政策。1917 年 6 月辞职，从事律师工作。——276。

J

吉尔波，昂利（Guilbeaux, Henri 1885—1938）——法国社会党人，新闻工作者。第一次世界大战期间是中派分子，出版《明日》杂志，主张恢复国际联系。1916 年参加昆塔尔代表会议。20 年代初起住在德国，是《人道报》通讯员。曾代表法国齐美尔瓦尔德左派出席共产国际第一次代表大会。——102。

季诺维也夫（**拉多梅斯尔斯基**），格里戈里·叶夫谢耶维奇（Зиновьев（Радомысльский），Григорий Евсеевич 1883—1936）——1901 年加入俄国社会民主工党，党的第二次代表大会后是布尔什维克。在党的第五至第十四次代表大会上当选为中央委员。1908—1917 年侨居国外，参加布尔什维克《无产者报》编辑部和党的中央机关报《社会民主党人报》编辑部。斯托雷平反动时期对取消派、召回派和托洛茨基分子采取调和主义态度。1912 年后和列宁一起领导中央委员会俄国局。第一次世界大战期间持国际主义立场。1917 年 4 月回国，进入《真理报》编辑部。十月革命前夕反对举行武装起义的决定。1917 年 11 月主张成立有孟什维克和社会革命党人参加的联合政府，遭到否决后声明退出党中央。1917 年 12 月起任彼得格勒苏维埃主席。1919 年共产国际成立后任共产国际执行委员会主席。1919 年当选为党中央政治局候补委员，1921 年当选为中央政治局委员。1925 年参与组织"新反对派"，1926 年与托洛茨基结成"托季联盟"。1926 年被撤销中央政治局委员和共产国际的领导职务。1927 年 11 月被开除出党，后来两次恢复党籍，两次被开除出党。1936 年 8 月 25 日被苏联最高法院军事审判庭以"参与暗杀基洛夫、阴谋刺杀斯大林及其他苏联领导人"的罪名判处枪决。1988 年 6 月苏联最高法院为其平反。——71、73、101、102、407、428、429、430、431。

加米涅夫（**罗森费尔德**），列夫·波里索维奇（Каменев（Розенфельд），Лев Борисович 1883—1936）——1901 年加入俄国社会民主工党，党的第二次代表大会后是布尔什维克。是高加索联合会出席党的第三次代表大会的

代表。1905—1907年在彼得堡从事宣传鼓动工作，为党的报刊撰稿。1908年底出国，任布尔什维克的《无产者报》编委。斯托雷平反动时期对取消派、召回派和托洛茨基分子采取调和主义态度。1914年初回国，在《真理报》编辑部工作，曾领导第四届国家杜马布尔什维克党团。1914年11月被捕，在沙皇法庭上宣布放弃使沙皇政府在帝国主义战争中失败的布尔什维克口号，次年2月被流放。1917年二月革命后反对列宁的《四月提纲》。从党的第七次全国代表会议（四月代表会议）起多次当选为中央委员。十月革命前夕反对举行武装起义的决定。在全俄苏维埃第二次代表大会上当选为全俄中央执行委员会第一任主席。1917年11月主张成立有孟什维克和社会革命党人参加的联合政府，遭到否决后声明退出党中央。1918年起任莫斯科苏维埃主席。1922年起任人民委员会副主席，1924—1926年任劳动国防委员会主席。1923年起为列宁研究院第一任院长。1919—1925年为党中央政治局委员。1925年参与组织"新反对派"，1926年1月当选为中央政治局候补委员，同年参与组织"托季联盟"，10月被撤销政治局候补委员职务。1927年12月被开除出党，后来两次恢复党籍，两次被开除出党。1936年8月25日被苏联最高法院军事审判庭以"参与暗杀基洛夫、阴谋刺杀斯大林及其他苏联领导人"的罪名判处枪决。1988年6月苏联最高法院为其平反。——407。

加涅茨基（**菲尔斯滕贝格**），雅柯夫·斯坦尼斯拉沃维奇（Ганецкий (Фюрстенберг)，Яков Станиславович 1879—1937）——波兰和俄国革命运动活动家。1896年加入社会民主党。1903—1909年为波兰王国和立陶宛社会民主党总执行委员会委员。1907年在俄国社会民主工党第五次（伦敦）代表大会上缺席当选为中央委员。在波兰王国和立陶宛社会民主党第六次代表大会上，因在党内一系列问题上持不同意见，退出总执行委员会。1912年波兰王国和立陶宛社会民主党分裂后，是最接近布尔什维克的所谓分裂派的领导人之一。第一次世界大战期间参加齐美尔瓦尔德左派。1917年是俄国社会民主工党（布）中央委员会国外局成员。十月革命后历任财政人民委员部部务委员、人民银行委员和行长、对外贸易人民委员部和外交人民委员部部务委员等职。1935年起任国家革命博物馆馆长。——389、390、391、402、403、405、429。

捷列先科，米哈伊尔·伊万诺维奇（Терещенко，Михаил Иванович 1886—1956）——俄国最大的糖厂主，百万富翁。曾参加进步党，是第四届国家杜马代表。1917年二月革命后先后任临时政府财政部长和外交部长，积极推行把战争继续进行到“最后胜利”的帝国主义政策。十月革命后是反革命叛乱和外国武装干涉苏维埃国家的策划者之一，白俄流亡分子。——55、61、76、89、91、92、93、172、214、215、225、243、247、279、280、321、374、433。

捷依奇，列夫·格里戈里耶维奇（Дейч，Лев Григорьевич 1855—1941）——俄国社会民主主义运动活动家，孟什维克领袖之一。早年参加土地和自由社、土地平分社。1880年出国，1883年参与创建劳动解放社，从事出版和向国内运送马克思主义书刊的工作。曾参加《火星报》和《曙光》杂志的出版工作。1884年被判处服苦役。1901年从流放地逃走，来到慕尼黑，参加俄国革命社会民主党人国外同盟的工作。1903年在俄国社会民主工党第二次代表大会上是劳动解放社的代表，属火星派少数派，会后成为孟什维克。斯托雷平反动时期是取消派分子。第一次世界大战期间是社会沙文主义者。1917年二月革命后与普列汉诺夫一起编辑孟什维克护国派的《统一报》。十月革命后脱离政治活动，从事普列汉诺夫遗著的出版工作，写有一些俄国解放运动史方面的论文。——159。

君士坦丁一世（Konstantinos I 1868—1923）——希腊国王（1913—1917、1920—1922）——229。

K

卡芬雅克，路易·欧仁（Cavaignac，Louis-Eugène 1802—1857）——法国将军，资产阶级共和党人。1831—1848年参与侵占阿尔及利亚的战争，以野蛮的作战方式著称。1848年二月革命后任阿尔及利亚总督；5月任法国陆军部长，镇压巴黎工人的六月起义。1848年6—12月任法兰西第二共和国政府首脑。卡芬雅克的名字已成为军事独裁者、屠杀工人的刽子手的通称。——314、315、316、317。

卡姆柯夫（**卡茨**），波里斯·达维多维奇（Камков（Кац），Борис Давидович

1885—1938)——俄国社会革命党人,左派社会革命党的组织者和领袖之一。第一次世界大战期间侨居法国、瑞典,属国际主义派。1917年二月革命后回国,当选为社会革命党彼得格勒委员会委员;反对战争,主张政权归苏维埃。在全俄苏维埃第二次代表大会上当选为全俄中央执行委员会委员,在左派社会革命党第一次代表大会上当选为中央委员。1918年反对签订布列斯特和约,是刺杀德国大使威·米尔巴赫的主谋和莫斯科左派社会革命党人叛乱的策划者之一。因进行反革命活动被军事法庭判处三年徒刑。后在统计部门工作。——215。

卡特柯夫,米哈伊尔·尼基福罗维奇(Катков,Михаил Никифорович 1818—1887)——俄国地主,政论家。开始政治活动时是温和的贵族自由派的拥护者。1851—1855年编辑《莫斯科新闻》,1856—1887年出版《俄罗斯通报》杂志。60年代初转入反动营垒,1863—1887年编辑和出版《莫斯科新闻》,该报从1863年起成了君主派反动势力的喉舌。自称是“专制制度的忠实警犬”,他的名字已成为最无耻的反动势力的通称。——318。

卡提利纳,鲁齐乌斯·赛尔吉乌斯(Catilina,Lucius Sergius 公元前108前后—前62)——古罗马政治家,贵族。公元前68年任罗马大法官。公元前66—前63年阴谋夺取政权,企图推翻罗马共和国,实行军人独裁,阴谋被执政官西塞罗揭穿。同执政军队作战时战死。——294。

柯诺瓦洛夫,亚历山大·伊万诺维奇(Коновалов,Александр Иванович 1875—1948)——俄国大纺织工厂主,资产阶级进步党领袖之一;1917年8月起为立宪民主党人。工商界代表大会委员会委员,莫斯科全俄工商联合会创建人之一。第四届国家杜马代表和首任副主席,进步同盟的组织者之一,后为同盟领袖。1915—1917年任中央军事工业委员会副主席,领导该委员会的工人部。1917年二月革命后,在头两届临时政府中任工商业部长,在最后一届临时政府中任克伦斯基的副总理兼工商业部长。十月革命后是反革命阴谋和叛乱的策划者之一,后逃往法国,积极参加各种反苏维埃组织的活动。——28、76、91、92、93、225、280、365。

科兹洛夫斯基,美契斯拉夫·尤利耶维奇(Козловский,Мечислав Юльевич 1876—1927)——波兰和俄国革命运动活动家,法学家。1900年加入社会民主党,布尔什维克。曾任波兰王国和立陶宛社会民主党总执行委员会委

员。1917年二月革命后任彼得格勒苏维埃执行委员会委员、第一届中央执行委员会委员和维堡区杜马主席。十月革命后任彼得格勒特别调查委员会主席、司法人民委员部部务委员和小人民委员会主席。1919年任立陶宛—白俄罗斯共和国司法人民委员。1923—1927年任交通人民委员部总法律顾问。——389、390、391、402、403、404、405。

克劳塞维茨，卡尔（Clausewitz，Karl 1780—1831）——德国军事理论家和军事史学家，普鲁士将军。1792年参加普鲁士军队。1803年毕业于柏林普通军校。参加了1806—1807年普法战争。1808年起在普军总参谋部任职。1812年俄法战争时在俄军供职，1813年任俄普混成军参谋长。1814年回普军。1815年参加滑铁卢战役，任军参谋长。1818—1830年任柏林普通军校校长。1831年任驻波兰边境普军参谋长。写有拿破仑战争史和其他战争史方面的著作。主要著作《战争论》被译成多种文字，对世界军事理论有很大影响，书中提出了"战争是政治通过另一种手段的继续"的深刻论点。——78、81。

克雷连柯，尼古拉·瓦西里耶维奇（Крыленко，Николай Васильевич 1885—1938）——1904年加入俄国社会民主工党。1905—1906年是彼得堡学生运动领袖之一，在彼得堡布尔什维克组织中工作。1907年脱党。1911年又回到布尔什维克组织中工作，先后为《明星报》和《真理报》撰稿。1913年12月被捕。第一次世界大战期间，1914—1915年侨居国外，后在军队服役。1917年二月革命后在《士兵真理报》工作，同年6月参加俄国社会民主工党（布）前线和后方军事组织全国代表会议，被选入党中央委员会全俄军事组织局。积极参加十月革命，是彼得格勒军事革命委员会委员。十月革命后参加第一届人民委员会，任陆海军事务委员会委员，1917年11月被任命为最高总司令。1918年3月起在司法部门工作。1922—1931年任全俄中央执行委员会最高革命法庭庭长、俄罗斯联邦副司法人民委员、检察长。1931年起任俄罗斯联邦司法人民委员，1936年起任苏联司法人民委员。1927—1934年为党中央监察委员会委员。全俄中央执行委员会主席团委员。——226—227。

克鲁普斯卡娅，娜捷施达·康斯坦丁诺夫娜（Крупская，Надежда Константиновна 1869—1939）——列宁的妻子和战友。1890年在彼得堡

大学生马克思主义小组中开始革命活动。1895 年参与组织彼得堡工人阶级解放斗争协会。1896 年 8 月被捕,后被判处流放三年,先后在舒申斯克和乌法服刑。1901 年流放期满后侨居国外,任《火星报》编辑部秘书。曾参加俄国社会民主工党第二次代表大会的筹备工作,作为有发言权的代表出席了大会。1904 年起先后任布尔什维克的《前进报》和《无产者报》编辑部秘书。曾参加党的第三次代表大会的筹备工作。1905—1907 年革命期间在国内担任党中央委员会秘书。斯托雷平反动时期积极参加反对取消派和召回派的斗争。1911 年在隆瑞莫党校(法国)工作。1912 年党的布拉格代表会议后协助列宁同国内党组织、《真理报》和第四届国家杜马布尔什维克党团保持联系。第一次世界大战期间参加国际妇女运动和布尔什维克国外支部的活动,担任国外组织委员会秘书并研究国民教育问题。1917 年二月革命后和列宁一起回国,在党中央书记处工作,参加了十月武装起义。十月革命后任教育人民委员部部务委员,领导政治教育总委员会;1929 年起任俄罗斯联邦副教育人民委员。1924 年起为党中央监察委员会委员,1927 年起为党中央委员。历届全俄中央执行委员会和苏联中央执行委员会委员,苏联第一届最高苏维埃代表和主席团委员。——73。

克鲁谢尔(Круссер)——俄国准尉。1917 年 5 月在斯库利亚内(比萨拉比亚)作战部队的群众大会上发表演说,呼吁士兵们不要相信临时政府,拒绝在前线进攻,要同德国士兵进行联欢,因而被临时政府逮捕。——186、187。

克伦斯基,亚历山大·费多罗维奇(Керенский,Александр Федорович 1881—1970)——俄国政治活动家,资产阶级临时政府首脑。1917 年 3 月起为社会革命党人。第四届国家杜马代表,劳动派党团领袖。第一次世界大战期间是护国派分子。1917 年二月革命后任彼得格勒工兵代表苏维埃副主席、国家杜马临时委员会委员。在临时政府中任司法部长(3—5 月)、陆海军部长(5—9 月)、总理(7 月 21 日起)兼最高总司令(9 月 12 日起)。执政期间继续进行帝国主义战争,七月事变时镇压工人和士兵,迫害布尔什维克。1917 年 11 月 7 日彼得格勒爆发武装起义时,从首都逃往前线,纠集部队向彼得格勒进犯,失败后逃亡巴黎。在国外参加白俄流亡分子的反革命活动,1922—1932 年编辑《白日》周刊。1940 年移居美国。——60、177、192、212、220、221、223、224、225、230、238、243、258、269、270、279、

316、337、341、355、356、373、374、390、391、394、399、414、434。

库科韦茨基(**布科韦茨基**),А.И.(Куковецкий(Буковецкий),А.И. 生于 1881 年)——1917 年第一届彼得格勒工兵代表苏维埃执行委员会经济部成员。——175。

库特列尔,尼古拉·尼古拉耶维奇(Кутлер,Николай Николаевич 1859—1924)——俄国立宪民主党领袖之一。曾任财政部定额税务司司长,1905—1906 年任土地规划和农业管理总署署长。第二届和第三届国家杜马代表,立宪民主党土地纲领草案的起草人之一。1917 年二月革命后与银行界和工业界保持密切联系,代表俄国南部企业主的利益参加了工商业部下属的各个委员会。十月革命后在财政人民委员部和国家银行管理委员会工作。——74。

L

拉狄克,卡尔·伯恩哈多维奇(Радек,Карл Бернгардович 1885—1939)——生于东加利西亚。20 世纪初参加加利西亚、波兰和德国的社会民主主义运动。1901 年起为加利西亚社会民主党的积极成员,1904—1908 年在波兰王国和立陶宛社会民主党内工作。1908 年到柏林,为德国左派社会民主党人的报刊撰稿。第一次世界大战期间持国际主义立场,但表现出向中派方面动摇。1917 年加入俄国社会民主工党(布)。十月革命后在外交人民委员部工作。1918 年是"左派共产主义者"。在党的第八至第十二次代表大会上当选为中央委员。1920—1924 年任共产国际执行委员会书记、委员和主席团委员。1923 年起属托洛茨基反对派。1925—1927 年任莫斯科中山大学校长。长期为《真理报》、《消息报》和其他报刊撰稿。1927 年被开除出党,1930 年恢复党籍,1936 年被再次开除出党。1937 年 1 月被苏联最高法院军事审判庭,以"进行叛国、间谍、军事破坏和恐怖活动"的罪名判处十年监禁。1939 年死于狱中。1988 年 6 月苏联最高法院为其平反。——101。

拉柯夫斯基,克里斯蒂安·格奥尔吉耶维奇(Раковский,Христиан Георгиевич 1873—1941)——生于保加利亚。17 岁时侨居日内瓦,受到普列汉诺夫的影响。曾参加保加利亚、罗马尼亚、瑞士、法国的社会民主主义

运动。第一次世界大战期间是中派分子,参加齐美尔瓦尔德派。1917 年二月革命后到彼得格勒,加入俄国社会民主工党(布)。十月革命后从事党和苏维埃的工作。1918 年起任乌克兰人民委员会主席,1923 年派驻英国和法国从事外交工作。在党的第八至第十四次代表大会上当选为中央委员。是托洛茨基反对派的骨干分子,1927 年被开除出党。1935 年恢复党籍,1938 年被再次开除出党。1938 年 3 月 13 日被苏联最高法院军事审判庭以"参与托洛茨基的恐怖、间谍和破坏活动"的罪名判处二十年监禁。1941 年死于狱中。1988 年平反昭雪并恢复党籍。——235。

拉林,尤·(**卢里叶,米哈伊尔·亚历山德罗维奇**)(Ларин,Ю.(Лурье,Михаил Александрович) 1882—1932)——1900 年参加俄国社会民主主义运动,在敖德萨和辛菲罗波尔工作。1904 年起为孟什维克。1905 年是俄国社会民主工党彼得堡孟什维克委员会委员。1906 年进入党的统一的彼得堡委员会;是党的第四次(统一)代表大会有表决权的代表。维护孟什维克的土地地方公有化纲领,支持召开"工人代表大会"的取消主义思想。党的第五次(伦敦)代表大会波尔塔瓦组织的代表。斯托雷平反动时期和新的革命高涨年代是取消派领袖之一,参加了"八月联盟"。第一次世界大战期间是中派分子。1917 年二月革命后领导出版《国际》杂志的孟什维克国际主义派。1917 年 8 月加入布尔什维克党。在彼得格勒参加十月武装起义。十月革命后主张成立有孟什维克和社会革命党人参加的联合政府。在苏维埃和经济部门工作,曾任最高国民经济委员会主席团委员、国家计划委员会主席团委员等职。1920—1921 年工会问题争论期间先后支持布哈林和托洛茨基的纲领。——421。

拉斯普廷(**诺维赫**),格里戈里·叶菲莫维奇(Распутин(Новых),Григорий Ефимович 1872—1916)——俄国冒险家,沙皇尼古拉二世的宠臣。出身于农民家庭。1907 年冒充"先知"和"神医"招摇撞骗,混入宫廷,干预国政。尼古拉二世和皇后把他奉为"活基督",言听计从。1916 年 12 月被君主派分子刺死。——96。

劳合-乔治,戴维(Lloyd George,David 1863—1945)——英国国务活动家和外交家,自由党领袖。1890 年起为议员。1905—1908 年任商业大臣,1908—1915 年任财政大臣。对英国政府策划第一次世界大战的政策有很

大影响。曾提倡实行社会保险等措施，企图利用谎言和许诺来阻止工人阶级建立革命政党。1916—1922年任首相，残酷镇压殖民地和附属国的民族解放运动；是武装干涉和封锁苏维埃俄国的鼓吹者和策划者之一。曾参加1919年巴黎和会，是凡尔赛和约的炮制者之一。——338、339。

"老太太"——见布列什柯-布列什柯夫斯卡娅，叶卡捷琳娜·康斯坦丁诺夫娜。

李伯尔(**戈尔德曼**)，米哈伊尔·伊萨科维奇(Либер(Гольдман)，Михаил Исаакович 1880—1937)——崩得和孟什维克领袖之一。1898年起为社会民主党人，1902年起为崩得中央委员。1903年率领崩得代表团出席俄国社会民主工党第二次代表大会，在会上采取极右的反火星派立场，会后成为孟什维克。1907年在党的第五次(伦敦)代表大会上代表崩得被选入中央委员会，是崩得驻中央委员会国外局的代表。斯托雷平反动时期是取消派分子，1912年是"八月联盟"的骨干分子，第一次世界大战期间是社会沙文主义者。1917年二月革命后任彼得格勒工兵代表苏维埃执行委员会委员和第一届中央执行委员会主席团委员，采取孟什维克立场，支持资产阶级联合内阁，敌视十月革命。后脱离政治活动，从事经济工作。——299。

李卜克内西，卡尔(Liebknecht，Karl 1871—1919)——德国工人运动和国际工人运动活动家，德国社会民主党左翼领袖之一，德国共产党创建人之一；威·李卜克内西的儿子；职业是律师。1900年加入社会民主党，积极反对机会主义和军国主义。1912年当选为帝国国会议员。第一次世界大战期间持国际主义立场，反对支持本国政府进行掠夺战争。1914年12月2日是国会中唯一投票反对军事拨款的议员。是国际派(后改称斯巴达克派和斯巴达克联盟)的组织者和领导人之一。1916年因领导五一节反战游行示威被捕入狱。1918年10月出狱，领导了1918年十一月革命，与卢森堡一起创办《红旗报》，同年底领导建立德国共产党。1919年1月柏林工人斗争被镇压后，于15日被捕，当天惨遭杀害。——95、100、101、212、235、245、303、304。

李卜克内西，威廉(Liebknecht，Wilhelm 1826—1900)——德国工人运动和国际工人运动活动家，德国社会民主党的创建人和领袖之一，马克思和恩格斯的朋友和战友。积极参加德国1848年革命，革命失败后流亡国外，在国外结识马克思和恩格斯，接受了科学共产主义思想。1850年加入共产主义者同盟。1862年回国。第一国际成立后，成为国际的革命思想的热心宣传者和国际的德国支部的组织者之一。1868年起任《民主周报》编辑。1869年与倍倍尔共同创建了德国社会民主工党（爱森纳赫派），任党的中央机关报《人民国家报》编辑。1875年积极促成爱森纳赫派和拉萨尔派的合并。在反社会党人非常法施行期间与倍倍尔一起领导党的地下工作和斗争。1890年起任党的中央机关报《前进报》主编，直至逝世。1867—1870年为北德意志联邦国会议员，1874年起多次被选为德意志帝国国会议员，利用议会讲坛揭露普鲁士容克反动的内外政策。因革命活动屡遭监禁。是第二国际的组织者之一。——207。

李可夫，阿列克谢·伊万诺维奇（Рыков，Алексей Иванович 1881—1938）——1899年加入俄国社会民主工党。曾在萨拉托夫、莫斯科、彼得堡等地做党的工作。1905年党的第三次代表大会起多次当选为中央委员。斯托雷平反动时期对取消派、召回派和托洛茨基分子采取调和主义态度。曾多次被捕流放并逃亡国外。1917年二月革命后被选进莫斯科苏维埃主席团，同年10月在彼得格勒参与领导武装起义。十月革命后参加第一届人民委员会，任内务人民委员。1917年11月主张成立有孟什维克和社会革命党人参加的联合政府，遭到否决后声明退出党中央和人民委员会。1918年2月起任最高国民经济委员会主席，1921年夏起任人民委员会和劳动国防委员会副主席。1923年当选为党中央政治局委员。1924—1930年任苏联人民委员会主席。1929年被作为“右倾派别集团”领袖之一受到批判。1930年12月被撤销政治局委员职务。1931—1936年任苏联交通人民委员。1934年当选为候补中央委员。1937年被开除出党。1938年3月13日被苏联最高法院军事审判庭以“参与托洛茨基的恐怖、间谍和破坏活动”的罪名判处枪决。1988年平反昭雪并恢复党籍。——189。

李沃夫，格奥尔吉·叶夫根尼耶维奇（Львов，Георгий Евгеньевич 1861—1925）——俄国公爵，大地主，地方自治运动活动家，立宪民主党人。1903—1906年任图拉县地方自治局主席，曾参加1904—1905年地方自治人士代表大会。第一届国家杜马代表，是负责安置远东移民和救济饥民的地方自治机关全国性组织的领导人。第一次世界大战期间是全俄地方自治机关联合会主席以及全俄地方自治机关和城市联合会军需供应总委员会的领导人之一。1917年3—7月任临时政府总理兼内务部长，是七月事变期间镇压彼得格勒工人和士兵的策划者之一。十月革命后逃亡法国，参与策划对苏维埃俄国的武装干涉。——12、50、55、172、214、223、224、278、280、321、362、374、381、433。

里博，亚历山大·费利克斯·约瑟夫(Ribot, Alexandre-Félix-Joseph 1842—1923)——法国国务活动家；职业是律师。1878年起为众议员，1909年起为参议员。1892—1893年、1895年和1917年任总理，多次担任外交部长和财政部长。曾力求建立俄法同盟。——338、339。

利西斯(**勒太耶尔，欧仁**)(Lysis(Letailleur, Eugène))——法国经济学家，写有一些关于金融问题和政治问题的著作。——82。

利亚霍夫，弗拉基米尔·普拉东诺维奇(Ляхов, Владимир Платонович 1869—1919)——沙俄陆军上校，镇压高加索和伊朗的民族革命运动的刽子手。第一次世界大战期间任黑海土耳其沿岸地区的总督。1919年2月被任命为捷列克—达吉斯坦边疆区的总办和邓尼金部队司令。在白卫志愿军同山民作战中被击毙。——91、92、242。

列宁，弗拉基米尔·伊里奇(**乌里扬诺夫，弗拉基米尔·伊里奇**；列宁，尼·)(Ленин, Владимир Ильич(Ульянов, Владимир Ильич, Ленин, Н.) 1870—1924)——1、4、41、45、67、71、73、77、86、91、92、94、95、98—99、103、104、110—111、126、135、138、139、145—148、151—153、182、191、196、205—208、237、240、271、276、305、326—327、350—351、393、402、403、407、413—414、415—416、417、425、430、432。

卢那察尔斯基，阿纳托利·瓦西里耶维奇(Луначарский, Анатолий Васильевич 1875—1933)——19世纪90年代初参加俄国社会民主主义运动。俄国社会民主工党第二次代表大会后是布尔什维克。曾先后参加布尔什维克的《前进报》、《无产者报》和《新生活报》编辑部。代表《前进报》编辑部出席了党的第三次代表大会，受列宁委托，在会上作了关于武装起义问题的报告。党的第四次(统一)代表大会和第五次(伦敦)代表大会的参加者，布尔什维克出席第二国际斯图加特代表大会(1907)和哥本哈根代表大会(1910)的代表。斯托雷平反动时期脱离布尔什维克，参加“前进”集

团；在哲学上宣扬造神说和马赫主义。第一次世界大战期间持国际主义立场。1917 年二月革命后参加区联派，在俄国社会民主工党（布）第六次代表大会上随区联派集体加入布尔什维克党。十月革命后到 1929 年任教育人民委员，以后任苏联中央执行委员会学术委员会主席。1930 年起为苏联科学院院士。在艺术和文学方面著述很多。——211。

罗将柯，米哈伊尔·弗拉基米罗维奇（Родзянко，Михаил Владимирович 1859—1924）——俄国大地主，十月党领袖之一，君主派分子。20 世纪初曾任叶卡捷琳诺斯拉夫省地方自治局主席。1911—1917 年先后任第三届和第四届国家杜马主席，支持沙皇政府的反动政策。1917 年二月革命期间力图保持君主制度，组织并领导了国家杜马临时委员会，后参与策划科尔尼洛夫叛乱。十月革命后投靠科尔尼洛夫和邓尼金，企图联合一切反革命势力颠覆苏维埃政权。1920 年起为白俄流亡分子。——321、323、325、342、376、377。

罗兰，罗曼（Rolland，Romain 1866—1944）——法国作家和社会活动家。在自己的作品中猛烈抨击资产阶级社会及其没落的文化。从和平主义立场出发反对第一次世界大战。1914—1919 年写了《战争年代日记》，手稿后来保存在苏联国立列宁图书馆；遵照作者遗嘱，于 1955 年 1 月发表。拥护俄国十月革命，是苏维埃俄国的朋友。第二次世界大战期间支持法国的反法西斯抵抗运动。——102。

罗曼诺夫家族（Романовы）——俄国皇族。——142、150。

罗曼诺夫，尼古拉——见尼古拉二世（**罗曼诺夫**）。

罗斯托夫，恩·（**科甘，И.М.**）（Ростов，Н.（Коган，И.М.））——俄国孟什维克《工人报》撰稿人（1917）。——379。

洛里欧，斐迪南（Loriot，Ferdinand 1870—1930）——法国社会党人。第一次世界大战期间是国际主义者，在昆塔尔代表会议上加入齐美尔瓦尔德左派。1920—1927 年是法国共产党党员。共产国际第三次代表大会代表。1925 年 1 月在法国共产党第四次代表大会上反对共产国际第五次代表大会的决议。1927 年作为右倾机会主义分子被开除出党。——102。

M

马尔柯夫，尼古拉·叶夫根尼耶维奇（马尔柯夫第二）（Марков，Николай

Евгеньевич(Марков 2-й) 生于 1876 年)——俄国大地主,反动的政治活动家,黑帮组织"俄罗斯人民同盟"和"米迦勒天使长同盟"领袖之一。第三届和第四届国家杜马代表,杜马中极右翼领袖之一。十月革命后为白俄流亡分子。——150、151、403。

马尔托夫,尔·(**策杰尔包姆,尤利·奥西波维奇**)(Мартов,Л.(Цедербаум,Юлий Осипович) 1873—1923)——俄国孟什维克领袖之一。1895 年参与组织彼得堡工人阶级解放斗争协会。1896 年被捕并流放图鲁汉斯克三年。1900 年参与创办《火星报》,为该报编辑部成员。在俄国社会民主工党第二次代表大会上是《火星报》组织的代表,领导机会主义少数派,反对列宁的建党原则;从那时起成为孟什维克中央机关的领导成员和孟什维克报刊的编辑。曾参加党的第五次(伦敦)代表大会的工作。斯托雷平反动时期和新的革命高涨年代是取消派分子,编辑《社会民主党人呼声报》,参与组织"八月联盟"。第一次世界大战期间是中派分子,参加齐美尔瓦尔德代表会议和昆塔尔代表会议。曾参加孟什维克组织委员会国外书记处,为书记处编辑机关刊物。1917 年二月革命后领导孟什维克国际主义派。十月革命后反对镇压反革命和解散立宪会议。1919 年当选为全俄中央执行委员会委员,1919—1920 年为莫斯科苏维埃代表。1920 年 9 月侨居德国。参与组织第二半国际,在柏林创办和编辑孟什维克杂志《社会主义通报》。——73、111、215、356、421。

马克拉柯夫,瓦西里·阿列克谢耶维奇(Маклаков,Василий Алексеевич 1870—1957)——俄国立宪民主党领袖之一,地主。1895 年起为律师,曾为多起政治诉讼案出庭辩护。1906 年起为立宪民主党中央委员。第二届、第三届和第四届国家杜马代表。1917 年二月革命后任国家杜马临时委员会驻司法部委员;支持帕·尼·米留可夫,主张把帝国主义战争进行到"最后胜利"。同年 7 月起任临时政府驻法国大使。十月革命后为白俄流亡分子。——31、32、242、251、268、269、270、279。

马克林,约翰(Maclean,John 1879—1923)——英国工人运动活动家;职业是教师。1903 年加入英国社会民主联盟。曾在苏格兰工人中从事革命启蒙工作。第一次世界大战前加入英国社会党左翼,是该党在苏格兰的领袖之一。大战期间持国际主义立场,积极进行革命的反战宣传,参与组织和领

导群众游行示威和罢工,为此屡遭英国政府迫害。1916 年 4 月被选为英国社会党领导成员。1918 年苏俄外交人民委员部委任他为苏俄驻格拉斯哥领事,但英国政府对他进行迫害,使他无法执行任务。晚年脱离政治活动。——245。

马克思,卡尔(Marx,Karl 1818—1883)——科学共产主义的创始人,世界无产阶级的领袖和导师。——114、119、240。

马林诺夫斯基,罗曼·瓦茨拉沃维奇(Малиновский,Роман Вацлавович 1876—1918)——俄国社会民主主义运动中的奸细,莫斯科保安处密探;职业是五金工人。1906 年出于个人动机参加工人运动,后来混入俄国社会民主工党;曾任工人委员会委员和五金工会理事会书记。1907 年起主动向警察局提供情报,1910 年被录用为沙皇保安机关密探。在党内曾担任多种重要职务,1912 年在党的第六次(布拉格)全国代表会议上当选为中央委员。在保安机关暗中支持下,当选为第四届国家杜马莫斯科省工人选民团的代表,1913 年任布尔什维克杜马党团主席。1914 年辞去杜马职务,到了国外。1917 年 6 月,他同保安机关的关系被揭穿。1918 年回国,被捕后由全俄中央执行委员会最高法庭判处枪决。——189、190、191、192、325、326、342、376、425—432。

马斯洛夫,谢苗·列昂季耶维奇(Маслов,Семен Леонтьевич 1873—1938)——俄国右派社会革命党人。1917 年二月革命后任全俄农民代表苏维埃执行委员会委员,9 月起任临时政府农业部长。早先主张土地社会化,但 1917 年提出一个法案,主张地主土地所有制保持不变,甚至按"公平"议价订出的、农民"租用"土地的租金也必须交给地主。十月革命后在经济部门和科研机关工作。写有一些关于土地问题的著作。——131—135。

麦克唐纳,詹姆斯·拉姆赛(MacDonald,James Ramsay 1866—1937)——英国政治活动家,英国工党创建人和领袖之一。1885 年加入社会民主联盟。1886 年加入费边社。1894 年加入独立工党,1906—1909 年任该党主席。1900 年当选为劳工代表委员会书记,该委员会于 1906 年改建为工党。1906 年起为议员,1911—1914 年和 1922—1931 年任工党议会党团主席。推行机会主义政策,鼓吹阶级合作和资本主义逐渐长入社会主义的理论。

第一次世界大战初期采取和平主义立场，后来公开支持劳合-乔治政府进行帝国主义战争。1918—1920年竭力破坏英国工人反对武装干涉苏维埃俄国的斗争。1924年和1929—1931年先后任第一届和第二届工党政府首相。1931—1935年领导由保守党决策的国民联合政府。——245。

曼努伊洛夫，亚历山大·阿波罗诺维奇（Мануилов，Александр Аполлонович 1861—1929）——俄国经济学家，教授。19世纪90年代是自由主义民粹派分子，后来成为立宪民主党人，任该党中央委员。所拟定的土地改革方案是立宪民主党土地纲领的基础。1907—1911年为国务会议成员。1905—1908年任莫斯科大学副校长，1908—1911年任莫斯科大学校长。1917年二月革命后任临时政府国民教育部长。十月革命后一度侨居国外，但很快回国，并同苏维埃政权合作，在高等院校任教。写有许多经济问题方面的著作。主要著作有《爱尔兰的地租》（1895）、《古典学派经济学家学说的价值的概念》（1901）、《政治经济学讲义教程》第1编（1914）等。——323。

米留可夫，帕维尔·尼古拉耶维奇（Милюков，Павел Николаевич 1859—1943）——俄国立宪民主党领袖，俄国自由派资产阶级思想家，历史学家和政论家。1886年起任莫斯科大学讲师。90年代前半期开始政治活动，1902年起为资产阶级自由派的《解放》杂志撰稿。1905年10月参与创建立宪民主党，后任该党中央委员会主席和中央机关报《言语报》编辑。第三届和第四届国家杜马代表。第一次世界大战期间为沙皇政府的掠夺政策辩护。1917年二月革命后任第一届临时政府外交部长，推行把战争进行到“最后胜利”的帝国主义政策；同年8月积极参与策划科尔尼洛夫叛乱。十月革命后同白卫分子和武装干涉者合作。1920年起为白俄流亡分子，在巴黎出版《最新消息报》。著有《俄国文化史概要》、《第二次俄国革命史》及《回忆录》等。——2、11、30、55、60、61、81、89、90、91、102、188、215、229、242、243、247、251、255、268、269、279、280、286、303、321、323、339、403、416。

缅施科夫，米哈伊尔·奥西波维奇（Меньшиков，Михаил Осипович 1859—1919）——俄国政论家，黑帮报纸《新时报》撰稿人。十月革命后反对苏维埃政权，1919年被枪决。——318。

姆斯季斯拉夫斯基(**马斯洛夫斯基**),谢尔盖·德米特里耶维奇(Мстиславский (Масловский),Сергей Дмитриевич 1876—1943)——俄国作家。1904 年起为社会革命党党员。1917 年二月革命后为社会革命党《人民事业报》撰稿。曾参加左派社会革命党中央委员会。1918 年威·米尔巴赫被刺后退出左派社会革命党,成为乌克兰斗争派中央委员。1921 年起为无党派人士。1922—1926 年担任红色工会国际不定期刊物的编辑。后来在苏联大百科全书出版社和其他一些出版社工作。著有多部革命历史小说。——177。

穆拉诺夫,马特维·康斯坦丁诺维奇(Муранов,Матвей Константинович 1873—1959)——1904 年加入俄国社会民主工党,布尔什维克;职业是钳工。曾在哈尔科夫做党的工作。第四届国家杜马哈尔科夫省工人代表,参加布尔什维克杜马党团。曾为布尔什维克的《真理报》撰稿。因进行反对帝国主义战争的革命活动,1914 年 11 月被捕,1915 年流放图鲁汉斯克边疆区。1917—1923 年在党中央机关工作。1923—1934 年是苏联最高法院成员。在党的第六、第八和第九次代表大会上当选为中央委员。1922—1934 年为中央监察委员会委员。——427。

N

拿破仑第一(**波拿巴**)(Napoléon I(Bonaparte) 1769—1821)——法国皇帝,资产阶级军事家和政治家。法国资产阶级革命时期参加革命军。1799 年发动雾月政变,自任第一执政,实行军事独裁统治。1804 年称帝,建立法兰西第一帝国,颁布《拿破仑法典》,巩固资本主义制度。多次粉碎反法同盟,沉重打击了欧洲封建反动势力。但对外战争逐渐变为同英俄争霸和掠夺、奴役别国的侵略战争。1814 年欧洲反法联军攻陷巴黎后,被流放厄尔巴岛。1815 年重返巴黎,再登皇位。滑铁卢之役战败后,被流放大西洋圣赫勒拿岛。——60、64。

纳坦松,马尔克·安德列耶维奇(Натансон,Марк Андреевич 1851—1919)——俄国革命民粹派代表人物,后为社会革命党人。1869 年参加革命运动,是土地和自由社的创建人之一。1869—1877 年四次被捕,1879—1889 年流放西伯利亚。1893 年积极参与创建民权党。1905 年加入社会

革命党，为该党中央委员。1907—1917年十月革命前侨居国外。第一次世界大战期间采取不彻底的国际主义立场，向中派方面动摇。1917年二月革命后是左派社会革命党的组织者和领袖之一。1918年左派社会革命党人叛乱后，与该党决裂，组织"革命共产党"，主张同布尔什维克合作。曾任全俄中央执行委员会主席团委员。——73。

尼古拉二世（**罗曼诺夫**）（Николай II（Романов）1868—1918）——俄国最后一个皇帝，亚历山大三世的儿子。1894年即位，1917年二月革命时被推翻。1918年7月17日根据乌拉尔州工兵代表苏维埃的决定在叶卡捷琳堡被枪决。——11、12、38、43、47、57、58、61、89、91、94、96、99、120、142、146、150、154、212、223、241、252、254、255、265、268、270、273、329、358、359。

涅克拉索夫，尼古拉·维萨里昂诺维奇（Некрасов，Николай Виссарионович 1879—1940）——俄国立宪民主党左派领袖之一，教授。第三届和第四届国家杜马代表，1916年11月被选为杜马副主席。第一次世界大战期间任全俄地方自治机关和城市联合会军需供应总委员会副主席。1917年二月革命后参加临时政府，历任交通部长、不管部部长和财政部长。1917年夏退出立宪民主党，加入激进民主党。十月革命后在中央消费合作总社工作。——321。

P

帕尔钦斯基，彼得·伊阿基莫维奇（Пальчинский，Петр Иакимович 1875—1929）——俄国工程师，煤炭辛迪加的创办人，与银行界关系密切。1917年二月革命后任临时政府工商业部副部长，鼓动企业主怠工，破坏民主组织。1917年11月7日是临时政府所在地冬宫的守卫队长。十月革命后在工业部门组织破坏活动。1929年被枪决。——365、366、371、372。

帕尔乌斯（**格尔方德，亚历山大·李沃维奇**）（Парвус（Гельфанд，Александр Львович）1869—1924）——生于俄国，19世纪80年代移居国外。90年代末起在德国社会民主党内工作，属该党左翼；曾任《萨克森工人报》编辑。写有一些世界经济问题的著作。20世纪初参加俄国社会民主工党的工作，为《火星报》撰稿。俄国社会民主工党第二次代表大会后支持孟什维克的组织路线。1905年回到俄国，曾担任彼得堡工人代表苏维埃执行委员

会委员,为孟什维克的《开端报》撰稿;同托洛茨基一起提出“不断革命论”,主张参加布里根杜马,坚持同立宪民主党人搞交易。斯托雷平反动时期脱离俄国社会民主工党,后移居德国。第一次世界大战期间是社会沙文主义者和德国帝国主义的代理人。1915 年起在柏林出版《钟声》杂志。1918 年脱离政治活动。——402、404、405。

佩列韦尔泽夫,帕维尔·尼古拉耶维奇(Переверзев,Павел Николаевич)——俄国律师,劳动派分子,接近社会革命党人。1917 年二月革命后任第一届联合临时政府司法部长。1917 年 7 月公布了格·阿·阿列克辛斯基伙同特务机关伪造的诬陷列宁和布尔什维克的文件。——291、375、414、415、416。

彭加勒,雷蒙(Poincaré,Raymond 1860—1934)——法国政治活动家和国务活动家;职业是律师。1887—1903 年为众议员。1893 年起多次参加法国政府。1912—1913 年任总理兼外交部长,1913—1920 年任总统。推行军国主义政策,极力策划第一次世界大战。主张加强协约国和法俄同盟。俄国十月革命后是武装干涉苏维埃俄国的策划者之一。1922—1924 年和 1926—1929 年任总理,力主分割德国(1923 年占领鲁尔区),企图建立法国在欧洲的霸权。——214。

普列汉诺夫,格奥尔吉·瓦连廷诺维奇(Плеханов,Георгий Валентинович 1856—1918)——俄国早期的马克思主义理论家,后来成为孟什维克和第二国际机会主义领袖之一。19 世纪 70 年代参加民粹主义运动,是土地和自由社成员及土地平分社领导人之一。1880 年侨居瑞士,逐步同民粹主义决裂。1883 年在日内瓦创建俄国第一个马克思主义团体——劳动解放社。翻译和介绍了马克思和恩格斯的许多著作,对马克思主义在俄国的传播起了重要作用;写过不少优秀的马克思主义著作,批判民粹主义、合法马克思主义、经济主义、伯恩施坦主义、马赫主义。20 世纪初是《火星报》和《曙光》杂志编辑部成员。曾参与制定俄国社会民主工党纲领草案和参加党的第二次代表大会的筹备工作。在代表大会上是劳动解放社的代表,属火星派多数派,参加了大会常务委员会,会后逐渐转向孟什维克。1905—1907 年革命时期反对列宁的民主革命的策略,后来在孟什维克和布尔什维克之间摇摆。在俄国社会民主工党第四次(统一)代表大会上作了关于

土地问题的报告，维护马斯洛夫的孟什维克方案；在国家杜马问题上坚持极右立场，呼吁支持立宪民主党人的杜马。斯托雷平反动时期和新的革命高涨年代反对取消主义，领导孟什维克护党派。第一次世界大战期间持社会沙文主义立场。1917年二月革命后支持资产阶级临时政府。对十月革命持否定态度，但拒绝支持反革命。最重要的理论著作有《社会主义与政治斗争》(1883)、《我们的意见分歧》(1885)、《论一元论历史观之发展》(1895)、《唯物主义史论丛》(1896)、《论个人在历史上的作用》(1898)、《没有地址的信》(1899—1900)，等等。——6、9、11、71、160、177、178、187、188、192、214、222、235、341、343、411。

Q

齐赫泽，尼古拉·谢苗诺维奇(Чхеидзе，Николай Семенович 1864—1926)——俄国孟什维克领袖之一。19世纪90年代末参加社会民主主义运动。俄国社会民主工党第二次代表大会后是孟什维克。第三届和第四届国家杜马代表，第四届国家杜马孟什维克党团主席。第一次世界大战期间是中派分子。1917年二月革命后任国家杜马临时委员会委员、彼得格勒工兵代表苏维埃主席和第一届中央执行委员会主席，极力支持资产阶级临时政府。1918年起是反革命的外高加索议会主席，1919年起是格鲁吉亚孟什维克政府——立宪会议主席。1921年格鲁吉亚建立苏维埃政权后流亡法国。——12、13、71、386、391、393。

契尔金，瓦西里·加甫里洛维奇(Чиркин，Василий Гаврилович 1877—1954)——俄国工人。1903年参加革命运动，1904年底参加孟什维克。支持召开"工人代表大会"的取消主义观点；是孟什维克出席俄国社会民主工党第五次(伦敦)代表大会的代表。1906年起积极参加工会运动。多次被捕和流放。斯托雷平反动时期是取消派分子。第一次世界大战期间是社会沙文主义者。1917年二月革命后是全俄苏维埃第一次和第二次代表大会代表。1918年脱离孟什维克，1920年加入布尔什维克。后在工会和经济部门担任负责工作。——426。

切尔诺夫，维克多·米哈伊洛维奇(Чернов，Виктор Михайлович 1873—1952)——俄国社会革命党领袖和理论家之一。1902—1905年任社会革命党中央机关报《革命俄国报》编辑。曾撰文反对马克思主义，企图证明马克思的理论不适用于农业。第一次世界大战期间持社会沙文主义立场，曾参加齐美尔瓦尔德代表会议和昆塔尔代表会议。1917 年 5—8 月任临时政府农业部长，对夺取地主土地的农民实行残酷镇压。敌视十月革命。1918 年 1 月任立宪会议主席；曾领导萨马拉的反革命立宪会议委员会，参与策划反苏维埃叛乱。1920 年流亡国外，继续反对苏维埃政权。在他的理论著作中，主观唯心主义和折中主义同修正主义和民粹派的空想混合在一起；企图以资产阶级改良主义的“结构社会主义”对抗科学社会主义。——12、13、24、25、26、28、30、31、32、43、50、52、55、60、76、118、142、159、172、177、189、192、214、219、220、221、230、265、267、270、279、280、284、304、316、318、319、338、339、341、347、355、356、359、361、362、363、371、372、376、377、381、382。

切列万宁，涅·（**利普金，费多尔·安德列耶维奇**）（Череванин，Н.（Липкин，Федор Андреевич）1868—1938）——俄国政论家，“马克思的批评家”，后为孟什维克领袖之一，取消派分子。俄国社会民主工党第四次（统一）代表大会和第五次（伦敦）代表大会的参加者，取消派报刊撰稿人，16 个孟什维克关于取消党的“公开信”的起草人之一。1912 年反布尔什维克的八月代表会议后是孟什维克领导中心——组委会成员。第一次世界大战期间是社会沙文主义者。1917 年是孟什维克中央机关报《工人报》编辑之一和孟什维克中央委员会委员。敌视十月革命。——174、178、371。

R

日托米尔斯基，雅柯夫·阿布拉莫维奇（“奥佐夫”）（Житомирский，Яков Абрамович（“Отцов”）生于 1880 年）——俄国人，奸细。20 世纪初在柏林大学学习时充当德国警察局侦探。1902 年起在沙俄警察司国外侦探科供职，主要负责密告布尔什维克国外组织的活动。1917 年奸细面目被揭穿。——189。

S

萨尔蒂科夫-谢德林，米哈伊尔·叶夫格拉福维奇（谢德林）（Салтыков-

Щедрин，Михаил Евграфович(Щедрин) 1826—1889)——俄国讽刺作家，革命民主主义者。1848年因发表抨击沙皇制度的小说被捕，流放七年。1856年初返回彼得堡，用笔名“尼·谢德林”发表了《外省散记》。1863—1864年为《同时代人》杂志撰写政论文章，1868年起任《祖国纪事》杂志编辑，1878年起任主编。60—80年代创作了《一个城市的历史》、《戈洛夫廖夫老爷们》等长篇小说，批判了俄国的专制农奴制，刻画了地主、沙皇官僚和自由派的丑恶形象。——192。

萨温，尼古拉·尼古拉耶维奇(Саввин，Николай Николаевич)——1917年任俄国临时政府工商业部副部长、总经济委员会副主席，工业界代表人物。——365。

桑巴，马赛尔(Sembat，Marcel 1862—1922)——法国社会党改良派领袖之一，新闻工作者。曾为社会党和左翼激进派刊物撰稿。1893年起为众议员。1905年法国社会党与法兰西社会党合并后，是统一的法国社会党的右翼领袖之一。第一次世界大战期间是社会沙文主义者。1914年8月—1917年9月任法国帝国主义“国防政府”公共工程部长。1920年在法国社会党图尔代表大会上，支持以莱·勃鲁姆、让·龙格为首的少数派立场，反对加入共产国际。——235。

桑多米尔斯基，А.(Сандомирский，А.)——俄国孟什维克国际主义者，《新生活报》撰稿人(1917)。——371。

盛加略夫，安德列·伊万诺维奇(Шингарев，Андрей Иванович 1869—1918)——俄国立宪民主党人，地方自治运动活动家；职业是医生。立宪民主党沃罗涅日省委员会主席，1907年起为立宪民主党中央委员。第二届、第三届和第四届国家杜马代表，立宪民主党杜马党团副主席。1917年二月革命后在第一届和第二届临时政府中分别任农业部长和财政部长。——14、15、16、28、76、140、142、145、172、279、280、321、323、362、374、433。

舒布，Г.В.(Шуб，Г.В.)——俄国第一届彼得格勒工兵代表苏维埃执行委员会经济部成员(1917)。——175。

舒利金，瓦西里·维塔利耶维奇(Шульгин，Василий Витальевич 1878—1976)——俄国地主，第二届、第三届和第四届国家杜马代表，君主派分子和民族主义者。曾任俄国民族主义者刊物《基辅人报》编辑。1917年极力

支持资产阶级临时政府。十月革命后参与组织白卫志愿军，支持阿列克谢耶夫、邓尼金和弗兰格尔，后逃往国外，继续进行反对苏维埃政权的活动。20年代脱离政治活动。——30、31、93、108、323。

司徒卢威，彼得·伯恩哈多维奇(Струве，Петр Бернгардович 1870—1944)——俄国经济学家，哲学家，政论家，合法马克思主义主要代表人物，立宪民主党领袖之一。19世纪90年代编辑合法马克思主义者的《新言论》杂志和《开端》杂志。1896年参加第二国际第四次代表大会。1898年参加起草《俄国社会民主工党宣言》。在1894年发表的第一部著作《俄国经济发展问题的评述》中，在批判民粹主义的同时，对马克思的经济学说和哲学学说提出"补充"和"批评"。20世纪初同马克思主义和社会民主主义彻底决裂，转到自由派营垒。1902年起编辑自由派资产阶级刊物《解放》杂志，1903年起是解放社的领袖之一。1905年起是立宪民主党中央委员，领导该党右翼。1907年当选为第二届国家杜马代表。第一次世界大战爆发后鼓吹俄国的帝国主义侵略扩张政策。十月革命后敌视苏维埃政权，是邓尼金和弗兰格尔反革命政府成员，后逃往国外。——233。

斯大林(**朱加施维里**)，约瑟夫·维萨里昂诺维奇(Сталин(Джугашвили)，Иосиф Виссарионович 1879—1953)——苏联共产党和国家领导人，国际共产主义运动活动家。1898年加入俄国社会民主工党，党的第二次代表大会后是布尔什维克。曾在梯弗利斯、巴统、巴库和彼得堡做党的工作。多次被捕和流放。1912年1月在党的第六次(布拉格)全国代表会议选出的中央委员会会议上，被缺席增补为中央委员并被选入中央委员会俄国局；积极参加布尔什维克《真理报》的编辑工作。1917年二月革命后从流放地回到彼得格勒，参加党中央委员会俄国局。在党的第七次全国代表会议(四月代表会议)以及此后的历次代表大会上当选为中央委员。在十月革命的准备和进行期间参加领导武装起义的彼得格勒军事革命委员会和党总部。在全俄苏维埃第二次代表大会上当选为全俄中央执行委员会委员；参加第一届人民委员会，任民族事务人民委员。1919年3月起兼任国家监察人民委员，1920年起为工农检查人民委员。国内战争时期任共和国革命军事委员会委员和一些方面军的革命军事委员会委员。1922年4月起任党中央总书记。1941年起同时担任苏联人民委员会主席，1946年起

为部长会议主席。1941—1945年卫国战争时期任国防委员会主席、国防人民委员和苏联武装力量最高统帅。1919—1952年为中央政治局委员，1952—1953年为苏共中央主席团委员。1925—1943年为共产国际执行委员会委员。——386、431。

斯捷潘诺夫，B.A.（Степанов，B.A.生于1872年）——俄国矿业工程师，立宪民主党人，第三届和第四届国家杜马代表。1917年任临时政府工商业部副部长。——365、366。

斯柯别列夫，马特维·伊万诺维奇（Скобелев，Матвей Иванович 1885—1938）——1903年参加俄国社会民主主义运动，孟什维克；职业是工程师。1906年侨居国外，为孟什维克出版物撰稿，参加托洛茨基的维也纳《真理报》编辑部。第四届国家杜马代表，社会民主党杜马党团领袖之一。第一次世界大战期间是中派分子。1917年二月革命后任彼得格勒工兵代表苏维埃副主席、第一届中央执行委员会副主席；同年5—8月任临时政府劳动部长。十月革命后脱离孟什维克，先后在合作社系统和对外贸易人民委员部工作。1922年加入俄共（布），在经济部门担任负责工作。1936—1937年在全苏无线电委员会工作。——25、61、92、93、94、103、104、106、107、118、172、180、181、182、183、203、212、214、221、225、230、270、280、283、330、341、356、361、364、365、366、377。

斯柯罗皮西-约尔图霍夫斯基，A.Ф.（Скоропись-Иолтуховский，A.Ф.生于1880年）——乌克兰资产阶级民族主义者。第一次世界大战期间是资产阶级民族主义组织“乌克兰解放协会”的组织者和领导人之一。曾任该协会驻柏林全权代表，对关押在德国集中营的乌克兰战俘进行民族主义宣传。——389。

斯米尔加，伊瓦尔·捷尼索维奇（Смилга，Ивар Тенисович 1892—1938）——1907年加入俄国社会民主工党，布尔什维克。曾在莫斯科和彼得堡做党的工作。1917年二月革命后任党的喀琅施塔得委员会委员，芬兰陆军、海军和工人区域执行委员会主席。从党的第七次全国代表会议（四月代表会议）起多次当选为中央委员和候补中央委员。十月革命后历任俄罗斯联邦人民委员会驻芬兰全权代表，共和国革命军事委员会委员，以及一些方面军的革命军事委员会委员。在党的第七次和第八次代表大会上当选为中

央委员。1920—1921 年工会问题争论期间支持托洛茨基的纲领。1921—1923 年任最高国民经济委员会副主席和燃料总管理局局长，后任国家计划委员会副主席。1927 年在联共(布)第十五次代表大会上作为托洛茨基反对派的骨干分子被开除出党。1930 年恢复党籍，后被再次开除出党。——138、142。

斯皮里多诺娃，玛丽亚·亚历山德罗夫娜(Спиридонова，Мария Александровна 1884—1941)——俄国社会革命党领袖之一。1906 年因刺杀策划黑帮暴行、镇压坦波夫省农民起义的首领加·尼·卢热诺夫斯基而被判处终身苦役。1917 年二月革命后是左派社会革命党的组织者之一，12 月起为该党中央委员。十月革命后为全俄中央执行委员会委员。反对签订布列斯特和约，参加 1918 年 7 月左派社会革命党人的叛乱。被捕后由全俄中央执行委员会赦免。后脱离政治活动。——410。

斯托雷平，彼得·阿尔卡季耶维奇(Столыпин，Петр Аркадьевич 1862—1911)——俄国国务活动家，大地主。1884 年起在内务部任职。1902 年任格罗德诺省省长。1903—1906 年任萨拉托夫省省长，因镇压该省农民运动受到尼古拉二世的嘉奖。1906—1911 年任大臣会议主席兼内务大臣。1907 年发动"六三政变"，解散第二届国家杜马，颁布新选举法以保证地主、资产阶级在杜马中占统治地位，残酷镇压革命运动，大规模实施死刑，开始了"斯托雷平反动时期"。实行旨在摧毁村社和培植富农的土地改革。1911 年被社会革命党人 Д.Г.博格罗夫刺死。——265、268、269、376。

苏缅松，Е.М.(Суменсон，Е.М.)——俄国彼得格勒的一个普通居民，同俄国和国际工人运动毫无联系。检查机关把他与住在斯德哥尔摩的雅·斯·加涅茨基之间的商务通信说成是预约的密码文件，妄图以此作为诬告列宁的材料。——402。

索尼诺，乔治奥·悉尼(Sonnino，Giorgio Sidney 1847—1922)——意大利国务活动家，外交家。1880—1919 年为众议员，1920 年起为参议员。1906 年和 1909—1910 年任首相，1914—1919 年任外交大臣。1915 年与协约国签订伦敦条约，根据条约，意大利应允站在协约国一方参战，交换条件是将大片领土，主要是奥匈帝国所属的南斯拉夫领地割让给意大利。1917 年与英法签订条约，规定由意大利占领大片领土，并确定意大利在小亚细

亚的势力范围。——338。

T

唐恩(**古尔维奇**),费多尔·伊里奇(Дан(Гурвич),Федор Ильич 1871—1947)——俄国孟什维克领袖之一;职业是医生。1894年参加社会民主主义运动,加入彼得堡工人阶级解放斗争协会。1896年8月被捕,监禁两年左右,1898年流放维亚特卡省,为期三年。1901年夏逃往国外,加入《火星报》柏林协助小组。1902年作为《火星报》代办员参加了俄国社会民主工党第二次代表大会的筹备会议,会后再次被捕,流放东西伯利亚。1903年9月逃往国外,成为孟什维克。俄国社会民主工党第四次(统一)代表大会和第五次(伦敦)代表大会及一系列代表会议的参加者。斯托雷平反动时期和新的革命高涨年代在国外领导取消派,编辑取消派的《社会民主党人呼声报》。第一次世界大战期间是社会沙文主义者。1917年二月革命后任彼得格勒苏维埃执行委员会委员和第一届中央执行委员会主席团委员,支持资产阶级临时政府。十月革命后反对苏维埃政权,1922年被驱逐出境,在柏林领导孟什维克进行反革命活动。1923年参与组织社会主义工人国际。同年被取消苏联国籍。——356、371。

托洛茨基(**勃朗施坦**),列夫·达维多维奇(Троцкий(Бронштейн),Лев Давидович 1879—1940)——1897年参加俄国社会民主主义运动。在俄国社会民主工党第二次代表大会上是西伯利亚联合会的代表,属火星派少数派。1905年同亚·帕尔乌斯一起提出和鼓吹"不断革命论"。斯托雷平反动时期和新的革命高涨年代,打着"非派别性"的幌子,实际上采取取消派立场。1912年组织"八月联盟"。第一次世界大战期间持中派立场。1917年二月革命后参加区联派,在党的第六次代表大会上随区联派集体加入布尔什维克党,当选为中央委员。参加十月武装起义的领导工作。十月革命后任外交人民委员,1918年初反对签订布列斯特和约,同年3月改任共和国革命军事委员会主席、陆海军人民委员等职。参与组建红军。1919年起为党中央政治局委员。1920年起历任共产国际执行委员会候补委员、委员。1920—1921年挑起关于工会问题的争论。1923年起进行派别活动。1925年初被解除革命军事委员会主席和陆海军人民委员职务。1926年与季诺

维也夫结成“托季联盟”。1927年被开除出党，1929年被驱逐出境，1932年被取消苏联国籍。在国外组织第四国际。死于墨西哥。——194、195、421。

托马，阿尔伯(Thomas，Albert 1878—1932)——法国政治活动家，右派社会党人。1904年起为社会党报刊撰稿。1910年起为社会党议会党团领袖之一。第一次世界大战期间是社会沙文主义者。曾参加资产阶级政府，任军需部长。俄国1917年二月革命后到俄国鼓吹继续进行战争。1919年是伯尔尼国际的组织者之一。1920—1932年任国际联盟国际劳工组织的主席。——216、220、221、235。

托姆斯基(**叶弗列莫夫**)，米哈伊尔·巴甫洛维奇(Томский(Ефремов)，Михаил Павлович 1880—1936)——1904年加入俄国社会民主工党。1905—1906年在党的雷瓦尔组织中工作，开始从事工会运动。1907年当选为党的彼得堡委员会委员，任布尔什维克的《无产者报》编委。曾参加党的第五次(伦敦)代表大会的工作。多次被捕和流放。1917年二月革命后任党的彼得堡委员会执行委员会委员。十月革命后任莫斯科工会理事会主席。1919年起任全俄工会中央理事会主席团主席。1920年参与创建红色工会国际，1921年工会国际成立后担任总书记。在党的第八至第十六次代表大会上当选为中央委员，1923—1930年为中央政治局委员。1920年起任全俄中央执行委员会主席团委员，1922年12月起任苏联中央执行委员会主席团委员。支持民主集中派，坚持工会脱离党的领导的“独立性”。1929年被作为“右倾派别集团”领袖之一受到批判。1934年当选为候补中央委员。1936年因受政治迫害自杀。1988年恢复党籍。——196、206。

W

王德威尔得，埃米尔(Vandervelde，Émile 1866—1938)——比利时政治活动家，比利时工人党领袖，第二国际的机会主义代表人物。1885年加入比利时工人党，90年代中期成为党的领导人。1894年起多次当选为议员。1900年起任第二国际常设机构——社会党国际局主席。第一次世界大战爆发后成为社会沙文主义者，是大战期间欧洲国家中第一个参加资产阶级

政府的社会党人。1918年起历任司法大臣、外交大臣、公共卫生大臣、副首相等职。俄国1917年二月革命后到俄国鼓吹继续进行战争。敌视俄国十月革命,支持武装干涉苏维埃俄国。曾积极参加重建第二国际的活动,1923年起是社会主义工人国际书记处书记和常务局成员。——214、215、220、235。

威廉二世(**霍亨索伦**)(Wilhelm II(Hohenzollern) 1859—1941)——普鲁士国王和德国皇帝(1888—1918)。——5、11、12、43、47、101、214、235、272。

威尼齐洛斯,埃莱夫塞里奥斯(Venizélos,Eleutherios 1864—1936)——希腊国务活动家,希腊资产阶级自由党的创建人(1910)和领袖。1910—1915年、1917—1920年、1924年、1928—1932年、1933年任首相。1917年在把亲德的君士坦丁国王赶出希腊的英法帝国主义者的扶持下取得政权,6月声明希腊站在协约国一边参战。——229。

维赫利亚耶夫,潘捷莱蒙·阿列克谢耶维奇(Вихляев,Пантелеймон Алексеевич 1869—1928)——俄国统计学家和农学家,自由主义民粹派分子,后为社会革命党人。1896—1898年主持特维尔地方自治局经济处的工作,1907—1917年主持莫斯科地方自治局统计处的工作。写过一些有关沙俄时期农民经济方面的统计著作,否认农民的阶级分化,赞扬村社制度。1917年二月革命后在临时政府中任农业部副部长。十月革命后在中央统计局工作,同时在莫斯科大学和莫斯科其他高等院校任教。——159。

沃多沃佐夫,瓦西里·瓦西里耶维奇(Водовозов,Василий Васильевич 1864—1933)——俄国经济学家和自由主义民粹派政论家。1904年起任《我们的生活报》编委,1906年为左派立宪民主党人的《同志报》撰稿。第二届国家杜马选举期间参加劳动派。1912年在立宪民主党人、人民社会党人和孟什维克取消派撰稿的《生活需要》杂志上发表文章。1917年参加《往事》杂志编辑部,并为自由派资产阶级的《日报》撰稿。敌视十月革命。1926年移居国外,参加白卫报刊的工作。——57、58、89、90。

沃尔斯基,斯坦尼斯拉夫(**索柯洛夫,安德列·弗拉基米罗维奇**)(Вольский,Станислав(Соколов,Андрей Владимирович) 生于1880年)——俄国社会民主党人。俄国社会民主工党第二次代表大会后加入布尔什维克。1904—1905年在莫斯科做党的工作,参加过十二月武装起义。斯托雷平

反动时期和新的革命高涨年代是召回派领袖之一,曾参与组织派别性的卡普里和博洛尼亚党校(意大利)的工作,加入"前进"集团。1917 年二月革命后任《新生活报》编委,在彼得格勒苏维埃军事部工作。敌视十月革命,反对苏维埃政权。一度侨居国外,但很快回国。曾在林业合作社、国家计划委员会和商业人民委员部工作。1927 年起从事著述。——318。

乌里扬诺夫,亚历山大·伊里奇(Ульянов,Александр Ильич 1866—1887)——俄国民意党活动家,列宁的哥哥。1883 年考入彼得堡大学数学物理系自然专业,学习才能卓越。在大学时代参加革命运动,研究马克思的著作,在工人中进行政治宣传,同沙皇专制制度进行斗争。在思想上处于由民意主义向马克思主义转变的过程中。1886 年与彼·雅·舍维廖夫一起领导民意党恐怖派。曾参与策划于 1887 年 3 月 1 日刺杀亚历山大三世,但于当日被捕。在法庭上发表了政治演说。在施吕瑟尔堡要塞被处绞刑。——417。

乌曼斯基,A.M.(Уманский,A.M.)——俄国新闻工作者,黑帮报纸《现代言论报》的编辑兼出版人。1917 年七月事变期间该报在彼得格勒各报中最先发表了格·阿·阿列克辛斯基和瓦·谢·潘克拉托夫诬陷列宁和布尔什维克的诽谤性材料。——386。

X

谢德林——见萨尔蒂科夫-谢德林,米哈伊尔·叶夫格拉福维奇。

谢德曼,菲力浦(Scheidemann,Philipp 1865—1939)——德国社会民主党右翼领袖之一。1903 年起参加社会民主党国会党团。1911 年当选为德国社会民主党执行委员会委员,1917—1918 年是执行委员会主席之一。第一次世界大战期间是社会沙文主义者。1918 年 10 月参加巴登亲王马克斯的君主制政府,任国务大臣。1918 年十一月革命期间参加所谓的人民代表委员会,借助旧军队镇压革命。1919 年 2—6 月任魏玛共和国联合政府总理。1933 年德国建立法西斯专政后流亡国外。——9、216、222、235。

兴登堡,保尔(Hindenburg,Paul 1847—1934)——德国军事家和国务活动家,元帅(1914)。普奥战争(1866)和普法战争(1870—1871)的参加者。第一次世界大战期间,1914 年 8 月起任东普鲁士的德军第 8 集团军司令,11

月起任东线部队司令,1916 年 8 月起任总参谋长,实际上是总司令。1918 年是武装干涉苏维埃俄国的策划者之一。参与镇压德国 1918 年十一月革命。1925 年和 1932 年两度当选魏玛共和国总统。1933 年授命希特勒组织政府,从而把全部政权交给了法西斯分子。——402。

Y

亚历山大三世(**罗曼诺夫**)(Александр III(Романов) 1845—1894)——俄国皇帝(1881—1894)。——417。

叶尔莫连科,Д.С.(Ермоленко,Д.С. 生于 1874 年)——俄国陆军准尉,曾在反间谍机关供职,军事间谍。——386、389、402、404、405。

伊林,伊里亚(Ильин,Илья)——俄国彼得格勒的社会革命党报纸《土地和自由报》撰稿人,《春意》一诗(发表在 1917 年 5 月 6 日《土地和自由报》第 36 号上)的作者。——418。

有害的庄稼汉——见别德内依,杰米扬。

约尔丹斯基,尼古拉·伊万诺维奇(Иорданский,Николай Иванович 1876—1928)——1899 年参加俄国社会民主主义运动。1903 年俄国社会民主工党第二次代表大会后是孟什维克。1904 年为孟什维克《火星报》撰稿人,1905 年进入彼得堡苏维埃执行委员会。1906 年是党的第四次(统一)代表大会有发言权的代表、俄国社会民主工党统一的中央委员会(孟什维克的)代表。斯托雷平反动时期接近孟什维克护党派。第一次世界大战期间支持战争。1917 年二月革命后是临时政府派驻西南方面军多个集团军的委员。1921 年加入俄共(布)。1922 年在外交人民委员部和国家出版社工作,1923—1924 年任驻意大利全权代表。1924 年起从事写作。——159。

约诺夫(**科伊根,费多尔·马尔科维奇**)(Ионов(Койген,Федор Маркович) 1870—1923)——俄国社会民主党人,崩得领袖之一,后为布尔什维克。1893 年起在敖德萨社会民主主义小组工作。1903 年当选为崩得中央委员,1906 年代表崩得出席俄国社会民主工党第四次(统一)代表大会。1907 年是党的第五次(伦敦)代表大会的代表。1908 年 12 月参加俄国社会民主工党第五次代表会议的工作,在基本问题上支持孟什维克护党派的

纲领，后对取消派采取调和主义态度。第一次世界大战期间加入接近中派立场的崩得国际主义派。十月革命后加入俄共(布)，在党的沃佳基地区委员会工作。——189。

Z

扎梅斯洛夫斯基，格奥尔吉·格奥尔吉耶维奇(Замысловский，Георгий Георгиевич 生于1872年)——俄国黑帮分子，黑帮组织"俄罗斯人民同盟"常务委员会委员，第三届和第四届国家杜马代表。因就贝利斯案件发表反犹演说而臭名远扬。——403。

扎斯拉夫斯基，达维德·约瑟福维奇(Заславский，Давид Иосифович 1880—1965)——苏联新闻工作者，著作家。1900年参加革命运动，1903年加入崩得。第一次世界大战期间是社会沙文主义者。1917年被选入崩得中央委员会。1917—1918年激烈反对布尔什维克。1919年改变了自己的政治观点，转而拥护苏维埃政权。曾为《列宁格勒真理报》、《红色日报》和《消息报》撰稿。1928年起在《真理报》编辑部工作，是《真理报》撰稿人。1934年加入联共(布)。——354。

朱加施维里，约·维·——见斯大林，约瑟夫·维萨里昂诺维奇。

准科夫斯基，弗拉基米尔·费多罗维奇(Джунковский，Владимир Федорович 生于1865年)——1905年任俄国莫斯科省省长，1913—1915年任副内务大臣和独立宪兵团团长，1915年8月起在作战部队供职。——325、342。

文献索引

阿维洛夫,波·瓦·《商业部里的“经济破坏”》(Авилов,Б.В.«Разруха» в министерстве торговли.—«Новая Жизнь»,Пг.,1917,№60,28 июня (11 июля),стр.1)——365—366。

—[《关于同经济破坏作斗争的措施的决议草案(在工厂委员会代表会议上提出)》]([Проект резолюции о мерах борьбы с хозяйственной разрухой,внесенный на конференции заводских комитетов].—«Новая Жизнь»,Пг.,1917,№36,31 мая (13 июня),стр.3.Под общ.загл.:Конференция заводских комитетов)——209—210、217—219。

安德列耶夫,Г.《谈谈各个政党》(载于《社会民主党人报》)(Андреев,Г.О партиях.—«Социал-Демократ»,М.,1917,№59,1 июня (19 мая),стр.3)——263—264。

—《谈谈各个政党》(载于《真理报》)(О партиях.Письмо крестьянина.—«Правда»,Пг.,1917,№68,10 июня (28 мая),стр.1)——263—264。

巴扎罗夫,弗·《顿涅茨煤田的冲突》(Базаров,В.Конфликт в Донецком бассейне.—«Новая Жизнь»,Пг.,1917,№24,16 (29) мая,стр.1)——107。

—《今后怎样?》(Что же дальше? —«Новая Жизнь»,Пг.,1917,№40,4 (17) июня,стр.1)——244。

—《现今的无政府状态和将来的拿破仑》(Современная анархия и грядущий Наполеон.—«Новая Жизнь»,Пг.,1917,№30,24 мая (6 июня),стр.1)——171—172。

德布兹,尤·《何时我会去作战》(Debs,E.When I shall Fight.—«Appeal to Reason»,Girard,1915,No.1,032,September 11,p.1)——99。

德涅夫尼茨基,普·恩·《人民的敌人》(Дневницкий,П.Н.Враги народа.—

«Единство», Пг., 1917, №44, 20 мая, стр.2)——187、188、274—275。

恩格斯,弗·《布拉格起义》(Энгельс, Ф. Пражское восстание. 17 июня 1848 г.)——114。

—《给弗·阿·左尔格的信》(1886年11月29日)(Письмо Ф. А. Зорге. 29 ноября 1886 г.)——240。

—《给弗·凯利-威士涅威茨基夫人的信》(1887年1月27日)(Письмо Ф. Келли-Вишневецкой. 27 января 1887 г.)——240。

—《1891年社会民主党纲领草案批判》(К критике проекта социал-демократической программы 1891 г. Конец июня 1891 г.)——181—182。

格里鲍耶陀夫,亚·谢·《智慧的痛苦》(Грибоедов, А. С. Горе от ума)——370。

赫尔岑,亚·伊·《哭泣》(Герцен, А. И. Плач)——223—224。

季诺维也夫,格·叶·《问题和答复》(Зиновьев, Г. Е. Вопросы и ответы. Товарищам делегатам Всероссийского крестьянского съезда.—«Правда», Пг., 1917, №56, 26 (13) мая, стр.2)——102。

卡拉姆津,尼·米·《多情善感和冷酷无情》(Карамзин, Н. М. Чувствительный и холодный. Два характера)——383。

[科兹洛夫斯基,美·尤·]《科兹洛夫斯基同志的信》([Козловский, М. Ю.] Письмо т. Козловского.—«Листок «Правды»», Пг., 1917, 19 (6) июля, стр.2)——404、405。

克劳塞维茨,卡·《论战争和用兵的遗著》(Clausewitz, K. Hinterlassene Werke über Krieg und Kriegführung. Bd. 1, T. 1. Vom Kriege. Berlin, Dümmler, 1832. XXVIII, 371 S.)——78、81。

克雷洛夫,伊·安·《猫和厨子》(Крылов, И. А. Кот и Повар)——124、185。

[列宁,弗·伊·]《堕落到了极点》([Ленин, В. И.] У последней черты.—«Социал-Демократ», Женева, 1915, №48, 20 ноября, стр.2)——402、405。

—《俄国社会民主工党中央国外委员会的决定》(1917年3月18日(31日))——见列宁,弗·伊·《由中央委员会统一的俄国社会民主工党1917年4月8日党员会议记录》。

—《感谢》(Благодарность.—«Правда», Пг., 1917, №74, 19 (6) июня, стр.3)

——276。
—《关于伯格比尔的建议》[俄国社会民主工党(布)第七次全国代表会议(四月代表会议)通过的决议](О предложении Боргбьерга.[Резолюция, принятая на Седьмой (Апрельской) Всероссийской конференции РСДРП (б).1917 г.].—«Правда»,Пг.,1917,№41,9 мая (26 апреля),стр.1.Под общ.загл.:Резолюция Всероссийской конференции РСДРП)——420。
—《关于伯格比尔的建议的决议》——见列宁,弗·伊·《关于伯格比尔的建议》。
—《关于对临时政府的态度》(Об отношении к Временному правительству. Проект резолюции, принятый единогласно комиссией, выбранной Всероссийской конференцией.—«Правда», Пг., 1917, №42, 10 мая (27 апреля),стр.1)——304、391、419。
—《关于对临时政府的态度的决议》——见列宁,弗·伊·《关于对临时政府的态度》。
—《关于对社会革命党、社会民主党(孟什维克)、一批所谓"无派别"社会民主党人以及诸如此类的政治流派的态度的决议草案[俄国社会民主工党(布)彼得格勒市代表会议提出]》(Проект резолюции об отношении к партиям социалистов-революционеров, социал-демократов (меньшевиков),партии так называемых «нефракционных» социал-демократов и т.п. родственным политическим течениям, [внесенный на Петроградской общегородской конференции РСДРП (б).1917 г.])——68、158。
—《关于工兵代表苏维埃的决议[俄国社会民主工党(布)第七次全国代表会议(四月代表会议)通过]》(Резолюция о Советах рабочих и солдатских депутатов, [принятая на Седьмой (Апрельской) Всероссийской конференции РСДРП (б). 1917 г.].—«Правда», Пг., 1917,№46,15 (2) мая,стр.3)——180、420。
—《关于联合国际主义者反对小资产阶级护国主义联盟》[俄国社会民主工党(布)第七次全国代表会议(四月代表会议)通过的决议](Об объединении интернационалистов против мелкобуржуазного оборонческого блока.[Резолюция, принятая на Седьмой (Апрельской) Всероссийской

конференции РСДРП (б).1917 г.].—«Правда», Пг., 1917, №46, 15 (2) мая, стр.3.Под общ.загл.: Всероссийская конференция РСДРП)——68、110、158、420。

—《关于民族问题的决议[俄国社会民主工党(布)第七次全国代表会议(四月代表会议)通过]》(Резолюция по национальному вопросу, [принятая на Седьмой (Апрельской) Всероссийской конференции РСДРП (б).1917 г.].—«Солдатская Правда», Пг., 1917, №13, 16 (3) мая.Приложение к газете «Солдатская Правда», стр.3)——420。

—《关于目前形势》[俄国社会民主工党(布)第七次全国代表会议(四月代表会议)通过的决议](О текущем моменте.[Резолюция, принятая на Седьмой (Апрельской) Всероссийской конференции РСДРП (б). 1917 г.].—«Солдатская Правда», Пг., 1917, №13, 16 (3) мая.Приложение к газете «Солдатская Правда», стр.3—4)——93、104、282、286、420。

—《关于目前形势的决议》——见列宁,弗·伊·《关于目前形势》。

—《关于同经济破坏作斗争的几项经济措施的决议》——见列宁,弗·伊·《决议》。

—《关于土地问题的决议[俄国社会民主工党(布)第七次全国代表会议(四月代表会议)通过]》(Резолюция по аграрному вопросу, [принятая на Седьмой (Апрельской) Всероссийской конференции РСДРП (б). 1917 г.].—«Солдатская Правда», Пг., 1917, №13, 16 (3) мая.Приложение к газете «Солдатская Правда», стр. 2) —— 132、133 — 134、135、138、141、419。

—《关于修改党纲》[俄国社会民主工党(布)第七次全国代表会议(四月代表会议)通过的决议](О пересмотре партийной программы.[Резолюция, принятая на Седьмой (Апрельской) Всероссийской конференции РСДРП (б). 1917 г.].—«Солдатская Правда», Пг., 1917, №13, 16 (3) мая. Приложение к газете «Солдатская Правда», стр.4)——420。

—《关于战争》[俄国社会民主工党(布)第七次全国代表会议(四月代表会议)通过的决议](О войне.[Резолюция, принятая на Седьмой (Апрельской) Всероссийской конференции РСДРП (б).1917 г.].—«Солдатская

Правда»,Пг.,1917,№13,16（3）мая.Приложение к газете «Солдатская Правда»,стр.1—2)——113。

—《关于战争的决议[俄国社会民主工党(布)第七次全国代表会议(四月代表会议)通过]》(Резолюция о войне,принятая [на Седьмой（Апрельской）Всероссийской конференции РСДРП(б).1917 г.].—«Правда»,Пг.,1917,№44,12 мая（29 апреля),стр.1)——50—51、95、255、389、419。

—《几个要点》(Несколько тезисов.От редакции.—«Социал-Демократ»,Женева,1915,№47,13 октября,стр.2)——71—72、98、419。

—《经济破坏和无产阶级同它的斗争》(Разруха и пролетарская борьба с ней.—«Правда»,Пг.,1917,№73,17（4）июня,стр.1)——281。

—《经济破坏迫在眉睫》(Грозит разруха.—«Правда»,Пг.,1917,№57,27（14）мая,стр.1)——103。

—《决议》(Резолюция.—«Правда»,Пг.,1917,№73,17（4）июня,стр.1—2.Под общ. загл.: Конференция фабрично-заводских комитетов）——232、233。

—《链条的强度决定于最弱一环的强度》(Крепость цепи определяется крепостью самого слабого звена ее.—«Правда»,Пг.,1917,№67,9 июня（27 мая),стр.1)——191。

—《路易·勃朗主义》(Луиблановщина.—«Правда»,Пг.,1917,№27,8 апреля,стр.2.Подпись:Н.Ленин)——84、125。

—《论"擅自夺取"土地("社会革命党人"的糟糕论据)》(О «самочинном захвате» земли.(Плохие доводы «соц.-революционеров»).—«Правда»,Пг.,1917,№62,2 июня（20 мая),стр.2.Подпись:Н.Ленин)——145。

—《没有干净的原则性的武器,就抓起肮脏的武器》(Не имея чистого,принципиального оружия,они хватаются за грязное.—«Правда»,Пг.,1917,№68,10 июня（28 мая),стр.3—4)——191。

—《尼·列宁以社会民主党党团的名义提交给全俄农民代表苏维埃的关于土地问题的决议草案》(Проект резолюции по аграрному вопросу,представленный Н. Лениным на Всероссийский Совет крестьянских

1917,№93,29 июня,стр.1—2)——379—380。

马克思,卡·《给弗·恩格斯的信》(1867年11月2日)(Маркс,К.Письмо Ф.Энгельсу.2 ноября 1867 г.)——114。

—《机密通知》(Конфиденциальное сообщение.Около 28 марта 1870 г.)——114。

[马斯洛夫,谢·列·]《使用土地的临时规则》([Маслов,С.Л.]«Временные правила пользования землей».—«Известия Всероссийского Совета Крестьянских Депутатов»,Пг.,1917,№10,19 мая,стр.4.Под загл.:Доклад С.Л.Маслова)——131—135、146、147—148。

姆斯季斯拉夫斯基,谢·德·《短评》(Мстиславский,С.Д.Заметки.—«Дело Народа»,Пг.,1917,№44,9 мая,стр.1)——177。

普列汉诺夫,格·瓦·《考虑两周》(Плеханов,Г.В.Две недели на размышление.—«Единство»,Пг.,1917,№83,7 июля,стр.1)——411。

切尔诺夫,维·米·《从正确的前提得出虚伪的结论》(Чернов,В.М.Ложный вывод из правильной предпосылки.—«Дело Народа»,Пг.,1917,№75,15 июня,стр.1)——318、319—322。

切列万宁,涅·《争取和平的斗争和防卫》(Череванин,Н.Борьба за мир и оборона.—«Рабочая Газета»,Пг.,1917,№57,16 мая,стр.1—2)——178。

萨尔蒂科夫-谢德林,米·叶·《善意的言论》(Салтыков-Щедрин,М.Е.Благонамеренные речи)——192。

桑多米尔斯基,A.《为组织好工业而斗争》(Сандомирский,А.Борьба за организацию промышленности.(Из Донецкого бассейна).—«Новая Жизнь»,Пг.,1917,№61,29 июня(12 июля),стр.1)——371—372。

[盛加略夫,安·伊·《给拉年堡县委员的一份有关解决土地问题的电报》](载于1917年4月14日《日报》第33号(总第1604号))([Шингарев,А.И.Телеграмма раненбургскому уездному комиссару о решении земельного вопроса].—«День»,Пг.,1917,№(1604) 33,14 апреля,стр.2,в ст.:Пономарев,К.Самовольные «разделы»)——14—16、139—140、141、142—143、145、146、147。

—[《给拉年堡县委员的一份有关解决土地问题的电报》](载于1917年4

月 15 日《真理报》第 33 号)([Телеграмма раненбургскому уездному комиссару о решении земельного вопроса].—«Правда», Пг., 1917, №33, 15 апреля, стр. 2, в ст.: [Ленин, В. И.] «Добровольное соглашение» между помещиками и крестьянами?)——14—15。

沃多沃佐夫,瓦·瓦·《公布秘密条约》(Водовозов, В. В. Опубликование тайных договоров.—«День», Пг., 1917, №(1613) 52, 6 мая, стр. 1)——57—58。

—《同罗马尼亚缔结的条约》(Договор с Румынией.—«День», Пг., 1917, №(1620) 59, 14 мая, стр. 2)——89、90—91。

沃尔斯基,斯·《乌克兰自治》(Вольский, С. Украинская автономия. [Передовая].—«Новая Жизнь», Пг., 1917, №49, 15 (28) июня, стр. 1)——318。

伊林,伊·《春意》(Ильин, И. Из весенних настроений.—«Земля и Воля», Пг., 1917, №36, 6 мая, стр. 1)——418。

伊万诺维奇,斯·《我们害怕胜利吗?》(Иванович, С. Бояться ли нам победы? —«Рабочая Газета», Пг., 1917, №93, 29 июня, стр. 2—3)——373—374。

* * *

《巴塞尔国际社会党代表大会宣言》——见《第二国际的遗言》。

《巴塞尔宣言》——见《国际关于目前形势的宣言》。

《被揭穿的撒谎者》(Разоблаченные лжецы.—«Правда», Пг., 1917, №57, 27 (14) мая, стр. 1)——101。

《被推荐的区杜马代表候选人名单》(Списки кандидатов, рекомендованных в гласные районных дум.—«Ведомости Общественного Градоначальства», Пг., 1917, №56 (101), 17 мая. Бесплатное прил. к газ. «Ведом. Обществ. Градон.», №56 (101), стр. 1—12. На прил. ошибочно указано: №57 (101))——157—158、160、162。

《[奔萨省农民]代表大会在解决土地问题上采取的几项临时措施的决定》(Постановления съезда [крестьян Пензенской губернии] по вопросу о временных мерах к разрешению земельного вопроса.[Листовка]. Пенза, типолит. Малкина, [апрель 1917]. 2 стр. Подпись: Президиум Крестьянского съезда)——148。

彼得格勒,3 月 31 日。[社论](Петроград,31 марта.[Передовая].—«Речь», Пг.,1917,№76 (3818),31 марта (13 апреля),стр.1)——84、87—88。

彼得格勒,5 月 5 日。[社论](Петроград,5 мая.[Передовая].—«Речь»,Пг., 1917,№104 (3846),5 (18) мая,стр.2)——30。

彼得格勒,5 月 9 日。[社论](Петроград,9 мая.[Передовая].—«Речь»,Пг., 1917,№107 (3849),9 (22) мая,стр.2)——54—55。

彼得格勒,5 月 14 日。[社论](Петроград,14 мая.[Передовая].—«Речь», Пг.,1917,№112 (3854),14 (27) мая,стр.2)——107。

彼得格勒,5 月 17 日。[社论](Петроград, 17 мая.[Передовая].—«Финансовая Газета»,Пг.,1917,№468,17 мая,стр.2)——120—122。

彼得格勒,5 月 25 日(6 月 7 日)。《三个答复》[社论]。(Петроград,25 мая (7 июня).Три ответа.[Передовая].—«Дело Народа»,Пг.,1917,№57,25 мая,стр.1)——177、178、220—222。

彼得格勒,5 月 28 日(6 月 10 日)。《最后通牒》[社论]。(Петроград,28 мая (10 июня). Ультиматум.[Передовая].—«Дело Народа», Пг., 1917, №60,28 мая,стр.1)——199。

彼得格勒,6 月 1 日。[社论](Петроград,1 июня.[Передовая].—«Речь», Пг.,1917,№126 (3868),1 (14) июня,стр.1)——229—230。

彼得格勒,6 月 1 日(14 日)。《希腊的"自决"》[社论]。(Петроград,1 (14 июня).«Самоопределение» Греции.[Передовая].—«Дело Народа»,Пг., 1917,№63,1 июня,стр.1)——230、246。

彼得格勒,6 月 3 日。[社论](Петроград,3 июня.[Передовая].—«Речь», Пг.,1917,№128 (3870),3 (16) июня,стр.2)——235、236。

彼得格勒,6 月 14 日。[社论](Петроград,14 июня.[Передовая].—«Речь», Пг.,1917,№137 (3879),14 (27) июня,стр.1)——313。

彼得格勒,6 月 18 日。[社论](Петроград,18 июня.[Передовая].—«Речь», Пг.,1917,№141 (3883),18 июня (1 июля),стр.1)——346—347。

彼得格勒,7 月 6 日(19 日)。《形势逼人》[社论]。(Петроград,6(19) июля. Момент обязывает. [Передовая].—«Дело Народа», Пг., 1917, №93, 6 июля, стр.1)——409、410—411。

《彼得格勒工兵代表苏维埃告军队书》——见《告军队书》。

《彼得格勒工兵代表苏维埃消息报》(«Известия Петроградского Совета Рабочих и Солдатских Депутатов»)——59、74、76、113、114、118、119、127、232—233、411。

—1917,№15,15 марта,стр.1.——167、243—244、245—246、250—251、253—254、257—258、260—261、262—263、343—344。

—1917,№27,29 марта,стр.1.——57。

—1917,№32,5 апреля,стр.2.——73。

—1917,№55,2 мая,стр.1—2.——5—9、10—12。

—1917,№56,3 мая,стр.1.——14。

—1917,№59,6 мая,стр.1—2.——33。

—1917,№60,7 мая,стр.1.——59、94—95。

—1917,№62,10 мая,стр.3,5.——61、63—64、66、89—90。

—1917,№63,11 мая,стр.2—4.——74—75、76。

—1917,№67,16 мая,стр.2.——113—114、115、167—168、221、243、255、257—258。

—1917,№68,17 мая,стр.2,3.——116、118—119、127—128。

—1917,№70,19 мая,стр.1—4.——155、173—176。

—1917,№73,24 мая,стр.7.——201。

—1917,№74,25 мая,стр.5.——180—181、183。

—1917,№75,26 мая,стр.5.——375—376。

—1917,№76,27 мая,стр.5.——186—187。

—1917,№78,30 мая,стр.4.——213—216。

—1917,№84,6 июня,стр.4—10.——237、239、240—241、265—266、268、278—280。

—1917,№85,7 июня,стр.11—16.——283、284、285、287、330、361。

—1917,№86,8 июня,стр.10.——290。

—1917,№88,10 июня,стр.1—8,10.——258、289、291、292、293、294、296、297、300、301—302、409。

—1917,№90,13 июня,стр.7—8.——306—308、330、354。

—1917,№96,20 июня,стр.6—7.——338、361、362。

—1917,№104,29 июня,стр.11.——370—371。

—1917,№109,5 июля,стр.1,3.——395、411。

—1917,№110,6 июля,стр.3—6.——397、415。

—1917,№113,9 июля,стр.5.——415。

《彼得格勒工兵代表苏维埃执行委员会告各国社会党人书》——见《告各国社会党人书》。

[《彼得格勒工兵代表苏维埃执行委员会关于成立国际代表会议筹备委员会的组织条例》]([Положение Исполнительного комитета Петроградского Совета рабочих и солдатских депутатов об организации комиссии по созыву Международной конференции].—«Известия Петроградского Совета Рабочих и Солдатских Депутатов»,1917,№62,10 мая,стр.5.Под общ.загл.:В международном отделе)——66。

[《彼得格勒工兵代表苏维埃执行委员会关于消除顿涅茨煤田的冲突的决议》]([Резолюция Исполнительного комитета Петроградского Совета рабочих и солдатских депутатов о мероприятиях по ликвидации создавшегося конфликта в Донецком бассейне].—«Известия Петроградского Совета Рабочих и Солдатских Депутатов»,1917,№68,17 мая,стр.3.Под общ.загл.:В Исполнительном комитете)——127—128。

[《彼得格勒工兵代表苏维埃执行委员会经济部关于同经济破坏作斗争的措施的决议》]([Резолюция экономического отдела Исполнительного комитета Петроградского Совета рабочих и солдатских депутатов о мерах борьбы с разрухой].—«Известия Петроградского Совета Рабочих и Солдатских Депутатов», 1917, №68, 17 мая, стр. 3. Под общ. загл.: В Исполнительном комитете)——116、127。

[《彼得格勒工人和士兵同志们!》](载于1917年7月5日(18日)《人民事业报》第92号)([Товарищи рабочие и солдаты Петрограда! Воззвание о

мирной и организованной демонстрации. 4（17）июля 1917 г.].—«Дело Народа», Пг., 1917, №92, 5 июля, стр. 1. Под общ. загл.: Документы) ——408。

《彼得格勒工人和士兵同志们!》[传单]（Товарищи рабочие и солдаты Петрограда! [Воззвание о мирной и организованной демонстрации. 4（17）июля 1917 г. Листовка. Б. м., 1917]. 1 стр. Подписи: ЦК РСДРП, Петербургский комитет РСДРП, Межрайонный комитет РСДРП, Военная организация при ЦК РСДРП, Комиссия рабочей секции Совета рабочих и солдатских депутатов)——408。

《彼得格勒贴现贷款银行截至1917年2月28日止的平衡表》（Баланс Петроградского Учетного и Ссудного банка к 28 февраля 1917 г.—«Вестник Финансов, Промышленности и Торговли», Пг., 1917, №18, 7（20）мая, стр. 228, в приложении: Балансы кредитных учреждений)——367—368。

[《彼得格勒通讯社关于乌克兰代表大会的报道》]（[Сообщение Петроградского телеграфного агентства об украинском съезде].—«Речь», Пг., 1917, №126（3868）, 1（14）июня, стр. 3. Под общ. загл.: Украинский съезд)——223、224、258。

《闭口是金》（Молчание—золото.—«Дело Народа», Пг., 1917, №59, 27 мая, стр. 2, в отд.: Печать и жизнь)——192、214—216。

《濒于灭亡》（На краю гибели.—«Речь», Пг., 1917, №107（3849）, 9（22）мая, стр. 2)——60。

《不要听信挑拨性的号召!》[全俄工兵代表苏维埃第一次代表大会通过的决议]（Не слушайте провокационных призывов! [Резолюция, принятая

《财政与工商业通报》杂志（彼得格勒)（«Вестник Финансов, Промышленности и Торговли», Пг., 1917, №18, 7（20）мая, стр. 228, в приложении: Балансы кредитных учреждений)——367—368。

《粗暴的批评》（Сердитая критика.—«Новая Жизнь», Пг., 1917, №41, 6（19）

июня, стр. 1)——281。

《德国社会民主党纲领(1891年爱尔福特代表大会通过)》(Programm der Sozialdemokratischen Partei Deutschlands, beschlossen auf dem Parteitag zu Erfurt 1891.—In: Protokoll über die Verhandlungen des Parteitages der Sozialdemokratischen Partei Deutschlands. Abgehalten zu Erfurt vom 14. bis 20. Oktober 1891. Berlin, «Vorwärts», 1891, S. 3—6)——181。

《第二国际的遗言》(Завещание 2-го Интернационала. (Об отношении пролетариата к войне).—«Правда», Пг., 1917, №8, 14 марта, стр. 3; №9, 15 марта, стр. 3)——98。

《对马林诺夫斯基案件的调查》(Расследование по делу Малиновского. (От министра юстиции).—«Новая Жизнь», Пг., 1917, №50, 16 (29) июня, стр. 4)——326。

《对马林诺夫斯基案件的侦查》(Следствие по делу Малиновского.—«Правда», Пг., 1917, №73, 17 (4) июня, стр. 3)——342。

《俄国社会民主工党纲领》(Программа Российской социал-демократической рабочей партии.—В кн.: Программа и устав Российской с.-д. рабочей партии, принятые на 2-м съезде партии 1903 г. с поправками, принятыми на Объединительном съезде в Стокгольме 1906 г. Пг., «Прибой», б. г., стр. 3—13. (РСДРП))——72、138、189、253、344、350。

《俄国社会民主工党的市政纲领》(Муниципальная платформа РСДРП.—«Рабочая Газета», Пг., 1917, №39, 25 апреля, стр. 2; №40, 26 апреля, стр. 2; №41, 27 апреля, стр. 2)——20—21。

《俄罗斯日报》(圣彼得堡)(«Русская Газета», Спб.)——195。

《俄罗斯意志报》(彼得格勒)(«Русская Воля», Пг.)——33、125、177、192、203、324。

—Вечерний вып., Пг., 1917, №96, 4 мая, стр. 3.——33。

—1917, №143, 18 июня, стр. 5.——342。

《法国驻彼得格勒大使馆的通告》(Сообщение Французского посольства в Петрограде.—«Речь», Пг., 1917, №123 (3865), 28 мая (10 июня), стр. 4)——198。

《法英两国政府的照会》(Ноты французского и английского правительств.—«Рабочая Газета»,Пг.,1917,№67,28 мая,стр.2)——198—199。

《改组了的临时政府的宣言》(Декларация обновленного Временного правительства.—«Речь»,Пг.,1917,№105(3847),6(19) мая,стр.4.Под общ. загл.:Обновленный состав Временного правительства)——18—19、75、87。

《告彼得格勒的全体劳动者,全体工人和士兵》(Ко всем трудящимся,ко всем рабочим и солдатам Петрограда.[Постановление ЦК РСДРП(б) об отмене демонстрации].—«Правда»,Пг.,1917,№78,23(10)июня,стр.1)——289、292、300—301、409。

《告彼得格勒居民!》(К населению Петрограда! К рабочим! К солдатам! Ко всем честным гражданам! Клевета должна быть разоблачена! Клеветников под суд! [Листовка]. Б. м.,[1917]. 1 стр. Подпись: Центральный Комитет РСДРП)——407。

《告各国社会党人书》(К социалистам всех стран.[Обращение Исполнительного комитета Петроградского Совета рабочих и солдатских депутатов].—«Известия Петроградского Совета Рабочих и Солдатских Депутатов»,1917,№55,2 мая,стр.1—2)——5—9。

《告工兵代表苏维埃所属各劳动部》(Ко всем отделам труда при Советах раб. и солд. деп.—«Известия Петроградского Совета Рабочих и Солдатских Депутатов»,1917,№70,19 мая,стр.1.Подпись:Отдел труда Петроградского Совета рабочих и солдатских депутатов)——155、173。

《告军队书》(К армии.[Воззвание Петроградского Совета рабочих и солдатских депутатов].—«Известия Петроградского Совета Рабочих и Солдатских Депутатов»,1917,№55,2 мая,стр.2)——10—12。

《告全世界人民书》(К народам всего мира.—«Известия Петроградского Совета Рабочих и Солдатских Депутатов»,1917,№15,15 марта,стр.1.Подпись: Петроградский Совет рабочих и солдатских депутатов)——166、243—244、245—246、250—251、253—254、257、263—264、343—344。

《工兵代表苏维埃的改选》(Перевыборы Совета рабочих и солдатских

депутатов.—«Известия Петроградского Совета Рабочих и Солдатских Депутатов»,1917,№68,17 мая,стр.2)——118—119。

《工兵代表苏维埃士兵部的决议》(Резолюция солдатской секции Сов.р.и с. деп.—«Известия Петроградского Совета Рабочих и Солдатских Депутатов»,1917,№88,10 июня,стр.10)——289。

《工兵代表苏维埃中央执行委员会和农民代表执行委员会7月4日的联席会议》(Объединенное заседание Центр.Исп.Ком.С.р.и с.д.и Исп.ком.кр. деп.4 июля.—«Известия Петроградского Совета Рабочих и Солдатских Депутатов»,1917,№110,6 июля,стр.3—6)——397。

《工人报》(彼得格勒)(«Рабочая Газета»,Пг.)——127、161、189、191、198、232—233、281、286、318、341、354、373、374。

—1917,№35,20 апреля,стр.1.——178。

—1917,№39,25 апреля,стр.2;№40,26 апреля,стр.2;№41,27 апреля,стр.2.——20—21。

—1917,№56,14 мая,стр.1—2.——201—203、239、280、284。

—1917,№57,16 мая,стр.1—2.——178。

—1917,№63,24 мая,стр.2.——191、192。

—1917,№66,27 мая,стр.2.——188。

—1917,№67,28 мая,стр.2.——198—199。

—1917,№80,14 июня,стр.2.——314—317。

—1917,№81,15 июня,стр.1—2.——320—321。

—1917,№82,16 июня,стр.1—2.——323。

—1917,№83,17 июня,стр.2—3.——342。

—1917,№93,29 июня,стр.1—3.——373—374、379—380。

[《工人代表团关于在南方采矿工业区可能发生的纠纷不负责任的声明》]([Заявление рабочей делегации о снятии с себя ответственности за возможные осложнения в южном горнопромышленном районе].—«Известия Петроградского Совета Рабочих и Солдатских Депутатов»,1917,№73,24 мая,стр.7,в ст.:Совещание о донецкой промышленности)——201。

《工人和士兵同志们》[全俄工兵农代表苏维埃执行委员会关于7月3日和4

日游行示威的号召书](Товарищи рабочие и солдаты. [Обращение Исполнительных комитетов Всероссийского Совета рабочих, солдатских и крестьянских депутатов по поводу демонстрации 3 и 4 июля].—«Известия Петроградского Совета Рабочих и Солдатских Депутатов», 1917, №109, 5 июля, стр.1)——395。

[《关于成立恢复和保持工业企业正常工作进程的中央委员会的通告》](载于1917年5月5日《人民事业报》第41号)([Объявление об образовании Центрального комитета по восстановлению и поддержанию нормального хода работ в промышленных предприятиях].—«Дело Народа», Пг., 1917, №41, 5 мая, стр.1)——35—37。

[《关于成立恢复和保持工业企业正常工作进程的中央委员会的通告》](载于1917年5月5日(18日)《晚间报》第1813号)([Объявление об образовании Центрального комитета по восстановлению и поддержанию нормального хода работ в промышленных предприятиях].—«Вечернее Время», Пг., 1917, №1813, 5 (18) мая, стр.1)——35—37。

[《关于成立恢复和保持工业企业正常工作进程的中央委员会的通告》](载于1917年5月5日(18日)《言语报》第104号)([Объявление об образовании Центрального комитета по восстановлению и поддержанию нормального хода работ в промышленных предприятиях].—«Речь», Пг., 1917, №104 (3846), 5 (18) мая, стр.1)——35—37。

[《关于弗·伊·列宁打算向来自前线的代表讲话的通告》](载于1917年4月30日(5月13日)《交易所新闻》上午版第16210号)([Сообщение о предполагаемом выступлении В.И.Ленина перед делегатами с фронта].—«Биржевые Ведомости». Утренний вып., Пг., 1917, №16210, 30 апреля (13 мая), стр. 6. Под общ. загл.: Выступления А. И. Гучкова, А. Ф. Керенского и И.Г.Церетели на съезде фронтовых делегатов. Подпись: А. Гессен)——4。

[《关于弗·伊·列宁打算向来自前线的代表讲话的通告》](载于1917年4月30日(5月13日)《言语报》第100号(总第3842号))([Сообщение о предполагаемом выступлении В.И.Ленина перед делегатами с фронта].—

«Речь», Пг., 1917, №100 (3842), 30 апреля (13 мая), стр. 5. Под общ. загл.: Съезд делегатов с фронта)——4。

《[关于进攻的]决议[1917 年 6 月 3 日(16 日)国家杜马代表会议通过]》(Резолюция [о наступлении, принятая на совещании членов Государственной думы. 3 (16) июня 1917 г.].—«Речь», Пг., 1917, №129 (3871), 4 (17) июня, стр. 4 — 5. Под общ. загл.: Совещание членов Государственной думы)——265—266。

[《关于喀琅施塔得对临时政府的态度的决议》]([Резолюция об отношении Кронштадта к Временному правительству].—«Известия Петроградского Совета Рабочих и Солдатских Депутатов», 1917, №74, 25 мая, стр. 5, в ст.: Ликвидация кронштадтских событий)——180—181、183。

《关于马林诺夫斯基案件》(К делу Малиновского.—«Рабочая Газета», Пг., 1917, №83, 17 июня, стр. 2—3)——342。

《关于"没有兼并的和约"的争论》(Споры о «мире без аннексий».—«Дело Народа», Пг., 1917, №51, 17 мая, стр. 1)——115、167。

《关于区杜马选举》(К выборам в районные думы.—«Дело Народа», Пг., 1917, №39, 3 мая, стр. 1. Под общ. загл.: Муниципальное дело в программе с. р.)——20—21。

《关于取道德国一事的文件》——见《经由齐美尔瓦尔德、柏林、斯德哥尔摩到达彼得格勒》。

《关于同经济破坏作斗争》(工兵代表苏维埃执行委员会经济部的决议)(О борьбе с хозяйственной разрухой. (Резолюция Экономического отдела Исполнительного комитета Совета рабочих и солдатских депутатов).—«Известия Петроградского Совета Рабочих и Солдатских Депутатов», 1917, №63, 11 мая, стр. 3—4)——74—75、76。

《关于土地问题的决议》(1917 年 5 月 25 日)(Постановление по аграрному вопросу. (25 мая 1917 г.).—«Известия Всероссийского Совета Крестьянских Депутатов», Пг., 1917, №15, 26 мая, стр. 7)——375、376。

《关于游行示威》[关于结束游行示威和复工的决定](О демонстрации. [Постановление об окончании демонстрации и о возобновлении работ].—

«Правда»,Пг.,1917,№99,18 (5) июля,стр.4)——401、408。

《滚出去!》(Руки прочь! —«Рабочая Газета»,Пг.,1917,№66,27 мая,стр.2)——189。

《国际的现状和俄国社会民主工党的任务》[俄国社会民主工党(布)第七次全国代表会议(四月代表会议)通过的决议](Положение в Интернационале и задачи РСДРП. [Резолюция, принятая на Седьмой (Апрельской) Всероссийской конференции РСДРП(б). 1917 г.].—«Правда», Пг., 1917,№46,15 (2) мая,стр.3.Под общ.загл.:Всероссийская конференция РСДРП)——66。

《国际关于目前形势的宣言[巴塞尔国际社会党非常代表大会通过]》(Manifest der Internationale zur gegenwärtigen Lage,[angenommen auf dem Außerordentlichen Internationalen Sozialistenkongreß zu Basel].—In:Außerordentlicher Internationaler Sozialistenkongreß zu Basel.Berlin, Buchh.«Vorwärts»,1912,S.23—27)——256。

《国家杜马代表非正式会议》(载于1917年5月5日(18日)《言语报》第104号(总第3846号))(Частное совещание членов Гос.думы.—«Речь»,Пг., 1917,№104 (3846),5 (18) мая,стр.3—4)——30—32、93、108。

《国家杜马代表非正式会议》(载于1917年6月29日(7月12日)《言语报》第150号(总第3892号))(Частное совещание членов Гос.думы.—«Речь», Пг.,1917,№150 (3892),29 июня (12 июля),стр.4)——375—376。

《[国家杜马代表非正式会议通过的关于土地问题的]决议》(Резолюция [по аграрному вопросу,принятая частным совещанием членов Гос.думы].—«Речь»,Пг.,1917,№118 (3860),21 мая (3 июня),стр.5.Под общ.загл.: Совещание членов Гос.думы)——140。

《国家杜马代表会议》(载于1917年5月21日(6月3日)《言语报》第118号(总第3860号))(Совещание членов Гос.думы.—«Речь»,Пг.,1917, №118 (3860),21 мая (3 июня),стр.5)——425。

《国家杜马代表会议》(载于1917年6月4日(17日)《言语报》第129号(总第3871号))(Совещание членов Государственной думы.—«Речь»,Пг., 1917,№129 (3871),4 (17) июня,стр.3—5.Подпись:Як.Лив—ъ.)——

268、269—270、279—280、286。

《国家在危急中》(Страна в опасности.—«Рабочая Газета»,Пг.,1917,№56,14 мая,стр.1—2)——201—203、239—240、279—280、284。

《奸细马林诺夫斯基案件》(Дело провокатора Малиновского. Показания Ленина и Зиновьева.—«Биржевые Ведомости». Утренний вып.,Пг.,1917,№16286,16 (29) июня,стр.4)——326。

《交易所新闻》(彼得格勒)(«Биржевые Ведомости»,Пг.)——203。

—Вечерний вып.,Пг.,1917,№16195,21 апреля (4 мая),стр. 2—3.——278。

—Утренний вып.,Пг.,1917,№16210,30 апреля (13 мая),стр.6.——4。

—Утренний вып.,Пг.,1917,№16286,16 (29) июня,стр.4.——326。

—Вечерний вып.,Пг.,1917,№16317,4 (17) июля,стр.2—3.——396。

《解散四个团》(载于1917年5月27日《彼得格勒工兵代表苏维埃消息报》第76号)(Расформирование 4-х полков.—«Известия Петроградского Совета Рабочих и Солдатских Депутатов»,1917,№76,27 мая,стр.5. Под общ. загл.: Во Временном правительстве)——186—187。

《解散四个团》(载于1917年5月27日(6月9日)《言语报》第122号(总第3864号))(Расформирование 4-х полков.—«Речь»,Пг.,1917,№122 (3864),27 мая (9 июня),стр.5)——186。

《金融报》(彼得格勒)(«Финансовая Газета»,Пг.,1917,№468,17 мая,стр.2)——120—122。

《经由齐美尔瓦尔德、柏林、斯德哥尔摩到达彼得格勒》(Via Циммервальд—Берлин—Стокгольм—Петроград.—«Воля Народа»,Пг.,1917,№31,4 июня,стр.1—2)——271、276。

《就进攻问题发表的声明》(Заявление по вопросу о наступлении.—«Правда»,Пг.,1917,№75,20 (7) июня,стр.2. Под общ. загл.: Всероссийский съезд Советов)——246—247、248、269。

《喀琅施塔得》(Кронштадт.—«Речь»,Пг.,1917,№122 (3864),27 мая (9 июня),стр.2)——186。

《喀琅施塔得》(临时政府的决定)(Кронштадт. От Временного правительства.—

«Речь»,Пг.,1917,№122 (3864),27 мая (9 июня),стр.5)——186。

《可怕的征兆》(Грозные симптомы.—«Рабочая Газета»,Пг.,1917,№82,16 июня,стр.1—2)——323—324。

《库尔兰和布尔什维克列宁派》(Курляндия и большевики-ленинцы.—«Единство»,Пг.,1917,№42,18 мая,стр.1)——125。

《劳动部长告全国工人书》(Обращение министра труда ко всем рабочим России.—«Речь»,Пг.,1917,№149 (3891),28 июня (11 июля),стр.3)——364—365。

《劳资之间的斗争》(Борьба между трудом и капиталом.—«Известия Петроградского Совета Рабочих и Солдатских Депутатов»,1917,№70,19 мая,стр.1—2)——173、174。

《老调子》(Старая погудка.—«Рабочая Газета»,Пг.,1917,№35,20 апреля,стр.1)——178。

《立宪民主党人和临时政府》[社论](Кадеты и Временное правительство.[Передовая].—«День»,Пг.,1917,№(1652) 91,22 июня,стр.1)——346。

《联合内阁的纲领》(Планы коалиционного министерства.—«Новая Жизнь»,Пг.,1917,№17,7 (20) мая,стр.3)——50、51—53、55。

《列·格·捷依奇在孟什维克代表会议上》(Л.Г.Дейч на конференции меньшевиков.—«Единство»,Пг.,1917,№34,9 мая,стр.2)——159。

《临时政府的声明》(От Временного правительства.—«Известия Петроградского Совета Рабочих и Солдатских Депутатов»,1917,№88,10 июня,стр.10)——289、296。

《临时政府的通告》(Сообщение Временного правительства.—«Речь»,Пг.,1917,№93 (3835),22 апреля (5 мая),стр.4.Под общ.загл.:Отголоски ноты Временного правительства)——1。

《临时政府的宣言草案》(Проект декларации Временного правительства.—«Известия Петроградского Совета Рабочих и Солдатских Депутатов»,1917,№59,6 мая,стр.1—2.Под общ.загл.:В каких условиях наши товарищи вступили в правительство)——33。

《临时政府的照会》(1917 年 4 月 18 日)(Нота Временного правительства. 18 апреля 1917 г.—«Речь»,Пг.,1917,№91 (3833),20 апреля (3 мая),стр. 4,в отд.:Последние известия)——1、57、61、89—90。

《临时政府关于战争的声明》(Заявление Временного правительства о войне.—«Известия Петроградского Совета Рабочих и Солдатских Депутатов», 1917,№27,29 марта,стр.1)——57。

《论建立革命政权》[社论](К созданию революционной власти.[Передовая].—«Известия Петроградского Совета Рабочих и Солдатских Депутатов», 1917,№56,3 мая,стр.1)——14。

《论统一和分离》(О единстве и разъединенности.—«Дело Народа»,Пг., 1917,№48,13 мая,стр.2,в отд.:Печать и жизнь)——177—179、274。

《罗·瓦·马林诺夫斯基案件》(Дело Р.В.Малиновского.—«День»,Пг.,1917, №(1647) 86,16 июня,стр.3)——326。

《马林诺夫斯基案件》(Дело Малиновского.—«Рабочая Газета»,Пг.,1917, №63,24 мая,стр.2)——191、192。

《"没有兼并"》(«Без аннексий».—«Известия Петроградского Совета Рабочих и Солдатских Депутатов»,1917,№67,16 мая,стр.2)——113—114、115、166—168、221—222、243、255—256、258。

《孟什维克的纲领》——见《俄国社会民主工党的市政纲领》。

《米·弗·罗将柯谈马林诺夫斯基》(М. В. Родзянко о Малиновском.—«Русская Воля»,Пг.,1917,№143,18 июня,стр.5)——342。

《米·伊·捷列先科谈自己的任务》(М.И.Терещенко о своих задачах.—«Известия Петроградского Совета Рабочих и Солдатских Депутатов»,1917,№62, 10 мая,стр.3)——61、90。

《民粹主义者的纲领》——见《关于区杜马选举》。

《莫斯科工人代表苏维埃消息报》(«Известия Московского Совета рабочих депутатов»,1917,№98,29 июня (12 июля),стр.3)——371。

《莫斯科工业地区的状况》(Положение Московского промышленного района. (От собств. петроградск. корресп.).—«Известия Московского Совета рабочих депутатов»,1917,№98,29 июня (12 июля),стр.3)——371。

《涅瓦大街的枪声》(载于1917年7月4日(17日)《交易所新闻》第16317号)(Стрельба на Невском.—«Биржевые Ведомости». Вечерний вып., Пг., 1917,№16317,4 (17) июля,стр.2—3)——396。

《涅瓦大街的枪声》(载于1917年7月5日《彼得格勒工兵代表苏维埃消息报》第109号)(Стрельба на Невском.—«Известия Петроградского Совета Рабочих и Солдатских Депутатов»,1917,№109,5 июля,стр.3)——411。

《农民代表大会》(载于1917年5月4日《俄罗斯意志报》第96号)(Крестьянский съезд.—«Русская Воля». Вечерний вып., Пг., 1917, №96, 4 мая, стр.3)——33。

《农民代表大会》(载于1917年5月12日(25日)《言语报》第110号(总第3852号))(Крестьянский съезд.—«Речь», Пг., 1917, №110 (3852), 12 (25) мая,стр.4)——101。

《农业部长的报告》(Доклад министра земледелия.—«Дело Народа», Пг., 1917,№84,25 июня,стр.4)——361—363、375、381。

《启蒙》杂志(彼得格勒)(«Просвещение», Пг.)——111。

《前进报》(彼得格勒)(«Вперед», Пг.)——196。

《前进报》(柏林)(«Vorwärts», Berlin)——207—208、235、303。

—1916, Nr.76, 17. März. Beilage zu Nr.76 des «Vorwärts», S.2)——245。

《请投票支持人民自由党的名单吧!》(Подавайте список партии народной свободы! [Обращение от редакции].—«Новое Время», Пг., 1917, №14787,27 мая (9 июня),стр.5)——185。

《区杜马选举》(Выборы в районные думы.—«Дело Народа», Пг., 1917, №59, 27 мая,стр.1. Под общ. загл.: Петроград, 27 мая (9 июня))——192。

《取消暂时停止土地买卖的命令》(Отмена распоряжений о приостановлении земельных сделок.—«Известия Петроградского Совета Рабочих и Солдатских Депутатов», 1917, №75, 26 мая, стр. 5. Под общ. загл.: Во Временном правительстве)——375—376。

[《全俄工兵代表苏维埃代表大会》](6月4日的会议)([Всероссийский съезд Советов рабоч. и солд. депутатов]. Заседание 4-го июня.—«Известия Петроградского Совета Рабочих и Солдатских Депутатов», 1917, №84, 6 июня, стр. 4 — 10) —— 237、238 — 239、240 — 241、265 — 266、268、278—280。

[《全俄工兵代表苏维埃代表大会》](6 月 5 日的会议)([Всероссийский съезд Советов рабоч. и солд. депутатов]. Заседание 5 июня.—«Известия Петроградского Совета Рабочих и Солдатских Депутатов», 1917, №85, 7 июня, стр. 11—16)——283、284、285、287、330、361。

《全俄工兵代表苏维埃代表大会》(6 月 8 日的会议)(Всероссийский съезд Советов рабоч. и солд. депутатов. Заседание 8 июня.—«Известия Петроградского Совета Рабочих и Солдатских Депутатов», 1917, №88, 10 июня, стр. 1—5)——291。

[《全俄工兵代表苏维埃代表大会》](6 月 9 日的会议)([Всероссийский съезд Советов рабоч. и солд. депутатов]. Заседание 9 июня.—«Известия Петроградского Совета Рабочих и Солдатских Депутатов», 1917, №88, 10 июня, стр. 5—8)——258。

《全俄工兵代表苏维埃代表大会》(6 月 19 日的会议)(Всероссийский съезд Советов рабоч. и солд. депутатов. Заседание 19 июня.—«Известия Петроградского Совета Рабочих и Солдатских Депутатов», 1917, №96, 20 июня, стр. 6—7)——338、361、362。

[《全俄工兵代表苏维埃第一次代表大会关于禁止在三天内举行游行示威的决议》]([Резолюция Первого Всероссийского съезда Советов рабочих и солдатских депутатов о запрещении демонстраций на три дня].—«Известия Петроградского Совета Рабочих и Солдатских Депутатов», 1917, №88, 10 июня, стр. 10. Под загл.: Всероссийский съезд Советов рабочих и солдатских депутатов постановил.) —— 289、292、299、300、301、409。

[《全俄工兵代表苏维埃第一次代表大会关于 1917 年 6 月 9 日和 10 日事件的决议》]([Резолюция Первого Всероссийского съезда Советов рабочих и солдатских депутатов о событиях 9 и 10 июня 1917 г.].—«Известия Петроградского Совета Рабочих и Солдатских Депутатов», 1917, №90, 13 июня, стр. 7—8. Под общ. загл.: События 9 и 10 июня)——306—308、

—1917,№60,28 мая,стр.1.——199。

—1917,№63,1 июня,стр.1.——230、247。

—1917,№75,15 июня,стр.1.——318、319—321。

—1917,№84,25 июня,стр.4.——361—363、375、381。

—1917,№92,5 июля,стр.1.——408。

—1917,№93,6 июля,стр.1.——409、410。

《人民意志报》(彼得格勒)(«Воля Народа»,Пг.)——355。

—1917,№31,4 июня,стр.1—2.——271、276。

《日报》(彼得格勒)(«День»,Пг.)——203、346、355—356。

—1917,№(1604) 33,14 апреля,стр.2.——14—16、140、141—142、143、145、146、147—148。

—1917,№(1613) 52,6 мая,стр.1.——57—58。

—1917,№(1620) 59,14 мая,стр.2.——89、90—91。

—1917,№(1647) 86,16 июня,стр.3.——326。

—1917,№(1652) 91,22 июня,стр.1.——346。

《三个最高委员会的夜间会议》(Ночное заседание трех высших коллегий.—«Биржевые Ведомости».Вечерний вып.,Пг.,1917,№16195,21 апреля (4 мая),стр.2—3.Подпись:А.Гессен)——278。

《3 月 14 日的号召书》——见《告全世界人民书》。

《社会民主党人报》(莫斯科)(«Социал-Демократ»,М.,1917,№59,1 июня (19 мая),стр.3)——263。

《社会民主党人报》([维尔诺—圣彼得堡]—巴黎—日内瓦)(«Социал-Демократ»,[Вильно—Спб.]—Париж—Женева)——71、402。

—Женева,1915,№47,13 октября,стр.2.——71—72、98、419。

—1915,№48,20 ноября,стр.2.——402、405。

《士兵真理报》(彼得格勒)(«Солдатская Правда»,Пг.,1917,№13,16(3) мая.Приложение к газете «Солдатская Правда»,стр.1—4)——46、93—94、104、113、131—132、133、134—135、138、141、227、240—241、281—282、286、419、420—421。

《市政府消息报》(彼得格勒)(«Ведомости Общественного Градоначальства»,

Пг.,1917,№56(101),17 мая. Бесплатное прил. к газ. «Ведом. Обществ. Градон.»,№56(101),стр.1—12.На прил.ошибочно указано:№57(101))——157—158、160、162。

《斯米尔加同志的建议》——见《在最高土地委员会》。

《同经济破坏作斗争》(Борьба с экономической разрухой.—«Известия Петроградского Совета Рабочих и Солдатских Депутатов»,1917,№70,19 мая,стр.2—4)——173—176。

《统一报》(彼得格勒)(«Единство»,Пг.)——125、159、160、169—170、192、203、233、274、275、341、356、385。

—1917,№34,9 мая,стр.2.——159。

—1917,№42,18 мая,стр.1.——125。

—1917,№44,20 мая,стр.2.——187、188、274—275。

—1917,№83,7 июля,стр.1.——411。

《土地和自由报》(彼得格勒)(«Земля и Воля»,Пг.)——86、355—356。

—1917,№36,6 мая,стр.1.——418。

《晚间报》(彼得格勒)(«Вечернее Время»,Пг.,1917,№1813,5 (18) мая,стр. 1)——35—37。

《我们的曙光》杂志(彼得格勒)(«Наша Заря»,Пг.)——71。

《乌克兰被搁在一边》[社论](Отложение Украины.[Передовая].—«Рабочая Газета»,Пг.,1917,№81,15 июня,стр.1—2)——320—321。

《乌克兰自治》(Украинская автономия.—«Речь»,Пг.,1917,№137 (3879),14 (27) июня,стр.3)——312—313。

《无产阶级事业报》(喀琅施塔得)(«Пролетарское Дело»,Кронштадт)——415。

《五金工业的危机》(Кризис металлической промышленности.—«Известия Петроградского Совета Рабочих и Солдатских Депутатов»,1917,№104,29 июня,стр.11)——370—371。

《5 月 13 日前线士兵代表大会的决议》——见《被揭穿的撒谎者》。

《现代言论报》(彼得格勒)(«Живое Слово»,Пг.)——386、391、393、399、402、404。

《向理智呼吁报》(吉拉德)(«Appeal to Reason»,Girard,1915,No.1,032,September 11,p.1)——99。

《向全俄苏维埃代表大会提出的声明》(Заявление Всероссийскому съезду Советов.—«Правда»,Пг.,1917,№80,26 (13) июня,стр.1)——300—301、306、307—308。

《消息出奇的灵通》(Странная осведомленность.—«Речь»,Пг.,1917,№112 (3854),14 (27) мая,стр.2)——101、102。

《小报》(彼得格勒)(«Маленькая Газета»,Пг.)——324。

《新临时政府想要什么》(Чего хочет новое Временное правительство.3.Борьба с хозяйственной разрухой.—«Известия Петроградского Совета Рабочих и Солдатских Депутатов»,1917,№63,11 мая,стр.2—3)——74—75。

《新生活报》(彼得格勒)(«Новая Жизнь»,Пг.)——69、233、281、421。

—1917,№17,7 (20) мая,стр.3.——50、51—53、55。

—1917,№24,16 (29) мая,стр.1.——106。

—1917,№30,24 мая (6 июня),стр.1.——171—172。

—1917,№36,31 мая (13 июня),стр.3.——209—210、217—219。

—1917,№40,4 (17) июня,стр.1.——244。

—1917,№41,6 (19) июня,стр.1.——281。

—1917,№49,15 (28) июня,стр.1.——318。

—1917,№50,16 (29) июня,стр.4.——326。

—1917,№60,28 июня (11 июля),стр.1.——365—366。

—1917,№61,29 июня (12 июля),стр.1.——371—372。

《新时报》(彼得格勒)(«Новое Время»,Пг.)——57、177、184、203、277、324、415。

—1917,№14787,27 мая (9 июня),стр.5.——184。

《新政府的反对者》[社论](Противники нового правительства.[Передовая].—«Известия Петроградского Совета Рабочих и Солдатских Депутатов»,1917,№60,7 мая,стр.1)——59、94。

《亚·费·克伦斯基的发言》——见《最新的消息》。

《言语报》(彼得格勒)(«Речь»,Пг.)——14、30、55、56、60、84、94、95、101、

125、127、183、186、192、203、233、235、354、388。

—1917,№76 (3818),31 марта (13 апреля),стр.1.——84、88。

—1917,№91 (3833),20 апреля (3 мая),стр.4.——1、57、61。

—1917,№93 (3835),22 апреля (5 мая),стр.4.——1。

—1917,№100 (3842),30 апреля (13 мая),стр.5.——4。

—1917,№104 (3846),5 (18) мая,стр.1,2,3—4.——30—32、35—37。

—1917,№105 (3847),6 (19) мая,стр.4.——18—19、77—78、86—87。

—1917,№106 (3848),7 (20) мая,стр.3.——60、225。

—1917,№107 (3849),9 (22) мая,стр.2.——54—55、60。

—1917,№110 (3852),12 (25) мая,стр.4.——101。

—1917,№112 (3854),14 (27) мая,стр.2,5.——93、94、101、102、103—104、106、107、280、283、330、361、362。

—1917,№117 (3859),20 мая (2 июня),стр.3.——138—139、140—141、142—143、146—147。

—1917,№118 (3860),21 мая (3 июня),стр.5.——139—140、426。

—1917,№122 (3864),27 мая (9 июня),стр.2,4,5.——186、187。

—1917,№123 (3865),28 мая (10 июня),стр.4.——198。

—1917,№126 (3868),1 (14) июня,стр.1,3.——223、224、229—230、258。

—1917,№128 (3870),3 (16) июня,стр.2.——235、236。

—1917,№129 (3871),4 (17) июня,стр.3—5.——265—266、268、269—270、279—280、286。

—1917,№137 (3879),14 (27) июня,стр.1,3.——312—313。

—1917,№141 (3883),18 июня (1 июля),стр.1.——346—347。

—1917,№149 (3891),28 июня (11 июля),стр.3.——364—365。

—1917,№150 (3892),29 июня (12 июля),стр.4.——375—376。

《1905年土地占有情况统计》(Статистика землевладения 1905 г.Свод данных по 50-ти губерниям Европейской России. Спб., тип. Минкова, 1907. 199 стр.; L стр. табл. (Центр. стат. ком. М-ва внутр. дел))——142、143、145、150、153—154。

《1917年4月24—29日举行的俄国社会民主工党全国代表会议决议》

（Резолюции Всероссийской конференции Российской социал-демократической рабочей партии，состоявшейся 24—29 апреля 1917 года.—«Солдатская Правда»，Пг.，1917，№13，16（3）мая.Приложение к газете «Солдатская Правда»，стр.1—4）——46、135、227、419。

《一次历史性的会议》（Историческое заседание.—«Правда»，Пг.，1917，№80，26（13）июня，стр.1—2）——300—301、304、314、315—316、323。

《英国大使以外交大臣的名义发出的照会的译文》（Перевод ноты английского посла на имя министра иностранных дел.Петроград，11（24）мая 1917 г.—«Речь»，Пг.，1917，№123（3865），28 мая（10 июня），стр.4）——198。

《吁请保持平静》（Призыв к спокойствию.—«Рабочая Газета»，Пг.，1917，№80，14 июня，стр.2）——314—317。

《在第一次党代表大会上批准的社会革命党的纲领和组织章程》（Программа и организационный устав партии социалистов-революционеров，утвержденные на первом партийном съезде.Изд.Центрального комитета п.с.-р.Б.м.，тип. партии соц.-рев.，1906. 32 стр.（Партия социалистов-революционеров））——344。

《在工兵代表苏维埃里》（载于 1917 年 5 月 10 日《彼得格勒工兵代表苏维埃消息报》第 62 号）（В Совете рабочих и солдатских депутатов.—«Известия Петроградского Совета Рабочих и Солдатских Депутатов»，1917，№62，10 мая，стр.3）——63—64。

《在工兵代表苏维埃里》（载于 1917 年 5 月 14 日（27 日）《言语报》第 112 号（总第 3854 号））（В Совете рабочих и солдатских депутатов.—«Речь»，Пг.，1917，№112（3854），14（27）мая，стр.5）——92—93、94、103—104、106、107、280、283、330、361、362。

《在国际联络局》（В международном отделе.—«Известия Петроградского Совета Рабочих и Солдатских Депутатов»，1917，№78，30 мая，стр.4）——213—216。

《在临时政府里》（Во Врем. правительстве. Распоряжение об очистке дачи Дурново.—«Известия Петроградского Совета Рабочих и Солдатских Депутатов»，1917，№86，8 июня，стр.10）——291。

《在最高土地委员会》(В Главном земельном комитете.—«Речь»,Пг.,1917,№117 (3859),20 мая (2 июня),стр.3)——138—139、140—141、142—143、146—147。

《真理报》(彼得格勒)(«Правда»,Пг.)——4、50、59、69、84、90、101、110、113、126、138、139、205、225、276、391、393、395、396、402、403、405。

—1917,№8,14 марта,стр.3;№9,15 марта,стр.3.——98。

—1917,№27,8 апреля,стр.2.——84、125。

—1917,№33,15 апреля,стр.2.——14—16。

—1917,№41,9 мая (26 апреля),стр.1.——419。

—1917,№42,10 мая (27 апреля),стр.1.——304、391、419。

—1917,№44,12 мая (29 апреля),стр.1.——50、95—96、255—256、389、420。

—1917,№46,15 (2) мая,стр.3.——66、68、110、158、180、421。

—1917,№56,26 (13) мая,стр.1—2.——98、102。

—1917,№57,27 (14) мая,стр.1.——101、103。

—1917,№60,31 (18) мая,стр.2.——167。

—1917,№62,2 июня (20 мая),стр.2.——145。

—1917,№67,9 июня (27 мая),стр.1,2—3.——191。

—1917,№68,10 июня (28 мая),стр.1,3—4.——191、263。

—1917,№73,17 (4) июня,стр.1—2,3.——232、233、281、342。

—1917,№74,19 (6) июня,стр.3.——276。

—1917,№75,20 (7) июня,стр.2.——247、248、269。

—1917,№78,23 (10) июня,стр.1.——289、292、300、409。

—1917,№80,26 (13) июня,стр.1—2.——300—301、304、306、308、314、315—316、323。

—1917,№99,18 (5) июля,стр.4.——401、408。

《〈真理报〉小报》(彼得格勒)(«Листок‹Правды›»,Пг.,1917,19 (6) июля,стр.1—2)——399—400、404—405、407、408。

《执行委员会的号召书》——见《告各国社会党人书》。

《中央执行委员会的声明》(От Центр. Исп. Комитета.—«Известия Петроградского Совета Рабочих и Солдатских Депутатов»，1917，№110，6 июля，стр.6)——415。

《众议院》(Abgeordnetenhaus. 27. Sitzung. 16. März.—«Vorwärts»，Berlin，1916，Nr.76，17.März.Beilage zu Nr.76 des «Vorwärts»，S.2)——245。

[《准尉克鲁谢尔被逮捕的消息》]([Известие об аресте прапорщика Круссера].—«Речь»，Пг.，1917，№122 (3864)，27 мая (9 июня)，стр.4，в отд.：Телеграммы.Под общ.загл.：Разные)——186、187。

《最高土地委员会的决议》——见《最高土地委员会宣言》。

《最高土地委员会宣言》(Декларация Главного земельного комитета.—«Речь»，Пг.，1917，№118 (3860)，21 мая (3 июня)，стр.5.Под общ.загл.：В Главном земельном комитете)——140、433。

《最新的消息》(Последние известия.—«Речь»，Пг.，1917，№106(3848)，7 (20) мая，стр.3)——60、225。

年　表

（1917年5月—7月）

1917年

5月—7月

列宁在彼得格勒，主持俄国社会民主工党（布）中央委员会的工作和党中央机关报《真理报》的工作。

5月1日（14日）

写《“政权危机”》和《给编辑部的信》。

5月2日（15日）

写《用美好的词句掩盖为帝国主义辩护的行为》一文。

编辑《真理报》第47号。

《“政权危机”》、《芬兰和俄国》、《给编辑部的信》三篇文章，以及列宁在俄国社会民主工党（布）第七次全国代表会议（四月代表会议）上发表的关于民族问题、关于国际的现状和俄国社会民主工党（布）的任务问题的发言（报道）、俄国社会民主工党（布）第七次全国代表会议（四月代表会议）关于工兵代表苏维埃的决议、关于联合国际主义者反对小资产阶级护国主义联盟的决议（列宁起草）和俄国社会民主工党（布）彼得格勒市第一次代表会议《关于市政选举的决议》（列宁起草）在《真理报》第46号上发表。

5月3日（16日）

写《可悲的文件》和《以资产阶级的恐惧吓唬人民》两篇文章。

编辑《真理报》第48号。

《用美好的词句掩盖为帝国主义辩护的行为》和《可悲的文件》两篇文章在《真理报》第47号上发表。

由列宁起草并经俄国社会民主工党(布)第七次全国代表会议(四月代表会议)通过的关于战争的决议、关于对临时政府的态度的决议、关于土地问题的决议、关于伯格比尔的建议的决议、关于民族问题的决议、关于联合国际主义者反对小资产阶级护国主义联盟的决议、关于目前形势的决议、关于修改党纲的决议、关于工兵代表苏维埃的决议,以及《俄国社会民主工党(布)第七次全国代表会议(四月代表会议)决议的引言》在《士兵真理报》第13号附刊上发表。

5月4日(17日)

写《前夜》一文。

编辑《真理报》第49号。

《以资产阶级的恐惧吓唬人民》一文在《真理报》第48号上发表。

5月4日和28日(5月17日和6月10日)之间

领导全俄农民代表苏维埃第一次代表大会布尔什维克党团,向农民代表解释布尔什维克党的土地问题纲领。

不早于5月4日(17日)

拟写《关于临时政府的宣言的提纲》,阐述临时政府的对内对外政策。

写回信给第8骑炮连士兵委员会,应来信请求,向他们介绍自己的履历(没有写完)。

5月5日(18日)以前

写《忘记了主要的东西(无产阶级政党的市政纲领)》一文。

5月5日(18日)

写《同资本实行阶级合作,还是同资本进行阶级斗争?》、《论坚强的革命政权》、《给刚诞生的……"新"政府的小礼物》、《"新"政府已不仅落后于革命工人,而且落后于农民群众》四篇文章。

编辑《真理报》第50号。

《前夜》和《忘记了主要的东西(无产阶级政党的市政纲领)》两篇文章在《真理报》第49号上发表。

5月6日(19日)

写《先发制人》一文。

编辑《真理报》第51号。

《同资本实行阶级合作,还是同资本进行阶级斗争?》、《论坚强的革命政权》、《给刚诞生的……"新"政府的小礼物》、《"新"政府已不仅落后于革命工人,而且落后于农民群众》四篇文章在《真理报》第 50 号上发表。

5 月 6 日和 8 日(19 日和 21 日)之间

为在 5 月 8 日(21 日)俄国社会民主工党(布)彼得格勒党组织大会上作关于俄国社会民主工党(布)第七次全国代表会议(四月代表会议)结果的报告,拟写报告提纲。

5 月 7 日(20 日)以前

写《给工厂和团队选出的工兵代表苏维埃代表的委托书》。

5 月 7 日(20 日)

写《给全俄农民代表大会代表的公开信》。

《先发制人》一文在《真理报》第 51 号上发表。

5 月 7 日和 8 日(20 日和 21 日)

编辑《真理报》第 52 号。

不晚于 5 月 8 日(21 日)

出席党中央委员会会议。会议决定派代表出席齐美尔瓦尔德第三次代表会议。

5 月 8 日(21 日)

打电报通知斯德哥尔摩的俄国社会民主工党(布)中央委员会国外局成员雅·斯·加涅茨基,将派一名特别代表出席齐美尔瓦尔德第三次代表会议。

赴海军武备学校出席俄国社会民主工党(布)彼得格勒党组织大会,作关于俄国社会民主工党(布)第七次全国代表会议(四月代表会议)结果的报告。

5 月 9 日(22 日)

写《对外政策的秘密》一文。

编辑《真理报》第 53 号。

《"事实上的停战"》一文在《真理报》第 52 号上发表。

不晚于 5 月 10 日(23 日)

拟定同彼得格勒统一起来的社会民主党人区联组织(区联派)联合的

条件。

5月10日(23日)

赴《前进》杂志编辑部，出席区联派代表会议。在会上发表讲话，谈社会民主党人国际主义派别和集团同布尔什维克实行联合的条件问题。

写《什么也没有改变》、《可悲的背弃民主主义的行为》、《关于召开有社会沙文主义者参加的所谓的社会党人国际代表会议》三篇文章。

编辑《真理报》第54号。

《对外政策的秘密》、《秘密条约之一》、《部长的腔调》和《他们在寻找拿破仑》四篇文章在《真理报》第53号上发表。

5月11日(24日)

编辑《真理报》第55号。

《什么也没有改变》一文在《真理报》第54号上发表，《给全俄农民代表大会代表的公开信》在《士兵真理报》第19号上发表。

5月11日(24日)以后

《给全俄农民代表大会代表的公开信》在戈梅利、敖德萨和其他城市印成传单。

5月12日(25日)

写《在区杜马选举中的无产阶级政党》一文。

赴普梯洛夫工厂，在普梯洛夫工厂和普梯洛夫造船厂工人群众大会上作关于目前形势和无产阶级的任务的讲话。

出席海军部造船厂、法俄工厂和附近各工厂工人万人大会，作关于目前形势和无产阶级的任务的讲话。大会是由俄国社会民主工党彼得堡委员会为抗议奥地利当局判处弗·阿德勒死刑而召开的。

编辑《真理报》第56号。

《可悲的背弃民主主义的行为》和《关于召开有社会沙文主义者参加的所谓的社会党人国际代表会议》两篇文章在《真理报》第55号上发表。

5月13日(26日)以前

校阅娜·康·克鲁普斯卡娅《俄国社会民主工党历史上的一页》一文，作了修改和补充。文章发表在5月13日(26日)《士兵真理报》第21号。

5月13日(26日)

编辑《真理报》第57号。

《在区杜马选举中的无产阶级政党》和《我党在革命前就战争问题发表过哪些声明》两篇文章在《真理报》第 56 号上发表。

5 月 14 日(27 日)

在海军武备学校礼堂举行的、有工人、士兵和知识分子等两千余人参加的集会上作题为《战争与革命》的演讲。

《经济破坏迫在眉睫》一文在《真理报》第 57 号上发表。

5 月 14 日和 15 日(27 日和 28 日)

编辑《真理报》第 58 号。

5 月 15 日(28 日)

写《卑鄙的手段》一文。

5 月上半月

参加奥布霍夫工厂工人群众大会,作关于目前形势的讲话。参加大会的还有谢米扬尼科夫工厂、亚历山德罗夫工厂以及涅瓦关卡一些企业的工人。

参加尼古拉铁路车辆总修配厂工人群众大会,作关于目前形势的讲话。参加大会的还有亚历山德罗夫机械厂、涅瓦造船厂以及其他工厂的工人。

5 月 16 日(29 日)

编辑《真理报》第 59 号。

《卑鄙的手段》、《必将到来的灾难和不讲分寸的诺言(第一篇文章)》在《真理报》第 58 号上发表。

5 月 17 日(30 日)以前

拟写《关于土地问题的决议草案》(准备提交全俄农民第一次代表大会讨论)。

5 月 17 日(30 日)

写《又一次背弃民主主义》、《用增设委员会的办法来同经济破坏作斗争》两篇文章。

参加在制管厂举行的竞选大会,发表关于目前形势的演说;参加在彼得格勒工艺学院礼堂举行的工人和学生群众大会,发表关于目前形势和无产阶级的任务的演说。

编辑《真理报》第 60 号。

《必将到来的灾难和不讲分寸的诺言(第二篇文章)》一文在《真理报》第 59 号上发表。

5 月 18 日(31 日)

写《一次又一次的谎言》一文和《给编辑部的信》。

编辑《真理报》第 61 号。

《关于国际主义者的联合问题》、《头脑糊涂(再论兼并)》、《用增设委员会的办法来同经济破坏作斗争》和《又一次背弃民主主义》四篇文章在《真理报》第 60 号上发表。

5 月 19 日(6 月 1 日)

写《论"擅自夺取"土地("社会革命党人"的糟糕论据)》一文。

编辑《真理报》第 62 号。

《资本家是怎样吓唬人民的?》、《资本家的又一次罪行》、《一次又一次的谎言》三篇文章和《给编辑部的信》在《真理报》第 61 号上发表。

列宁 5 月 12 日(25 日)在普梯洛夫工厂群众大会上的讲话(简要报道)在《士兵真理报》第 26 号上发表。

5 月 20 日(6 月 2 日)

为小册子《修改党纲的材料》写序言。

编辑《真理报》第 63 号。

《两个政权并存的局面消灭了吗?》、《论"擅自夺取"土地("社会革命党人"的糟糕论据)》两篇文章在《真理报》第 62 号上发表。

5 月 21 日(6 月 3 日)

上午 10 时,列宁出席彼得格勒市莫斯科关卡的"捷足"制鞋厂及其他企业的工人群众大会,作关于目前形势和无产阶级的任务的讲话。

5 月 22 日(6 月 4 日)

出席全俄农民第一次代表大会,发表关于土地问题的讲话,并以农民代表大会布尔什维克党团的名义向大会提出关于土地问题的决议草案。

5 月 22 日和 23 日(6 月 4 日和 5 日)

编辑《真理报》第 64 号。

5 月 23 日和 27 日(6 月 5 日和 9 日)之间

写《两个缺点》一文(没有写完)。

不晚于5月23日(6月5日)

写《彼得格勒区杜马选举中的各党派》一文。

5月24日(6月6日)

编辑《真理报》第65号。

《彼得格勒区杜马选举中的各党派》一文在《真理报》第64号上发表。

列宁5月22日(6月4日)在全俄农民第一次代表大会上发表的关于土地问题的讲话(报道)在彼得格勒的《士兵呼声报》第16号和莫斯科的《无产者报》第23号上发表。

5月25日(6月7日)以前

为即将举行的彼得格勒工厂委员会第一次代表会议拟写《关于同经济破坏作斗争的几项经济措施的决议》的提纲和草稿。决议草案由俄国社会民主工党(布)中央委员会通过。

5月25日(6月7日)

写《"手上的戏法"和政治上无原则性的戏法》一文。

编辑《真理报》第66号。

《是同资本家做交易,还是推翻资本家?(怎样结束战争)》一文在《真理报》第65号上发表。

列宁5月22日(6月4日)在全俄农民第一次代表大会上发表的关于土地问题的讲话在彼得格勒的《全俄农民代表苏维埃消息报》第14号上全文发表。

列宁起草的《关于同经济破坏作斗争的几项经济措施的决议》在莫斯科的《社会民主党人报》第64号上公布,署名俄国社会民主工党(布)中央委员会。

5月26日(6月8日)

应临时政府为审理前沙皇政府大臣以及其他高级官员违法渎职行为而设的特别调查委员会科洛科洛夫律师的请求,就罗·瓦·马林诺夫斯基奸细活动案一事,提供证词。

编辑《真理报》第67号。

5月27日(6月9日)

写《没有干净的原则性的武器,就抓起肮脏的武器》、《黑暗势力拥护立宪民主党人，孟什维克和民粹主义者与立宪民主党人在一个政府里》和《反革命势力转入进攻（“没有人民的雅各宾党人”）》等文章。

编辑《真理报》第68号。

《链条的强度决定于最弱一环的强度》、《必须揭露资本家》、《关于经济破坏的报告》和《“手上的戏法”和政治上无原则性的戏法》四篇文章在《真理报》第67号上发表。

5月28日（6月10日）

为小册子《无产阶级在我国革命中的任务（无产阶级政党的行动纲领草案）》写《跋》，写《孟什维克和民粹主义者同“统一派”结成可耻的联盟》一文。

《一个原则问题（关于民主制的一段“被忘记的言论”）》、《黑暗势力拥护立宪民主党人，孟什维克和民粹主义者与立宪民主党人在一个政府里》、《反革命势力转入进攻（“没有人民的雅各宾党人”）》、《没有干净的原则性的武器，就抓起肮脏的武器》和《孟什维克和民粹主义者同“统一派”结成可耻的联盟》等文章在《真理报》第68号上发表。

5月28日和30日（6月10日和12日）

编辑《真理报》第69号。

5月29日（6月11日）以前

会见从斯德哥尔摩回到彼得格勒的俄国社会民主工党（布）中央委员会国外局成员瓦·瓦·沃罗夫斯基，同他交谈国外局的工作情况。

5月29日（6月11日）

写信给斯德哥尔摩的俄国社会民主工党（布）中央委员会国外局成员卡·伯·拉狄克，指示必须立即同齐美尔瓦尔德联盟断绝关系，并尽早召开左派的国际会议为成立第三国际创造条件。

5月30日（6月12日）

出席俄国社会民主工党（布）彼得堡委员会紧急会议，讨论彼得堡委员会单独创办机关报的问题。列宁发表关于彼得堡委员会机关报问题的讲话。会上，列宁提出两个决议草案，要求会议表决。随后又发表《关于〈前进报〉所属委员会的一项澄清事实的声明》。

彼得堡委员会决定把这个问题交付各区党组织讨论。

5月31日(6月13日)

写《资本家在嘲弄人民》、《给俄国社会民主工党(布尔什维克)彼得格勒组织各区委员会的一封信》、《经济破坏问题上的小资产阶级立场》等文章和信件。

出席彼得格勒工厂委员会第一次代表会议,发表关于工人监督生产问题的讲话。会议讨论通过列宁起草的《关于同经济破坏作斗争的几项经济措施的决议》,并将决议草案提交专门委员会最后审定。

出席全俄工兵代表苏维埃第一次代表大会布尔什维克党团会议,发表关于目前形势的讲话。

在俄国社会民主工党(布)中央委员会书记处接受中央委员证书。

编辑《真理报》第70号。

《论空谈的害处》和《资本家在嘲弄人民》两篇文章在《真理报》第69号上发表。

5月底

同前线士兵А.И.涅姆奇诺夫交谈前线联欢、俄德两国官兵对待战争和革命的态度等问题。

5月底—6月初

委派亚·米·柯伦泰作为俄国社会民主工党(布)的代表前往赫尔辛福斯出席芬兰社会民主党第九次代表大会,并指令她做工作使大会通过退出第二国际、加入齐美尔瓦尔德左派的决议。列宁审阅了柯伦泰拟写的决议草案。

5月

准备付排小册子《修改党纲的材料》。

5月—6月

为小册子《俄国的政党和无产阶级的任务》写跋。

6月1日(14日)

写《克伦斯基公民,这不民主!》一文。

编辑《真理报》第71号。

列宁5月31日(6月13日)在全俄工兵代表苏维埃第一次代表大会布尔什维克党团会议上发表的关于目前形势的讲话(简要报道)在彼

得格勒的《新生活报》第37号和《彼得格勒工兵代表苏维埃消息报》第80号上发表，列宁5月31日(6月13日)在彼得格勒工厂委员会第一次代表会议上发表的关于工人监督生产问题的讲话(简要报道)在彼得格勒的《士兵真理报》第36号上发表。

《为可耻行为辩护》、《经济破坏问题上的小资产阶级立场》和《别人眼里的草屑》三篇文章在《真理报》第70号上发表。

《给俄国社会民主工党(布尔什维克)彼得格勒组织各区委员会的一封信》和列宁以党中央的名义提出的关于彼得堡委员会机关报问题的两个决议草案，经彼得堡委员会执行委员会讨论后分发给各区党组织。

6月2日(15日)

编辑《真理报》第72号。

《克伦斯基公民，这不民主！》一文和《关于同经济破坏作斗争的几项经济措施的决议》(列宁起草、作为召集彼得格勒工厂委员会第一次代表会议的组织委员会提出的决议草案)在《真理报》第71号上发表。

6月3日(16日)

写《经济破坏和无产阶级同它的斗争》和《资本家的第一千零一次谎话》两篇文章。

编辑《真理报》第73号。

《布尔什维主义和军队"瓦解"》、《你们嘲笑谁？嘲笑你们自己！》两篇文章和列宁5月31日(6月13日)在彼得格勒工厂委员会第一次代表会议上发表的关于工人监督生产问题的讲话(简要报道)在《真理报》第72号上发表。

6月3日—24日(6月16日—7月7日)

参加在彼得格勒举行的全俄工兵代表苏维埃第一次代表大会的工作。

6月4日(17日)

出席全俄工兵代表苏维埃第一次代表大会下午会议，发表关于对临时政府的态度的讲话。

《经济破坏和无产阶级同它的斗争》和《资本家的第一千零一次谎话》两篇文章和《关于同经济破坏作斗争的几项经济措施的决议》(列宁起草、由专门委员会最后审定和代表会议通过的文本)在《真理报》第73

号上发表。

6月4日和5日(17日和18日)

编辑《真理报》第74号。

6月5日(18日)

写《为制止革命而结成的联盟》一文。

6月6日(19日)

出席俄国社会民主工党(布)中央委员会、中央委员会军事组织和彼得堡委员会执行委员会联席会议,会上讨论了彼得格勒工人和士兵为显示对临时政府反人民政策的强烈不满而举行游行示威的问题。列宁赞成举行和平游行示威,口号是:反对资产阶级部长,反对同立宪民主党人妥协,政权归苏维埃。

写《关于格里姆问题》一文和《短评》一篇。

编辑《真理报》第75号。

列宁6月4日(17日)在全俄工兵代表苏维埃第一次代表大会上发表的关于对临时政府的态度的讲话在《彼得格勒工兵代表苏维埃消息报》第84号、彼得格勒的《新生活报》第41号以及其他各报上发表。

《六三死硬派主张立即进攻》、《为制止革命而结成的联盟》和《感谢》等三篇文章在《真理报》第74号上发表。

6月7日(20日)

编辑《真理报》第76号。

《有没有一条通向公正和约的道路?》、《论人民公敌》、《关于格里姆问题》三篇文章和《短评》在《真理报》第75号上发表。

6月8日(21日)

出席俄国社会民主工党(布)中央委员会和彼得堡委员会联席会议(彼得格勒各区的代表、各部队、工厂委员会和工会的代表列席会议),会上讨论了彼得格勒工人和士兵群众的情绪和举行和平游行示威准备情况等问题。

编辑《真理报》第77号。

《"大撤退"》、《谈谈实质性论战的好处》和《轻信的流行病》三篇文章以及短评《天上的仙鹤,还是手中的山雀?》在《真理报》第76号上发表。

6月9日(22日)

出席全俄工兵代表苏维埃第一次代表大会,发表关于战争的讲话,指出临时政府在为资本家的利益继续进行非正义的掠夺战争。

出席俄国社会民主工党(布)中央委员会、彼得堡委员会执行委员会和中央委员会军事组织联席会议,讨论关于彼得格勒苏维埃执行委员会和全俄工兵代表苏维埃第一次代表大会主席团内的社会革命党和孟什维克领导人禁止彼得格勒工人和士兵于6月10日(23日)举行和平游行示威的问题。会议通过决议:"捍卫任何反对党举行和平游行示威的权利"。

编辑《真理报》第78号。

《实施社会主义,还是揭露盗窃国库的行为?》一文在《真理报》第77号上发表。

6月9日(22日)夜

出席全俄工兵代表苏维埃第一次代表大会布尔什维克党团会议,讨论游行示威问题(社会革命党和孟什维克依仗其代表在苏维埃代表大会上占居多数,决定三日内不得举行游行示威)。

出席党中央委员会会议。会议通过《告彼得格勒全体劳动者、全体工人和士兵书》,宣布取消预定在6月10日(23日)举行的游行示威。

当夜,列宁向全俄工兵代表苏维埃第一次代表大会布尔什维克党团宣布党中央关于取消这次游行示威的决定。

列宁同其他中央委员一起准备关于中央决定取消游行示威的材料供《真理报》刊用。材料在《真理报》第78、79号上发表,署名:俄国社会民主工党(布)中央委员会。

6月10日(23日)

拟写《彼得格勒各区委员会及部队的代表同中央委员会及彼得堡委员会的代表联席会议的决议草案(1917年6月10日〔23日〕)》。会议通过决议草案,同意中央关于取消6月10日(23日)的游行示威的决定,号召同嚣张的反革命作斗争。

写《思想混乱和惊慌失措的人们》、《影射》、《"扰乱人心的谣言"》和《谜》等文章。

编辑《真理报》第 79 号。

列宁 6 月 9 日(22 日)在全俄工兵代表苏维埃第一次代表大会上发表的关于战争的讲话(简要报道)在《士兵真理报》第 31 号、《统一报》第 61 号、《新生活报》第 45 号以及其他各报上发表。

6 月 10 日或 11 日(23 日或 24 日)

出席全俄工兵代表苏维埃第一次代表大会布尔什维克党团会议。在会上发言,不主张布尔什维克参加由彼得格勒苏维埃执行委员会、全俄苏维埃代表大会主席团和各党团委员会为讨论 6 月 10 日(23 日)未曾举行的游行示威的问题而召集的联席会议。

6 月 11 日(24 日)

写《俄国社会民主工党(布)中央委员会和布尔什维克党团委员会就禁止游行示威向全俄苏维埃代表大会提出的声明草案》。

出席俄国社会民主工党(布)彼得堡委员会会议。就党中央作出取消游行示威的决定发表讲话,指出取消游行示威是"绝对必要的"。

列宁 6 月 9 日(22 日)在全俄工兵代表苏维埃第一次代表大会上发表的关于战争的讲话在《彼得格勒工兵代表苏维埃消息报》第 89 号上全文发表。

《思想混乱和惊慌失措的人们》、《影射》、《"扰乱人心的谣言"》和《谜》等文章在《真理报》第 79 号上发表。

6 月 11 日或 12 日(24 日或 25 日)

写《转变关头》一文。

6 月 11 日和 12 日(24 日和 25 日)

编辑《真理报》第 80 号。

6 月 12 日(25 日)

写《给编辑部的信》。

6 月 13 日(26 日)

写《矛盾的立场》一文。

编辑《真理报》第 81 号。

《转变关头》和《给编辑部的信》在《真理报》第 80 号上发表。

6 月 14 日(27 日)

写《乌克兰》一文。

编辑《真理报》第 82 号。

《俄国革命的对外政策》和《矛盾的立场》两篇文章在《真理报》第 81 号上发表。

6 月 14 日—18 日(6 月 27 日—7 月 1 日)

积极参加定于 6 月 18 日(7 月 1 日)举行的彼得格勒工人和士兵游行示威的准备工作(全俄苏维埃第一次代表大会被迫决定举行这次游行示威)。在党中央所在地召开各区党的工作人员会议,讨论游行示威的准备工作。

6 月 14 日或 15 日(27 日或 28 日)

写《现在和“将来出现”卡芬雅克分子的阶级根源是什么?》一文。

6 月 15 日(28 日)

写《可耻!》和《乌克兰问题和俄国执政党的失败》两篇文章。

编辑《真理报》第 83 号。

《乌克兰》一文在《真理报》第 82 号上发表。

6 月 15 日和 16 日(28 日和 29 日)

列宁 6 月 4 日(17 日)在全俄工兵代表苏维埃第一次代表大会上发表的关于对临时政府的态度的讲话在《真理报》第 82、83 号上全文发表。

6 月上半月

拟写《关于苏维埃代表大会》一文(或讲话)的提纲。

《修改党纲的材料》(列宁编辑并作序)由彼得格勒波涛出版社印成小册子出版。

6 月 15 日和 23 日(6 月 28 日和 7 月 6 日)之间

出席全俄工兵代表苏维埃第一次代表大会布尔什维克党团会议,会议讨论关于土地问题的决议草案。列宁建议以俄国社会民主工党(布)第七次全国代表会议(四月代表会议)通过的关于土地问题的决议为基础起草决议。

6 月 16 日(29 日)

写《怎样同反革命作斗争》和《惩办包庇奸细的罗将柯和准科夫斯基!》两篇文章。

编辑《真理报》第 84 号。

打电报给斯德哥尔摩的俄国社会民主工党(布)中央委员会国外局,告诉他们6月18日(7月1日)的游行示威将是革命力量对反革命力量的一次较量。口号是:打倒反革命,打倒第四届国家杜马,打倒国务会议,打倒组织反革命活动的帝国主义者,全部政权归苏维埃等等。

《现在和“将来出现”卡芬雅克分子的阶级根源是什么?》和《可耻!》两篇文章在《真理报》第83号上发表。

6月16日—23日(6月29日—7月6日)

参加在《真理报》士兵俱乐部举行的俄国社会民主工党(布)前线和后方军队党组织全国代表会议的工作。列宁被选入大会主席团。会议期间,列宁先后作关于目前形势的报告和关于土地问题的报告。

6月17日(30日)

写《莫名其妙的断章取义》和《执政的和负责的党》两篇文章。

写信给斯德哥尔摩的俄国社会民主工党(布)中央委员会国外局成员卡·伯·拉狄克,要求坚决断绝同齐美尔瓦尔德联盟的关系,争取建立全由反对考茨基分子的左派组成的第三国际。

编辑《真理报》第85号。

《怎样同反革命作斗争》、《乌克兰问题和俄国执政党的失败》、《惩办包庇奸细的罗将柯和准科夫斯基!》和《莫名其妙的断章取义》等文章在《真理报》第84号上发表。

6月18日(7月1日)

参加马尔斯校场的游行示威群众的集会。

在姐姐安娜家里召开党中央委员会非正式会议,总结这次游行示威。

《真理报》公布彼得格勒市杜马代表候选人名单。列宁被列为布尔什维克党的代表候选人。

《执政的和负责的党》和《又是一个委员会》两篇文章在《真理报》第85号上发表。

6月18日和19日(7月1日和2日)

编辑《真理报》第86号。

6月20日(7月3日)

在俄国社会民主工党(布)前线和后方军队党组织全国代表会议上作关

于目前形势的报告。

编辑《真理报》第 87 号。

全俄工兵代表苏维埃第一次代表大会选举列宁为全俄中央执行委员会委员。

《六月十八日》一文在《真理报》第 86 号上发表。

6 月 20 日和 23 日(7 月 3 日和 6 日)之间

在俄国社会民主工党(布)前线和后方军队党组织全国代表会议上作关于土地问题的报告。

6 月 20 日和 29 日(7 月 3 日和 12 日)之间

在《真理报》编辑部召开工会工作者会议。向与会者了解各地工会的工作情况和向前线和农村派遣宣传鼓动员的情况。

列宁领导全俄工会第三次代表会议布尔什维克党团的工作,出席党团的各次会议,并讲话。

6 月 21 日(7 月 4 日)

编辑《真理报》第 88 号。

列宁 6 月 20 日(7 月 3 日)在俄国社会民主工党(布)前线和后方军队党组织全国代表会议上作的关于目前形势的报告(简要报道)在彼得格勒的《新生活报》第 54 号上发表。

《革命、进攻和我们的党》、《社会革命党人和孟什维克先生们,你们同普列汉诺夫的区别究竟在哪里?》和《罗将柯怎样为自己辩护》等文章在《真理报》第 87 号上发表。

6 月 22 日(7 月 5 日)

编辑《真理报》第 89 号。

《社会革命党人和孟什维克把革命引向何处?》一文在《真理报》第 88 号上发表。

6 月 23 日(7 月 6 日)

编辑《真理报》第 90 号。

6 月 24 日(7 月 7 日)

编辑《真理报》第 91 号。

《用"雅各宾主义"能够吓住工人阶级吗?》和《论建立俄国农业工人

工会的必要性》(第一篇文章)在《真理报》第90号上发表。

6月25日(7月8日)

《论建立俄国农业工人工会的必要性》(第二篇文章)和《松垮的革命》在《真理报》第91号上发表。

6月25日和26日(7月8日和9日)

编辑《真理报》第92号。

6月26日(7月9日)

根据列宁的建议,亚·米·柯伦泰代表俄国社会民主工党(布)前往斯德哥尔摩参加齐美尔瓦尔德左派召开的代表会议。

6月27日(7月10日)

编辑《真理报》第93号。

《阶级变动》和《革命毅力的奇迹》两篇文章在《真理报》第92号上发表。

不晚于6月28日(7月11日)

应布尔什维克党团的请求,出席彼得格勒工兵代表苏维埃会议。在讨论小资产阶级政党领导人米·伊·李伯尔和尼·德·阿夫克森齐耶夫关于土地问题的报告时发表了讲话。

出席列契金车辆制造厂工人群众大会,作关于国际形势和俄国革命的任务的报告。

会见巴库来的斯·格·邵武勉,谈论解决民族问题的方法。

6月28日(7月11日)

写《空话与事实》一文。

编辑《真理报》第94号。

6月29日(7月12日)

写《危机日益逼近,经济破坏日益严重》和《这究竟该怎么办?》两篇文章。

《空话与事实》和《资本家先生们是怎样把利润隐藏起来的(关于监督问题)》两篇文章在《真理报》第94号上发表。

6月29日—7月4日(7月12日—17日)

因疲劳过度,由妹妹玛丽亚陪同在穆斯塔米亚基车站附近内沃拉村(弗·德·邦奇-布鲁耶维奇的别墅)休息。

6月30日(7月13日)

《危机日益逼近,经济破坏日益严重》和《这究竟该怎么办?》两篇文章在《真理报》第95号上发表。

6月

拟订写作《国家与革命》一书所需要的书单。

7月1日(14日)

《人们怎样欺骗农民和为什么欺骗农民?》和《由谁负责?》两篇文章在《真理报》第96号上发表。

7月3日(16日)夜

党中央委派《真理报》编辑部负责人马·亚·萨韦利耶夫去内沃拉村,向列宁报告彼得格勒发生的反对临时政府的群众游行示威的情况。

7月3日和25日(7月16日和8月7日)之间

列宁收到俄国社会民主工党(布)中央委员会国外局7月3日(16日)的信,来信报告了亚·米·柯伦泰和瓦·瓦·沃罗夫斯基所参加的齐美尔瓦尔德左派会议的情况。

7月4日(17日)

清晨,听了马·亚·萨韦利耶夫关于彼得格勒游行示威情况的汇报后,立即启程回彼得格勒。

抵达党中央委员会和彼得堡委员会所在地后,列宁得知党中央、彼得堡委员会和党中央军事组织在事先未能阻止游行示威爆发的情况下,毅然决定参加并领导这次游行示威,使之成为和平的有组织的行动,对此表示赞许。

列宁在克舍辛斯卡娅公馆阳台上向游行示威群众发表简短演说。

列宁去塔夫利达宫,在那里密切注视事态的发展;同党的领导工作人员交谈。

出席党中央委员会、彼得堡委员会、党中央军事组织和区联派委员会联席会议。会上,列宁发言,说明必须停止这次游行示威的理由。会议通过关于停止游行示威的号召书。

7月4日(17日)夜

得知临时政府和由社会革命党和孟什维克把持的全俄中央执行委员会

从前线调回军队。深夜离开塔夫利达宫。

列宁去《真理报》编辑部。离开后不久，编辑部被一队士官生和哥萨克士兵捣毁。

编辑《真理报》第 99 号。

7 月 4 日和 14 日（17 日和 27 日）之间

写《立宪民主党人退出内阁有什么打算？》一文。

7 月 5 日（18 日）

凌晨，雅·米·斯维尔德洛夫来见列宁，告知《真理报》编辑部被捣毁的情况，坚决要求列宁立即隐藏，以免被捕。

列宁在斯维尔德洛夫的陪同下，转移到苏利莫娃的住所，开始转入地下。

写《政权在哪里？反革命在哪里？》、《黑帮报纸和阿列克辛斯基的卑鄙诽谤》、《诽谤和事实》、《接近了本质》和《是新的德雷福斯案件吗？》等文章。

《全部政权归苏维埃！》一文在《真理报》第 99 号上发表。

7 月 5 日—10 月 24 日（7 月 18 日—11 月 6 日）

列宁处于地下状态，同党中央保持密切联系，指导党的活动，继续为各家布尔什维克报纸撰稿，研究社会主义革命最重要的理论问题，领导武装起义的准备工作。

7 月 5 日和 7 日（18 日和 20 日）之间

写便条告诉列·波·加米涅夫，自己如遭不测，请他出版《马克思主义论国家》这本笔记。

7 月 6 日（19 日）

鉴于苏利莫娃住所有被搜查的危险，列宁一早同克鲁普斯卡娅一起离开那里，转移到维堡区工人卡尤罗夫家里。

出席在“俄国雷诺”工厂警卫室举行的俄国社会民主工党（布）彼得堡委员会执行委员会会议，讨论停止政治总罢工问题。会上，列宁起草并提出《俄国社会民主工党（布）彼得堡委员会执行委员会号召书》，号召工人从 7 月 7 日（20 日）起复工。执行委员会讨论通过号召书。

在玛·瓦·福法诺娃家里召集少数中央委员开会，讨论这次七月事件问题。会议要求列宁继续隐藏。

夜晚转移到尼·古·波列塔耶夫家，待到7月7日(20日)清晨。

《政权在哪里？反革命在哪里？》、《黑帮报纸和阿列克辛斯基的卑鄙诽谤》、《诽谤和事实》、《接近了本质》、《是新的德雷福斯案件吗？》等文章在《〈真理报〉小报》上发表。

7月6日或7日(19日或20日)

写《给〈新生活报〉编辑部的信》。

7月6日—7日(19日—20日)

写《德雷福斯案件重演》一文。

7月6日(19日)夜

一队士官生和士兵闯入列宁的姐姐安娜的住所，搜捕列宁。

7月7日(20日)

清晨，列宁从波列塔耶夫家转移到老工人党员谢·雅·阿利卢耶夫家，在那里待了三昼夜。

写信给全俄工兵代表苏维埃中央执行委员会常务局，抗议搜查他的住所。

写《辟谣》和《三次危机》两篇文章。

约·维·斯大林、格·康·奥尔忠尼启则等人到阿利卢耶夫家见列宁。他们开会讨论列宁是否出席临时政府法庭受审的问题。会议决定，列宁不出庭受审，决定让列宁离开彼得格勒，隐藏到一个更安全的地方去。

临时政府下令逮捕和审判列宁等七月游行示威的参加者。

7月8日(21日)

写《关于布尔什维克领袖们出庭受审的问题》一文。

俄国社会民主工党莫斯科委员会和莫斯科区域局印发传单，揭露资产阶级对列宁的诽谤。

7月9日和14日(22日和27日)之间

写《给〈无产阶级事业报〉编辑部的信》。

《列宁全集》第二版第30卷编译人员

译文校订：傅子荣　屈　洪　崔松龄　孙　岷　刘功勋　王锦文
王宏华　许易森　关裕伦　孔令钊　赵国顺

资料编写：张瑞亭　王　澍　王其侠　冯如馥　王锦文　王丽华
周秀凤

编　　辑：丁世俊　刘彦章　江显藩　李桂兰　林海京

译文审订：胡尧之　岑鼎山　何宏江

《列宁全集》第二版增订版编辑人员

李京洲　高晓惠　翟民刚　张海滨　赵国顺　任建华　刘燕明
孙凌齐　门三姗　韩　英　侯静娜　彭晓宇　李宏梅　付　哲
戢炳惠　李晓萌

审　　定：韦建桦　顾锦屏　柴方国

本卷增订工作负责人：张海滨　赵国顺

项目统筹：崔继新
责任编辑：崔继新
装帧设计：石笑梦
版式设计：周方亚
责任校对：梁　悦

图书在版编目(CIP)数据

列宁全集.第30卷/(苏)列宁著;中共中央马克思恩格斯列宁斯大林著作编译局编译.
—2版(增订版)-北京:人民出版社,2017.3(2024.7重印)
ISBN 978-7-01-017119-7
Ⅰ.①列…　Ⅱ.①列…②中…　Ⅲ.①列宁著作-全集　Ⅳ.①A2
中国版本图书馆CIP数据核字(2016)第316477号

书　　名　列宁全集
　　　　　LIENING QUANJI
　　　　　第三十卷
编 译 者　中共中央马克思恩格斯列宁斯大林著作编译局
出版发行　人民出版社
　　　　　(北京市东城区隆福寺街99号　邮编 100706)
邮购电话　(010)65250042　65289539
经　　销　新华书店
印　　刷　北京新华印刷有限公司
版　　次　2017年3月第2版增订版　2024年7月北京第2次印刷
开　　本　880毫米×1230毫米 1/32
印　　张　19.125
插　　页　3
字　　数　550千字
印　　数　3,001—6,000册
书　　号　ISBN 978-7-01-017119-7
定　　价　48.00元

ISBN 978-7-01-017119-7